O Livro Completo da Previsão Astrológica

O Jeito Fácil de Prever Seu Futuro

Kris Brandt Riske, M.A.

O Livro Completo da Previsão Astrológica

O Jeito Fácil de Prever Seu Futuro

Tradução:
Ana Verbena

MADRAS®

Publicado originalmente em inglês sob o título *Complete Book of Predictive Astrology: The Easy Way to Predict Your Future*, por Llewellyn Publications Woodbury, MN 55125, USA.

Editor:
Wagner Veneziani Costa

Produção e Capa:
Equipe Técnica Madras

Tradução:
Ana Verbena

Revisão da Tradução:
Rosalia Munhoz

Revisão:
Maria Cristina Scomparini
Jerônimo Feitosa
Renata Brabo

Dados Internacionais de Catalogação na Publicação (CIP)
(Câmara Brasileira do Livro, SP, Brasil)

Riske, Kris Brandt M.A.
O livro completo da previsão astrológica: o jeito fácil de prever seu futuro/Kris Brandt Riske; [tradução Ana Verbena]. – São Paulo: Madras, 2012.
Título original: Llewellyn's complete book of
astrology: the easy way to learn astrology.
ISBN 978-85-370-0798-3
1. Astrologia I. Título.

12-08800 CDD-133.5

Índices para catálogo sistemático:
1. Astrologia 133.5

MADRAS EDITORA LTDA.
Rua Paulo Gonçalves, 88 – Santana
CEP: 02403-020 – São Paulo/SP
Caixa Postal: 12183 – CEP: 02013-970
Tel.: (11) 2281-5555 – Fax: (11) 2959-3090
www.madras.com.br

Dedicado a Meus Pais.

Agradecimentos

Sou muito grata à minha editora Sharon Leah por suas excepcionais aptidões, orientações e insights *que ajudaram a dar forma à edição final deste livro. Um autor não consegue nada sem um bom editor.*

Uma vez mais Donna Burch exerceu sua magia para dar ao texto um formato amigável, e Kevin Brown fez o mesmo com a capa.

Também estendo minha apreciação às pessoas cujos mapas astrais e histórias de vida estão inclusos neste livro, e também a Dave Roell, do Astrology Center of America, por permitir o uso de uma página da efeméride que publicou.

Índice

Lista de Mapas

Introdução

Há pessoas contentes com o próprio presente; outras, entretanto, vivem no passado. E existem aquelas que, como eu, vivem no futuro.

Talvez seja por causa do meu Sol em Aquário, ou alguma outra influência que ainda preciso identificar; o fato é que sempre quis saber sobre o futuro, o que vai acontecer e quando. Essa foi minha maior motivação para aprender astrologia. Quando comecei, não compreendia totalmente a utilidade que ela teria na previsão do futuro – eu simplesmente sabia que valia a pena saber mais sobre o assunto, o que se mostrou verdadeiro em várias ocasiões.

Afinal de contas, a vida tem realmente a ver com o futuro. O passado é história, embora seja de grande valia para nós como experiência de aprendizado. O presente, na melhor das hipóteses, é um nanossegundo. É o futuro que devemos almejar, os dias e meses e anos durante os quais poderemos aproveitar a vida e nossos talentos naturais. O futuro tem tudo a ver com as escolhas que ainda teremos de fazer. E a vida também tem a ver com saber o tempo certo. Quando você sabe a hora de agir e o que o futuro pode trazer, fica mais bem preparado para aproveitar as oportunidades da vida e minimizar seus desafios. Você agora está lendo este livro por ser uma das sábias almas que entendem, ou ao menos intuem, que o futuro pode ser bem mais promissor com esse conhecimento.

Se você prestar atenção às mensagens do mapa astral, poderá viver melhor a vida integralmente. Você saberá quando suas esperanças e desejos pragmáticos podem virar realidade; quando a alma gêmea entrará na sua vida; quando alcançará suas metas de carreira; quando poupar é melhor do que gastar; quando ir com calma para evitar acidentes; quando seu filho precisa de uma atenção extra; quando você iniciará ou alcançará seus objetivos acadêmicos; quando planejar a viagem da sua vida; quando... a lista é infinita!

Não há nada mágico ou misterioso acerca da astrologia de previsão, como você verá. Essencialmente, o planeta A contata o planeta B e isso resulta em C, a ação ou acontecimento. A interpretação de A+B=C envolve os significados simbólicos dos signos zodiacais, dos planetas e das casas astrológicas. Como acontece em todas as áreas da vida; contudo, algumas decisões não são assim tão simples. É aqui que os seres humanos têm de enfrentar certas escolhas. Assim como a vida, a astrologia não é fatídica – mas nossas escolhas com certeza podem ser, na medida em que cada ação desencadeia a próxima e depois outra e assim por diante. Fazer as escolhas certas (escolher nossas ações) é uma tarefa de vida cuja qualidade depende da maior quantidade possível de boas informações. Ao ser capaz de olhar o futuro, você toma decisões bem melhores para si e para a vida.

Você chegou ao mundo com tanto potencial quanto qualquer outro ser humano. Por que não aproveitar isso ao máximo?

E para tirar o máximo da vida, tudo começa com o seu mapa natal. Na verdade, essa é a parte mais importante da astrologia de previsão. Se, por exemplo, você gostaria de poder ser programador de *software*, mas o seu mapa astral mostra que você é uma pessoa social, é possível que seja infeliz tendo um trabalho tão solitário. Entretanto, você pode se sair muito bem no setor de vendas de *softwares*. O mesmo acontece com alguém atraído pela área das artes. A carreira como artista não é algo realista se o mapa astral não mostra grande potencial nessa área. Em vez disso, uma carreira como arquiteto ou decorador pode fornecer renda e a liberdade para pintar durante as horas de lazer no tempo livre.

Quase sempre me perguntam se a astrologia pode ajudar a ganhar milhões na loteria. Possivelmente. A razão é que as probabilidades de ganhar são tão astronômicas quanto o número de mapas astrais com potencial de ganhar. O mais comum é que um mapa indique o potencial para ganhar 100 dólares.

Portanto, *potencial* é a chave, aqui. Se a sua carta natal tem potencial para qualquer um dos milhares de acontecimentos, situações, relacionamentos e oportunidades possíveis na vida, mais cedo ou mais tarde você provavelmente irá vivenciá-los, em maior ou menor grau. E conhecendo seu mapa, você pode usar as técnicas da astrologia de previsão para saber quando potencializar os aspectos positivos de seu mapa. Da mesma forma, pode prever quando seria aconselhável ter cautela, para minimizar os aspectos negativos. Por exemplo, suponha que seu mapa astral indique uma tendência a confiar demais nas pessoas. A astrologia pode alertá-lo sobre os anos em que estará particularmente vulnerável, permitindo que você tome precauções adicionais para evitar resultados negativos.

Este livro fala sobre astrologia de previsão, que é o que atrai muitas pessoas a esse tema tão antigo. Porém, faça um favor a si mesmo, antes de sair escarafunchando o futuro, por mais irresistível que isso possa parecer: arrume uma cópia do meu *O Livro Completo da Astrologia** e use-o para aprender os aspectos básicos da astrologia enquanto ganha compreensão do seu mapa de nascimento. Você perceberá rapidamente que, quando utilizar os livros em conjunto, seu conhecimento de astrologia crescerá exponencialmente e você estará bem mais preparado para prever de modo acurado o seu futuro.

*N.E.: Publicado pela Madras Editora.

Capítulo Um

Técnicas de Previsão

Assim como tudo na astrologia, a arte de prever o futuro é ao mesmo tempo simples e complexa. Alguns mapas são bastante diretos, com o resultado provável claramente evidente até para o novato. Outros são incrivelmente complexos, tanto que são capazes de confundir até mesmo os astrólogos mais experientes. Cada mapa é uma espécie de quebra-cabeças, que exige do astrólogo seguir uma trilha de pistas a desvendar para encontrar uma solução. As pistas são basicamente um conjunto de regras que, quando seguidas, podem ajudar você a localizar precisamente qualquer coisa, desde ofertas de emprego e golpes de sorte até uma oportunidade romântica. O sucesso está em conhecer as regras e aplicá-las ao mapa em questão.

As origens da previsão

A astrologia nasceu há aproximadamente 3 mil anos, quando as pessoas começaram a observar pela primeira vez a correlação entre posições planetárias e a vida na Terra. Na época e por centenas de anos a partir de então, o mapa astral e o mapa de previsão foram considerados exatamente a mesma coisa. Não havia ferramentas de previsão separadas.

O mapa de nascimento era usado para prever a vida geral de uma pessoa. Por mais determinista que isso soe hoje em dia, as pessoas tinham poucas escolhas naqueles tempos. Uma pessoa nascida em uma família de servos, por exemplo, tinha poucas esperanças de tornar-se um clérigo estudado. Em outras situações, os astrólogos antigos observavam as posições planetárias e previam o resultado de, por exemplo, uma guerra. Todos os mapas eram, em essência, mapas horários. A astrologia horária é o ramo da astrologia utilizado para responder a questões específicas. A leitura de mapas, antigamente, equivalia a perguntar como seria a vida de uma pessoa: se uma criança iria tornar-se rei, se determinando indivíduo viraria ladrão, ou se haveria seca e fome.

O primeiro uso da astrologia de previsão nos leva a Ptolomeu, astrônomo e escritor de astrologia que viveu no século II. Grande parte de seu trabalho, incluindo o conhecido *Tetrabiblos*, é uma compilação dos conhecimentos astrológicos gregos existentes na época. Seu método de previsão envolvia adiantar todos os planetas em um grau para cada ano da vida do indivíduo.

Foi só no século XVI que os métodos de previsão deram um passo à frente. Naquela época, as pessoas utilizavam a trigonometria, e o astrólogo Valentine Naibod começou a usar o que hoje chamamos de método do arco solar, em que cada planeta é adiantado em 0º59'08" por ano. Esse é o movimento anual do Sol, e o método é chamado Chave de Naibod.

Uma técnica denominada direções primárias foi utilizada por séculos, mas envolvia cálculos complicados e acabou caindo em desuso. Os retornos solares e lunares também vêm sendo usados há centenas de anos.

O astrólogo do século XVII Placidus de Titus criou duas técnicas vastamente utilizadas hoje em dia: o sistema Placidus de divisão de casas e as progressões secundárias.

Técnicas de previsão

Os astrólogos usam diversas técnicas quando trabalham com uma leitura de previsão. Cada uma é válida, embora nem todo astrólogo use todas. A escolha da técnica depende de uma série de fatores, incluindo o que os astrólogos aprenderam quando alunos, o que seus mentores utilizavam e no que acreditam funcionar melhor com base na experiência. As mais populares são descritas abaixo e serão explicadas nos capítulos que seguem.

Progressões

Também chamadas direções (principalmente nos livros mais antigos), as progressões utilizam a fórmula um-dia-para-cada-ano. Por exemplo: se o seu aniversário é dia 1º de junho, os planetas na progressão do seu mapa na idade de 24 anos estariam na localização zodiacal de 24 de junho, o seu 24º ano de vida. Você precisará de uma efeméride, que lista as posições planetárias por grau e signo para cada dia do ano, para encontrar a posição dos planetas em progressão. Conte 1º de junho como o primeiro ano de vida, 2 de junho como o segundo, e assim por diante. (Os livros de efeméride são compilados em volumes de um ano a 151 anos. Uma explicação mais completa sobre como usar uma efeméride pode ser encontrada no capítulo 2.) As progressões indicam os acontecimentos mais importantes que ocorrem ao longo de um ano.

Arcos Solares

Os arcos solares são similares às progressões e também indicam tendências importantes. A diferença é que são calculados com base no movimento do Sol. Nesse sistema, cada planeta se movimenta na mesma velocidade, tornando mais fácil o cálculo de arcos solares com base somente na idade. Por exemplo: com 44 anos, cada planeta no seu mapa terá se movido aproximadamente 44 graus à frente por arco solar, mantendo assim a mesma relação de distância com cada um dos outros planetas no mapa.

Trânsitos

O trânsito é a posição em que os planetas estão em determinado dia. Se você está interessado em saber quais acontecimentos podem ocorrer no dia 5 de novembro de um determinado ano, consultará uma efeméride para as posições planetárias daquela data. Os trânsitos de planetas exteriores indicam tendências maiores, enquanto os de planetas interiores funcionam como desencadeadores, para iniciar a ação indicada pelas progressões, por arcos solares e trânsitos de planetas exteriores.

Lunações e Eclipses

Todo mês tem duas lunações: a Lua Nova e a Lua Cheia. Anualmente, quatro ou mais dessas lunações são também eclipses solares (Lua Nova) ou lunares (Lua Cheia). Além de indicarem uma área de ênfase para aquele mês (ou para o semestre, no caso de um eclipse), as lunações também podem funcionar como gatilhos para os planetas progredidos, arcos solares e trânsitos de planetas exteriores.

Retornos Solares, Lunares e Planetários

Duas dessas ferramentas de previsão, os retornos solares e lunares, indicam as tendências de um ano (solar) ou de um mês (lunar). Um retorno solar é um mapa calculado a partir do momento exato em que o Sol retorna, no seu mapa astral, ao ponto em que estava quando você nasceu; isso ocorre no seu aniversário ou possivelmente um dia antes ou depois, dependendo do horário em que você nasceu. Um retorno lunar parte do mesmo princípio, embora mensalmente, quando a Lua retorna para onde estava quando você nasceu. As cartas de retorno planetário são também calculadas para o momento em que um planeta natal, como

Mercúrio ou Vênus, retorna para a posição onde estava no nascimento. Os retornos de Mercúrio ocorrem anualmente; os de Vênus, anual ou bienalmente, dependendo do movimento retrógrado de Vênus em trânsito. Normalmente (mas nem sempre), esses retornos estarão próximos à sua data de nascimento. A determinação de mapas de retorno para outros planetas varia de acordo com a velocidade, medida em anos, com que o planeta transita por todo o zodíaco.

Diurnos

Mapas diurnos são usados para previsões diárias. Utilizando os planetas em trânsito no momento presente em combinação com a hora e o lugar do seu nascimento, esses mapas fornecem *insights* sobre o tom geral do dia, qual será o seu foco, e se vai ser tranquilo ou caótico, por exemplo.

Horários

Ter o domínio desse ramo da astrologia pode levar uma vida inteira de estudos e vai muito além do âmbito deste livro. Contudo, alguns desses mapas são relativamente fáceis de ler e podem ser valiosos, em conjunto com outras técnicas, principalmente quando você precisa de uma resposta sim ou não. Para além disso, essa técnica "faça uma pergunta, obtenha uma resposta" requer o uso de regras abrangentes e de um estudo aprofundado do mapa, que é calculado para o momento em que é feita a pergunta.

Mundana

Essa vertente da astrologia é usada para tendências e eventos para cidades, estados, províncias e países, bem como para o clima. Os mapas de ingresso solar, lunar e de eclipses são os mais utilizados, e trânsitos e progressões dos mapas de cidades, estados, províncias e países podem também ser reveladores. Lê-los requer prática e é necessário familiarizar-se com o significado de casas, planetas e signos a partir de uma perspectiva mundana. A astrologia financeira, utilizada para investimentos, também cai nessa categoria.

Astrologia de previsão: mitos e verdades

É realmente possível prever quando você será promovido ou quando encontrará o homem ou a mulher dos seus sonhos? Sim e não.

Ao contrário do clima, as pessoas têm livre-arbítrio. Pense em todas as escolhas que você fez na vida. Você escolheu a opção A ou a B, ou simplesmente escolheu não fazer nada? Infelizmente o mundo está cheio de pessoas que fizeram escolhas erradas em um ou outro momento, escolhas que mudaram suas vidas. Também está repleto de pessoas que fizeram escolhas sábias e mudaram suas vidas.

O ponto é: nunca dependa da astrologia para tomar as decisões por você (ou pelos outros, por mais que insistam). Considere, em vez disso, a astrologia de previsão como outra ferramenta na caixa de ferramentas da sua vida. Quando usada em combinação com seu poder de raciocínio e o conhecimento que você tem de uma dada situação, a astrologia de previsão, frequentemente, pode colocá-lo em vantagem. Uma vez uma pessoa sábia me disse: “O segredo é saber a hora certa de fazer as coisas”.

A astrologia pode indicar se aquele é o momento certo para, por exemplo, almejar uma promoção, enviar o currículo, socializar com os amigos com esperança de encontrar um interesse romântico, poupar em vez de gastar, voltar a estudar, mudar de casa ou comprar um imóvel. Sem esse conhecimento, você poderia perder uma fantástica oportunidade de carreira. Ou poderia comprar uma casa ou assinar um contrato de locação quando há fortes indícios astrológicos de que uma segunda mudança de casa desponta no horizonte. Sabendo quais são os períodos de aperto financeiro, você poderá planejar com antecedência para aumentar a sua poupança.

Mesmo as melhores tendências não resultarão em nada se não agir. A oferta de emprego não virá se você não enviar o currículo, a oferta espetacular não poupará seu dinheiro se você não for às compras e você não obterá um diploma universitário a menos que faça o vestibular. O objetivo é encontrar o momento certo para agir.

A astrologia de previsão também pode trazer vantagens quanto às atividades diárias. Digamos que você tenha uma reunião ou apresentação importante para fazer em determinado dia. Examinando as posições planetárias daquele dia, você poderá determinar se as pessoas estarão, de modo geral, impacientes, emotivas, irritadiças ou afáveis. Com isso em mente, você consegue se preparar melhor para lidar com os acontecimentos do dia.

Astrologia dos signos solares

Amigos, parentes e conhecidos não hesitarão em pedir que você diga qual será o futuro deles quando descobrirem que você está aprendendo astrologia de previsão. Na sequência dos pedidos, dirão: “Meu aniversário no dia...”

Trata-se, é claro, do lado empobrecido da astrologia dos signos solares (os horóscopos diários publicados na internet e nos jornais e revistas, que a maioria das pessoas define como astrologia porque não tem nenhum outro conhecimento sobre o assunto). As previsões para os signos solares são válidas até certo ponto, mas baseiam-se apenas no signo em que o Sol estava no momento do nascimento. É apenas um planeta entre todos os dez! Sem contar os importantíssimos ângulos do mapa (Ascendente, Meio do Céu, Descendente e IC). Infelizmente, grande parte do público não percebe a diferença entre um e outro; portanto, prepare-se para explicar a razão pela qual é impossível prever o futuro de alguém assim, de memória.

Para compreender em profundidade (e explicar aos outros) a diferença entre um mapa de signo solar e um mapa natal, é útil saber como ambos se originaram. O mapa natal tem um signo no Ascendente, que é a cúspide da primeira casa; o signo seguinte, na cúspide da segunda casa; e assim por diante dando a volta ao mapa. Um mapa de signo solar, que não leva em conta a hora do nascimento, não tem Ascendente. Em vez disso, signo solar funciona como cúspide da primeira casa. Por exemplo, o seu mapa natal pode ter Saturno em trânsito na décima casa, indicando um período com forte ênfase na carreira. Mas o seu mapa de signo solar pode mostrar Saturno em trânsito na quinta casa de recreação e crianças, ignorando completamente a forte tendência relativa à carreira, na sua vida. Sua ênfase individualizada naquela casa, parte importante da interpretação, desaparece por completo na previsão pelo signo solar.

Entretanto, as previsões aprofundadas de signo solar, que levam em conta datas de nascimento específicas, podem trazer várias percepções. Isso se deve ao fato de que tais previsões se concentram nos efeitos de trânsitos dos planetas exteriores em determinada data de nascimento (mês e dia). Esses trânsitos têm praticamente o mesmo poder, tanto nos mapas natais quanto nos solares. Afinal, o Sol representa você, a pessoa, na carta natal, não importando em que casa ou signo ele esteja. Simplesmente pergunte a qualquer pessoa que já tenha vivido um ou dois anos com Urano ou Plutão em trânsito em contato com o Sol dela! Em razão dos vários fatores considerados nas previsões aprofundadas, em oposição às previsões diárias limitadas, elas também podem prever (e quase sempre com elevado grau de exatidão) outras tendências com base apenas no signo solar. Entretanto, absolutamente nada consegue substituir um mapa natal preciso.

Prevendo com o mapa natal

Tentar extrair uma previsão exata sem primeiro estudar o mapa natal não só é impossível como também nada recomendável. Enfatizamos ao máximo esse ponto. Uma tentativa dessas pode ser comparada a dirigir até um novo endereço sem primeiro saber como se chega lá. Cada curva e rua rodada baseia-se nas indicações, o mapa que guia você.

A carta natal costuma ser chamada também de mapa, significando um mapa da vida. É o seu ponto de partida, as habilidades, talentos, desafios, forças e fraquezas com que você está equipado desde o nascimento. Mesmo que você coloque todo o seu empenho em fazer algo, se o potencial não estiver lá no nascimento, dificilmente você será bem-sucedido. É por isso que algumas pessoas são engenheiros, outras são gênios financeiros, enquanto um terceiro grupo é de astrólogos. Portanto, antes de tentar prever o seu futuro, por favor, leia o livro que faz par com este volume: *O Livro Completo da Astrologia.*

Na medida em que o seu mapa natal – o mapa da sua vida – desdobra-se em sintonia com os planetas em constante movimento, o mesmo ocorre com o seu potencial por meio de várias experiências, muitos aprendizados, experimentações e um autoconhecimento cada vez maior. Como isso se aplica à astrologia de previsão?

Suponha que um mapa indique o medo de compromissos e cada ferramenta de previsão indique a aproximação de um período de oportunidades únicas para começar um relacionamento duradouro. Se a pessoa ainda não lidou com o medo de compromissos, as previsões positivas dificilmente irão superar aquela característica. Por outro lado, essas influências positivas previstas poderiam motivar o indivíduo a buscar uma terapia para superar o padrão.

Ou suponha que um mapa natal indique uma pessoa com tendência a se arriscar, mas também com tendência para sofrer acidentes. Um dia com forte trânsito de Marte não seria recomendável para a prática de paraquedismo ou corrida automobilística!

Portanto, é essencial começar com o mapa natal, em que você obtém um entendimento completo do indivíduo representado por ele. Somente então você pode prever como alguém responderá às influências planetárias.

O seu mapa é a melhor ferramenta de aprendizado, pois você se conhece melhor do que ninguém. Olhando a previsão de influências que estão se aproximado, e depois percebendo o efeito delas, você começará a aprender como seu mapa – e você – reagem a vários acontecimentos e situações. Esteja pronto para ser surpreendido. Os mapas nem sempre reagem de modos previsíveis, assim como também não o fazem as pessoas. Ou pelo menos é o que vai parecer no início. A astrologia é exata se interpretada corretamente, mas é difícil manter uma perspectiva objetiva ao olhar para o seu próprio mapa. No processo, além de aprender como seu mapa reage a vários fatores de previsão, você passará a conhecer bem mais sobre si mesmo. Isso com certeza vai ajudá-lo a realizar o melhor do seu potencial.

Capítulo Dois

Progressões e Arcos Solares

As progressões secundárias e as direções dos arcos solares são os dois métodos mais comumente usados para "avançar" a carta natal até o ano atual da vida do indivíduo. Elas indicam tendências do momento, os temas do ano e as áreas da vida que serão enfatizadas. Ambas são ferramentas de previsão válidas, mas a maioria dos astrólogos utiliza progressões secundárias. Eu as prefiro porque, em geral, elas contêm mais aspectos a considerar, e percebi que trazem mais *insights* e são melhores para trabalhar do que os arcos solares. Entretanto, estes últimos podem acrescentar informações e confirmações valiosas ao que as progressões mostram, então vale a pena experimentar ambas.

As progressões secundárias, normalmente chamadas progressões (ou direções), são um acréscimo relativamente novo à caixa de ferramentas do astrólogo. Foram propostas pela primeira vez no século XVII pelo astrólogo Placidus de Titus, mas somente no século XIX, depois que o astrólogo Alan Leo ressuscitou a técnica, as progressões secundárias ganharam popularidade. Antes disso, os astrólogos usavam direções primárias, que são difíceis de calcular sem conhecer a astronomia esférica e a trigonometria. Já as progressões secundárias são relativamente fáceis de calcular por basearem-se nas posições dos planetas em uma efeméride, um livro que lista os signos, graus e minutos dos planetas para cada dia. (Esse recurso era, obviamente, usado antes do advento dos computadores, em uma época em que os astrólogos calculavam todos os mapas à mão.)

As progressões usam o método um-dia-para-cada-ano de movimento planetário. Elas se baseiam no movimento diário real – e não aproximado – dos planetas, com cada dia correspondendo a um ano na vida do indivíduo. Por exemplo: para determinar as influências por progressão em ação quando você tinha 10 anos de idade, conte dez dias em uma efeméride, a partir da data do seu nascimento (mês, dia, ano).

POSIÇÃO PROGREDIDA E ARCOS SOLARES PARA 1º DE AGOSTO DE 2008, DATA DE NASCIMENTO			
	Posição nascimento	**Posição progressão**	**Posição arco solar**
Sol	09 Leão 36	19 Leão 11	19 Leão 36
Vênus	24 Leão 15	06 Virgem 32	04 Libra 15
Marte	18 Virgem 44	24 Virgem 59	28 Virgem 44

Os planetas para a idade de 10 anos para um nascimento de 20 de julho seriam aqueles listados para o dia 29 de julho do mesmo ano, enquanto uma data de nascimento 8 de outubro corresponderia aos planetas listados para 17 de outubro, e assim por diante.

As direções dos arcos solares são as mais simples de calcular. Com base no movimento do Sol (aproximadamente um grau por dia, ou exatamente 0°59’08”), os planetas progridem um grau para cada ano de vida. Assim, para obter a localização de um mapa de direção de arco solar na idade de 15 anos, no caso de um nascimento de 5 de fevereiro, você acrescentaria dez graus à posição em que cada planeta estava no dia do nascimento. Esse método de previsão foi criado por Ptolomeu e refinado por Valentine Niabod.

O exemplo a seguir ilustra a diferença no movimento entre os dois sistemas para alguém nascido em 1º de agosto de 2008, aos 11 anos de idade:

Note como o Sol em ambos os métodos é aproximadamente o mesmo, enquanto as posições planetárias para Vênus e Marte são bastante diferentes. Isso levanta a questão sobre como ambos os métodos podem funcionar – e funcionam, como veremos nos vários exemplos a seguir neste capítulo.

É essencial ter uma compreensão básica dos movimentos planetários para compreender em profundidade a forma como os planetas aparecem em mapas progredidos. Embora cada planeta tenha um movimento médio anual, os dois únicos constantes são o Sol e a Lua. Seu movimento é sempre direto e nunca ficam retrógrados, como acontece com outros planetas. O Sol se move aproximadamente um grau para cada ano de vida, e a Lua progredida retorna à posição natal mais ou menos a cada 28 anos: esse é o número aproximado de dias que a Lua leva para se mover por todos os 12 signos a cada mês.

Quando os planetas ficam retrógrados, parecem mover-se para trás nos céus. A efeméride mostrará que os graus e minutos do planeta estão diminuindo em vez de aumentar. Os planetas parecem reduzir sua velocidade na medida em que se aproximam dos pontos retrógrados e diretos (pontos em que parecem parar, antes de mudarem de direção, seja para a frente ou para trás).

Plutão pode permanecer no mesmo grau por dez a 15 dias, o que equivale a dez a 15 anos por progressão. Saturno progredido pode fazer o mesmo por cinco anos; Marte progredido, por dois ou três; e Mercúrio progredido, por um ano.

Vênus se move mais de um grau por dia (um ano na progressão), no seu período mais veloz, gradualmente desacelerando até um período estacionário de um ou dois dias (um ou dois anos na progressão) enquanto se prepara para reverter sua direção. Dependendo da data de nascimento, Vênus normalmente progride por um a três signos durante uma vida, enquanto Mercúrio, por causa de um movimento geralmente mais rápido, costuma passar por dois, três ou quatro signos.

Júpiter progredido, algumas vezes, muda de signos na progressão, mas os planetas exteriores (Saturno, Urano, Netuno e Plutão) devem estar nos últimos graus (ou no primeiro, se esses planetas estiverem retrógrados) de um signo para mudarem para outro signo, pois se movimentam de forma bem lenta. Os planetas exteriores às vezes progridem não mais do que um ou dois graus.

O movimento planetário é expresso em graus, minutos e segundos de um signo.

Um signo = 30 graus (30°)
Um grau = 60 minutos (60')
Um minuto = 60 segundos (60")

O movimento anual médio dos planetas progredidos é:
Sol – um grau (1°)
Lua – 12 graus (12°)
Mercúrio – um grau, 23 minutos (1° 23')
Vênus – um grau, 12 minutos (1° 12')
Marte – 31 minutos (0° 31')
Júpiter – cinco minutos (0° 5')
Saturno – dois minutos (0° 2')
Urano – 42 segundos (0° 0'42")
Netuno – 24 segundos (0° 0'24")
Plutão – um segundo (0° 0'01")

O Sol, a Lua, Mercúrio, Vênus, Marte e, às vezes, Júpiter podem mover-se com velocidade suficiente durante uma vida para levar à perfeição (tornar exato) um aspecto natal. Ou seja, o primeiro de dois planetas em um aspecto natal poderia progredir (ou regredir, se retrógrado) até alcançar o mesmo grau do segundo planeta. Por exemplo: em um mapa natal, um trígono formado por Marte em 8 Aquário para Urano em 14 Gêmeos (um orbe de seis graus, em que Marte forma aspecto com Urano) iria, se Marte se movimentasse em sua velocidade média, tornar-se exato aproximadamente 12 anos após o nascimento.

Os planetas exteriores progredidos (Saturno, Urano, Netuno e Plutão) são tão lentos que raramente formam aspectos que não estejam presentes no nascimento. Se um aspecto natal envolvendo um planeta exterior é quase exato, o planeta pode progredir e fechar o hiato, eliminando assim o orbe. Mas a manifestação disso como acontecimento é algo improvável, a menos que seja engatilhado por um planeta mais veloz. Se isso acontece, normalmente representa uma oportunidade única de uma vida para concretizar por completo o potencial natal.

O mapa se desdobra

Com essa compreensão do movimento planetário, é fácil entender o conceito de que as progressões e arcos solares representam o potencial do mapa desdobrando-se por toda a vida de um indivíduo. Esse conceito é central para a astrologia de previsão, pois sublinha o fato de que cada pessoa vem ao mundo com um conjunto de talentos, características de personalidade e aptidões que podem ser desenvolvidos. O potencial está ali, mas cabe a cada um desenvolvê-lo, enquanto enfatiza os pontos fortes e minimiza (ou resolve) os pontos fracos.

O mapa progredido (ao contrário do arco solar) é particularmente importante nesse aspecto. Os planetas interiores são o que diferencia o indivíduo do coletivo, representado pelos planetas exteriores. Pelo fato de os planetas exteriores se movimentarem com muita lentidão, todas as pessoas nascidas no intervalo de meses, e às vezes de vários anos, têm esses planetas no intervalo de alguns graus. Isso, entretanto, não acontece com nenhum dos planetas interiores, como Mercúrio, que se move por todo o zodíaco (todos os 12 signos) a cada ano. Conforme esses planetas interiores avançam no mapa progredido, levam à perfeição aspectos do mapa astral, contatam outros planetas no mapa (formando novos aspectos que não estavam nele) e mudam de posição nos signos e nas casas.

Como exemplo, considere um indivíduo nascido com Saturno na nona casa do ensino superior. Por si só, essa posição indica um possível atraso na educação universitária. O intervalo de tempo aproximado em quc ocorrcrá essa educação pode ser determinado progredindo-se o mapa para achar o ano em que Mercúrio progredido (planeta do aprendizado) formará um aspecto com Saturno natal. Para alguém nascido em 14 de julho de 2008, com Mercúrio em 06 Câncer e Saturno em 05 Virgem, isso poderia acontecer aos 30 anos, quando Mercúrio terá progredido por todo o resto do signo de Câncer, passando por Leão inteiro e avançando para 05 Virgem, onde entrará em conjunção com Saturno natal. Observe que, nesse exemplo, o arco solar de Mercúrio estaria em 06 Leão, formando um semissextil com Saturno natal.

Embora o exemplo acima seja um tanto simplificado, especialmente porque a astrologia de previsão envolve bem mais do que um indicador planetário, ele ainda assim ilustra a forma como o Universo oferece a oportunidade para a realização do pleno potencial do mapa natal. É também um bom exemplo de como os astrólogos preveem o futuro.

Pode-se rapidamente detectar anos importantes simplesmente lendo a efeméride das semanas após o seu nascimento. Busque pelos anos (representados por dias) em que os planetas progredidos formarão aspecto com seus planetas natais. Sabendo disso, é possível determinar qual ano, por exemplo, poderá ser um ponto alto para a sua carreira, e usar várias técnicas de previsão para refinar o prognóstico e concentrar-se em realizar ações no tempo certo. É uma estratégia valiosa para planejamento e criação de metas de longo prazo. Da mesma forma, também é importante fazer um estudo cuidadoso do mapa dos anos que antecedem o ano designado, para incorporar essas indicações planetárias em seus planos.

Mudanças de signo e casa

Embora as características natais sempre prevaleçam, sua energia é modificada quando um planeta progredido ou por direção de arco solar entra em outro signo. O efeito é o de acrescentar ou abrir outra camada de recursos que você pode explorar. Por exemplo, se você tem Marte em Câncer, a família e a segurança são áreas bastante importantes. Será assim por toda a sua vida, mas, se Marte progredir entrando em Leão, as necessidades pessoais se tornarão uma prioridade maior do que nos anos anteriores.

Essas mudanças energéticas são sentidas com maior facilidade com a Lua progredida de movimento rápido, cuja progressão atravessa um signo por volta de dois anos e meio. Mas você também vivenciará uma alteração de ênfase sutil quando os outros planetas interiores mudarem de signo.

Quando eles mudam de casa, o efeito é parecido: se a sua Vênus natal está na sétima casa, os relacionamentos terão grande importância vida afora. Entretanto, quando Vênus progredida entra na oitava casa, você pode formar uma parceria financeira/de negócios ou então aprender a combinar seus recursos com os de outras pessoas. Ou se você tem um Sol na 12ª casa, sua autoconfiança surgirá assim que o Sol entrar na sua primeira casa.

Planetas progredidos retrógrados e estacionários

O jeito mais fácil de detectar os anos em que os planetas estacionam para depois ficar retrógrados ou diretos é, uma vez mais, consultar uma efeméride. Olhe adiante dois ou três meses, começando com o dia do seu nascimento, e anote a idade em que cada planeta fica retrógrado (R) ou direto (D). Um ano em que um planeta progredido reverte a direção assinala um momento de grandes mudanças. O efeito imediato normalmente se mostra quando Vênus, Mercúrio ou Marte mudam de direção: porém, é mais sutil com os planetas exteriores, e você só percebe o impacto total deles vários anos depois. (A efeméride é também o jeito mais fácil de descobrir se você nasceu no dia em que um planeta estava revertendo a própria direção.)

Utilizado novamente o exemplo do ensino superior, um atraso poderia ocorrer no início de um período de estudos, se houver um Mercúrio-Saturno retrógrado natal da nona à terceira casa. O ano em que Mercúrio progredido se tornar direto pode fazer surgir uma necessidade repentina de tentar entrar em uma faculdade. Realizar esse objetivo terá, então, um grande efeito na sua carreira, quando Mercúrio progredido, que continua a avançar, finalmente formar uma conjunção com o Meio do Céu.

A mudança de direção de Vênus ou de um planeta que estiver na sétima casa traz o foco para os relacionamentos, frequentemente resultando em casamento ou divórcio. Um planeta na décima casa pode indicar mudanças na orientação da carreira, e um planeta na segunda ou oitava casa pode influenciar as finanças. Os regentes das casas também fornecem pistas para o resultado potencial. Mercúrio ficando direto em um mapa com Virgem no ascendente pode fazer o papel de insuflar confiança.

Os planetas progredidos retrógrados manifestam-se ainda de outra forma, que pode ou não liberar o potencial prometido pelo mapa natal. Isso acontece quando um planeta retrógrado mais veloz (normalmente Mercúrio, Vênus, Marte ou Júpiter) vem antes, em grau, de um planeta com o qual forma um aspecto.

Por exemplo: um dos possíveis resultados do trígono natal Júpiter-Plutão é um herança de boa monta. Mas suponhamos que, no nascimento, Plutão estivesse a 16 graus, e Vênus retrógrada a 14 graus. A promessa natal de uma herança, provavelmente, ocorrerá durante o(s) ano(s) em que Vênus progredida fizer um trígono exato com Plutão natal. Isso poder levar um ano, ou 60, ou mais, dependendo de quanto tempo Vênus levar para retrogradar até seu movimento estacionário, retomar o movimento direto e mover-se para além da posição natal para formar o aspecto exato com Plutão. Para as pessoas nascidas durante o período estacionário ou no início do movimento retrógrado, pode ser que Vênus nunca atinja essa exatidão.

Os planetas retrógrados e estacionários não influenciam a direção dos arcos solares, pois todos os planetas avançam na mesma velocidade quando esse método é utilizado.

Ascendente e Meio do Céu

O Ascendente e o Meio do Céu (dois dos ângulos) progredidos ou em arco solar são bastante significativos na astrologia de previsão. Daí se deduz que os pontos opostos, o Descendente e o IC (os outros dois ângulos), também sofrem aspectos ao mesmo tempo. O método utilizado para progredir o Ascendente e o Meio do Céu fica a critério de cada um. Segundo minha experiência, os ângulos progredidos por Naibod em longitude são os mais precisos, mas é saudável testar vários métodos antes de escolher um deles. Em um mapa de arco solar, os ângulos são também avançados de acordo com o movimento do Sol, ou por volta de um grau por ano.

Assim como a carta natal, o Ascendente progredido ou em arco solar é um fator de personalidade, enquanto o Meio do Céu progredido ou em arco solar governa carreira, posição social e realizações. Embora esses ângulos, bem como os planetas progredidos e em arco solar, sejam essenciais para a astrologia de previsão, sua força é menos significativa do que a dos ângulos natais, o mesmo se aplica para os planetas progredidos em comparação com os planetas natais. Apesar disso, existem situações em que os ângulos progredidos ou de arco solar possuem a mesma força; por exemplo, quando o ascendente/descendente progredidos ou em arco solar formam aspectos com Vênus ou Marte, em geral indicador de um relacionamento sério ou casamento.

Quando um planeta progredido ou em arco solar forma aspecto com o Ascendente ou o Meio do Céu natal, 99% das vezes é sinal de um acontecimento importante. A eventualidade normalmente se concentra no eu (Ascendente), nos parceiros (Descendente), carreira (Meio do Céu) e/ou casa e família (IC), e os anos em que esses fatos acontecem são, geralmente, cruciais e, às vezes, de grande reviravolta na vida.

Aspectos e orbes

Os planetas progredidos formam aspectos com os planetas e ângulos natais e progredidos. Os planetas em arco solar, por avançar com a mesma velocidade, podem formar aspectos apenas com os planetas natais. Todos esses contatos planetários são importantes indicadores na astrologia de previsão.

Os aspectos ptolomaicos, ou principais, são fáceis de detectar, mas raramente contam a história toda. Embora mais difíceis de analisar à primeira vista, a semiquadratura (45°) e a sesquiquadratura (135°) são semelhantes à quadratura e quase sempre indicam acontecimentos. Se não quer fazer os cálculos, compre um aspectário para ajudá-lo a achar os aspectos de 45° e 135°. Ou utilize um *software* astrológico para obter uma "lista de *hits*" dos aspectos progredidos para dois ou três anos, para conseguir detectar tendências vindouras.

Em geral, os aspectos progredidos e de arco solar dos planetas e ângulos reagem da seguinte forma:

• Conjunção (0°) – intensidade, ação, une as forças dos dois planetas.

• Trígono (120°) – raramente um aspecto de ação, fornece sorte e harmonia.

• Sextil (60°) – gera oportunidades, mas requer ações para concretizar ganhos.

• Oposição (180°) – normalmente envolve relacionamentos, desentendimentos, separações.

• Quadratura (90°) – ação, conflito, problemas que exigem atenção.

• Semiquadratura (45°) e sesquiquadratura (135°) – ação, conflito e necessidade de uma solução.

Em geral, você verá uma combinação entre aspectos fáceis e difíceis, sendo estes últimos necessários para gerar ação. Os aspectos difíceis costumam incentivar as atitudes em vez de manifestarem-se como acontecimentos negativos. A prática e a experiência são de grande valor aqui, e é vital levar em consideração o mapa natal. Um aspecto natal difícil em aspecto com um planeta progredido ou de arco solar frequentemente terá um resultado desfavorável; o oposto ocorre quando se trata de um aspecto natal fácil. É igualmente importante levar em conta o cenário geral – todos os planetas e aspectos envolvidos. Quando, por exemplo, indicadores positivos superam os negativos, a situação pode, no fim, ter o resultado desejado – ou próximo desse – após a superação de algumas dificuldades.

Orbes efetivos variam de acordo com o planeta progredido e com base na velocidade de seu movimento:

Sol – 1º
Lua – 1º ½º
Mercúrio – 1º
Vênus – 1º
Marte – 30'
Júpiter – 15'
Planetas externos – 5'

Essas são apenas orientações. Seja flexível e procure tanto os aspectos separativos e aproximativos, que possam indicar fatos anteriores relacionados ao acontecimento atual, ou aqueles que possam indicar o resultado final.

Por todos os planetas em arco solar se moverem à mesma velocidade, os aspectos natais nunca se alteram, mesmo quando um planeta entra em um novo signo. Assim, procure apenas os aspectos entre os planetas em arco solar e os planetas natais. A relação dos planetas em arco solar entre si é a mesma presente no mapa natal. O orbe de influência é de um grau para todos os planetas e ângulos do arco solar.

Análise passo a passo

Com prática e experiência, você chegará a um ponto em que conseguirá detectar de forma um tanto rápida os indicadores pertinentes das progressões e arcos solares, e somar as tendências ativas atuais na vida de alguém. Na verdade, você saberá quase instantaneamente por que alguém veio lhe pedir uma consulta astrológica.

Tenha cuidado! Até para os astrólogos mais experientes, é fácil passar ao largo de algum fator importante, pois nem todos são aparentes. Portanto, antes de passar para as progressões e arcos solares, você deve adquirir o hábito de primeiro estudar o mapa astral de nascimento, para aprender acerca da personalidade do indivíduo, suas motivações, aptidões, talentos e atitudes.

Assim que o seu estudo do mapa natal estiver completo, faça uma lista de todos os aspectos de progressão e arco solar, observando a(s) casa(s) que cada planeta rege, a posição de casa do planeta regente e os planetas do mapa natal que ele ativa, além de comentários ou palavras-chave que auxiliem sua interpretação. Observe a relação de progredidos com progredidos, progredidos com natais e de arco solar com natais.

Fazer esse exercício pode parecer excessivamente trabalhoso, especialmente no início. Mas confie em mim: vai ajudar você a organizar os seus pensamentos e desenvolver uma previsão coesa. Um tema principal não demorará a emergir e você verá que ele se repete vezes sem fim em todos os aspectos (ver Regra dos Três Aspectos, na pág. 62). Embora não aconteça sempre, em algumas épocas você verá alguma atividade nas progressões e arcos solares. Não se preocupe. Os trânsitos de planetas exteriores, que agem de forma bem parecida com progressões e arcos solares, acrescentam outro nível à análise de previsão (ver Capítulo 5).

Cada um dos exemplos a seguir utiliza esse método de análise, concentrando-se nos aspectos pertinentes ao fato que ocorreu na época.

Pamela Anderson

A atriz Pamela Anderson foi descoberta enquanto assistia, com alguns amigos, a um jogo da Liga Canadense de Futebol Americano, no verão de 1989. Uma câmera de vídeo focou nela e transmitiu sua imagem na tela do estádio, e, quando a plateia expressou sua aprovação, ela foi convidada a pisar no campo. Na ocasião ela usava uma camiseta da marca de cerveja Labatt, empresa que mais tarde a contratou como modelo. Esse foi só o começo de sua carreira, de sucesso, como modelo e atriz.

Ela foi capa da edição de outubro de 1989 da *Playboy*, e voltou como coelhinha do mês, em fevereiro de 1990. Nesse meio tempo, mudou-se de Vancouver para Los Angeles, para tentar carreira como atriz. Após vários papéis menores, conseguiu um personagem na famosa série *SOS Malibu*, onde atuou regularmente de 1992 a 1997. Ela já apareceu em vários filmes.

O mapa de Pamela (Mapa 1) é um exemplo excelente de como o mapa progredido é capaz de indicar tanto o sucesso inicial na carreira quanto o sucesso posterior. Esse mapa progredido foi feito para 1º de agosto de 1989 para indicar as tendências ativas na época; não foi possível obter a data exata do jogo de futebol.

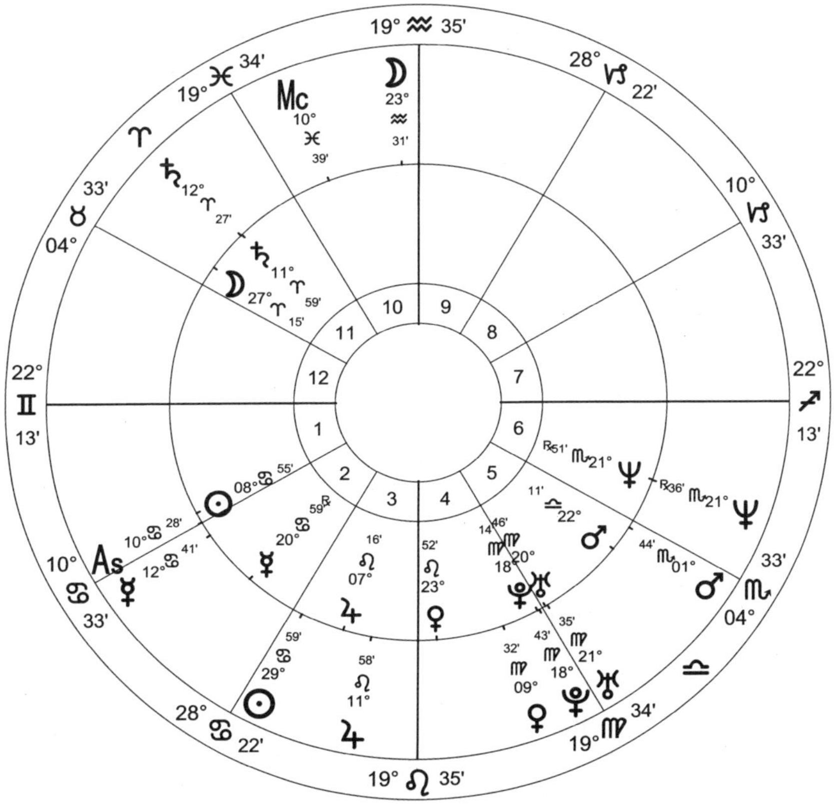

Mapa 1: Pamela Anderson

Círculo interno: Mapa Natal/1º de julho de 1967/4:08 PDT* /Ladysmith, Canadá/ Casa Placidus

Círculo externo: Progressões secundárias/1º de agosto de 1989/8:48:31 PDT/ Ladysmith, Canadá/Casa Placidus

Primeiro, observe a Lua progredida, que alguns meses antes havia entrado na décima casa de carreira e posição social. Ela forma vários aspectos importantes, incluindo uma oposição com Vênus natal (popularidade), um trígono separativo com Marte natal, uma quadratura separativa com o Ascendente natal e uma sesquiquadratura com o Sol natal. A Lua progredida foi, portanto, um fator-chave que preparou o potencial para o sucesso e a fama, especialmente porque ativou a sextil Vênus-Marte natal decididamente sexy, que forma aspectos com o Meio do Céu natal, por oposição (Vênus) e trígono (Marte).

*N.T.: "PDT" (Pacific Daylight Daytime), ou Horário do Pacífico, é o fuso horário utilizado na América do Norte.

Os ângulos progredidos estão ativos também, com o Meio do Céu progredido (carreira) em semiquadratura aproximativa da Lua natal (o público) e o Ascendente progredido (o eu) aproximando-se de uma quadratura com Saturno natal (planeta da carreira). Observe que esses são aspectos aproximativos, indicando que ela estava apenas começando sua nova fase na carreira.

De fato, a sorte estava com Pamela, colocando-a no lugar certo na hora certa, com Júpiter progredido formando trígono exato com Saturno natal, o antigo regente de aquário e, portanto, corregente da décima casa dela. Esse aspecto ilustra perfeitamente o conceito do desdobramento do mapa, pois Júpiter estava em 7 de Leão quando ela nasceu, a menos de cinco graus antes de formar um trígono com Saturno natal. Quando Júpiter progrediu para o aspecto exato, a carreira dela decolou, trazendo consigo todo o potencial do seu nascimento para ter sucesso e renda consideráveis (Saturno rege a oitava casa). Esse aspecto progredido poderia ter sido identificado por um astrólogo, a qualquer momento nos anos anteriores; ele poderia então tê-la alertado para a oportunidade de sua vida na idade de 22 anos. Júpiter progredido continuou a mover-se para a frente, até formar um trígono com Saturno progredido no início de 1992, quando ela conseguiu o papel em *SOS Malibu.*

Havia ainda outros aspectos aproximativos mostrando que a sua descoberta levaria a mais do que um estrelato relâmpago. O Sol progredido, prestes a entrar em Leão (atuação, brilho e glamour), formaria quadratura com Marte progredido em 1991. Por sua vez, Marte progredido movia-se em direção a uma semiquadratura com a conjunção Urano-Plutão natais e progredidos. Esse aspecto ficou ativo de 1992 a 1997, quando ela foi uma estrela no seriado.

O mapa de arco solar (Mapa 2) também estava ativo, com Mercúrio de arco solar (regente do Ascendente) em trígono com Saturno, o corregente da décima casa. (O Sol de arco solar formava os mesmos aspectos que o Sol progredido.)

Mais evidentes no arco solar são os aspectos aproximativos que estariam ativos durante o tempo dela em *SOS Malibu.* A Lua de arco solar, que formava quadratura com o Meio do Céu natal em 1989, trazendo-lhe a atenção do público, avançaria para formar uma quadratura com Vênus natal em 1994. Entre 1992 e 1995, Vênus de arco solar juntou-se à conjunção Plutão-Urano e, em 1995, Marte de arco solar fez quadratura com o Meio do Céu natal. Embora ela tenha permanecido na série até 1997, provavelmente começou a sentir que já era hora de mudar quando esses aspectos ficaram mais fortes em 1995.

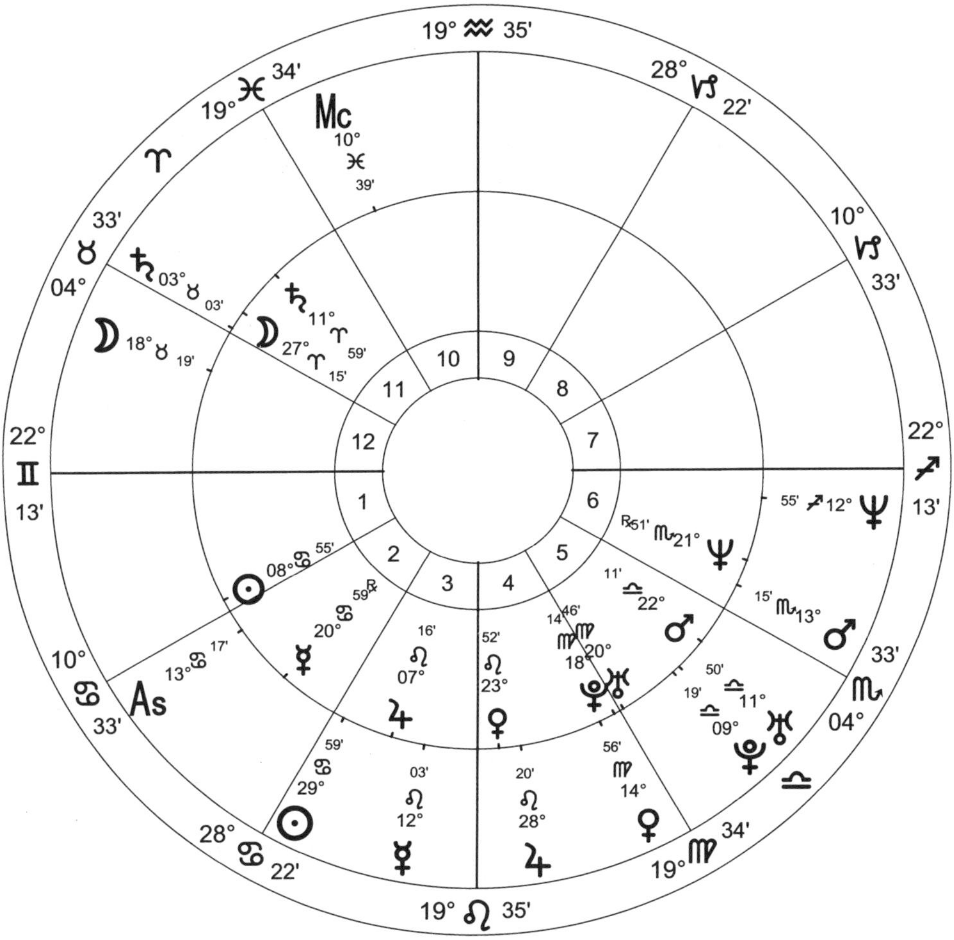

Mapa 2: Pamela Anderson
Círculo interno: Mapa Natal/1º de julho de 1967/4:08 PDT/ Ladysmith, Canadá/Casa Placidus
Círculo externo: Arco Solar Dirigido/1º de agosto de 1989/ 15:04:57 PDT/Ladysmith, Canada/Casa Placidus

INFLUÊNCIAS DE PROGRESSÃO E ARCO SOLAR NO MAPA DE PAMELA ANDERSON			
Planeta progredido	**Aspecto ou casa**	**Planeta ou ângulo**	**Comentários**
Lua	Décima casa		Lua (público) na décima (carreira, fama) rege Câncer, regente da segunda (renda) e terceira (comunicação)
Lua	Oposição	Vênus Natal	Lua (público) na décima (carreira, fama) oposta a Vênus (popularidade); Vênus correge a quinta (recreação, atuação/teatro, *sex appeal*), onde Libra está interceptado; a Lua ativa a configuração natal Vênus-Marte-Meio do Céu, indicando potencial para fama como atriz e *sex symbol*
Lua	Trígono	Marte Natal	Lua (público) na décima (carreira, fama) em trígono com Marte (conexão fácil), regente da sexta (trabalho, emprego) e da 11ª (amigos e objetivos)
Lua	Sextil	Ascendente Natal	Lua na décima (atenção pública) em trígono (oportunidade) com Ascendente (o eu)

Lua	Sesquiquadra-tura	Sol Natal	Lua na décima (atenção pública) focada no eu (Sol) indica uma nova consciência do "eu"; o Sol rege a quarta (casa, família), indicando possível realocação, em conjunto com a já mencionada Lua em oposição com Vênus natal na quarta
Meio do Céu	Semiquadratura	Lua Natal	Meio do Céu na décima (carreira, fama) faz semiquadratura (ação) com Lua natal na 11ª (amigos); ela chamou atenção de muitos em meio a um evento em que fora com amigos
Ascendente Progredido	Quadratura	Saturno Natal	Ascendente (eu) na segunda (renda) faz quadratura (ação, desafio) com Saturno, regente da oitava (dinheiro) e corregente da décima (carreira), na 11ª (amigos)

Vênus	Sextil	Sol Natal	Vênus (popularidade) em sextil (oportunidade) com Sol natal (eu) em quadratura com Saturno, corregente da décima (carreira, fama); Saturno rege a oitava (dinheiro); o Sol natal também faz semiquadratura com Vênus natal; assim, o aspecto progredido Vênus-Sol natal também ativa a configuração Vênus-Marte-Meio do Céu
Júpiter Progredido	Trígono	Saturno Natal	Júpiter progredido (sorte, abundância) regente da sétima (relacionamentos) e da 11ª (amigos) entra em aspecto exato com o trígono natal Júpiter-Saturno (otimismo realista) e ativa aspectos de Saturo natal (ambição)
Sol	Entra	Leão	Sol (o eu) em Leão (popularidade, atuação)

Planeta de Arco Solar	Aspecto ou Casa	Planeta	Comentários
Mercúrio	Trígono	Saturno Natal	Mercúrio, regente da primeira (eu) e da quinta (recreação, atuação e *sex appeal*) faz trígono (conexão fácil) com Saturno natal, regente da oitava (dinheiro) e corregente da décima (carreira) na 11ª (amigos); também ativa aspectos de Saturno natal
Lua	Quadratura	Meio do Céu natal	Lua (público) regente da segunda (renda) em quadratura (ação) com Meio do Céu (carreira; fama)

Resumo: Um evento recreativo (quinta casa) com amigos (11ª casa) tem o potencial de trazer sorte (Júpiter), que trará atenção pública a você (Lua, Vênus), alavancando os objetivos de carreira e a popularidade (décima casa).

Martha Stewart

A empreendedora Martha Stewart transformou seu pequeno serviço caseiro de bufê em um império global: Martha Stewart Living Omnimedia, Inc. Em 4 de junho de 2003, ela foi indiciada por acusações de fraude de títulos, conspiração e obstrução à Justiça, entre outras. Foi julgada culpada por quatro alegações em 5 de março de 2004, após ir a júri em Nova York. Foi condenada a cinco meses de prisão, cinco meses em prisão domiciliar e dois anos em liberdade assistida, levada à prisão em 8 de outubro de 2004 e liberada em 4 de março de 2005.

A nona casa rege o sistema legal e o setor editorial, enquanto a 12ª casa rege as prisões. O mapa de Martha (Mapa 3) possui três planetas na nona casa natal, indicando seu império editorial e o potencial para ter problemas legais. Os planetas e regentes planetários associados a essas casas são: Vênus (regente da 12ª casa), Lua (regente da nona casa), o Sol, Plutão e Mercúrio na nona casa. Portanto, poderíamos esperar ver progressões ativas envolvendo alguns desses planetas (ou todos) durante o período em que Martha teve dificuldades com a Justiça, e, mais especificamente, uma ligação entre a nona e a 12ª casa.

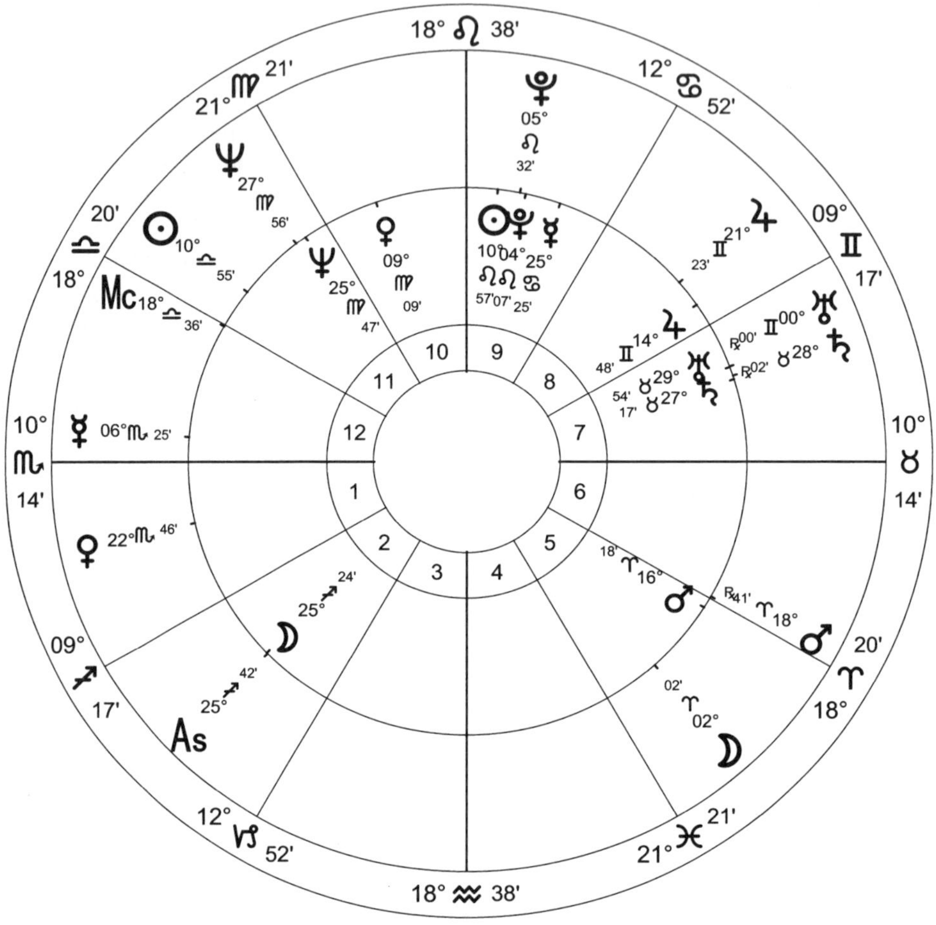

Mapa 3: Martha Stewart

Círculo interno: Mapa Natal/3 de agosto de 1941/13:33 EDT*/
Jersey City, Nova Jersey/Casa Placidus

Círculo externo: Progressões secundárias/4 de junho de 2003/8:48:31 EDT/
Jersey City, Nova Jersey/Casa Placidus

*N.T.: EDT, ou Eastern Daylight Time, equivale ao horário de verão em alguns estados no leste dos Estados Unidos e do Canadá. Equivale a -4 quatro horas no GMT (meridiano de Greenwich).

Observe que o mapa de Martha tem Vênus natal, regente da 12ª casa, formando semiquadratura com Mercúrio na nona. Esse aspecto indica que ela nasceu com potencial para passar por dificuldades legais e para ser condenada à prisão. Isso é reforçado pela Lua, regente da nona casa, em quadratura com Netuno, regente universal da 12ª, um aspecto que ficou ativo durante a provação pela qual ela passou. A Lua natal também forma quincunce com Mercúrio natal na nona casa.

Na época do indiciamento, Mercúrio progredido estava em uma quadratura separativa com Plutão natal progredido. Esse aspecto foi exato em junho de 2002, quando surgiram rumores de que ela estava sendo investigada pelo Departamento de Justiça dos Estados Unidos. Mercúrio progredido também formava semiquadratura com Júpiter progredido (regente universal da nona casa) na oitava casa do dinheiro de outras pessoas. Desde o início desses fatos, Mercúrio progredido aproximava-se de um sextil com Vênus natal, aspecto que estava exato quando se completou o período de dois anos em liberdade assistida.

A época do surgimento dos rumores e a do indiciamento também se refletem no Ascendente progredido, que tinha entrado em conjunção exata com a Lua natal em 2002, e que formou quadratura exata com Netuno progredido quando ela foi liberada da prisão. Nessa mesma época de sua soltura, Vênus progredido em Escorpião formava trígono com Mercúrio natal (lembre-se da semiquadratura Mercúrio-Vênus que indica o potencial para passar um tempo na prisão).

Havia aspectos envolvendo a Lua progredida também. Ela estava a caminho de formar um trígono com Plutão natal e progredido quando Marta foi indiciada, uma semiquadratura com Saturno natal quando ela foi condenada, e uma quadratura com Mercúrio natal quando foi solta da prisão, novamente ativando a semiquadratura natal Vênus-Mercúrio. A Lua progredida também se aproximava de um trígono com a Lua natal na época da libertação.

Se o mapa de Martha tivesse aspectos mais difíceis envolvendo a nona casas e 12ª, sua sentença teria sido bem maior. Ela também fizera bom uso desses planetas em sua carreira midiática, beneficiando-se de Júpiter na oitava casa atraindo renda. A posição de Júpiter, uma das melhores para atrair dinheiro, pode tê-la ajudado a acreditar que suas ações haviam sido simples negócio corriqueiro e que não havia feito nada de errado.

Há vários aspectos importantes no mapa de arco solar (Mapa 4), em que todos os planetas de arco solar formam sextil com suas posições natais, ativando assim os aspectos natais.

Mercúrio de arco solar formava conjunção com Netuno e quadratura com a Lua natal na época do indiciamento, disparando a configuração natal com potencial para problemas com a Justiça e uma condenação à prisão. Vênus de arco solar estava perto do Ascendente natal, que ele cruzou, saindo da 12ª casa em direção à primeira, por volta da época em que ela foi solta. Nessa soltura, Vênus de arco solar formava quadratura com o Sol natal, regente da décima casa, indicando sua motivação para voltar aos negócios, o que ela de fato fez.

Mas o aspecto mais interessante no mapa de 4 de junho de 2003 é Júpiter de arco solar aproximando-se de uma conjunção com o Meio do Céu natal. Isso por si só indica que Martha voltaria ao topo da carreira apenas quatro anos mais tarde, em 2007, como realmente aconteceu.

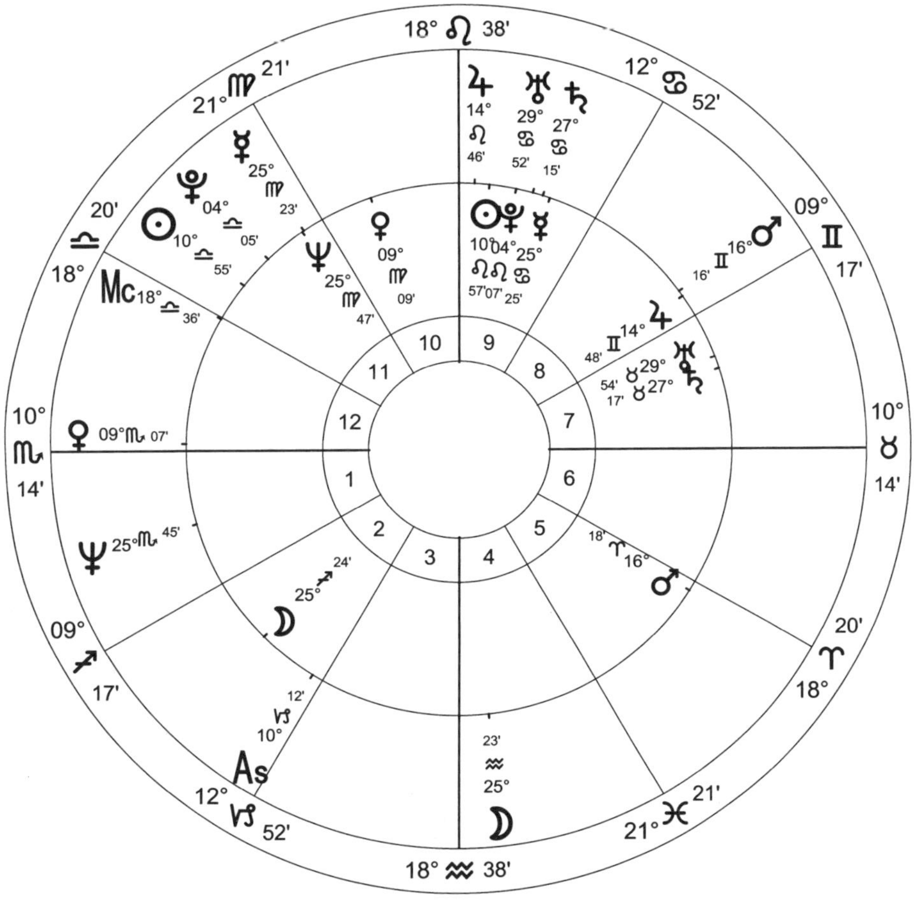

Mapa 4: Martha Stewart
Círculo interno: Mapa Natal/3 de agosto de 1941/13:33 EDT/
Jersey City, Nova Jersey/Casa Placidus
Círculo externo: Arco Solar/4 de junho de 2003/8:48:31 EDT/
Jersey City, Nova Jersey/Casa Placidus

INFLUÊNCIAS DE PROGRESSÃO E ARCO SOLAR NO MAPA DE MARTHA STEWART			
Planeta Progredido	**Casa ou Aspecto**	**Planeta**	**Comentários**
Mercúrio	12ª casa		12ª (instituições, segredos e atividades secretas)
Mercúrio	Sesquiquadratura	Júpiter Progredido	Júpiter na oitava (dinheiro alheio, investimentos); Mercúrio rege a oitava e Júpiter, a segunda (dinheiro pessoal) e correge a quinta (especulação)
Ascendente	Quadratura	Netuno Progredido	Ascendente Progredido ativa quadratura (ação) Lua-Netuno natal; a Lua na segunda (dinheiro) rege a nona (assuntos legais), e Netuno na 11ª (aspirações elevadas no tocante aos amigos) rege a quinta (especulação)
Vênus	Trígono	Mercúrio	Ativa a semiquadratura natal (desafio) Mercúrio-Vênus (charme, comunicação benéfica)
Planeta de Arco Solar	**Aspecto ou Casa**	**Planeta**	**Comentários**
Mercúrio	Conjunção	Netuno	Ativa quadratura natal (ação) Lua-Netuno (imaginação, intuição)

Observação: Os aspectos listados acima estavam agindo na época em que Martha foi indiciada. Se você estivesse preparando uma análise profunda do mapa dela, também iria querer listar os aspectos aproximativos óbvios. Se Martha fosse sua cliente, ela iria querer sua avaliação quanto às penalidades possíveis, incluindo a prisão.

Resumo: Martha irá se envolver em alguma questão legal (nona casa) relativa às finanças – provavelmente especulação ou investimentos (segunda, quinta e oitava casas) – que pode resultar em multas significativas e/ou outras penalidades, incluindo a liberdade assistida ou prisão. Note que o único aspecto positivo ativa um aspecto natal desafiador, o que também acontece em geral com progressões e arcos solares um ano antes e durante os dois a três anos seguintes.

Marylin Monroe

Marilyn Monroe, famoso símbolo sexual, teve uma infância difícil. A mãe provavelmente sofria da síndrome bipolar; como resultado, foi internada em várias ocasiões, fazendo com que Marilyn fosse levada a pais adotivos e a um orfanato. Casou-se com Jim Dougherty, o primeiro de três maridos, em 19 de junho de 1942, aos 16 anos, para não ter de voltar ao orfanato. Estavam casados por um curto período de tempo quando Dougherty foi enviado ao Pacífico para lutar na Segunda Guerra, e Marilyn foi trabalhar em uma fábrica de aviões. Ali foi tirada a foto que deu a partida em sua carreira como modelo e atriz de cinema. Marilyn e Jim divorciaram-se em agosto de 1946.

Uma série de indicadores clássicos de casamento/relacionamento sério estava ativa no mapa de Marilyn quando ela se casou (Mapa 5). Quase sempre existe um aspecto significativo envolvendo o Ascendente-Descendente (o eu, o parceiro) natal ou progredido, Vênus (amor), Marte (paixão e sexo), planetas dentro e regendo a sétima casa das parcerias, e frequentemente o Meio do Céu-IC progredido e/ou natal.

O Sol progredido formava sextil/trígono com o eixo Ascendente-Descendente progredido, e Mercúrio progredido (regente do signo solar Gêmeos) formava semiquadratura/sesquiquadratura com os mesmos ângulos. Quando ela se casou, mudou sua situação de vida, como reflete o Meio do Céu progredido oposto a Saturno natal (corregente da sétima casa) na quarta casa ligada ao lar. O Meio do Céu progredido também formava quadratura com Netuno progredido e natal, o que indica uma "fuga" do orfanato em direção ao que ela provavelmente viu como uma solução ideal para o problema. Na época do casamento, a Lua progredida afastava-se do trígono com Vênus, um aspecto que estivera exato no mês anterior, quando provavelmente foram feitos os primeiros planos de casamento.

De todos os aspectos, três foram os mais reveladores de que ela se casaria naquele ano da vida: um trígono do Sol progredido e a oposição do Ascendente progredido com Júpiter natal na sétima casa, e Vênus progredido em semiquadratura com Marte progredido. Com base somente nesses aspectos, um astrólogo poderia ter previsto, na época do nascimento, que ela teria uma oportunidade de se casar em 1942.

Em seu mapa de arco solar (Mapa 6), os aspectos mais significativos são o trígono de Plutão de arco solar com Urano natal, regente de sua sétima casa, o Sol de arco solar formando trígono com Júpiter natal na sétima casa, e Mercúrio de arco solar em sextil com Netuno natal. Os dois últimos aspectos estavam presentes no mapa progredido, com o trígono-Plutão Urano indicando esse casamento "arranjado" (Plutão da 12ª casa dos segredos). Plutão, junto com o Meio do Céu de arco solar em oposição a Saturno natal, reforça a nova situação de vida. Mas o Ascendente de arco solar em quincunce com Urano natal sugere que ela não estava totalmente à vontade com a ideia de casar.

O divórcio de 1946 aconteceu com o Sol progredido e de arco solar em quadratura com Urano, regente da sétima casa.

Dois outros acontecimentos da vida de Marilyn refletiram-se fortemente em seu mapa. Ela contou que fora violentada aos 11 anos, período em que ficou com pais adotivos e depois em um orfanato. Naquela época, o Ascendente progredido estava conjunto com Netuno natal/progredido, regente da oitava casa, e Marte progredido na oitava casa conjunto com Urano natal/progredido, regente da oitava casa. E Marte progredido na oitava casa estava em conjunção com Urano natal/progredido, regente da sétima.

Muitos rumores e alegações continuaram a envolver Marilyn e seu suposto relacionamento com Jack e Bobby Kennedy. Marilyn, ao que consta, contou a vários amigos no início de 1962 que ela e Bobby iriam se casar. Decididamente ela estava apaixonada por alguém naquele ano, como indicado por um dos aspectos clássicos de relacionamento/casamento sério: Vênus progredida em conjunção com o Sol natal. Esse aspecto é um dos mais comuns quando as pessoas se casam.

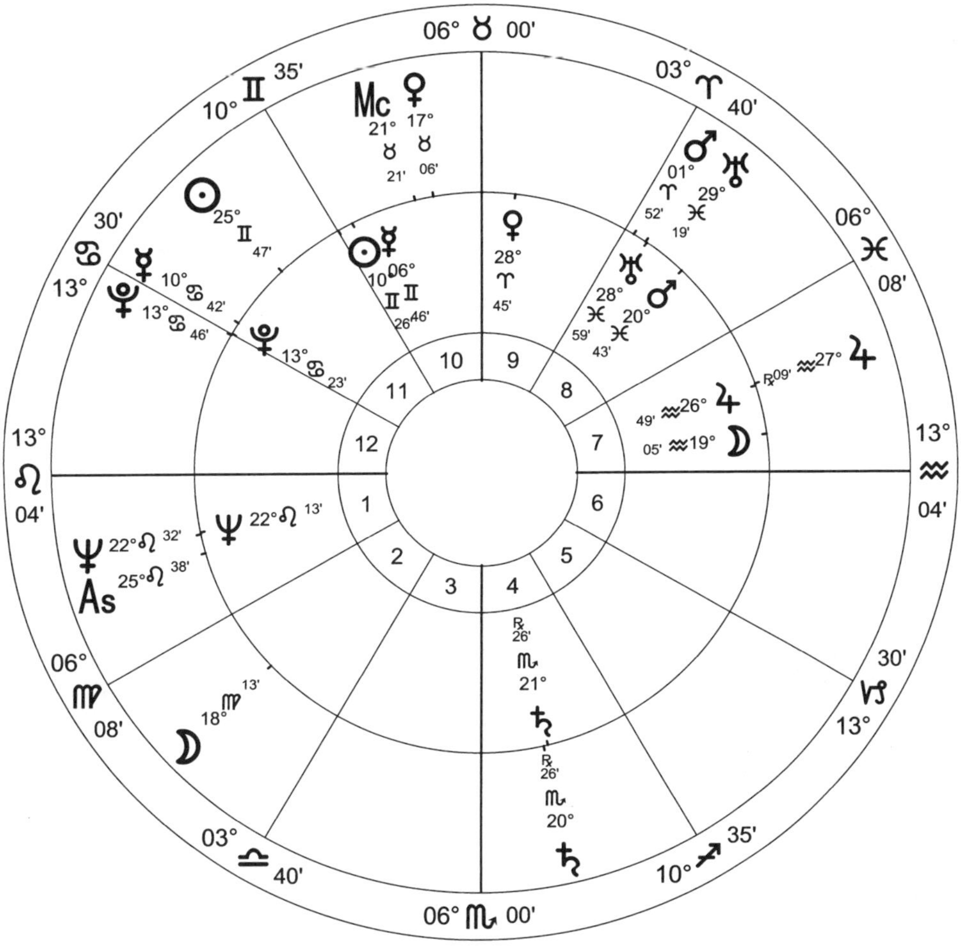

Mapa 5: Marilyn Monroe
Círculo interno: Mapa Natal/1º de junho de 1926/9:30/Los Angeles, Califórnia
Círculo externo: Progressões secundárias/19 de junho de 1942/8:48:31/
Los Angeles, Califórnia/Casa Placidus

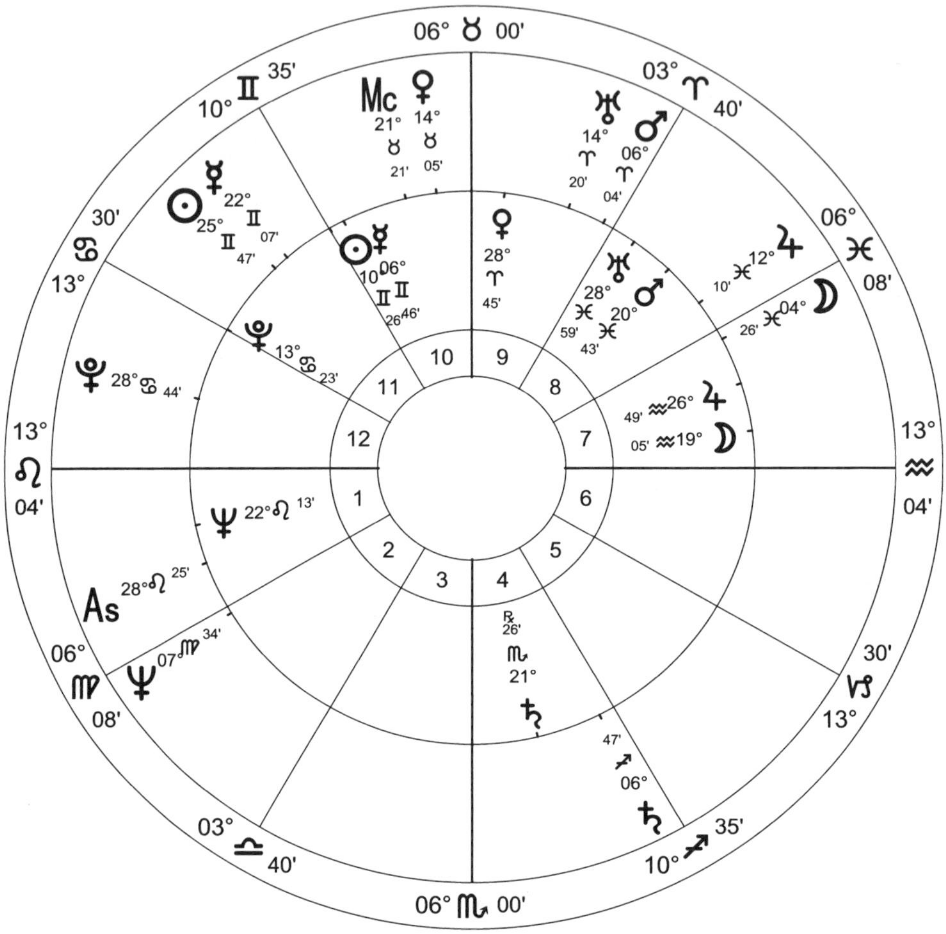

Mapa 6: Marilyn Monroe

Círculo interno: Mapa Natal/1º de junho de 1926/9:30/Los Angeles, Califórnia
Círculo externo: Arco Solar Dirigido/19 de junho de 1942/8:48:31/
Los Angeles, Califórnia/Casa Placidus

INFLUÊNCIAS DE PROGRESSÃO E ARCO SOLAR NO MAPA DE MARILYN MONROE			
Planeta Progredido	**Aspecto ou Casa**	**Planeta**	**Comentários**
Sol	Trígono	Descendente progredido	Sol (eu) regente do Ascendente em trígono (fácil conexão) com Descendente (parceiro)
Mercúrio	Sesquiquadratura	Descendente progredido	Mercúrio (regente do signo solar, Gêmeos) em sesquiquadratura (ação, ligação com parceiro) com Descendente
Meio do Céu	Oposição	Saturno	Meio do Céu (reconhecimento)/IC (lar, família); Saturno na quarta (lar, família) correge Descendente (parceiro)
Meio do Céu	Quadratura	Netuno	IC (lar, família) em quadratura (ação, incentivo) para escapar por meio de romance (Netuno)
Vênus	Semiquadratura	Marte Progredido	Vênus (amor, romance, parceiro) em semiquadratura (ação) com Marte (sexo)
Sol	Trígono	Júpiter	Sol (eu) em trígono (conexão fácil) com parceiro (Júpiter na sétima casa)
Ascendente	Oposição	Júpiter	Ascendente (eu) em oposição a Júpiter na sétima casa (contato com parceiro)

Planeta de Arco Solar/ Ângulo	Aspecto ou Casa	Planeta	Comentários
Meio do Céu	Oposição	Saturno Natal	IC (lar, família) conjunção (fusão) com Saturno na quarta (lar, família); forneceu incentivo para sair de uma vida doméstica difícil
Marte	Sesquiquadratura	Arco Solar Meio do Céu	Marte, corregente da quarta (lar, família) em sesquiquadratura (ação) com IC (lar, família); também forneceu incentivo para que ela saísse da situação complicada em sua casa
Mercúrio	Trígono	Netuno Natal	Mercúrio, regente do signo solar (eu) em trígono (oportunidade) com Netuno (fantasia, fuga)
Sol	Trígono	Júpiter Natal	Sol (eu) em trígono (conexão fácil) com Júpiter natal na sétima casa (parceiro)
Plutão	Trígono	Urano Natal	Plutão (regente da quarta/ lar e família); trígono (facilidade) com Urano natal (corregente da sétima dos parceiros) mudança na situação de vida por causa de parceiro
Ascendente	quincunce	Urano Natal	Ascendente (eu) quincunce (inquietude) com Urano natal (corregente da sétima/parceiro)

Resumo: Marilyn poderia escolher se casar, mas não necessariamente pelos melhores motivos. O relacionamento pode ter se baseado mais em fantasia e na possibilidade de fugir de uma situação difícil em direção a outra que provavelmente não atenderia a todas as expectativas. Ela deveria considerar se estava de fato apaixonada ou apaixonada pelo amor.

Val

As mudanças de casa sempre foram tema central na vida de Val, sendo que a primeira aconteceu quando ela tinha apenas alguns meses de vida. É o que se deve esperar, com uma conjunção natal Júpiter-IC, uma conjunção Urano-Plutão na quarta casa de lar e família e Mercúrio (regente da primeira e da quarta casas) em sextil com a conjunção Júpiter-IC. Essas posições planetárias tornam fácil para um astrólogo identificar os períodos de tempo em que outras mudanças poderiam ocorrer.

Ao buscar as mudanças de endereço em um mapa, também é importante considerar o Meio do Céu-IC progredido e a segunda casa. Quase sempre uma influência na segunda casa está ativa, pois ela representa as posses do indivíduo. Algumas vezes os Ascendente-Descendente também estão aspectados, refletindo uma mudança pessoal. Mudar-se, em geral, é estressante, e seria indicado por um aspecto difícil com as configurações já mencionadas.

Val mudou para um novo Estado no início de setembro de 2002 (Mapas 7 e 8). Esse exemplo também é ótimo para ilustrar como o mapa de arco solar pode acrescentar mais informações à interpretação.

Mercúrio progredido (regente da quarta casa) estava em sextil separativo com Júpiter progredido (regente da sétima casa) na quarta casa e também formava quadratura com o IC progredido. A Lua progredida também teve papel nessa mudança de endereço, criando um grande trino com Júpiter natal e o Descendente natal. A segunda casa, de bens, de Val estava ativa com uma conjunção Sol progredido-Ascendente progredido, também um aspecto ligado ao casamento, e ambos formavam sextil com Urano natal-progredido na quarta casa.

Todos esses aspectos progredidos apresentam forte possibilidade de mudança de endereço (e casamento). Maiores confirmações provêm da Lua de arco solar em oposição ao IC natal.

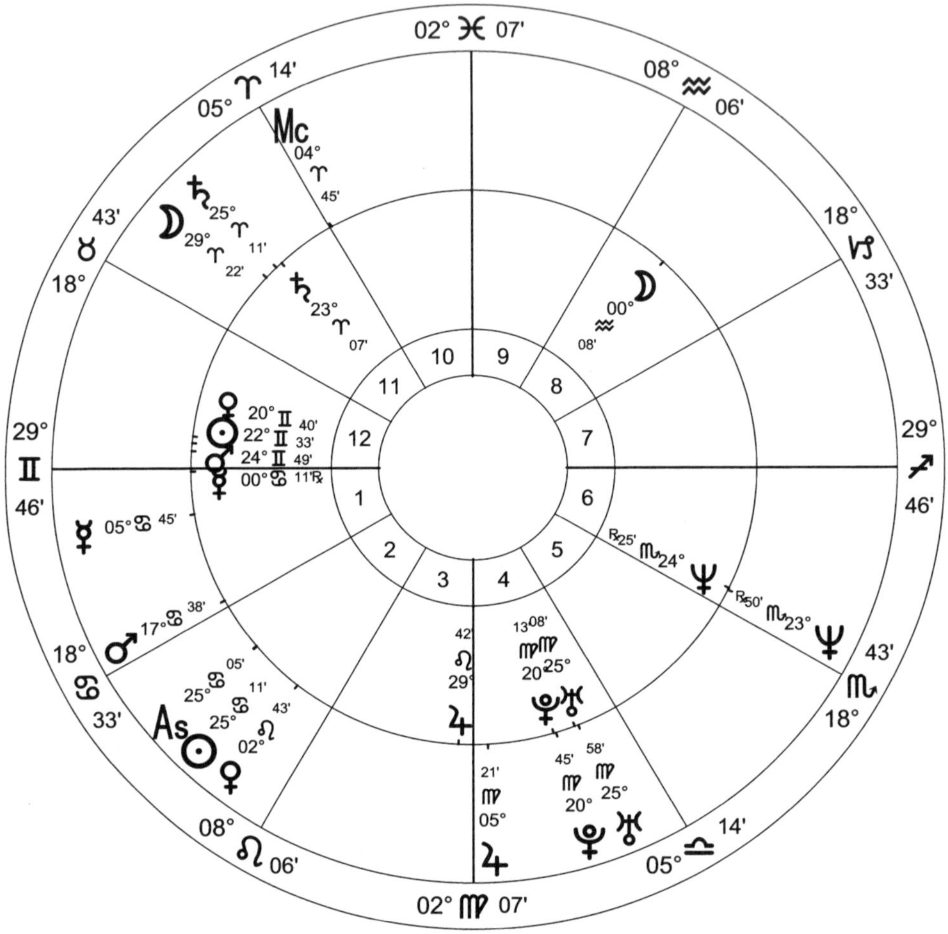

Mapa 7: Val

Círculo interno: Mapa Natal/13 de junho de 1968/6:01 PDT/Salem, Oregon
Círculo externo: Progressões secundárias/1º de setembro de 2002/8:48:31/ Salem, Oregon/Casa Placidus

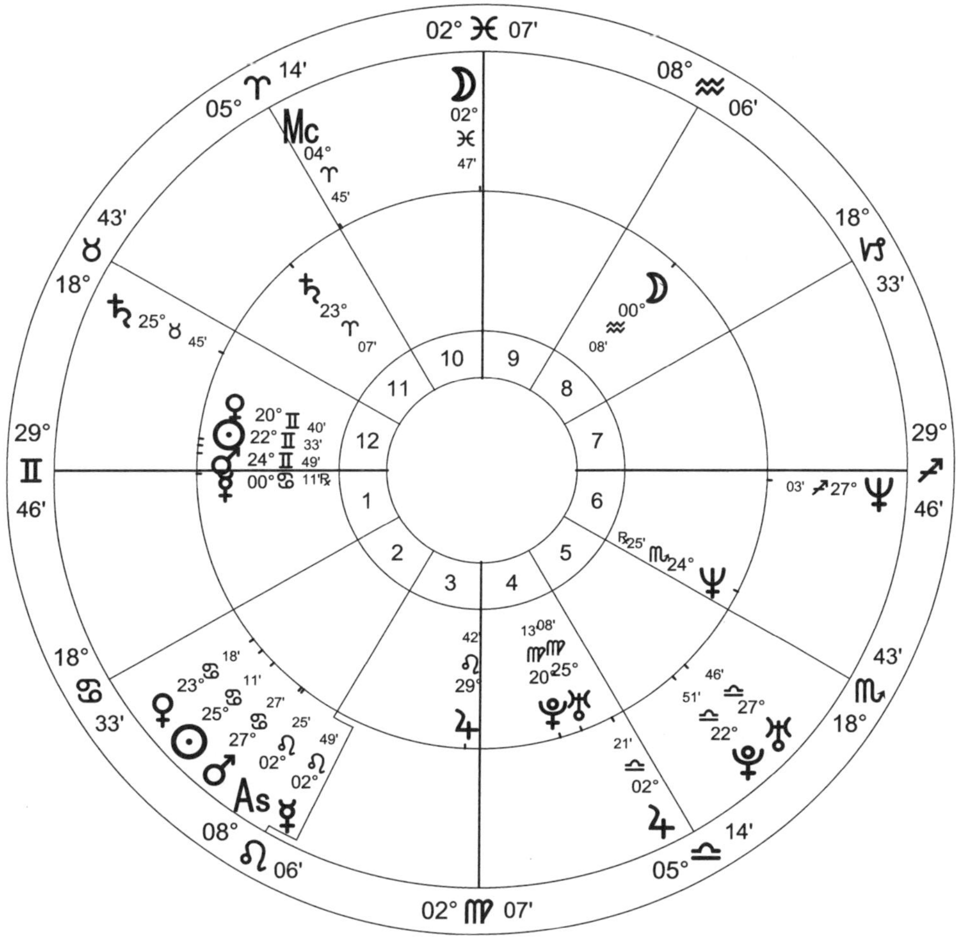

Mapa 8: Val

Círculo interno: Mapa Natal/13 de junho de 1968/6:01 PDT/Salem, Oregon
Círculo externo: Arco Solar Dirigido/1º de setembro de 2002/8:48:31/
Salem, Oregon/Casa Placidus

INFLUÊNCIAS DE PROGRESSÃO E ARCO SOLAR NO MAPA DE VAL			
Planeta Progredido	**Aspecto ou Casa**	**Planeta**	**Comentários**
Mercúrio	Trígono	Júpiter Progredido	Mercúrio na primeira (eu) e regente da quarta (lar, família) em trígono (facilidade) com Júpiter na quarta; favorece mudanças de casa
Mercúrio	Quadratura	IC Progredido	Mercúrio regente da quarta (lar e família) em quadratura (ação) com IC e a quarta (lar e família); incentiva a mudar
Sol	Sextil	Urano	Sol (eu) em sextil (oportunidade) com Urano na quarta (lar e família); Sol está na segunda (bens), que também indica mudança de endereço
Sol	Oposição	Descendente Progredido	Sol (eu) em oposição (contato com parceiro) ao Descendente progredido; esse é um aspecto de casamento, o que fizeram cerca de seis meses mais tarde
Lua	Trígono	Júpiter Natal	Lua (regente universal de lar e família), regente da segunda (posses) em trígono (facilidade) com Júpiter natal, regente da sétima (parceiros, relacionamentos) em conjunção com IC (lar e família); mudança de casa para unir-se ao noivo

Lua	Sextil/Trígono	Descendente Natal	Lua (regente universal de lar e família) e regente da segunda (bens) em trígono (facilidade) com Descendente (parceiro); mudança de casa para unir-se ao noivo
Planeta de Arco Solar	**Aspecto ou Casa**	**Planeta**	**Comentários**
Lua	Oposição	IC Natal	Indicação dupla de movimentação de bens; Lua (regente universal de lar e família), regente da segunda em oposição (separação) ao IC (lar e família) em conjunção (foco) com Meio do Céu (carreira); mudança exigiu que ela arrumasse um novo emprego
Sol	Sextil	Urano	Sol (eu) em sextil (oportunidade) com Urano na quarta (lar e família); Sol está na segunda (bens), que também precisam ser realocados; o mesmo do aspecto progredido

Resumo: Esse é um momento favorável para realocar-se, particularmente por causa de alguma relação amorosa, e Val facilmente encontrará um novo emprego na nova localidade. Pode ser que ela case dentro de alguns meses, caso esteja atualmente envolvida em um relacionamento sério.

ANTIGAS REGÊNCIAS PLANETÁRIAS

Antes da descoberta dos planetas modernos (Urano, Netuno e Plutão), os astrólogos usavam apenas os sete planetas visíveis, do Sol a Saturno. Essa estratégia funcionou bem por milhares de anos, e ainda hoje é possível ler um mapa apenas com esses planetas, embora os planetas modernos acrescentem uma série de informações adicionais à interpretação do mapa.

Não se esqueça de considerar as antigas regências, especialmente nos mapas de previsão. Elas funcionam bem e quase sempre contribuem enormemente em acontecimentos cruciais. Elas são:

Marte – Áries e Escorpião
Júpiter – Sagitário e Peixes
Saturno – Capricórnio e Aquário

REGRA DOS TRÊS ASPECTOS

Quando ainda não existiam computadores, ser astrólogo exigia bastante dedicação e compromisso. Cada mapa natal progredido e de arco solar tinha de ser calculado à mão. Entretanto, isso tinha um efeito colateral benéfico: conforme os mapas eram calculados e os aspectos traçados, o astrólogo desenvolvia uma imagem mental detalhada do indivíduo e das tendências predominantes. Esses astrólogos, que faziam mapas do jeito antiquado, eram inflexíveis quanto à "Regra dos Três Aspectos": uma situação ou acontecimento potencial ocorreria apenas se houvesse ao menos três aspectos indicando sua ocorrência. Use-a. Ela funciona.

Capítulo Três

Planetas Progredidos e de Arco Solar em Casa, Signo e Aspecto

Planetas que mudam de signos ou casas

Embora a energia de seu nascimento permaneça a mesma por toda a vida, seus planetas natais adquirem a coloração sutil de cada signo ou casa posterior onde entram por progressão ou arco solar. Cada um representa uma oportunidade de crescimento, bem como uma oportunidade de vivenciar todas as vantagens (e desvantagens) do novo signo ou influência de casa.

Ao longo de uma expectativa de vida comum, a Lua progredida move-se por todo o zodíaco de duas a três vezes. Assim que você alcança aproximadamente a idade de 28 anos, terá vivenciado a Lua progredida em cada signo e casa, fatores que podem ser informações valiosas para você usar durante o segundo ciclo de Lua progredida. Ao refletir sobre os acontecimentos da vida de aproximadamente 28 anos antes, quando a Lua progredida estava na mesma casa ou signo, é possível descobrir como usar da melhor forma a energia durante esse ciclo. Embora as circunstâncias de vida e outras influências possam ter mudado, suas reações emocionais básicas serão similares.

Seu Sol, Mercúrio e Vênus progredidos percorrem dois ou três signos, enquanto Marte progredido normalmente viaja por dois (ou três se Marte natal estiver em um dos últimos graus e permanecer direto). Vênus e Marte podem, no entanto, permanecer no mesmo signo por toda sua vida, dependendo do ciclo retrógrado deles. Pelo fato de as progressões serem baseadas em um dia para um ano (um dia equivale a um ano), os planetas progredidos também ficam retrógrados e diretos.

Por exemplo, se você nasceu com Vênus em um dos primeiros ângulos de Gêmeos enquanto esse planeta desacelerava para ficar retrógrado em 16 Gêmeos e, mais tarde, tornar-se direto em 0 Gêmeos, Vênus não entraria em Câncer até que você tivesse mais de 120 anos de idade. Essas situações incomuns representam uma oportunidade para entender e incorporar completamente a energia de um planeta em um signo, tanto no movimento retrógrado quanto no direto.

Os planetas de arco solar são capazes de viajar por dois a três signos em uma vida, dependendo de sua posição no mapa natal. Uma vez que se movem à mesma velocidade do Sol, ou cerca de um grau por ano, levam 30 anos para atravessar completamente um signo.

Este capítulo inclui informações sobre as mudanças de signo/casa para os planetas interiores progredidos e de arco solar, bem como os aspectos benéficos e difíceis para cada planeta.

Essas interpretações devem ser usadas somente como ponto de partida para estimular o seu raciocínio. Resista à tentação de considerálas ao pé da letra! Assim como no caso de um mapa astral, as palavras-chave são a melhor forma de montar uma previsão.

Sol mudando de signo/casa

Palavras-chave do Sol em astrologia de previsão: proeminência, criatividade, recreação, especulação, infância, pai, homens.

Sol em Áries/Primeira Casa

Você gosta de novos começos e empreendimentos, mas não pule de cabeça. Faça uma lista dos prós e contras daquilo que pretende iniciar e pense em como investir a sua energia para obter os melhores ganhos pessoais e profissionais. Ações impulsivas e prematuras podem sair pela culatra; entretanto, você possui uma habilidade acima da média para a liderança, o que pode ajudá-lo.

Palavras-chave: ação, energia, iniciativa, liderança, realizações.

Sol Natal Aquário em Áries: você é desafiado a se arriscar mais conforme Áries avança sobre sua natureza fixa. Aceite um pouco de espontaneidade na vida e vá atrás de realizar com coragem aqueles sonhos surgidos quando o seu Sol progredido atravessou Peixes ou pela sua 12ª casa. Seja assertivo, mas receptivo, e abra-se às mudanças.

Sol Natal Peixes em Áries: nascido sob o sensível signo de Peixes, a energia impulsiva e voltada à ação de Áries pode lhe parecer estranha. Adapte-se encarando-a como uma injeção de ar puro e a oportunidade de desenvolver cada vez mais a iniciativa e a força de vontade para criar o seu mundo ideal. Sinta sua confiança crescendo e concentre-se mais nas suas próprias necessidades em vez de focar-se nas de qualquer outra pessoa.

Sol em Touro/Segunda Casa

Aqui, o conforto adquire importância ainda maior. Vá um passo além: analise de modo prático as suas finanças e inicie um plano para longo prazo. Você terá mais necessidade de segurança material e financeira nos anos que virão. Evite a tendência de acumular posses; descarte regularmente o que não tem mais utilidade. Ter determinação e saber concluir o que começa são vantagens.

Palavras-chave: determinação, segurança, conforto, teimosia, inflexibilidade.

Sol Natal Peixes em Touro: seu Sol em Peixes combina bem com Touro, que é tão prático quanto criativo. Tire vantagem de ambos ao enfatizar o bom senso e o planejamento na vida. Combine a confiança que você ganhou de Áries com a persistência de Touro para construir fundações seguras.

Sol Natal Áries em Touro: chegou o momento de terminar o que começa e somar autodisciplina à iniciativa. Aprenda a ter paciência e determinação e refine a sua natureza impulsiva até chegar a um ponto de vivacidade temperada com consistência e confiabilidade. E, principalmente, vá além da sua esfera pessoal e seja mais simpático com os outros.

Sol em Gêmeos/Terceira Casa

Você se sente mais leve, e gosta mais de estímulo mental e social do que no passado. Dê asas à sua curiosidade, explore e estude assuntos de interesse e reforce tanto suas aptidões de comunicação quanto a sua rede de contatos. Faça da organização uma prioridade.

Palavras-chave: curiosidade, inquietude, charme, leveza, aprendizado.

Sol Natal Áries em Gêmeos: você vivencia um novo sentido de liberdade, tendo aprendido as lições taurinas de paciência e praticidade. Agora está pronto para buscar novas aventuras, mas com uma atitude mais tranquila. Socialize, faça contatos e expanda sua base de informações.

Sol Natal Touro em Gêmeos: a energia do volúvel e às vezes frívolo signo de Gêmeos pode ser um desconforto para o Sol em Touro. Constante e metódico, você aprecia rotina, algo que Gêmeos evita. Considere isso como uma oportunidade para se libertar de estruturas autoimpostas, expandindo seus horizontes mentais. Conheça pessoas e aprenda tudo o que puder.

Sol em Câncer/Quarta Casa

O lar e a família ficam cada vez mais no topo da sua lista de prioridades, e você se descobrirá com vontade de estar perto de parentes distantes, além de passar mais tempo com a família. Pode ser que você deseje mudar de casa ou redecorar seus espaços – dê boas-vindas às mudanças domésticas. Chegou também a hora de libertar suas emoções e lidar com quaisquer questões remanescentes da infância ou de família.

Palavras-chave: intuitivo, sensível, segurança, ciúme, lar, família.

Sol Natal Touro em Câncer: em um nível você se sente mais seguro, mas não em outro. Câncer normalmente dá início a ações, enquanto você prefere preencher lacunas, embora ambos os signos sejam cautelosos. O lar e a família oferecem uma rede de segurança à mão caso você deseje realizar novos empreendimentos e assumir riscos calculados. A vida doméstica deixa você centrado.

Sol Natal Gêmeos em Câncer: sua natureza inquieta é, de certa forma, temperada, agora que o seu Sol está em Câncer. Você dará mais valor à casa, família, raízes, e fará do seu lar um refúgio e local de retiro, onde poderá entrar em contato com seus sentimentos. Quanto maior a quantidade de bagagem emocional que você largar, melhor. Compartilhe seu amor.

Sol em Leão/Quinta Casa

Seu foco muda para as necessidades e interesses pessoais, mas o melhor uso dessa energia é explorar e descobrir uma saída criativa para ela. Seja gerar uma criança, ideia ou projeto, será algo que é uma extensão de você. Também se interessará mais por esportes, mesmo que seja só como espectador, e gostará de socializar fora de casa.

Palavras-chave: criativo, expansivo, popular, ambicioso, generoso.

Sol Natal Gêmeos em Leão: você está pronto para lidar com o mundo, graças à injeção de confiança trazida por Leão. Esse pode ser o seu período mais criativo, mas só se você se comprometer a produzir algo tangível. Estabilize-se, concentre-se em umas poucas áreas de interesse e dê nelas tudo de si. Convide crianças e o amor para entrarem na sua vida.

Sol Natal Câncer em Leão: expanda a sua percepção do "eu". Saia da zona de conforto e expanda-se, e às suas afeições, pois agora conseguirá a autoconfiança necessária para chegar ao seu melhor. Embora os elogios sejam importantes, lembre-se de que a força e a segurança vêm de dentro. Seja generoso consigo mesmo e com quem você ama.

Sol em Virgem/Sexta Casa

Agora é a hora de elevar a consciência com relação à saúde. Obtenha condicionamento físico, mantenha-o, e sintonize-se com as necessidades do seu corpo, reagindo a elas. Uma vida mais simples o atrairá agora, bem como compartilhar os seus talentos com outras pessoas, trabalhando no serviço social ou possivelmente como profissional da saúde.

Palavras-chave: serviço, consciência da saúde, preocupado, metódico, perseverante.

Sol Natal Câncer em Virgem: os detalhes e questões práticas da vida cotidiana agora consomem mais o seu tempo, e problemas de saúde da família ou dos pais podem também demandar atenção. No nível pessoal, avalie seu estilo de vida. Realize ações se houver espaço para melhorias com dietas e exercícios, mas tente não ser tão duro consigo. Vá com calma, no início, e almeje a hábitos e benefícios duradouros.

Sol Natal Leão em Virgem: embora seu Sol leonino vigoroso limite os efeitos dessa mudança no signo solar, Virgem ainda influencia, às vezes. É positivo dar ênfase aos detalhes e à praticidade, mas a tendência a ser excessivamente crítico consigo mesmo e com os outros não é nada legal. Exercícios e uma dieta saudável são essenciais agora, para aliviar o estresse do trabalho. Compartilhe seus talentos adotando uma boa causa.

Sol em Libra/Sétima Casa

Você estará mais voltado às pessoas, nesse momento, e interessado em acolhê-las em sua vida pessoal e profissional. Seja solteiro ou casado, vai querer passar mais tempo com a cara-metade (ou arrumar uma), sentindo que dois são melhor que um. Mas também tem uma tendência a ceder demais, sendo que uma posição mais firme seria mais vantajosa.

Palavras-chave: cooperação, relacionamento, estratégia, indecisão.

Sol Natal Leão em Libra: você obtém mais satisfação com os relacionamentos, conforme suas afeições evoluem para um nível mais profundo. A união com os outros completa-o de um jeito que jamais havia vivenciado, e os esforços de parceria podem ser particularmente recompensadores. A influência libriana também o ajuda a sair dos holofotes de vez em quando para dar aos outros o reconhecimento devido.

Sol Natal Virgem em Libra: sua natureza reservada beneficia-se das habilidades sociais de Libra. Observe os outros, aprenda a arte de puxar conversa, de ceder e chegar a consensos, e expanda o seu círculo social. Seu olho para o detalhes se mescla bem com o olho libriano para a beleza. Use esse novo olhar para desenvolver o talento para o *design* de interiores e de roupas.

Sol em Escorpião/Oitava Casa

O tempo, por si só, refresca e renova você. Não é que as outras pessoas sejam menos importantes, e sim que você agora busca força dentro de si em vez de recorrer primeiro aos outros. Use sua força de vontade incrementada para transformar autoaperfeiçoamento em uma meta, criando padrões e hábitos sólidos que podem beneficiá-lo a longo prazo. O dinheiro o motiva.

Palavras-chave: paixão, autossuficiência, manter segredo, estabilidade financeira.

Sol Natal Virgem em Escorpião: resista à tentação de isolar-se do mundo. Em vez disso, acrescente profundidade aos seus relacionamentos mesclando seus atributos com os das pessoas mais próximas. A estabilidade financeira também se torna uma prioridade. Use suas habilidades analíticas e de pesquisa para procurar o caminho melhor e mais seguro que levará à liberdade financeira a longo prazo.

Sol Natal Libra em Escorpião: embora as pessoas e parcerias sejam uma força propulsora em sua vida, não se surpreenda se cada vez mais necessitar de tempo para ficar só. A solidão ajuda a entrar em contato com as emoções e a voz interior, fatores que acrescentam profundidade e magnetismo a você. Faça o possível para se abrir e aproximar-se das pessoas.

Sol em Sagitário/Nona Casa

Você se abre para um mundo mais vasto na medida em que seu lado aventureiro começa a aparecer. Busque o conhecimento, tanto para se divertir como para lucrar, aprenda tudo o que puder na busca por sabedoria. Pode ser que você também se sinta atraído por mergulhar em seu subconsciente para melhor definir quem é, o que o motiva, e as coisas que o prendem.

Palavras-chave: educação, esclarecimento, religião, autoconhecimento, aventura.

Sol Natal Libra em Sagitário: uma sensação crescente de otimismo encoraja você a explorar o mundo à sua volta. Viagens, estudos e aprendizado o atraem, e você se inspira em outras culturas e pontos de vista. É o momento de buscar educação adicional como caminho para o desenvolvimento ou satisfação pessoais. Pode ser que você se torne ativo em alguma instituição religiosa.

Sol Natal Escorpião em Sagitário: Sagitário é dramaticamente diferente da sua energia escorpiana, naturalmente reservada e internalizada. Mas essa transição serve ao propósito de expandir seus horizontes, conforme você percebe melhor as falhas humanas e adquire tolerância com relação a elas. Vivencie todas as pessoas e ideias que puder, e investigue dificuldades ou atitudes em sua vida que tirariam benefício de uma solução.

Sol em Capricórnio/Décima Casa

O anseio por excelência e por elevar o sua posição mundana o impulsiona rumo ao êxito. Você quer ser visto e ouvido, além de ser valorizado por suas aptidões e ideias. Enquanto concentra-se na carreira, faça questão de conhecer pessoas capazes ajudá-lo nos seus esforços, e lembre-se de fazer o mesmo por outros que possam beneficiar-se do seu papel como mentor.

Palavras-chave: ambição, *status*, reservado, liderança, realizações.

Sol Natal Escorpião em Capricórnio: agora você pode se sentar em seu trono e começar a realizar metas de longo prazo com êxitos sólidos. Faça funcionar a seu favor o desejo capricorniano por responsabilidade, iniciativa e ambição, mas vá com calma. Dê ênfase à flexibilidade que você aprendeu quando seu Sol estava em Sagitário, bem como o otimismo e a mente aberta.

Sol Natal Sagitário em Capricórnio: embora seja possível que você se canse, seja esperto e comande a sua inquietude de modo a aproveitar as vantagens do Capricórnio ambicioso e conservador. Aprenda a ser mais prático e sistemático, e a mostrar aos outros como podem confiar em você. Então seu entusiasmo e visão se tornarão aptidões valiosas.

Sol em Aquário/11ª Casa

Seu desafio é libertar-se para vivenciar o novo e incomum, e expandir sua base de contatos. Ambas as ações ampliam, em vez de limitar, sua necessidade por um estilo de vida definido por você mesmo, que leve em conta e honre suas realizações. Grupos darão as boas-vindas à sua liderança.

Palavras-chave: redes de contatos, independência, objetivos, grupos.

Sol Natal Sagitário em Aquário: a qualidade de espírito livre de Aquário apetece à sua natureza independente. Mas Aquário também o desafia a cumprir o que se compromete a fazer. Projetos em grupo são bem-sucedidos, e as amizades tornam-se mais significativas. Convide pessoas de mente semelhante a entrar em sua vida e considere envolver-se em alguma causa comunitária ou humanista.

Sol Natal Capricórnio em Aquário: deixe que a influência de Aquário tempere seu estilo de vida estruturado e conservador. Arrisque um pouco mais e fique aberto a ideias inovadoras. A mudança, quando acolhida, traz renovação. Socialize-se mais, especialmente com os que possam trazer avanços para suas ambições. Vale muito a pena o esforço para formar redes de contatos.

Sol em Peixes/12ª Casa

Ficar sozinho de vez em quando o acalma e abre sua sensitividade. Entre em contato com sua sensibilidade e seja receptivo à sua voz interior, dando ouvidos aos seus palpites e desenvolvendo a intuição. Um estilo de vida mais saudável seria benéfico agora, e você pode ser motivado a se envolver em uma organização beneficente onde possa melhorar a vida de outras pessoas.

Palavras-chave: empatia, saúde, intuição, capacitação.

Sol Natal Capricórnio em Peixes: embora seja bastante diferente da sua energia natal, Peixes traz lições de inspiração, compaixão e sensibilidade. Seja receptivo a isso. Desenvolva o seu lado emocional mais suave e descubra sua espiritualidade e intuição. Fazê-lo pode ser surpreendentemente satisfatório e acrescentar toda uma nova dimensão ao seu estilo prático.

Sol Natal Aquário em Peixes: suas aspirações altruístas combinam bem com Peixes, signo com o qual você compartilha o dom da intuição. Entretanto, as características emocionais e empáticas de Peixes podem ser difíceis de incorporar em sua natureza impessoal. Envolva-se com a vida dos outros e desenvolva a sensibilidade pessoal capaz de suavizar sua abordagem.

Lua mudando de signo/casa

Palavras-chave da Lua: emoções, lar, mãe, mulheres, o público, família.

Lua em Áries/Primeira Casa

Essa influência trata principalmente de você e de seus interesses, o que funciona muito bem para o autoaperfeiçoamento. Você também está mais sensível e impulsivo, agora, o que é uma vantagem – mas só se o seu temperamento explosivo não resultar em grosserias. Utilize essa influência para aprender sobre paciência e autodisciplina ao enfrentar os problemas do cotidiano. Ouça antes de falar, para conseguir equilibrar melhor suas opiniões. De modo geral, seus pontos de vista são mais positivos e você tem paixão pelo que faz.

Lua em Touro/Segunda Casa

Agora você está mais possessivo com relação às pessoas e coisas. A segurança, especialmente a financeira, ganha maior relevância e peso nas suas decisões. Seja cauteloso, pois tanto ganhos quanto perdas podem acontecer. É possível que você passe mais tempo cuidando da decoração e do abastecimento da casa, mas dificilmente fará grandes mudanças domésticas. Uma mentalidade frugal pode resultar em sabedoria na hora de comprar e pode obter lucros de algum item de colecionador, comprado agora ou no passado.

Lua em Gêmeos/Terceira Casa

Quando a sua Lua está nesse signo ou casa, você fica inquieto, e a flutuação das emoções pode dificultar a definição dos seus sentimentos. Por mais que você tente aplicar a lógica aos pensamentos, às vezes é bem difícil fazê-lo; portanto, seja cauteloso na hora de tomar grandes decisões. Assuntos a resolver e reuniões consumirão muito do seu tempo, e seja cauteloso para não pegar projetos demais. Você terá um maior contato com irmãos e vizinhos.

Lua em Câncer/Quarta Casa

Instinto, intuição e primeiras impressões chamarão sua atenção mais frequentemente, mas também é bom tomar precauções para proteger-se de energias negativas emitidas por pessoas e situações. Estará mais envolvido com família e atividades domésticas, bem como com tradições, e pode se interessar por pesquisar sua árvore genealógica. É provável que faça melhorias na casa ou que se mude.

Lua em Leão/Quinta Casa

Suas reações emocionais ficam mais dramáticas, embora sinceras, e você terá mais interesse em interações sociais e diversão. Essa pode ser uma das melhores influências para o romance e novas oportunidades românticas, e você deveria também encontrar um modo de expressar sua criatividade com um passatempo. Se tem filhos, estará mais envolvido nas vidas deles, mas também terá uma tendência a mimá-los. Será possível perder ou ganhar com investimentos, dependendo de outras influências planetárias ativas.

Lua em Virgem/Sexta Casa

Projetos beneficentes trarão a você uma satisfação que nunca sentiu antes, além de ajudarem a preencher suas necessidades emocionais. Isso, por sua vez, pode contribuir para reduzir uma tendência a criticar os outros e a si mesmo. Agora você encontra mais satisfação com o trabalho; contudo, mantenha tudo em perspectiva, pois vai querer assumir responsabilidades extras. Afugente o estresse com caminhadas diárias ou exercícios. De vez em quando os animais de estimação podem acabar tomando mais de seu tempo e atenção.

Lua em Libra/Sétima Casa

Ambientes tranquilos equilibram suas emoções, as cores suaves e as pessoas sossegadas e amigáveis também. Você sentirá cada vez mais necessidade de buscar apoio dos outros e dará boas-vindas à sinergia entre amor e parcerias. Empreendimentos baseados na ajuda mútua lhe são especialmente interessantes agora, e você pode acabar se vendo no papel de apaziguador ou de gerador de consensos. Escolha criteriosamente suas alianças pessoais e profissionais.

Lua em Escorpião/Oitava Casa

Seus sentimentos tornam-se profundos e as emoções são apaixonadas e intensas. Mas seja cuidadoso e segure-as um pouco, em vez de deixar que atropelem seu bom senso costumeiro. A objetividade é particularmente importante agora. Você também pode iniciar mudança pessoal positiva, pois terá mais força de vontade. Impostos, seguros, bens em conjunto, planejamento imobiliário e empréstimos também estão em foco, e você pode se beneficiar de uma herança.

Lua em Sagitário/Nona Casa

Você é atraído por aventuras, viagens e aprendizados, que ajudarão a satisfazer suas necessidades emocionais. Mas tenha alguma cautela. O desejo por ação pode dificultar a manutenção das rotinas e responsabilidades necessárias da vida. Sonhos cheios de *insights* abrem novos caminhos ao autoconhecimento, bem como livros de autoajuda e provavelmente uma psicoterapia. Você também pode voltar a estudar para terminar ou começar uma faculdade, ou fazer algum treinamento mais avançado.

Lua em Capricórnio/Décima Casa

As reações cuidadosas, controladas, são vantajosas nos negócios, e você vê as realizações como fatores essenciais para a segurança emocional. Porém, uma natureza mais reservada pode fazer com que você perca contato com os outros, enquanto se esforça para ser bem-sucedido. Portanto, ponha de lado suas ambições durante as horas de lazer e entre em contato com os amigos e a família. O desejo por uma boa posição social pode motivá-lo agora, mas não deixe que afete sua conta bancária gastando muito além do que seus meios permitem.

Lua em Aquário/11ª Casa

As amizades casuais são satisfatórias, mas um ar de impessoalidade pode fazer com que você pareça inacessível justamente em um momento em que fazer contatos e participar de atividades sociais é de grande ajuda na realização das suas metas. É também uma época muito boa para usar suas habilidades de liderança em algum grupo ou atividade de equipe, ou que envolva alguma causa humanitária. Na vida pessoal, seus pensamentos se voltarão para seus objetivos, esperanças, desejos e para o que você realmente quer da vida.

Lua em Peixes/12ª Casa

Essa influência pode ativar o seu sexto sentido, tornando-o mais receptivo e sensível às pessoas e ao ambiente. Porém, atenção. As aparências frequentemente enganam e nem todos compartilham de suas boas intenções. Ajude os outros auxiliando-os a ajudar a si mesmos, em vez de adotar para si os problemas alheios. Você também terá necessidade de expressar sua criatividade, então encontre um canal de que goste e que favoreça a autoexpressão.

Mercúrio mudando de signo/casa

Palavras-chave de Mercúrio: transporte, comunicação (leitura, escrita, fala), aprendizado, irmãos, parentes, vizinhos.

Mercúrio em Áries/Primeira Casa

Sua mente é impulsionada, com fluxo crescente de ideias, pensamentos e opiniões. Mas junto vêm a impaciência e uma tendência para tomar decisões por impulso. Recue, analise os prós e contras e ouça antes de falar. Esforce-se também para manter a mente aberta; é possível que você não esteja a par de todos os fatos, mesmo achando que sim.

Mercúrio em Touro/Segunda Casa

Seu foco neste momento é em segurança pessoal e profissional, mas não confunda o acúmulo de posses como um substituto para uma autoimagem positiva. Em vez disso, invista tempo e esforços em si mesmo para criar, interna e externamente, o eu desejado. Bom senso, planejamento, organização e praticidade são fortes vantagens, agora.

Mercúrio em Gêmeos/Terceira Casa

A curiosidade impulsiona sua vontade de aprender mais, e você absorve conhecimento com facilidade. Mas praticamente tudo e todos lhe parecerão interessantes, então tenha cuidado para não se espalhar demais por aí. Faça consigo um acordo de concentrar seu interesse em algumas áreas e então terminar o que começa. Incumbências e reuniões consomem um tempo precioso.

Mercúrio em Câncer/Quarta Casa

As emoções colorem com mais força os seus pensamentos, e você interage mais frequentemente com amigos íntimos e família. Algumas dessas pessoas o apoiam, enquanto outros relacionamentos demandam resoluções – o que você conseguirá agora se fizer delas uma prioridade. Também descobrirá que passar um tempo em casa recentrará você, que poderá se interessar mais por atividades domésticas.

Mercúrio em Leão/Quinta Casa

A criatividade é um dos seus fortes, agora, seja qual for o modo de expressão. Dê vazão de modo natural, seja na forma de um passatempo, de projetos e ideias no trabalho, palestras ou outras coisas que estimulem sua mente. Você pode ser também um hábil mentor, neste momento, encontrando prazer em ser tanto a fagulha quanto a chama.

Mercúrio em Virgem/Sexta Casa

Detalhes, planejamento e análise são seus novos pontos fortes, com um interesse crescente por saúde e serviço social. Você pode aproveitar essas características tanto na vida pessoal como na profissional, contanto que se lembre de que a perfeição, de fato, é um objetivo inalcançável e desnecessário. Preencha sua mente com pensamentos positivos todos os dias.

Mercúrio em Libra/Sétima Casa

Você é atraído por pessoas e possui desejo intenso de relacionamentos íntimos. Com essas pessoas você aprende a reconhecer uma gama maior de pontos de vista, desenvolvendo ainda mais suas aptidões de comunicação. Estará mais disposto ao compromisso agora, mas também tenderá à indecisão, principalmente por ver ambos os lados de uma questão.

Mercúrio em Escorpião/Oitava Casa

Você adquire a habilidade de enxergar além do óbvio, de intuir motivações ocultas e cavar até descobrir todos os fatos. A meditação pode fortalecer sua intuição e abrir acesso ao seu subconsciente. Porém, proteja-se contra a tendência de desconfiar e procurar razões implícitas, bem como uma hesitação em compartilhar seus pensamentos e opiniões quando for apropriado.

Mercúrio em Sagitário/Nona Casa

Sonhar acordado atrapalha a atenção, mas também pode fornecer o ímpeto para novos horizontes. Use a visualização para transformá-los em objetivos concretos, em vez de deixar que essas ideias caiam no vazio do devaneio despropositado. Além disso, aproveite todas as oportunidades para expandir a mente por meio do aprendizado – leia, pesquise e converse com as pessoas.

Mercúrio em Capricórnio/Décima Casa

Seus poderes de concentração aumentam e você descobre o valor das abordagens mais práticas e lógicas. Use-as para aperfeiçoar-se na carreira e ajudar a criar metas de longo prazo. É também o tempo para buscar oportunidades para conhecer líderes e para tomar a frente em projetos e apresentações.

Mercúrio em Aquário/11ª Casa

Você se interessa por pessoas novas, originais e intrigantes. Todas essas, e também as atividades em grupo e humanitárias, são meios para você ampliar sua base de contatos sociais e profissionais. Sua imaginação sairá ganhando com essa posição planetária, e sua mente buscará soluções inovadoras.

Mercúrio em Peixes/12ª Casa

O pensamento criativo é uma vantagem, contanto que suas ideias e soluções sejam realistas. Mas resista ao anseio de ir atrás do impossível. Sua intuição está aguçada agora, acrescentando percepção quanto a pessoas e situações, e seus palpites tendem a ser certeiros. Cuide-se para se proteger de pessoas negativas e sua energia, que você pode absorver subconscientemente.

Vênus mudando de signo/casa

Vênus em Áries/Primeira Casa

É tentador sair gastando dinheiro por aí, especialmente porque aumentou seu desejo por roupas, joias e todas as melhores coisas da vida. Portanto, conceba um orçamento e aprenda a viver dentro dele, poupando mais do que gasta. Além disso, é possível que você esteja mais impulsivo nas questões do coração, sentindo necessidade de namorar alguém. Pense com cuidado antes de entrar em um compromisso.

Vênus em Touro/Segunda Casa

Resoluto e sensual no amor, você está pronto para formar um relacionamento duradouro ou aprofundar o atual. Você também terá desejos intensos de conforto, móveis e outros itens caros, e as finanças melhorarão se você conservar recursos. Isso agora é mais fácil de conseguir, pois você se tornou consciente do valor das coisas, e tem interesse na estabilidade das finanças.

Vênus em Gêmeos/Terceira Casa

As pessoas veem um brilho especial em você, além de um jeito charmoso que contribui para uma popularidade cada vez maior. A vida social sobe uma escala na sua lista de prioridades, e, se está solteiro, vai adorar sair à caça. Mas cuidado com os gastos, pois é fácil sabotar o seu orçamento, agora.

Vênus em Câncer/Quarta Casa

Casamento, família e vida caseira trazem maior prazer à sua vida, e você pode acabar tendo filhos ou netos. Sua mentalidade financeira fica mais conservadora e você fica mais interessado em reformar ou comprar imóveis. Aqueles comprados durante esse período podem ser lucrativos a longo prazo.

Vênus em Leão/Quinta Casa

Você atrai amor e romance quase que magicamente e sente-se atraído pelas melhores coisas da vida. Se tiver filhos, vai querer ficar mais presente na vida deles, mas combata a tendência de sufocá-los. Jogos, amizades, exercícios, esportes, passatempos e férias restauram e renovam mais do que nunca a sua energia.

Vênus em Virgem/Sexta Casa

Seu desafio é desenvolver hábitos de poupança e gastos moderados, e pode ser que você se sinta encorajado a procurar uma oportunidade de trabalho que renda mais. Porém, também terá maior desejo por ordem e perfeição, o que pode afetar o relacionamento com colegas de trabalho e entes queridos. Não seja rígido com eles nem consigo, lembrando-se de que ninguém é perfeito.

Vênus em Libra/Sétima Casa

Você adquire uma sensibilidade maior para valorizar a beleza, a arte e a harmonia que refinam suas escolhas de pessoas, encorajando-o a atraí-las para sua vida. Parcerias e amizades íntimas trazem maior satisfação agora, e você tem a oportunidade de polir suas aptidões de comunicação e apresentação.

Vênus em Escorpião/Oitava Casa

Você poderá obter ganhos financeiros significativos nos anos seguintes, então planeje para maximizar rendas e investimentos. Uma herança vultosa é possível sob essa influência planetária. O amor, entretanto, pode ser turbulento, embora mais apaixonado, sendo o ciúme e o sentimento de posse problemas possíveis.

Vênus em Sagitário/Nona Casa

Sua sorte muda para melhor. A tendência é uma atitude cada vez mais independente e livre nas finanças e nos assuntos do coração, o que pode dificultar se conter em qualquer um dos dois campos. Alimente o desejo de aventuras com conhecimento e viagens de baixo custo com a cara-metade ou os amigos íntimos, e invista tempo em aprender sobre como administrar melhor seu dinheiro, atualmente e no futuro. Educação extra pode ampliar seu poder de ganho.

Vênus em Capricórnio/Décima Casa

Suas motivações são dinheiro, *status* e ambições, que podem ser todos seus nos próximos anos sob a influência de Vênus. O fator mais importante para atingir suas metas serão as pessoas. Desenvolva relacionamentos sólidos com quem possa ajudá-lo a realizar seus objetivos e esforce-se para aumentar sua rede de contatos profissionais.

Vênus em Aquário/11ª Casa

As conexões mentais sobrepujam a pura paixão nos relacionamentos, agora, e você vai querer ter contato regular com as pessoas importantes da sua vida. Mas também se distanciará sutilmente de muitos, e possivelmente de alguém próximo, pois a independência torna-se cada vez mais uma prioridade para o seu bem-estar. Seja generoso, mas econômico, com dinheiro.

Vênus em Peixes/12ª Casa

Sem perceber você envia sinais sutis que podem atrair a atenção e o romance que deseja. Entretanto, tente ser prático e objetivo. O amor, bem como as relações profissionais, pode enganar. Não se arrisque, nesse ponto, mas deixe as coisas acontecerem, caso você sinta que está começando a gostar de alguém. Pode haver confusão nos assuntos financeiros.

Marte mudando de signo/casa

Palavras-chave de Marte: ação, energia, velocidade, fogo, luta, incentivo, ambição, paixão, liderança.

Marte em Áries/Primeira Casa

Você vivenciará uma amostra de pura energia marciana sob essa influência, que o deixará em estado de intensa atividade grande parte do tempo. Aceite a iniciativa e o impulso que essa energia adiciona ao seu

Marte natal e use a influência combinada para alcançar seus objetivos. Mas não saia correndo sem o seu bom senso, pois a velocidade e alta tolerância aos riscos podem facilmente desencadear passos em falso a qualquer hora.

Marte em Touro/Segunda Casa

Você pode contar com sua energia normalmente intensa, mas a pressa o perderá importância na medida em que você modifica seu estilo de ação para chegar a um ritmo mais lento e moderado. Sob vários aspectos, a mudança traz o melhor de cada coisa, pois agora a ação estará aliada à tendência a terminar o que começa. Você também estará mais motivado a ganhar dinheiro, desejando cada vez mais a segurança financeira.

Marte em Gêmeos/Terceira Casa

A inquietude torna-se um fator na sua vida; embora não seja algo que o domine, às vezes você vai se sentir disperso e desorganizado. Contrabalance essa tendência fazendo listas e tendo uma agenda, e adquira o hábito de lidar com as coisas conforme elas vão surgindo. Sua curiosidade pode ser satisfeita por meio do aprendizado, e você pode desenvolver um talento para falar em público ou escrever.

Marte em Câncer/Quarta Casa

As necessidades emocionais e de segurança agora têm efeito direto sobre as suas ações, pois agora você precisa mais de ambas. Embora isso possa ter uma influência estabilizadora sobre a energia de seu Marte natal, tente não deixar que tais necessidades dominem sua vida. Desse modo, você pode reter um alto nível de confiança em vez de permitir que as ações dos outros o afetem pessoalmente.

Marte em Leão/Quinta Casa

Suas habilidades de liderança começam a surgir – ou ficar evidentes – e com elas vem um senso de identidade, energia e força de vontade acentuados. Deixe que o vasto mundo conheça sua presença, assuma alguns – ou maiores – riscos, sabendo que possui a coragem necessária para vencer e realizar seus objetivos. Mas tenha cautela quanto a deixar que o seu ego comande.

Marte em Virgem/Sexta Casa

Agora você estará bastante diligente, e o trabalho fica mais satisfatório e define melhor quem você é. Se não está satisfeito com a vida profissional atual, busque uma mudança de emprego ou de carreira. Porém, antes de realizá-lo, pense bem e faça planejamentos a curto e longo prazos. Pode sentir-se atraído pelos setores relacionados à saúde ou ao serviço social.

Marte em Libra/Sétima Casa

Esforços cooperativos e parcerias podem ajudá-lo a realizar suas ambições pessoais e profissionais, e os contatos feitos agora podem trazer futuras oportunidades na carreira. Você também tem maior necessidade de investir mais em si no tocante aos relacionamentos pessoais e também de aperfeiçoar as habilidades de comunicação. Dê ênfase ao consenso.

Marte em Escorpião/Oitava Casa

Sua aura adquire uma intensidade sutil que reflete sua vontade e resolução interiores de concluir assuntos em aberto. A determinação é forte, mas pode rapidamente se tornar uma atitude teimosa e inflexível, capaz de ser seu pior inimigo. O dinheiro exerce forte influência motivadora, mas mantenha as finanças sob perspectiva em vez de deixar-se consumir por elas.

Marte em Sagitário/Nona Casa

Você agora aprecia viagens e aventura, e um desejo por conhecimento o impulsiona ao aprendizado. Aprender por diversão é uma opção, ou você pode sentir um desejo repentino de retornar aos estudos ou concluir uma graduação para obter um diploma. Também estará mais motivado a compartilhar o conhecimento e explorar suas crenças fundamentais ou quaisquer problemas do passado que ainda restem.

Marte em Capricórnio/Décima Casa

Marte alimenta suas ambições, que se beneficiam de uma abordagem prática, porém decidida. Apesar do desejo de fazer as coisas se movimentarem, planeje primeiro. Desenvolva e atualize constantemente planos de ação de carreira, tanto de curto quanto de longo prazo. O caminho correto surgirá quando você souber para onde está indo, aumentando assim as possibilidades de ser bem-sucedido e obter os resultados desejados.

Marte em Aquário/11ª Casa

Grupos, amigos e interesses incomuns ou inovadores são expressões ideais para a sua independência cada vez maior, e você pode se tornar um líder em qualquer uma dessas atividades. Em certo sentido, entretanto, sua vida se torna mais séria, agora, conforme você define as prioridades de sua vida. Com Marte impulsionando seus desejos, você pode realizar muito da lista de desejos de sua vida.

Marte em Peixes/12ª Casa

Agora você tem maior empatia com relação às pessoas, mas pode acabar se atolando nos problemas emocionais delas. Tente manter uma distância razoável e limite seu apoio a ajudá-las a auxiliarem a si mesmas. Se não fizer assim, sua resistência e confiança podem ser prejudicadas. Entretanto, pode ser benéfico trabalhar junto a uma organização beneficente, e exercitar-se fará bem ao seu nível de energia. Os sonhos podem ser inspiradores.

PALAVRAS-CHAVE DOS SIGNOS E CASAS

Áries/Primeira: o eu, novos empreendimentos
Touro/Segunda: lucros e dívidas pessoais, bens, valores e ética
Gêmeos/Terceira: transportes, comunicação (ler, escrever, falar), veículos, vizinhos, irmãos, parentes, notícias, tarefas, aprendizado
Câncer/Quarta: lar, família, assuntos domésticos e familiares, mudança de casa
Leão/Quinta: crianças, criatividade, romance, especulação, recreação, esportes, passatempos
Virgem/Sexta: trabalho diário, local de trabalho, atividades voluntárias, animais de estimação, saúde
Libra/Sexta: parceiros, amigos íntimos, esforços cooperativos, o público
Escorpião/Oitava: recursos compartilhados, devedores, heranças, seguro, finanças do parceiro, sexo
Sagitário/Nona: viagens, atividades culturais, educação universitária, conhecimento, religião, filosofia de vida, publicação, atividades promocionais
Capricórnio/Décima: carreira, ambição, *status*, fama
Aquário/11ª Casa: amigos, grupos, atividades humanitárias, objetivos, esperanças e desejos, rede de contatos
Peixes/11ª Casa: entidades beneficentes, instituições, segredos, saúde, subconsciente, intuição, sonhos

Aspectos planetários

Ao longo da vida você vivenciará a maioria dos aspectos planetários, seja por progressão, seja por arco solar. A não ser em alguns casos raros, Mercúrio e Vênus progredidos formarão aspecto com todos os planetas natais no seu mapa. O Sol e a Lua progredidos formarão aspecto com cada planeta natal, sendo que a Lua repete o aspecto específico (mesmo signo, casa e aspecto) duas ou três vezes ao longo de uma vida.

Os aspectos utilizados na astrologia de previsão são os mesmos usados quando lemos um mapa natal, sendo classificados como desafiadores ou amenos. Mas nem sempre é assim tão simples, porque são necessários alguns aspectos desafiadores para gerar ação. O trígono e o sextil indicam um fluxo suave de energia, mas, em geral, não iniciam a ação.

Aspectos desafiadores: quadratura, oposição, semiquadratura, sesquiquadratura.

A conjunção pode ser amena ou desafiadora, dependendo dos planetas envolvidos. Uma conjunção Marte-Plutão, por exemplo, é um aspecto desafiador, enquanto uma conjunção Vênus-Mercúrio se manifesta como mais positiva do que negativa.

Aspectos suaves: sextil, trígono e, às vezes, a conjunção.

Os aspectos suaves podem às vezes iniciar uma ação, como quando um trígono ativa uma quadratura natal. Nesse caso, o trígono pode fazer com que a quadratura natal funcione em seu sentido mais negativo, mas também pode produzir uma oportunidade para solucionar dificuldades associadas à quadratura. A resolução tem maior probabilidade de ocorrer quando, por exemplo, uma quadratura natal Vênus-Saturno se torna um sextil Vênus-Saturno progredido ou de arco solar.

A Lua progredida percorre todo o zodíaco a cada 28 anos. Durante sua travessia, ela forma aspectos com sua Lua natal, fornecendo amplas oportunidades de vivenciar e aprender com sua posição natal por signo, casa e aspecto. A cada sete anos, a Lua progredida forma um aspecto desafiador com sua posição natal, e o mesmo ocorre a cada cinco anos com o sextil ou o trígono. Nessas ocasiões, sua energia natal lunar e aspectos lunares natais são ativados. Uma Lua progredida em quadratura com um trígono natal Lua-Mercúrio poderia, assim, estimular a ação, enquanto um trígono entre a Lua progredida e o trígono natal não teria o mesmo efeito. Ou uma Lua progredida em sextil com uma oposição natal Lua-Plutão pode desencadear questões de controle ou estimulá-lo a lidar com elas.

Os arcos solares ativam seus planetas natais e ângulos em várias ocasiões, dependendo dos graus dos planetas natais. Pelo fato de que os planetas de arco solar se movem à mesma velocidade, ao contrário das progressões, os aspectos natais são sempre mantidos; ou seja, uma quadratura natal entre dois planetas será sempre uma quadratura natal pelo arco solar. A Lua em progressão secundária é usada tanto nos aspectos progredidos quanto nos de arco solar.

Planetas progredidos em arco solar que formam aspectos consigo, como Mercúrio-Mercúrio, ativam a sua energia e seus aspectos natais de acordo com o signo e a posição de casa dos planetas envolvidos. Também ativam os aspectos planetários associados.

As interpretações nas páginas seguintes são de natureza geral, pois não podem considerar os signos, as casas e outros aspectos de progressão/arco solar, e o mapa natal específico em que estão ativos. Assim, utilize-os apenas como orientação geral para fomentar seu próprio raciocínio. As palavras-chave são a melhor forma de interpretar ambos os mapas natal e de previsão.

Por exemplo, uma conjunção Sol-Mercúrio indica uma mente (Mercúrio) ativa (conjunção), focada principalmente em questões de identidade (Sol). Na quinta casa, isso poderia indicar o nascimento de uma criança; na sétima, um casamento; na décima, uma promoção. Se quisermos ir mais longe, se o Sol rege a primeira casa natal, e Mercúrio rege a décima casa natal, você (Sol) precisaria iniciar uma ação (primeira casa) enviando um currículo (Mercúrio) para obter uma promoção (décima casa).

De modo geral, planetas progredidos e de arco formando aspecto consigo mesmos têm esse foco: Sol, ego; Lua, emoções; Mercúrio, comunicação, processos de pensamento; Vênus, relacionamentos, amor, dinheiro; Marte, impulso, iniciativa.

Júpiter, Saturno, Urano, Netuno e Plutão não se movem em velocidade suficiente por progressão para formar aspecto consigo mesmos. Por arco solar, suas tendências são: Júpiter, expansão, crescimento; Saturno, restrição, realização; Urano, mudança, estímulo mental; Netuno, espiritualidade, confusão; Plutão, mudança, transformação.

Planetas progredidos (exceto a Lua) formam aspectos consigo mesmos em semiquadratura, sextil e quadratura, dependendo de sua velocidade, e raramente em sesquiquadratura e trígono. A exceção é a conjunção, que ocorre somente se o planeta natal estiver retrógrado ou ficou retrógrado após o nascimento.

Planetas retrógrados progredidos

O ano em que um planeta progredido muda de direção é bastante significativo, embora possam passar vários anos antes de você perceber essa importância. Pelo fato de esses planetas se moverem tão vagarosamente (lembre-se, eles estacionam quando mudam de direção), tratase mais de um processo evolucionário que quase sempre, de alguma forma, revoluciona a vida. Por exemplo, um planeta da décima casa mudando de direção poderia indicar a mudança para uma área profissional completamente diferente e a percepção de que você finalmente está trilhando um caminho sólido em direção à realização. Como outro exemplo, o casamento quase sempre ocorre em um ano em qual um Vênus progredido retrógrado se torna direto.

Normalmente, questões relacionadas à casa em que um planeta progredido fica direto ganham ímpeto, enquanto o interesse por elas tende a enfraquecer se o planeta progredido fica retrógrado. Faça um estudo dos aspectos formados pelo planeta mudando de direção e a posição de casa dos planetas aspectados, bem como suas respectivas regências. Essas áreas da vida também serão afetadas. De novo, utilizando um exemplo ligado à carreira, se o planeta da décima casa que está ficando direto está em oposição a um planeta da quarta casa, você percebe a necessidade de um estilo de vida mais equilibrado, que inclua mais tempo para a família.

Possivelmente mais significativo é o ano em que um planeta previamente retrógrado se move em frente para tornar um aspecto natal exato. O mesmo poderá ocorrer caso um planeta natal direto fique retrógrado e atinja o aspecto exato. Os planetas progredidos podem formar esses contatos em qualquer aspecto. A conjunção proporciona a energia mais concentrada, mas a quadratura e a oposição são igualmente poderosas, sendo os outros aspectos menos significativos.

Embora uma conjunção, quadratura ou oposição progredida, resultada de um padrão retrógrado, frequentemente marque um acontecimento, sua importância principal reside em outro nível. Quando um planeta atinge um aspecto natal exato após voltar ao movimento direto (ou ficar retrógrado), ele ativa o potencial natal, liberando energia para a consciência. Quase sempre o indivíduo se aperceberá de um antigo desejo em alguma área específica da vida, que ele ou ela não conseguiam acessar antes da conjunção. Um planeta formando conjunção enquanto estiver retrógrado tem o efeito oposto: ele tende a internalizar a energia, tornando-a, de certa forma, inacessível, embora a tendência não seja tão forte quanto a proporcionada por um planeta natal retrógrado.

Fique atento a esses padrões progredidos retrógrados, que não ocorrem na vida cotidiana. Mercúrio, Vênus e Marte têm maior probabilidade de atingir aspectos exatos da carta natal, embora Júpiter, Saturno, Urano, Netuno e Plutão possam fazer o mesmo se, no nascimento, estiverem em um aspecto quase exato (o Sol progredido nunca é conjunto com o Sol natal, pois nunca fica retrógrado; a Lua progredida entra em conjunção com sua posição natal uma vez a cada 28 anos).

PERÍODO ATIVO PARA OS ASPECTOS PROGREDIDOS DE PLANETAS INTERNOS

Lua: cerca de dois meses
Sol: cerca de um ano
Mercúrio: cerca de nove meses (se não estiver estacionário, ou estacionado há pouco tempo)
Vênus: cerca de 12 a 15 meses (se não estiver estacionário, ou estacionado há pouco tempo)
Marte: cerca de dois anos (se não estiver estacionário, ou estacionado há pouco tempo)

Aspectos desafiadores: quadratura, oposição, semiquadratura, sesquiquadratura e algumas conjunções

Sol-Sol: seu ego está fortemente em jogo e você tende a ver tudo somente do seu ponto de vista. Lembre-se de ouvir e considerar o que os outros dizem. Esse é um momento de obter apoio deles e desenvolver relacionamentos mais fortes e mutuamente benéficos. Empreitadas criativas, esportes e passatempos são ótimas formas de dar vazão nas horas de lazer.

Sol-Lua: suas emoções puxam-no para um lado e sua vontade, para outro. Conciliar essas duas energias pode ser um desafio, então saiba que os acontecimentos girarão em torno da sua identidade, relacionamentos íntimos e questões básicas da vida. Combata o estresse e a tensão com exercícios, tirando um tempo de folga ou outras mudanças positivas no seu estilo de vida.

Sol-Vênus: seu foco são: amor, parcerias, pessoas e relacionamentos em geral. A conjunção é frequentemente um aspecto de casamento ou compromisso, mas os outros aspectos desafiadores podem ser positivos ou negativos, resultando tanto em separações quanto em novos relacionamentos. Você também se interessará mais por beleza e moda; os gastos podem prejudicar seu orçamento.

Sol-Marte: cuidado. Ritmo veloz e atitude imbatível são o cenário perfeito para um acidente. Exercícios e outras atividades físicas contrabalançam raiva, agressividade e insônia, além de fornecer energia adicional que pode ser usada em atividades de autoaperfeiçoamento e outras metas positivas. Faça questão de valorizar a opinião dos outros e perceba que os seus pontos de vista firmes podem não ser acurados.

Sol-Júpiter: você está feliz, esperançoso e animado, pronto para agarrar qualquer oportunidade que aparecer. Mas não se arrisque demais. Tudo bem encarar desafios calculados; já otimismo cego não é nada bom: a sorte tem limites. Mesmo assim, esse aspecto pode apontar uma luz no fim do túnel e indicar que, no resultado, a boa sorte prevalecerá em meio a um grupo de aspectos desafiadores.

Sol-Saturno: esse aspecto quase sempre traz exatamente o que você merece – lucros ou perdas de acordo com ações passadas. Pode ser extremamente compensador, ou então ensinar uma lição dura. Nessa época você também pode sentir que precisa fazer tudo por si só. Mas não é bem assim. Divida a carga e faça apenas a parte que lhe cabe. Esse aspecto também pode se manifestar como uma baixa de energia, então descanse e durma bastante.

Sol-Urano: esteja pronto ou não, as mudanças estão aí acompanhadas de uma veia independente assinalando mudanças em seus pontos de vista. Mesmo se o seu mapa tiver ênfase em signos fixos, a melhor escolha é aceitar as mudanças ou até mesmo iniciá-las. Isso aumentará as chances de que o período seja, sobretudo, positivo e esclarecedor. Contudo, tome precauções para controlar o seu temperamento e evitar acidentes.

Sol-Netuno: grande parte do que você vê como realidade, nessa época, é justamente o oposto, mesmo que sua visão pareça clara. Utilizados de forma positiva, os sonhos podem trazer *insights* e possivelmente previsões. Dê ouvidos à intuição. Agora não é a hora, entretanto, de tomar importantes decisões de vida, parcerias ou dinheiro. Somente quando esse aspecto se separar é que você poderá perceber totalmente o que ocorreu enquanto ele ainda estava ativo.

Sol-Plutão: poder e intensidade são os temas centrais, seja você a pessoa que sofre ou a que exerce a influência deles. Seja proativo se você se sente preso em alguma situação complicada em casa, no trabalho, em uma amizade ou relacionamento amoroso, e não sucumba à manipulação. Você também pode usar esse aspecto para obter transformações pessoais positivas, como mudanças de atitude e pontos de vista, ou um estilo de vida mais saudável que inclua dieta, exercícios e conversas encorajadoras consigo mesmo.

Lua-Lua: as respostas emocionais podem ser tanto inspiradoras quanto iluminadoras. Anote-as e busque pistas que revelem seus pontos mais sensíveis. Conhecendo-os, você pode compreender e administrar melhor seus sentimentos e reações. Esse aspecto também poderia significar uma mulher que precisa da sua ajuda. Essa normalmente não é uma época favorável para o contato com mulheres ou para trabalhar com o público.

Lua-Mercúrio: evite decisões e negociações importantes, pois as emoções podem sobrepor-se à lógica e ao bom senso. Portanto, não é a hora de comprar um imóvel, fazer investimentos, comprar veículos ou móveis. Se algum vendedor pressioná-lo, afaste-se. Pequenos conflitos podem acontecer nesse momento, especialmente com mulheres; então, concentre-se em ter tato ou em não se manifestar.

Lua-Vênus: tente tratar os entes queridos com gentileza, mesmo se suas emoções estiverem confusas. Isso ajudará a promover harmonia e compreensão, ou pelo menos a minimizar conflitos. Dê um enfoque similar à sua casa, embelezando-a com uma nova decoração, reformas, limpeza e organização. Mas estabeleça um orçamento para as compras, em vez de deixar que as emoções controlem os gastos.

Lua-Marte: suas emoções estão em alta e a paciência, em baixa. Isso possibilita que pessoas ou pequenas complicações o irritem facilmente agora. Tente evitar situações estressantes e pense em coisas positivas se estiver em meio a um conflito. Abra-se ao consenso. É também possível contrabalançar o efeito desse aspecto passando algum tempo sozinho para relaxar e recentrar.

Lua-Júpiter: os anseios de liberdade desse aspecto poderiam estimular você, até de forma inconsciente, a se distanciar de alguns relacionamentos íntimos. Opte por outra solução, como viajar, aprender sobre outra cultura ou modo de vida, ou fazendo aula de esportes ou por meio de algum passatempo. É possível que fique tentado a ser excessivamente generoso com a família, agora; divida mais o seu tempo do que seu dinheiro com eles.

Lua-Saturno: solidão e sentimentos de culpa ou arrependimento podem tomar as rédeas sob essa influência, possivelmente porque você encontrou alguém do passado, ou foi lembrado de algum fato do passado. Embora seja desafiador afastar esses sentimentos, tente manter uma visão realista sobre eles. Evite a tendência a se isolar. As pessoas próximas podem auxiliá-lo, se você pedir ajuda.

Lua-Urano: as emoções e o humor instáveis sob esse aspecto tendem a fomentar ações impulsivas das quais você poderá se arrepender mais tarde. Por isso é importante enfatizar a paciência em tudo o que você faz, enquanto também evita tirar conclusões precipitadas. Reconheça o problema pelo que ele é: um desejo por mudanças e aventura e a sensação de que você precisa de algo diferente na vida. Encontre uma válvula de escape positiva e segura para satisfazer essa necessidade.

Lua-Netuno: você está mais sensível do que o normal às pessoas e ao ambiente que o cerca, e ambos podem desencadear reações emocionais pouco características, para sua surpresa. Tente evitar situações e pessoas com as quais você sabe que será difícil lidar, e lembre-se de que nesse período qualquer desrespeito é mais interpretação do que realidade. É possível que você tenha de ajudar uma mulher ou cuidar dela.

Lua-Plutão: sentimentos intensos podem levar ao ciúme e ao desejo de manipular outros, ou você pode ser alvo de manipulação. Afaste-se o máximo possível das pessoas que não estimulem o seu estilo de vida. E separe algum tempo para olhar com tranquilidade para si em busca de autoconhecimento – assim conseguirá compreender melhor as suas motivações subconscientes.

Mercúrio-Mercúrio: seus poderes de concentração e a habilidade para estudar e aprender podem estar no ápice agora. Mas você vai ter de achar um modo de lidar com inquietude e distrações. Música tranquila pode ajudar mais do que o silêncio. Todas as formas de comunicação podem tirá-lo do rumo agora, então seja seletivo sempre que possível. Faça o que for necessário para desligar sua mente antes de ir dormir, para não perder o sono.

Mercúrio-Vênus: esse aspecto estimula jogos, risadas, vida social e tempos de alegria. Os relacionamentos podem ser ótimos se você der ênfase à comunicação. É possível que se interesse romanticamente por alguém – a conjunção, em especial, pode desencadear um noivado ou casamento. Essa combinação também é útil para resolver assuntos financeiros com um sócio. Pensamento positivo acentua seus poderes de atração.

Mercúrio-Marte: sua energia mental ativa gera ótimas ideias, mas esse aspecto pode também desencadear decisões impulsivas e impaciência com os outros, o que o deixa nervoso. Treine-se para ir com calma, pense antes de falar e aja em vez de fazer ou dizer algo de que se arrependerá. Além disso, seja cuidadoso com ferramentas, escadas, fogo e ao dirigir, pois esse é um período propenso a acidentes.

Mercúrio-Júpiter: otimismo e pensamentos animadores caracterizam o lado positivo desse aspecto. Entretanto, você pode acabar sendo arrastado por devaneios, desejando que as coisas sejam como você gostaria que elas fossem. Também há facilidade de sobrecarregar a agenda sem perceber – até que todos os compromissos cheguem de uma vez. Portanto, seja seletivo e só prometa o que consegue cumprir.

Mercúrio-Saturno: esse aspecto ajuda a concentração, mas também traz preocupações e arrependimentos. Tente não estagnar neles. Olhe para o futuro em vez de para o passado, a não ser como experiência de aprendizado, o benefício real desse aspecto. Sua lista de afazeres será provavelmente longa nesse período, e pode ser necessário lidar com problemas mecânicos. O mais importante: concentre-se em pensar positivo.

Mercúrio-Urano: cuidado com o que você exclui de sua vida em sua busca pelo que é novo e diferente. Apesar dos seus desejos, agora, andar com cautela é a melhor escolha, em uma época na qual o potencial para acidentes também é alto. Você pode usar essa energia positivamente direcionando-a ao aprendizado e às ideias inovadoras no local de trabalho. Uma intuição ativa é capaz de trazer lampejos de *insight* nos momentos mais inesperados, com acontecimentos ou notícias surpreendentes.

Mercúrio-Netuno: é ótimo sonhar acordado sob esse aspecto, e você pode passar horas em devaneio. Isso pode ser produtivo se você tiver tempo e quiser usar como ajuda para seus talentos criativos. Porém, na vida diária, a confusão interferirá com a comunicação e você pode ter dificuldades em se concentrar no trabalho. Evite grandes decisões, compras e contratos, se for possível.

Mercúrio-Plutão: seus pensamentos são intensos e sua mente ganha importante foco sob esse aspecto. Isso pode ser positivo ou negativo, dependendo de como você lida com questões de poder pessoal ou pressão exercida pelos outros. Quanto mais tiver a mente aberta e aceitar críticas construtivas, melhor se sairá. Concentre-se em uma visão ampla e cuidado com a estreiteza de visão.

Vênus-Vênus: esse aspecto é favorável para praticamente tudo, desde amor e dinheiro até aquilo que você mais deseja. Também, quase sempre, significa o início de um namoro firme, noivado ou casamento. Como indicação de um período em que as pessoas têm apreço excepcional por você, é possível usar isso de forma vantajosa na vida profissional, cultivando contatos que poderão ajudá-lo a alcançar suas metas. Contudo, controle os gastos.

Vênus-Marte: romance e paixão são os melhores possíveis quando esse aspecto está ativo. Mas animosidade também é possível. Você provavelmente vivenciará ambos nos vários relacionamentos da sua vida. Agora, entretanto, não é o momento de atirar-se em um compromisso, pois você estará focado nos aspectos físicos do relacionamento, e pouco interessado em saber se será uma união de amor duradouro.

Vênus-Júpiter: controle-se um pouco com dinheiro e questões do amor. O jogo amoroso pode ser tão divertido quanto gastar, mas é possível cometer exageros mesmo com as coisas boas. Estabeleça limites e verifique se não está fantasiando – assim você equilibra o otimismo. Se receber algum lucro inesperado, o que normalmente é desencadeado por esse aspecto, guarde e invista em vez de gastar ao sabor do coração.

Vênus-Saturno: se você já está em um relacionamento, esse aspecto pode tanto fortalecer quanto acrescentar uma frieza peculiar. Seja qual for o caso, você provavelmente se distanciará de alguém agora, possivelmente de algum amigo íntimo ou parente. Não é o melhor momento para novos relacionamentos ou para reatar com antigas paixões; pode, sim, auxiliá-lo a avaliar e equilibrar as finanças, bem como zerar dívidas.

Vênus-Urano: novos relacionamentos fagulham com amor à primeira vista ou amizades instantâneas, o que se encaixa perfeitamente na sua necessidade de diversão e mudança. Entretanto, não se jogue em uma parceria nem saia correndo de outra até esse aspecto passar, pois você mudará de ideia mais de uma vez antes que ele passe. Em vez disso, encontre outros meios de satisfazer sua necessidade por independência. É possível que receba uma herança inesperada.

Vênus-Netuno: esse é o aspecto da fantasia idealista, a melhor definição de um romance em seu ponto mais alto. Mas também vem com uma questão: será mesmo amor, ou você está apaixonado pela ideia de amar? Não há como saber com certeza até depois de passado esse aspecto. Seja também cauteloso ao contratar algum profissional, como empreiteiros ou contadores, pois é muito fácil você se enganar (ou enganar os outros) agora. Fique atento com as finanças para que o dinheiro não escape por entre os seus dedos.

Vênus-Plutão: mesmo se você não tiver naturalmente tais inclinações, esse aspecto encoraja o ciúme e a possessividade não só com relação a pessoas, mas também a coisas. É fácil ficar obcecado com um dos dois fatores, agarrando-se a ele como se fosse à própria vida. Em vez disso, utilize essa energia de modo positivo entrando em contato com o que você valoriza pessoal e profissionalmente, na vida e nas outras pessoas como primeiro passo para definir e solucionar a necessidade de controle.

Marte-Marte: calma! Programe descansos e momentos de relaxamento regulares na sua vida agitada, mesmo que isso signifique abandonar coisas ou deixar passar uma oportunidade. Agora será muito fácil exagerar e passar demais dos limites, o que pode resultar em erros e acidentes. Pense antes de agir e falar, e tenha cuidado com ferramentas, na cozinha e ao dirigir. A impaciência podc arruinar o que há de melhor em você.

Marte-Júpiter: sua energia elevada é ótima para novos empreendimentos e produtividade máxima, e os riscos calculados podem dar bons e espantosos resultados. Mas o otimismo excessivo pode encorajá-lo a olhar somente para o lado bom, ignorando o lado ruim potencial. Separe bastante tempo para pensar bem nas coisas antes de agir e cuidado para não se comprometer com coisas demais. Até você tem limites.

Marte-Saturno: esse não é um aspecto fácil. Ele desencadeia frustrações e atrasos, o que requer paciência, persistência e esforço. Apesar do desejo periódico de se afastar, sua melhor opção é persistir. No fim você superará os obstáculos e vencerá. Resista à vontade de escolher saídas fáceis, uma tática que se voltará contra você. Encare suas responsabilidades.

Marte-Urano: mesmo sendo normalmente uma pessoa tranquila, esse aspecto pode desencadear estresse e tensão nervosa, o que pode conduzir à pressa e falta de cuidado, bem como temperamento explosivo e acidentes. Evite encher a agenda e tente limitar o contato com pessoas tensas e exigentes. Exercícios moderados e música calma podem ajudá-lo agora.

Marte-Netuno: sob esse aspecto, a confusão predomina. Você não tem certeza do caminho a tomar ou da direção a seguir, tanto literal quanto figurativamente. Grandes empreitadas podem desviar-se do que foi planejado, apesar dos seus melhores esforços, e é difícil iniciar ações ou concluir o que começou. Tente ser paciente consigo mesmo e com a situação. Dê vazão a isso de forma criativa para ajudar a canalizar essa energia.

Marte-Plutão: paixões positivas podem levar a incríveis realizações, mas a obsessão e os jogos de poder (seus ou de outras pessoas) são capazes de minar sua posição. Não é hora de resistir teimosamente às ordens do chefe ou outras figuras de autoridade, pois, quanto mais você resiste, pior o resultado. Como alternativa, aproveite a incrível força de vontade que você tem agora. Fique longe de locais e pessoas potencialmente perigosos.

Júpiter-Júpiter: atenção para as oportunidades, mas tente não se jogar de cabeça na primeira que surgir. Junte informações e pense cuidadosamente. A sorte está bem do seu lado agora – saúde-a, mas não conte com ela. Em vez disso, mude seu foco para criar a sua própria sorte ao buscar oportunidades e aproveitá-las. Fique alegre, pense positivo, aprenda, cresça, viaje e expanda seus horizontes.

Júpiter-Saturno: é fácil se sobrecarregar com responsabilidades, sob esse aspecto. Portanto, você terá de estabelecer prioridades e utilizar de tato para dizer "não" quando os outros tentarem transferir suas próprias responsabilidades para você. Então, você poderá aproveitar as oportunidades promissoras que surgirem, e todas demandarão esforço para ser compensadoras. Arrisque com bom senso na carreira e nos negócios e expanda seu conhecimento.

Júpiter-Urano: conhecido por trazer dinheiro caído do céu e golpes de sorte, esse aspecto pode colocá-lo no lugar certo na hora certa com pouco ou nenhum esforço da sua parte. Seja seletivo com relação às oportunidades que vai aproveitar e escolha a melhor entre as melhores – a que tenha o potencial de trazer a você ganhos máximos com esforço moderado. Tenha fé em suas decisões.

Júpiter-Netuno: o romance e as promessas podem se concretizar, mas também virar devaneios, fazendo com que você persiga alegremente sonhos impossíveis. Aproveite a alegria e diversão que acompanham esse aspecto, além da breve viagem de fantasia, sabendo que no fim provavelmente tudo não passou de ilusões. Descubra seu eu criativo.

Júpiter-Plutão: é possível mover montanhas com esse aspecto, que pode trazer sucesso nunca antes visto. Mas é possível que você esteja tão focado e no intento de sua missão que perderá outras coisas acontecendo à sua volta. O melhor é decidir de antemão o que você quer e como obtê-lo. Então, combine a sorte com sua intensa força de vontade e resista ao desejo de manipular e exercer controle.

Saturno-Saturno: responsabilidades pesadas e progressos mínimos podem deprimi-lo mais do que o usual. Caso você se sinta assim, considere um sinal para desenvolver paciência e compreensão consigo mesmo e com os outros. Também reveja os sucessos passados em vez de se afundar em arrependimentos. Em seguida, estabeleça novos objetivos e almeje alto. É possível ter sucesso na carreira, nessa época, quando você pode começar a movimentar as coisas para o futuro.

Saturno-Urano: é hora de mudanças quando você percebe que as antigas estratégias já não funcionam, mesmo havendo segurança no estado em que as coisas se encontram. Vá em frente, arrisque-se e desapegue-se do passado para criar uma nova realidade à qual possa recorrer quando for forçado a mudanças repentinas. Com isso você poderá desenvolver uma independência recém-descoberta que o libertará.

Saturno-Netuno: com um pé na realidade e o outro no mundo dos sonhos, é difícil saber por onde andar. Durante esse período, você aprenderá que a vida é uma questão de percepção, a começar com sua visão de mundo. Pode ser tentador evitar a realidade, mas vá além, ainda que isso signifiquc a tomada de decisões difíceis relacionadas às pessoas que você ama. Evite também tomar decisões profissionais importantes.

Saturno-Plutão: quanto mais você tentar controlar os acontecimentos, maior será a frustração. Assim como outros aspectos complicados de Saturno, esse significa grandes mudanças, quase sempre ligadas à carreira. Com Plutão envolvido, os acontecimentos ficam, basicamente, além do seu controle. O consolo é que muitas outras pessoas estão na mesma situação, então pense positivo, vá em frente e recrie sua realidade.

Urano-Urano: a única constante nesse aspecto é a mudança, como tem sido mais ou menos em sua vida inteira, sem dúvida. Prepare-se para tudo e qualquer coisa, e também para uma ânsia irresistível por independência. Entretanto, resista ao impulso de livrar-se do velho a favor do novo, antes de ter absoluta certeza do que você quer e do que, de fato, deseja mudar.

Urano-Netuno: excelente para criatividade, intuição e inovação, esse aspecto (e outros envolvendo Netuno) são quase sempre encontrados onde quer que haja drogas e álcool. A falta de responsabilidade é também um fator, quando predomina o lado negativo desse aspecto. Olhe em volta e perceba o que seus conhecidos vêm fazendo e como utilizam essa energia.

Urano-Plutão: um desejo de liberdade pessoal e independência pode impulsionar você a se libertar de todas as restrições, mas qualquer mudança feita nessa época será provavelmente irrevogável. Esse aspecto também pode virar o mundo de ponta-cabeça, quando você é pego em meio a jogos de poder que saem do controle. A melhor solução é adaptar-se, reagrupar e recomeçar.

Netuno-Netuno: fique criativo e explore seus talentos ocultos que vêm esperando pela hora de aparecer. É uma forma positiva de dar vazão a esse aspecto, que pode fazer com que você se sinta sem rumo, sem respostas ou direção. Busque uma perspectiva espiritual.

Netuno-Plutão: assim como em outros aspectos envolvendo Plutão, há pouca coisa que você possa fazer para controlar os acontecimentos à sua volta. Com Netuno, o que é familiar se dissipa e as desilusões podem prevalecer. Busque soluções criativas conforme avança para o novo paradigma.

Plutão-Plutão: resista à vontade de jogar tudo para o alto para começar de novo, a não ser em um sentido simbólico. O autoaperfeiçoamento e as mudanças positivas devem ser suas metas, com uma compreensão mais completa das suas motivações e desejos mais íntimos.

Aspectos suaves – sextil, trígono e algumas conjunções

Sol-Sol: você e sua vida estão em sincronia. Afirme-se, ache novas direções para seus talentos e um meio de vazão para sua liderança em desenvolvimento. Mas, principalmente, esse é um estágio de crescimento em que você reavalia suas prioridades e dá mais ênfase às suas necessidades e desejos.

Sol-Lua: você se sente bem e tem uma aparência ótima, com suas emoções e identidade em equilíbrio. Um aspecto sobretudo positivo, sua influência pode ajudá-lo a ser bem-sucedido em várias áreas em que o bom senso e a motivação pessoal podem alavancar suas ambições.

Sol-Mercúrio: seu raciocínio está nos trilhos, e você toma boas decisões com base nas necessidades pessoais. A comunicação é uma das principais características agora, e você deve se concentrar em melhorar ou usar mais suas aptidões para escrita e fala, possivelmente por meio de envolvimento comunitário.

Sol-Vênus: o prazer e o conforto são satisfatórios, bem como a vida social, mas tente limitar a autoindulgência. Você pode acabar exagerando facilmente agora, especialmente nos gastos. Mantenha o orçamento em mente e a generosidade sob controle. Compartilhe de si e do seu tempo com os outros.

Sol-Marte: você está em uma fase altamente energética, em pleno movimento e em missão para obter aquilo que deseja. É bem provável que seja bem-sucedido. Mas é possível que você se sobrecarregue, sabotando seus admiráveis esforços. Almeje um ritmo moderado.

Sol-Júpiter: a popularidade aumenta com o otimismo e os pensamentos positivos, e é possível ter sorte em praticamente tudo o que você desejar. Mas tente manter os acontecimentos e a vida sob perspectiva, pois você tenderá a fazer muitas coisas em excesso. Esforce-se pelo crescimento pessoal.

Sol-Saturno: paciência e um progresso lento e constante podem gerar resultados agora, e você provavelmente será reconhecido por realizações do passado. A vida pode não ser muito excitante nessa época, mas você se sente enraizado e nos trilhos, mesmo quando surgem as responsabilidades. Ajude os outros, mas não adote para si o que é tarefa deles.

Sol-Urano: você está aberto a mudanças agora, então é o momento de desabrochar e expandir-se em direção ao reino do crescimento pessoal positivo. As oportunidades poderão encontrá-lo, mas você obterá o melhor desse aspecto posicionando-se para que cheguem ao seu encontro.

Sol-Netuno: criatividade e intuição estão em alta, e as visualizações podem produzir resultados incríveis se você utilizar essa técnica de modo regular. A meditação pode ajudá-lo a acessar a voz interior e os sonhos trarão novas percepções. Porém, principalmente, você não deixará que pequenos problemas do cotidiano atrapalhem seu bom humor.

Sol-Plutão: você tem a vontade, a determinação e o foco para ir atrás exatamente do que deseja para a vida pessoal e profissional. Também fará contato com pessoas importantes, as que fazem e acontecem, capazes de facilitar seu caminho para o sucesso. Faça o mesmo pelos outros.

Lua-Lua: você vive um fluxo fácil de energia positiva com outras pessoas e sabe reagir às necessidades alheias. Então é uma ótima época para pedir favores, socializar-se e conhecer novas pessoas. Você também será especialmente efetivo se seu trabalho ou outras atividades envolvem trabalhar com o público.

Lua-Mercúrio: se há alguma coisa que você gostaria de dizer a alguém, agora é a hora. Você será capaz de comunicar seus sentimentos com relativa facilidade, tratar com leveza as questões mais delicadas e obter apoio para seus projetos. É um período positivo para falar em público e fazer apresentações.

Lua-Vênus: os relacionamentos acontecem em um ritmo tranquilo e o contato com mulheres e parceiros é especialmente favorável. Mas esse aspecto também traz uma inclinação para a preguiça e autoindulgência; isso pode resultar em você se atrapalhando para recuperar o tempo perdido. A área das finanças será particularmente positiva.

Lua-Marte: com facilidade e gentileza, você conseguirá fazer com que seus planos sejam aprovados. A maioria das pessoas responde favoravelmente e fica feliz em ajudá-lo a alcançar o objetivo desejado. É também possível agir de modo efetivo com suas paixões, que são apoiadas por um fluxo positivo de energia emocional.

Lua-Júpiter: esse é o aspecto de bem-estar, por excelência, e ele o cerca de otimismo, sorte, entusiasmo e esperança. Mas por mais tentador que seja, não fique vagando nessa agradável aura trazida por ele. Como alternativa, use o esforço e as circunstâncias favoráveis para se assegurar de que as coisas acontecerão como você espera.

Lua-Saturno: a realidade e praticidade são fortes temas sob esse aspecto, que também é benéfico para sua carreira. É um bom momento para lidar com situações emocionais estressantes, incluindo bagagem emocional, pois você terá maior controle sobre seus sentimentos.

Lua-Urano: o momento é propício para convidar novas pessoas para entrar em sua vida, algumas delas podendo virar amizades duradouras. Outras serão ótimos contatos profissionais. O trabalho em equipe flui com suavidade agora, contanto que você se abra a ideias inovadoras e mudanças positivas.

Lua-Netuno: esse aspecto ressalta o romance e a intuição, na medida em que você entra em sincronia com seu coração e sua voz interior. Também é um bom momento para fantasiar sonhando acordado, ver filmes ou shows, e visualizar o que você deseja obter quando esse aspecto passar.

Lua-Plutão: você se sente forte e poderoso e pode estar inclinado à manipulação sutil, especialmente se esse for um padrão na sua vida. Da mesma forma, você pode estar do lado que sofre a manipulação, mas será difícil detectar: as palavras e ações virão acompanhadas por um sorriso.

Mercúrio-Mercúrio: energia mental e comunicação são de grande valor agora, e você sentirá maior necessidade de se ligar (ou religar) às pessoas. Aprender vai ser bem fácil se você conseguir combater a inquietude que acompanha esse aspecto, e falar em público é um jeito ótimo de compartilhar o que sabe.

Mercúrio-Vênus: um nível extra de tato, graça e charme estarão a seu dispor sob esse aspecto. Os relacionamentos se beneficiarão particularmente da comunicação, e você obterá quase tudo o que pedir, pois está aberto ao consenso. Fique sintonizado em possíveis notícias financeiras positivas.

Mercúrio-Marte: o raciocínio rápido auxilia os estudos, falar em público e novos empreendimentos. Você só precisará ir um pouco mais devagar para colocar as ideias em prática, pois a paciência vai requerer esforço. Esse aspecto é positivo para o planejamento financeiro cuidadoso.

Mercúrio-Júpiter: a sorte agora está do seu lado, mas será preciso movimentar as coisas com as próprias mãos para aproveitá-la e capitalizar aproveitando grandes ideias. Você poderá aprender com facilidade, e o pensamento positivo será benéfico, contanto que você não ignore os aspectos negativos possíveis.

Mercúrio-Saturno: o raciocínio lógico e a concentração são valiosos nos negócios, bem como planejamento e organização. Coloque todas essas aptidões para trabalhar a você, na carreira, no cotidiano ou na área do lar. Mas aproveite também o lado mais descontraído; não se pode ser prático o tempo todo!

Mercúrio-Urano: pensamentos inovadores e a intuição podem conduzi-lo em todas as direções certas, desde carreira até projetos em grupo, redes de contatos e amizades. Entre em algum curso para se divertir ou aprender novas formas de obter renda, além de estimular sua mente; participe de alguma organização ou aprenda a dominar alguma habilidade de informática.

Mercúrio-Netuno: seu sexto sentido está ressaltado agora, então confie nos seus instintos com relação às pessoas, mesmo que as conheça há algum tempo. Esse aspecto dá a você a habilidade de encantar quase qualquer pessoa, então é possível acumular bastante informação para referências futuras.

Mercúrio-Plutão: seus poderes de persuasão estão no ápice, e muitas pessoas lhe contarão coisas que normalmente não diriam a ninguém. Tudo isso pode ser bastante conveniente em apresentações ou reuniões, bem como para o futuro. Você também poderá se destacar no campo da pesquisa e será capaz de farejar tudo o que precisar saber.

Vênus-Vênus: você consegue atrair amor e dinheiro com pouco esforço, quase como por magia; mas isso também virá acompanhado de certa preguiça e a tentação de jogar as pernas para o alto, ficar à deriva e gastar a esmo. Resista! Se aliado ao esforço, esse aspecto pode multiplicar seu índice de realizações.

Vênus-Marte: amor, paixão e relacionamentos íntimos beneficiam-se desse aspecto, sob o qual você também terá oportunidade de convidar novas pessoas a entrar na sua vida. Comprar demais pode causar impacto no seu orçamento, mas, provavelmente, você atrairá mais dinheiro para sua conta bancária. Economize, em primeiro lugar.

Vênus-Júpiter: diversão e vida social serão a prioridade número um na sua agenda. Vá além: permita que essa combinação sortuda traga sucesso em outras áreas, mas fique atento ao orçamento.

Vênus-Saturno: relacionamentos sólidos ficam ainda mais firmes, mas em outros casos você finalmente decidirá que não há problema em desapegar e deixar que desapareçam no passado. É um tempo favorável para avaliar suas finanças, aprender com os erros, planejar-se para o futuro, poupar e quitar débitos. Ganhos na carreira são possíveis.

Vênus-Urano: a última coisa que você quer agora é compromisso, então simplesmente aproveite a variedade e as fagulhas da atração. Esse também pode ser um período financeiro bastante feliz. Há possibilidade de dinheiro proveniente de fontes inesperadas, e você deveria, vez ou outra, tentar a sorte na loteria.

Vênus-Netuno: você está no seu período mais charmoso e, acima de tudo, pronto para viver um romance. Faça isso com o parceiro atual, com alguém novo, lendo alguma história romântica ou então comprando roupas ou *lingeries* novas. Mas fique atento para não gastar demais, pois o dinheiro pode escapar pelos seus dedos e desaparecer no éter.

Vênus-Plutão: agora você tem o poder de atrair amor, dinheiro e praticamente tudo o que desejar. Combine esforços com o raciocínio correto para realizar seus desejos. Normalmente, sob esse aspecto, os empréstimos são aprovados e os investimentos podem aumentar seu valor bruto se você assumir apenas riscos calculados.

Marte-Marte: sob esse aspecto você age com rapidez e decisão, em um estalo. Porém, agir com sabedoria implicará certo desafio durante esse período de grandes iniciativas, pois você está impaciente e apressado. Vá com calma, pelo menos nas coisas importantes, estabeleça metas claras e obtenha ganhos com seus talentos.

Marte-Júpiter: energia em alta e boa sorte estão do seu lado, de modo que você pode ser bem-sucedido em praticamente tudo em que focar. Entretanto, é possível que isso seja um desafio, pois os acontecimentos e situações podem se desdobrar tão rapidamente que será difícil acompanhá-los. Tente não correr mais que as pernas.

Marte-Saturno: embora o ritmo esteja mais lento do que você gostaria, é também gradual, e os esforços constantes conduzirão ao sucesso. Os obstáculos são administráveis se você for com calma e tiver um viés prático combinado ao conhecimento e à experiência. Um possível auxílio para sua busca seria a delegação de tarefas.

Marte-Urano: as oportunidades abundam, e seu sexto sentido pode ajudá-lo a se concentrar somente naquelas com maior potencial. O segredo é acrescentar seu jeito próprio e singular a essas oportunidades e arrebanhar a cooperação de outros em trabalho de equipe e redes de contato. Seja cuidadoso ao dirigir.

Marte-Netuno: os palpites podem compensar se você os ouvir e agir com base neles em sintonia com fatos concretos. Você está motivado a ajudar os outros, por meio de doações, ou compartilhando com suas aptidões para boas causas. Esse aspecto também acrescenta charme, o que é ótimo para você se promover e às suas ideias.

Marte-Plutão: além de facilitar a superação de obstáculos, esse aspecto lhe dá o poder de fazer as coisas acontecerem. Insista gentilmente, mas com firmeza, convencendo os outros a verem as coisas do seu jeito, mas cuidado para não ficar tão concentrado a ponto de perder a visão geral das coisas.

Júpiter-Júpiter: a sorte estará com você caso consiga aproveitar o melhor dessa época, em vez de simplesmente aceitar a boa fortuna surgindo no seu caminho. Inicie a ação, vá atrás do crescimento e das oportunidades de sucesso e capitalize com seu conhecimento. As viagens e a educação podem se tornar prioridades agora.

Júpiter-Saturno: sob esse aspecto, otimismo e realidade equilibram-se, trazendo uma visão racional, mas ainda assim esperançosa em qualquer situação. Essa é uma vantagem no aprendizado e na carreira, e você pode se dar bem comprando um imóvel ou investindo em negócios. A educação pode beneficiar sua carreira.

Júpiter-Urano: esse aspecto acrescenta sorte a praticamente qualquer situação ou problema em que você estiver envolvido. Ou poderia se tratar de algo inesperado que o pega de surpresa. Dentre as possibilidades estão bônus consideráveis, acertar na loteria, oportunidades de ouro ou alguém que facilitará seu caminho.

Júpiter-Netuno: fé e otimismo, grupos de autoajuda, causas que valem a pena e percepções espirituais intuitivas podem abrir a sua mente para novas verdades. Explore o vasto mundo, bem como outras culturas e modos de vida, além da sua própria criatividade. E, principalmente, olhe para o futuro e tudo o que ele pode ser.

Júpiter-Plutão: invista cuidadosamente a sua energia em suas aspirações. Esse aspecto afortunado pode criar justamente a situação ou acontecimento capaz de trazer tudo isso e mais ainda, se você se concentrar no que deseja. Tenha fé em suas habilidades e força de vontade, e acredite ser merecedor.

Saturno-Saturno: a responsabilidade e as recompensas caminham de mãos dadas com esse aspecto, que favorece em especial o sucesso na carreira e o investimento em imóveis. Esse é o momento de almejar um avanço planejado de carreira e, possivelmente, para a compra de uma casa ou investir em propriedades para alugar.

Saturno-Urano: Saturno estabelece as fronteiras agora, e Urano o encoraja a buscar mudanças dentro desse contexto. Com o acréscimo de inovação e imaginação, você pode encontrar a oportunidade ideal de carreira ou, caso haja outros fatores favoráveis, lançar um empreendimento empresarial.

Saturno-Netuno: você enxerga as estrutura como formas em que você pode criar e se inspirar. Esse aspecto pode, portanto, ser útil em decoração, transformar um passatempo criativo em negócio extra ou inspirar outras pessoas a realizar seu potencial.

Saturno-Plutão: esse aspecto o ajuda a dar partida em planos de longo prazo para qualquer empreendimento, mas especialmente nos relacionados à carreira. Use-o para planejar seu caminho para o sucesso, conhecer pessoas que tomam as decisões ou, então, para alguma grande transformação na carreira em direção a uma posição de poder e influência.

Urano-Urano: é um momento ótimo para formar uma rede de contatos e envolver-se em grupos humanitários ou profissionais. Cada um deles pode ser um meio para obter ganhos inesperados e *insights*, especialmente porque você está pronto para uma mudança de estilo de vida capaz de expressar sua individualidade.

Urano-Netuno: tome a iniciativa de contatar sua musa pessoal sob esse aspecto, que combina criatividade e inovação. Escreva poesia, estude metafísica, seja voluntário de uma boa causa ou se envolva em algum projeto comunitário.

Urano-Plutão: acontecimentos internos e externos podem engatilhar mudanças pessoais positivas agora, e os amigos e grupos influenciarão nesse processo, que estimula você a ver o mundo a partir de uma perspectiva diferente. Você pode ser reconhecido como líder em um clube ou organização.

Netuno-Netuno: a imaginação e a criatividade estão em primeiro plano agora, e seus pensamentos e opiniões subitamente se alteram para novas verdades pessoais conforme você descobre (ou redescobre) a si e seus talentos. Seu sexto sentido também se aviva, e os sonhos podem ser proféticos.

Netuno-Plutão: sua base espiritual, bem como muitas das suas crenças, evolui sob esse aspecto conforme influências externas alteram sua visão de mundo. Pode ser um tanto desafiante compreender e aceitar essa mudança, mas também possível, caso você se abra às possibilidades.

Plutão-Plutão: você tem o poder de fazer as coisas acontecerem e pode estar em uma posição revolucionária, alguém que renova as condições atuais e as transforma em modelos mais relevantes. É possível usar esse aspecto de modo eficaz para remodelar sua imagem pessoal para melhor. Mude dentro desse contexto. Com a ajuda da inovação e da imaginação, você poderia encontrar a oportunidade ideal de carreira ou, se houver outros fatores favoráveis, lançar um empreendimento empresarial.

Capítulo Quatro

Trânsitos de Planetas Exteriores

Os planetas exteriores (Júpiter, Saturno, Netuno, Urano e Plutão) funcionam um tanto como planetas progredidos e de arco solar em função de seu movimento vagaroso. Júpiter é o mais veloz, transitando por cada signo a cada 12 meses, aproximadamente, enquanto Plutão é o mais lento, movendo-se dois ou três graus por ano.

Esses planetas, particularmente de Saturno a Plutão, indicam grandes acontecimentos na vida, geralmente de longa duração, podendo chegar até a três anos. Isso se deve, em grande parte, ao efeito de seu padrão retrógrado conforme avançam, estacionam, ficam retrógrados, estacionam e voltam ao movimento direto. Os períodos estacionários, que terão efeito durante um mês ou mais (com um orbe de um grau aproximando e distanciando), são os que causam impacto maior. É durante o período estacionário que os acontecimentos normalmente ocorrem, pois é quando a energia está mais intensa.

Um planeta exterior em trânsito está quase sempre dentro de um orbe de um grau quando se dá um acontecimento. Plutão, entretanto, por vezes, é a exceção à regra, pois sua influência pode ser sentida a partir de um orbe aproximativo que chega a ter três ou quatro graus. Não é raro que o trânsito de um planeta exterior forme um aspecto exato com um planeta natal, progredido ou de arco solar, na época do acontecimento, mas também não é a norma. Portanto, não limite o período de tempo da sua previsão ao dia em que o trânsito do planeta exterior está exato.

O que você verá toda vez que algum grande acontecimento se der é o trânsito de um planeta exterior formando aspectos com alguma configuração ou planeta natal, ou em aspecto com um planeta progredido/

de arco solar, que também forme aspecto com um planeta ou configuração natal.

Se, por exemplo, Saturno em trânsito formar quadratura com uma oposição Vênus-Urano, é provável que haja dificuldades e/ou mudanças no relacionamento. O que Saturno (restrição) faria nesse caso é ativar o potencial para o divórcio (Vênus-Urano). Sob tais influências, um indivíduo poderia terminar o relacionamento por sentir-se restringido (Saturno) e por desejar a liberdade e a independência representadas pela oposição natal Vênus-Urano. O mesmo cenário poderia se desenrolar se Vênus em progressão formasse oposição com Urano natal ou progredido.

Na verdade, mais de um aspecto é necessário para indicar um evento desse porte. A regra são três aspectos (além da lunação, do eclipse ou de trânsitos de planetas interiores para dispará-los). Pelo fato de os planetas estarem ligados por aspecto, você poderia ver um planeta exterior em trânsito contatar um planeta natal (ou progredido) que faça parte de uma configuração como a quadratura em T. Com efeito, o planeta em trânsito dispararia toda a configuração, e não somente o planeta com que forme aspecto exato ou se encontre dentro do orbe.

Novamente usando o exemplo acima, suponha que a configuração natal Vênus em oposição a Marte forme uma quadratura-T com Saturno, com Saturno em trânsito formando oposição com sua posição natal, mas ainda fora do orbe de uma quadratura com relação aos dois outros planetas. Como astrólogo, você poderia ver a pressão nos relacionamentos aumentando quando Saturno entra em oposição com sua posição natal, antes de se movimentar e entrar na quadratura com Vênus e Marte, os outros dois planetas na quadratura-T. O indivíduo, provavelmente, pesaria os prós e contras de terminar um relacionamento, enquanto Saturno formasse oposição com Saturno, mas somente cortaria laços depois que Saturno tivesse formado uma quadratura exata com Vênus e Marte. A ação poderia ser desencadeada também por Saturno em trânsito estacionando em oposição exata a Saturno natal, mesmo sem formar um aspecto exato com todos os três planetas. Isso se deve ao fato de que um planeta estacionário fica mais poderoso e, portanto, tem sua energia intensificada.

Muitas vezes é possível prever como a influência de um planeta exterior se manifestará traçando seu movimento retrógrado, estacionário e depois direto. Um planeta exterior normalmente faz três contatos com um planeta ou ângulo natal, progredido ou de arco, embora algumas vezes sejam apenas dois contatos, pois um dos contatos é o estacionário retrógrado ou direto. O resultado mais comum desse ciclo é que o primeiro contato chama a atenção para a questão; o segundo impulsiona você a iniciar a ação ou aponta o desenrolar futuro da situação; e o terceiro conclui o caso.

O acontecimento ou questão de vida estará ativo durante o período em que o planeta exterior em trânsito retorna para o orbe de um grau, aproximadamente, do planeta ou ângulo natal, progredido ou de arco. O problema pode retrair-se até se ocultar ou cair de posição na sua lista de prioridades, caso o planeta exterior em trânsito fique fora do orbe, mas, ainda assim, permanecerá sendo uma parte a ser solucionada na sua vida.

Use um orbe de um grau aproximando-se e distanciando-se para os planetas exteriores em trânsito (um grau para cada lado do aspecto exato). Mas seja flexível, especialmente quando esses planetas estiverem estacionários, retrógrada ou diretamente. Os momentos estacionários têm mais impacto e, frequentemente, funcionam com um orbe levemente mais amplo. Muitos acontecimentos ocorrem no intervalo de alguns dias ou semanas de um período estacionário.

É importante lembrar que não existem dois mapas iguais e também não há combinações iguais de trânsitos de planetas exteriores e planetas progredidos/de arco. Durante certos acontecimentos, um trânsito de planeta exterior forma aspecto com vários planetas natais, solares ou progredidos, o que pode dificultar discernir o significado das influências. Em outros casos, os trânsitos e seus padrões estacionários diretos/retrógrados concentram-se em trazer mensagens diretas. Para identificar com mais facilidade o resultado potencial, procure a conexão de trânsito que repete as tendências vistas nos aspectos progredidos e de arco solar.

Assim como no mapa natal, nos mapas progredidos e de arco solar, as melhores interpretações resultam de listar todos os aspectos e influências de signo/casa e depois usar palavras-chave ou comentários para ver claramente as tendências e padrões.

Pelo fato de que os trânsitos de planetas exteriores funcionam de modo muito parecido com as progressões e arcos solares, você deve usar ambos. O jeito mais fácil de ter um quadro completo é usar um mapa de três círculos, com o mapa natal no centro, progressões ou arcos solares no círculo do meio e os trânsitos no círculo externo. Esses mapas são utilizados nos exemplos a seguir. A maioria dos *softwares* astrológicos oferece a opção de criar listas de aspectos planetários em um período de tempo designado pelo usuário, mas eles podem deixá-lo atordoado se você estiver apenas começando a interpretar mapas de previsão.

Se você não tem um *software* astrológico, existem duas formas de obter os dados progredidos e de trânsito. A primeira opção é simplesmente consultar uma efeméride, e a segunda é acessar um *site* (ver Apêndice) que ofereça mapas grátis e calcular o mapa natal para o número apropriado de dias após o seu nascimento. Portanto, se você nasceu no primeiro dia do mês e tem hoje 25 anos, deve calcular o mapa astral para o 25º dia do mês em que nasceu. Esse seria o seu mapa progredido. Então calcule outro mapa para as posições planetárias atuais. Arcos solares são mais fáceis: simplesmente acrescente um grau para cada ano da sua idade à posição natal dos seus planetas (por exemplo, 20 anos equivalem a 20 graus).

Tenha em mente que cada signo tem 30 graus, então alguns planetas mudarão de signo. Aos 25 anos, você deve acrescentar 25 graus ou 25 dias a cada planeta. Se o planeta está a 22°, faltam 8° para ele sair de Touro; portanto, ele deveria estar em 25 – 8 = 17°, ou seja, ficariam faltando 17° para ele chegar em Gêmeos.

Análise passo a passo

Utilizando os exemplos do Capítulo 2, vejamos agora como os trânsitos de planetas exteriores indicam os fatos que ocorreram. Em conjunto com as progressões e arcos solares, eles fornecem confirmações adicionais às previsões válidas.

TEMPO MÉDIO PARA UM PLANETA EXTERIOR TRANSITAR POR UM SIGNO

Júpiter – 1 ano
Saturno – 2 anos e meio
Urano – 7 anos
Netuno – 14 anos
Plutão – 21 anos

Em outros capítulos, você verá como as lunações e trânsitos de planetas interiores funcionaram como gatilhos para esses fatos e como os eclipses e outras técnicas de previsão também confirmam esses mesmos acontecimentos.

Pamela Anderson

O mapa da atriz Pamela Anderson analisado no Capítulo 2 referia-se à época em que ela foi descoberta enquanto assistia a um jogo de futebol americano com os amigos. A progressão e os arcos indicavam a carreira e fama, tanto no início dessa tendência quanto nos anos seguintes.

A influência dos planetas exteriores em trânsito não é óbvia, a não ser que o mapa seja examinado atentamente; ilustrando bem a importância de aspectos desafiadores menores e como os trânsitos de planetas exteriores funcionam em conjunto com as progressões (Mapa 9).

Um dos indicadores fundamentais de carreira no mapa progredido é a Lua progredida, que havia entrado recentemente na décima casa e formava um sextil com o Ascendente natal, uma oposição a Vênus e um trígono com Marte natal. Outro indicador de carreira é a semiquadratura formada entre o Meio do Céu progredido e a Lua natal. Os aspectos de planetas exteriores em trânsito são:

- Júpiter em trígono com Marte progredido
- Saturno em semiquadratura com a Lua progredida
- Saturno em oposição ao Sol natal
- Urano em semiquadratura com o Meio do Céu natal
- Netuno em semiquadratura com a Lua progredida
- Netuno em sextil com Meio do Céu progredido
- Netuno em oposição ao Sol natal
- Netuno em quadratura com Saturno natal
- Plutão em trígono com Meio do Céu progredido

Observe que dos dois planetas exteriores formando aspecto com a Lua progredida, e com isso ativando os planetas natais em aspecto com a Lua progredida, somente Saturno, corregente da décima casa, está dentro do orbe de um grau. Isso mostra por que você deve ser flexível ao utilizar orbes: ambos os planetas estavam desacelerando para estacionar e ficar diretos em setembro de 1989. Portanto, eles já estavam a caminho de uma posição mais poderosa.

Urano, regente da décima casa, que estava a aproximadamente dois graus e meio da quadratura exata, também ficaria estacionário em setembro e depois direto até formar o aspecto exato; ele acabaria estacionando dentro de um grau do Meio do Céu natal em setembro de 1990, um ano depois. O ponto é ser sempre bom olhar para além do dia de hoje, para ver quais aspectos estão se aproximando, pois eles podem fornecer *insights* adicionais às tendências presentes, além de mostrar como, e se, essas tendências continuarão a evoluir em um futuro próximo. Os trânsitos, como as progressões e arcos solares, não são estáticos: seu movimento é constante.

Netuno, regente da 11ª casa dos amigos, em sextil com o Meio do Céu progredido, também estacionou em setembro de 1989. Plutão, regente da sexta casa, relativa ao trabalho cotidiano, e posicionado na sexta casa, formava trígono com o Meio do Céu progredido.

Júpiter fazia trígono com Marte progredido na quinta casa, de eventos desportivos (Júpiter é o corregente da 11ª casa, com Peixes na cúspide, e Marte é corregente da mesma casa porque Áries está interceptado nela). Junto com Netuno regendo a 11ª casa, isso complementa o trígono Júpiter progredido-Saturno natal, que indica sorte por meio das amizades.

Em resumo, o Meio do Céu natal e o progredido, que representam questões de carreira, formavam aspecto com quatro dos cinco planetas exteriores. Ao fazê-lo, indicam, por si sós, um possível avanço significativo na carreira e, quando analisados em conjunto com as progressões, os planetas exteriores servem de confirmação. O quinto planeta exterior indica como isso se daria (por meio de amigos em um evento de esportes).

Esse mapa também ilustra outro ponto a se atentar nos mapas de previsão. Observe como Saturno e Netuno estão próximos um do outro, a menos de dois graus de separação. Sempre que planetas exteriores formam *qualquer* aspecto dessa proximidade, eles operam como se fossem um, e é preciso dar atenção especial a qualquer aspecto que formem com os planetas natais, progredidos ou de arco solar.

Os planetas exteriores em trânsito também estavam ativos no mapa de arco solar (Mapa 10), com Saturno e Netuno em sextil com o Meio do Céu de arco solar e em trígono com Urano e Plutão de arco solar na quinta casa. Plutão formava conjunção com Marte de arco solar na quinta casa (corregente da 11ª) e quadratura com Mercúrio de arco solar, regente da primeira e quinta casas, ativando o trígono entre Mercúrio de arco solar e Saturno natal (Saturno na 11ª).

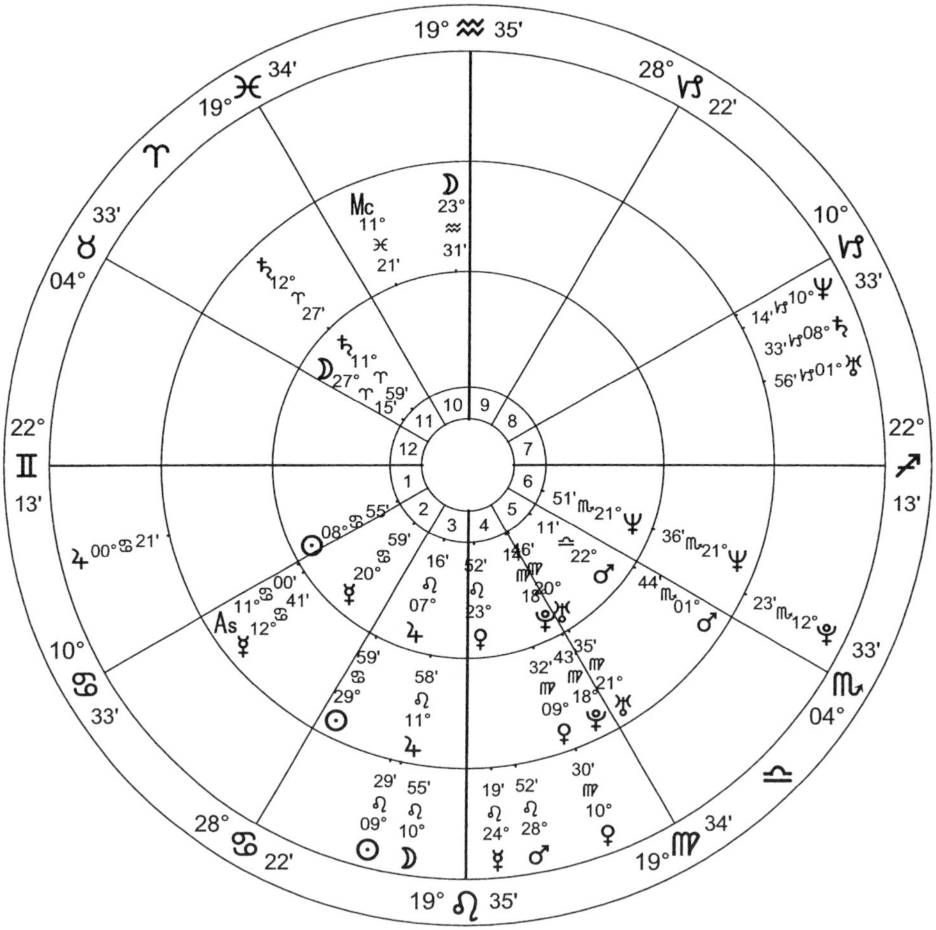

Mapa 9: Pamela Anderson

Círculo interno: Mapa Natal/1º de julho de 1967/4:08 PDT/Ladysmith, Canadá/ Casa Placidus

Círculo intermediário: Progressões secundárias/1º de agosto de 1989/ 8:48:31 PDT/Ladysmith, Canadá

Círculo externo: Mapa de Trânsito/1º de agosto de 1989/12:00 PDT/Vancouver, Canadá/ Casa Placidus

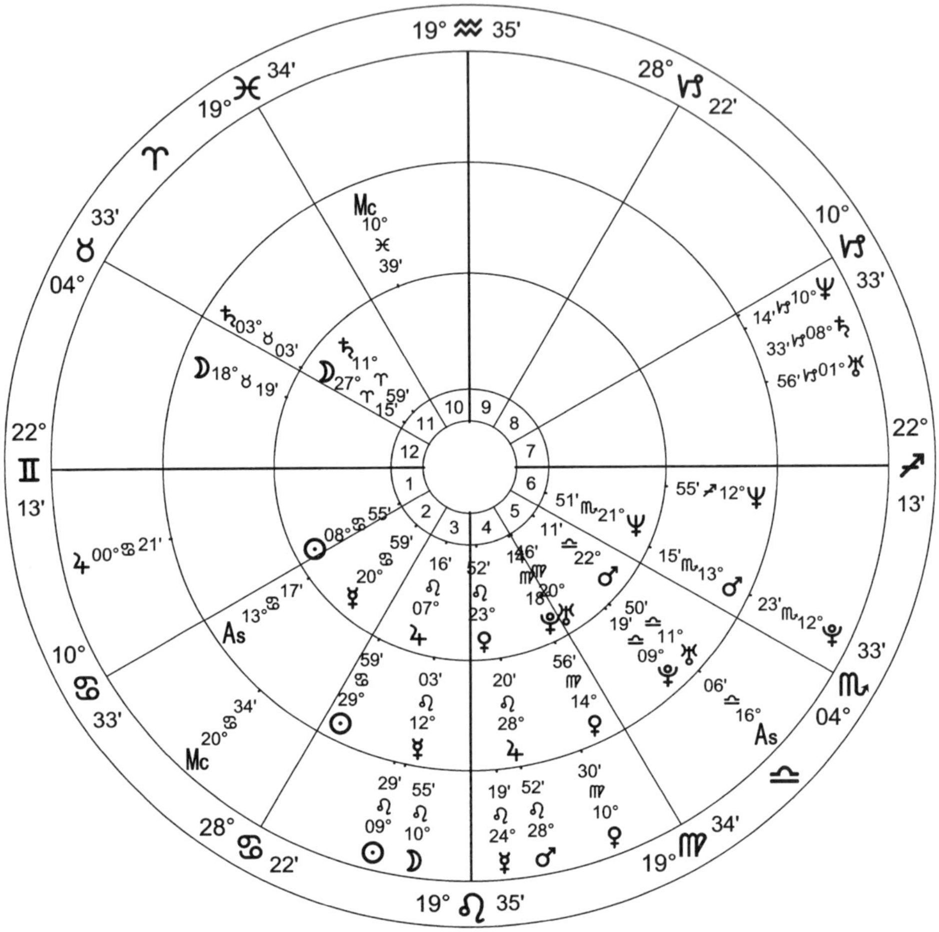

Mapa 10: Pamela Anderson

Círculo interno: Mapa Natal/1º de julho de 1967/4:08 PDT/Ladysmith, Canadá/ Casa Placidus

Círculo intermediário: Arco Solar Dirigido/1º de agosto de 1989/15:04:57 PDT/ Ladysmith, Canada

Círculo externo: Mapa de Trânsitos/1º de agosto de 1989/12:00 PDT/Vancouver, Canadá Casa Placidus

Para perceber mais facilmente as inter-relações entre os planetas progredidos e em trânsito, veja a seguir uma lista de planetas progredidos, com o trânsito em itálico:

INFLUÊNCIAS DE PROGRESSÃO E ARCO SOLAR NO MAPA DE PAMELA ANDERSON			
Planeta Progredido	**Aspecto ou Casa**	**Planeta**	**Comentários**
Lua	Décima Casa		Público, carreira, fama; rege a segunda (renda) e a terceira (comunicação) *Saturno em semiquadratura com Lua progredida* *Netuno em semiquadratura com Lua progredida*
Lua	Oposição	Vênus Natal	Vênus, planeta de popularidade, influencia questões de carreira porque forma oposição com o Meio do Céu; rege a quinta (recreação e atratividade sexual) e a 12ª (segredos); o aspecto progredido indica potencial para fama como atriz e símbolo sexual. *Saturno em semiquadratura com Lua progredida* *Netuno em semiquadratura com Lua progredida*
Lua	Trígono	Marte Natal	Rege a sexta casa de trabalho e a 11ª casa, dos amigos e metas; ativa a mesma configuração natal que Vênus *Saturno em trânsito formando semiquadratura com Lua progredida* *Netuno em trânsito formando semiquadratura com Lua progredida*
Lua	Sextil	Ascendente Natal	Atenção Pública (Lua) focada no eu (Ascendente) *Saturno em trânsito formando semiquadratura com Lua progredida* *Netuno em trânsito formando semiquadratura com Lua progredida*

Lua	Sesquiquadratura	Sol Natal	Atenção pública (Lua) focada no eu (Sol); rege a quarta, indicando um novo começo e possível mudança. *Saturno em trânsito formando semiquadratura com Lua progredida* *Netuno em trânsito formando semiquadratura com Lua progredida* *Saturno em trânsito formando oposição com Sol natal* *Netuno em trânsito formando oposição com Sol natal*
Meio do Céu	Semiquadratura	Lua Natal	Atenção pública (Meio do Céu na décima) envolvendo amigos (Lua na 11ª); ela compareceu ao jogo com os amigos *Netuno em trânsito formando semiquadratura com Lua progredida* *Netuno em trânsito formando sextil com Meio do Céu progredido* *Plutão em trânsito formando trígono com Meio do Céu progredido*
Ascendente	Quadratura	Saturno Natal	Ascendente na segunda (renda); Saturno, regente da oitava e corregente da décima; ativa a configuração Vênus-Marte-Meio do Céu natal, na 11ª *Netuno em trânsito formando quadratura com Saturno Natal*
Vênus	Quadratura	Saturno Progredido	Popularidade (Vênus); Saturno, regente da oitava (dinheiro) e corregente da décima, e a quadratura Sol-Saturno natal e Saturno-Meio do Céu sextil (ambição)
Júpiter	Trígono	Saturno natal e Progredido	Júpiter rege a sétima (relacionamentos) e a 11ª (amigos); forma aspecto exato com o trígono Júpiter Saturno natais e ativa os aspectos natais de Saturno ligados à ambição *Netuno em trânsito formando quadratura com Saturno natal*

Sol	Entra	Leão	Sol (eu) em Leão (popularidade, atuação)
Planeta de Arco Solar	**Aspecto ou Casa**	**Planeta**	**Comentários**
Mercúrio	Trígono	Saturno Natal	Regente da primeira (eu) e da quinta (recreação e atratividade sexual); regente da oitava (dinheiro) e corregente da décima (carreira e fama) na 11ª (amigos); ativou aspectos de Saturno natal. *Netuno em trânsito formando quadratura com Saturno natal*
Lua	Quadratura	Meio do Céu natal	Lua (público), regente da segunda casa de renda; Meio do Céu (carreira, fama, reconhecimento público) *Urano em trânsito formando semiquadratura com Meio do Céu natal*

Martha Stewart

A empreendedora Martha Stewart foi indiciada em 4 junho de 2003 sob acusação de fraudar títulos, conspiração e obstrução da Justiça, entre outras. Foi considerada culpada em quatro instâncias em 4 de março de 2004, entrou na prisão em 8 de outubro de 2004 e foi solta em 4 de março de 2005.

Como observado no Capítulo 2, o aspecto natal que indicava um potencial para ter complicações com a Justiça, além de uma condenação à prisão, é Mercúrio na nona casa (sistema judiciário) em semiquadratura com Vênus na décima casa. Vênus rege a 12ª casa das instituições. Então, tanto esse aspecto quanto os aspectos progredidos e de arco solar provavelmente estavam ativos no mapa dela desde a época do indiciamento até a soltura da prisão. Os outros fatores importantes aqui são a Lua e o Sol, regente e corregente da nona casa, e os regentes da 12ª casa: Vênus, Marte (regente tradicional de Escorpião) e Plutão.

Em vez de comparar os planetas exteriores em trânsito com as progressões e trânsitos apenas na época do indiciamento, examinaremos os trânsitos e seus aspectos para todo o período (Mapas 11 a 14). O objetivo aqui é responder às questões: ela teria sido considerada culpada e condenada à prisão, e, se sim, por quanto tempo? É o que alguém na situação dela perguntaria a um astrólogo.

Indiciamento (Mapa 11)

- Saturno em trânsito em quadratura com Lua (regente da nona casa) progredida
- Urano em trânsito em semiquadratura com Marte (corregente da 12ª) progredido.
- Netuno em trânsito em oposição ao Sol (corregente da nona casa) natal.
- Plutão em trânsito em sextil com Meio do Céu (corregente da 12ª) progredido.
- Plutão em trânsito em trígono com Marte progredido (ambos corregentes da 12ª).

Veredito Culpada (Mapa 12)

- Júpiter em trânsito em quadratura com Júpiter natal (regente natural da nona casa).
- Saturno em trânsito em trígono com Mercúrio progredido (planeta natal da nona casa na 12ª, aspecto Mercúrio-Vênus).
- Saturno em trânsito em sesquiquadratura com Vênus progredido (regente da 12ª, aspecto Mercúrio-Vênus).
- Saturno em trânsito em sextil com Vênus natal (regente da 12ª, aspecto Mercúrio-Vênus).
- Urano em trânsito em semiquadratura com Marte progredido (corregente da 12ª).
- Netuno em trânsito em trígono com Júpiter natal (Netuno é o regente natural da 12ª casa, Júpiter é regente natural da nona).
- Plutão em trânsito em semiquadratura com Mercúrio progredido (corregente da 12ª casa, aspecto Mercúrio-Vênus, Plutão estacionou para tornar-se direto cerca de três semanas depois; portanto, estava se movendo menos de um grau por dia).
- Plutão em trânsito em oposição a Júpiter progredido (corregente da 12ª, Júpiter é o regente natural da nona casa).

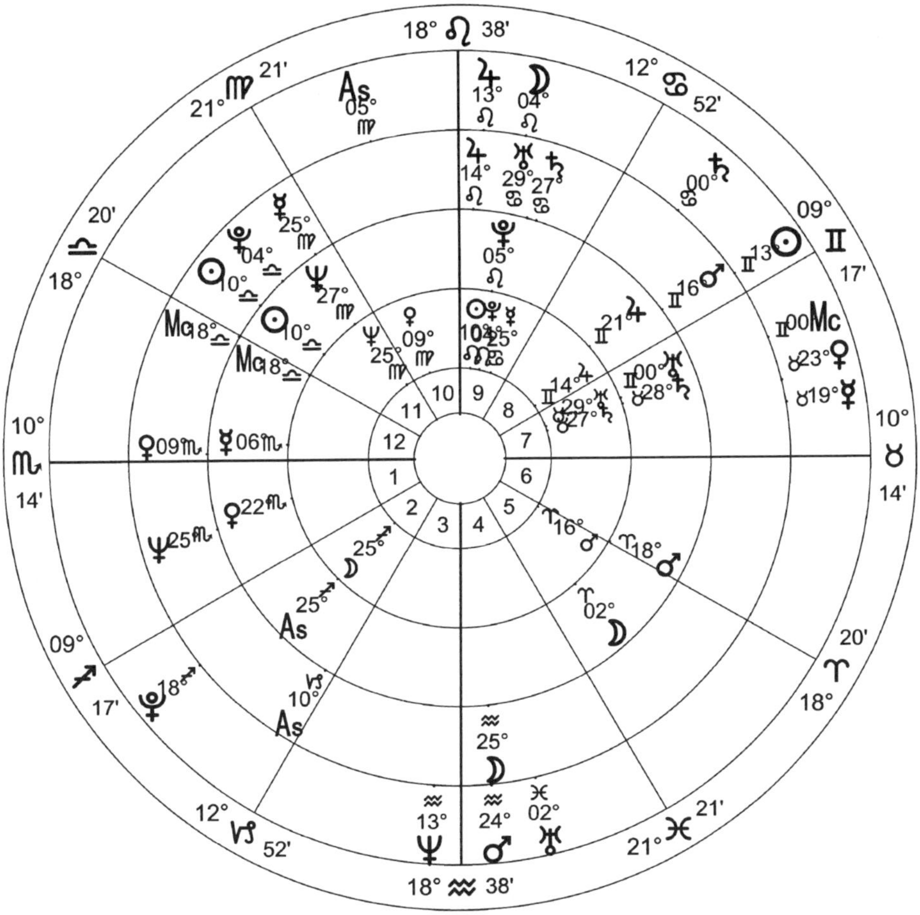

Mapa 11: Martha Stewart

Círculo interno: Mapa Natal/3 de agosto de 1941/13:33 EDT/Jersey City, Nova Jersey/Casa Placidus

Círculo interno intermediário: Progressões secundárias/4 de junho de 2003/8:48:31 EDT/Jersey City, Nova Jersey/Casa Placidus

Círculo externo intermediário: Arco Solar Dirigido/4 de junho de 2003/8:48:31 EDT/Jersey City, Nova Jersey/Casa Placidus

Círculo externo: Trânsitos do Indiciamento/4 de junho de 2003/12:00 EST/ Nova York, Nova York/Casa Placidus

Entrada na Prisão (Mapa 13)

- Júpiter em trânsito em semiquadratura com Meio do Céu natal (regente natural da nona casa, fama ou infâmia).
- Saturno em trânsito em conjunção com Mercúrio natal em semiquadratura com Vênus natal (aspecto Mercúrio-Vênus).
- Urano em trânsito em semiquadratura com a Lua progredida em conjunção com Marte progredido (regente da nona casa, corregente da 12ª).
- Netuno em trânsito em trígono com Júpiter natal (aspecto em aproximação que ficou exato enquanto ela se encontrava na prisão, regente natural da 12ª casa e da nona).
- Plutão em trânsito em sextil com Meio do Céu progredido (corregente da 12ª, Meio do Céu na 12ª casa).
- Plutão em trânsito em sesquiquadratura com Plutão natal/progredido (regente da 12ª casa, Plutão natal/progredido na nona casa).
- Plutão em trânsito em semiquadratura com Mercúrio progredido (aspecto em aproximação que ficou exato enquanto ela se encontrava na prisão, aspecto Vênus-Mercúrio).
- Plutão em trânsito em trígono com Lua progredida em conjunção com Marte progredido (corregentes da 12ª casa, regente da nona).

Soltura da Prisão (Mapa 14)

- Júpiter em trânsito em oposição a Marte progredido (regente natural da nona casa; corregente da 12ª).
- Saturno em trânsito em quadratura com Meio do Céu progredido (Meio do Céu na 12ª casa, fama ou infâmia).
- Urano em trânsito em trígono com Mercúrio natal (Mercúrio na 12ª casa, aspecto Mercúrio-Vênus).
- Urano em trânsito aproximando-se de oposição Vênus natal em semiquadratura com Mercúrio natal (aspecto Mercúrio-Vênus, ocorreu exatamente cinco meses depois, quando ela cumpriu a sentença de prisão domiciliar).
- Urano em trânsito em sesquiquadratura com Meio do Céu progredido (Meio do Céu na 12ª casa, fama ou infâmia).
- Plutão em trânsito em conjunção com Lua natal (corregente da 12ª casa, regente da nona).
- Netuno em trânsito em sextil com Marte natal (regente natural da 12ª casa, corregente da 12ª).

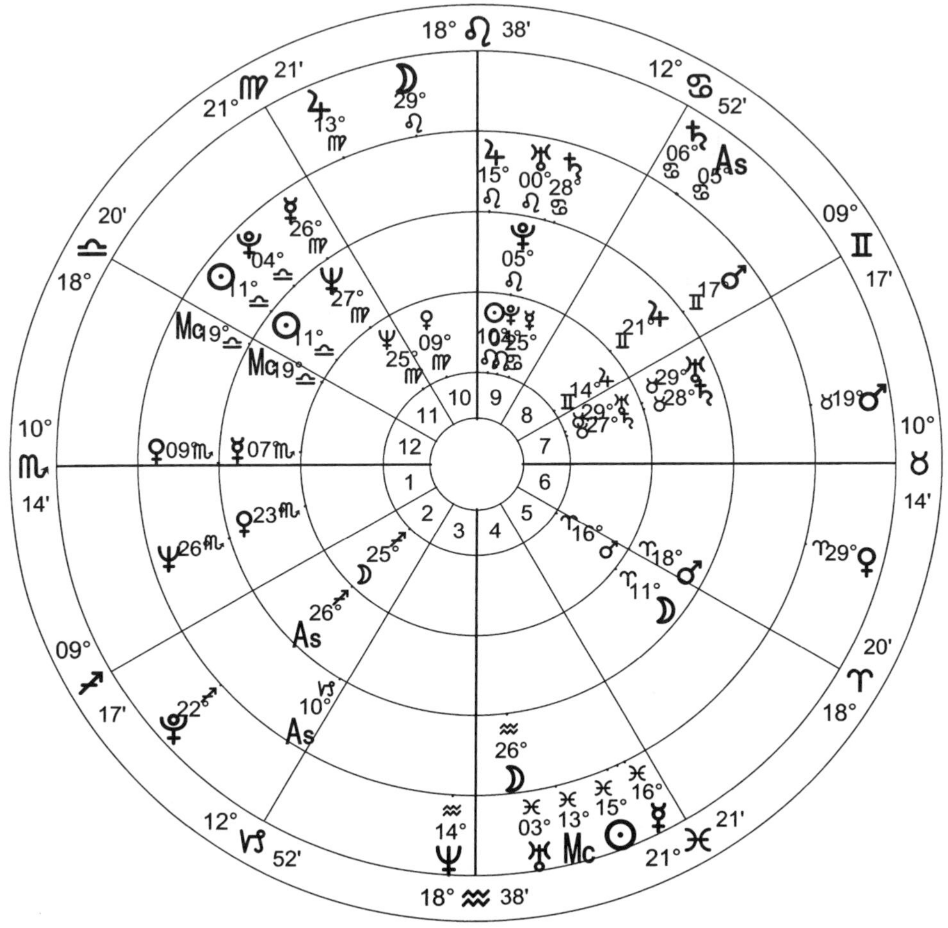

Mapa 12: Martha Stewart

Círculo interno: Mapa Natal/3 de agosto de 1941/13:33 EDT/
Jersey City, Nova Jersey

Círculo interno intermediário: Progressões secundárias/
5 de março de 2004/8:48:31 EDT/Jersey City, Nova Jersey

Círculo externo intermediário: Arco Solar Dirigido/5 de março de 2004/
8:48:31 EDT/Jersey City, Nova Jersey

Círculo externo: Trânsitos da Condenação/5 de março de 2004/12:00 EST/
Nova York, Nova York/ Casa Placidus

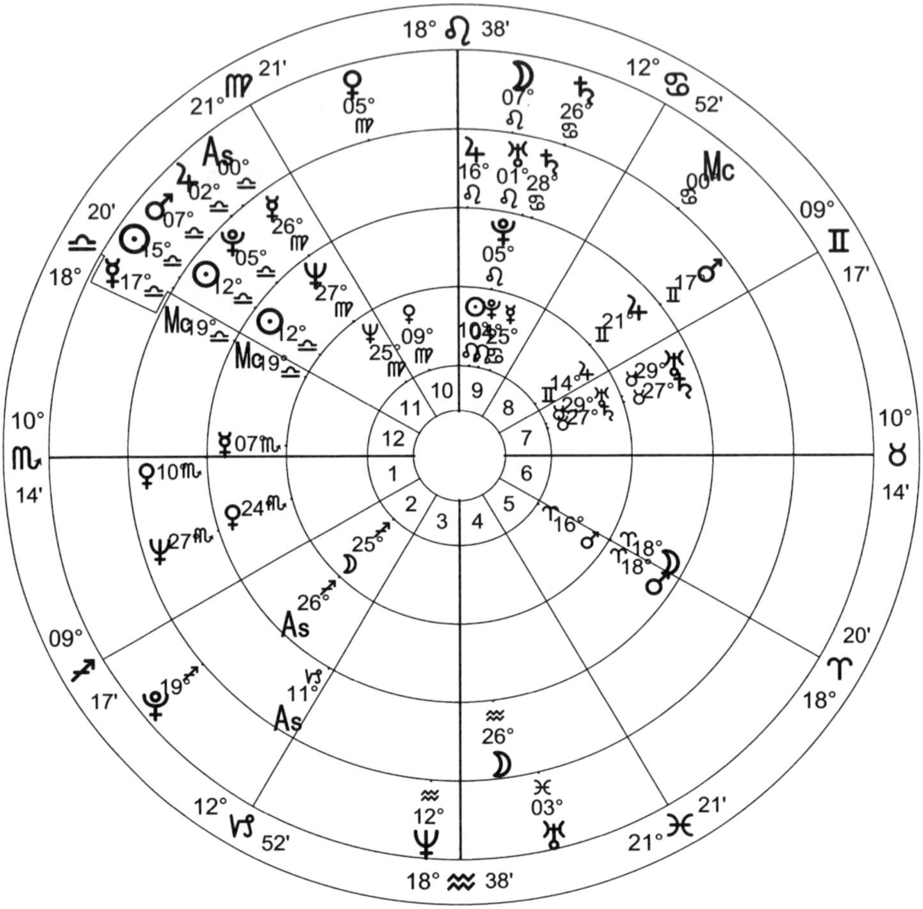

Mapa 13: Martha Stewart

Círculo interno: Mapa Natal/3 de agosto de 1941/13:33 EDT/
Jersey City, Nova Jersey
Círculo interno intermediário: Progressões secundárias/
8 de outubro de 2004/8:48:31 EDT/Jersey City, Nova Jersey
Círculo externo intermediário: Arco Solar Dirigido/8 de outubro de 2004/
8:48:31 EDT/Jersey City, Nova Jersey
Círculo externo: Trânsitos da Entrada na Prisão/8 de outubro de 2004/4:15 EST/
Aiderson, West Virginia/ Casa Placidus

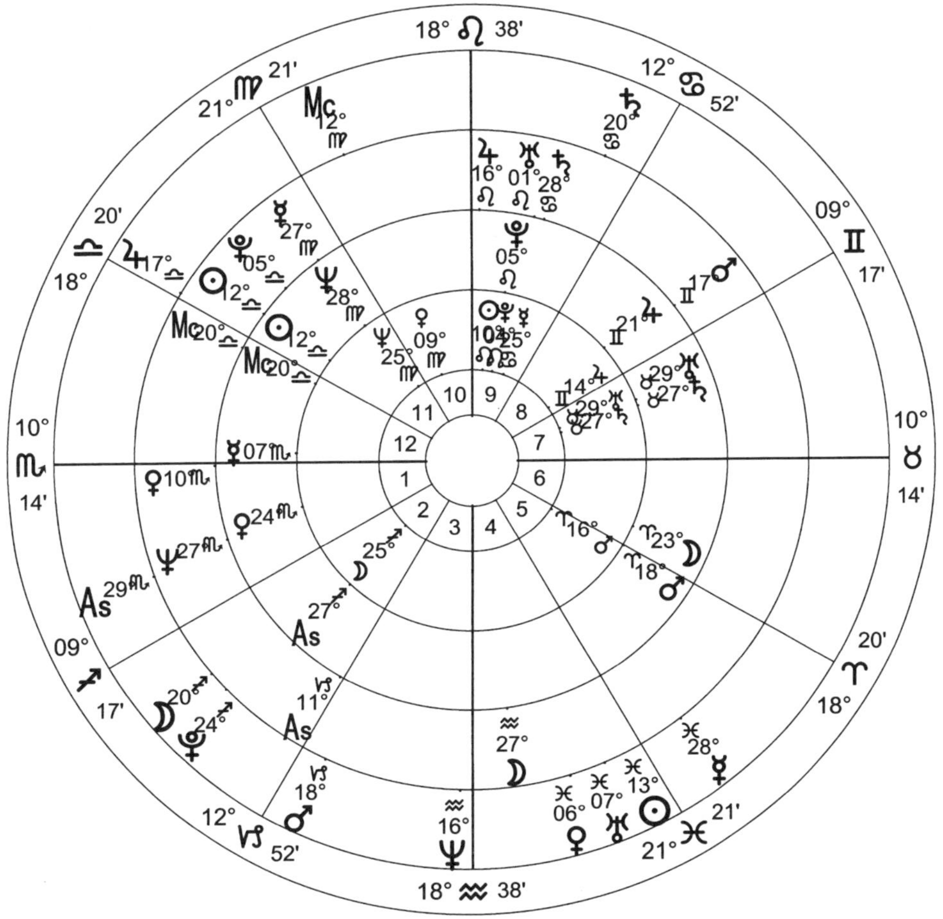

Mapa 14: Martha Stewart

Círculo interno: Mapa Natal/3 de agosto de 1941/13:33 EDT/ Jersey City, Nova Jersey
Círculo interno intermediário: Progressões secundárias/ 4 de março de 2005/8:48:31 EDT/Jersey City, Nova Jersey
Círculo externo intermediário: Arco Solar Dirigido/4 de março de 2005/ 8:48:31 EDT/Jersey City, Nova Jersey
Círculo externo: Trânsitos da Libertação da Prisão/4 de março de 2005/ 0:30 EST/Aiderson, West Virginia/ Casa Placidus

Após rever todos esses aspectos, é função do astrólogo responder às questões do cliente com relação à possibilidade de um veredito de culpado, além de prisão ou condenação à prisão. As respostas estão, como seria de se esperar, fortemente ligadas à semiquadratura natal Mercúrio-Vênus (e as posições progredidas desses planetas), pois a astrologia de previsão sempre tem como base o mapa natal.

Por mais tentador que seja (mesmo para um astrólogo experiente), simplesmente contar e somar o total de aspectos fluentes e desafiadores não seria uma estratégia inteligente na determinação dos resultados. Uma vez mais, os aspectos desafiadores são necessários para criar ação, então nem sempre indicam acontecimentos puramente negativos. Sim, há momentos em que isso ocorre, como quando planetas tradicionalmente desafiadores formam aspectos difíceis.

No mapa de Martha, na época do veredito de culpa, Saturno (planeta desafiador) em trânsito formou aspecto com Vênus natal (sextil) e Mercúrio progredido (trígono) e Vênus progredido (sesquiquadratura). Isso não parece tão ruim, a menos que você tenha identificado primeiro a sesquiquadratura Mercúrio-Vênus. Saturno também está ligado ao passado (ações passadas) e normalmente é considerado um planeta cármico. Além disso, Plutão em trânsito (outro planeta desafiador) formava sesquiquadratura com Mercúrio progredido, o que sugeriria que o resultado na Justiça transformaria a vida dela. Plutão em trânsito estava particularmente poderoso porque estava prestes a começar a ficar estacionário.

Os outros aspectos ativos na época, de Urano, Netuno e Plutão, reforçam isso. Júpiter formava quadratura com Júpiter natal, o que em si não é um aspecto desafiador, mas Plutão em trânsito fazia oposição a Júpiter (resultado negativo). Netuno em trígono com Júpiter poderia indicar uma descrença, e a crença de que ela não seria considerada culpada (pensamentos fantasiosos), e Urano em semiquadratura com Marte progredido indica um elemento de surpresa negativa (aspecto desafiador).

Se, após examinar o mapa de Martha, você determinasse que ela seria considerada culpada, a próxima questão seria a duração de sua sentença. A chave da decisão final aqui é encontrar um planeta exterior formando aspecto com Mercúrio ou Vênus natais e progredidos. Olhando a lista de trânsitos de planetas exteriores de quando ela foi para a prisão, pode-se ver que os aspectos estressantes desses planetas continuaram. Só começaram a suavizar quando Urano formou um trígono com Mercúrio progredido, mas ele também se aproximava de uma oposição a Vênus natal. A duração da sentença teria sido difícil de encarar, pois havia outros aspectos desafiadores em efeito na época. Entretanto, havia três aspectos que poderiam dar dicas sobre a decisão.

O primeiro era Saturno em trânsito em quadratura com o Meio do Céu progredido (na 12ª casa) e com o IC progredido. O segundo era Urano em trânsito formando sesquiquadratura/semiquadratura com os mesmos ângulos. Ambos indicam uma possível mudança de residência. Adicione-se Netuno em trânsito formando sextil com Marte em progressão na sexta casa do trabalho, e uma conjunção aproximativa com o IC natal. Embora Netuno em trânsito não fosse entrar em conjunção com o IC natal até 2006, um ano depois, um olhar para a efeméride revela que estava em retrogradação se aproximando de um momento estacionário em 17 Aquário 36, que aconteceria em maio.

Portanto, os aspectos de Urano poderiam indicar que ela seria solta, e a conjunção próxima, mas não exata, de Netuno com o IC, faria você questionar esse resultado, apesar do período estacionário que se aproximava. Pelo lado positivo, a sextil entre Netuno em trânsito e Marte progredido na sexta casa sugere que ela havia tido oportunidade de retornar ao trabalho.

Esse exemplo mostra ainda outro ponto importante na astrologia de previsão: é difícil, e às vezes impossível, delinear uma previsão acurada sem o conhecimento completo da situação – ou, nesse caso, as possíveis sentenças que ela poderia receber. Martha foi, de fato, libertada da prisão, mas passou os cinco meses seguintes em prisão domiciliar, usando uma tornozeleira eletrônica de vigilância. Era-lhe permitido sair de casa para trabalhar por um determinando número de horas; o restante do tempo ela tinha de estar em casa. Com essas informações adiantadas, é fácil ver a influência de Netuno (regente natural da 12ª casa) influenciar o resultado em seu aspecto com o IC.

Esse exemplo também reflete o valor de mapas de arco solar, que pode acrescentar informações adicionais e, nesse caso, confirmadoras. Em uma visão de longo prazo, Vênus e Mercúrio de arco solar formariam quadratura/semiquadratura com o Sol natal dela por volta da época de sua soltura da prisão, quando Marte de arco solar formaria sextil com o Meio do Céu (de volta aos negócios). Na mesma época, a Lua de arco solar na quarta casa, do lar, formaria quadratura com Saturno natal na sétima casa. A partir desse e de outros aspectos progredidos, você poderia concluir que ela seria provavelmente libertada da prisão em março de 2005, mas que haveria circunstâncias atenuantes.

Se você estivesse fazendo uma previsão com o mapa de Martha relacionada a esse evento específico, teria procurado outros fatores preditivos, incluindo os planetas de trânsito interno, lunações, eclipses e retornos solares e lunares. Veremos nos capítulos seguintes como esses fatores contribuíram com as indicações.

Marilyn Monroe

Embora à primeira vista pareça que as progressões e arco solares são os únicos indicadores de um provável casamento, um exame mais minucioso dos planetas exteriores em trânsito revela outro lado da história do casamento (Mapa 15). Marilyn casou-se aos 16 anos, jovem demais até para os anos 1940. Em vez de um romance tradicional, ao que se sabe essa foi uma união por conveniência – um jeito de ela evitar retornar ao orfanato quando seus pais adotivos temporários declararam a intenção de se mudarem para outro estado. Os noivos, no entanto, já se conheciam, pois Jim Dougherty morava na mesma rua.

Assim, ao passo que as projeções e arcos solares refletem os indicadores de casamento tradicional, os planetas exteriores em trânsito colorem fortemente a previsão com o propósito pretendido: um desejo por uma situação de vida mais acolhedora.

Entre os aspectos de planetas exteriores em trânsito, há vários que enfatizam a quarta casa do lar:

- Júpiter em trânsito formando quadratura com Marte progredido – otimismo e sorte (Júpiter) com relação a uma nova situação doméstica (Marte progredido, corregente da quarta casa).
- Urano em trânsito formando sextil com Marte progredido – oportunidade (sextil) para uma nova situação de vida (Marte) por meio do casamento (Urano, regente da sétima casa).
- Plutão em trânsito em sesquiquadratura com Marte natal – esse aspecto aproximativo tornou-se exato em julho, envolvendo o regente e o corregente da quarta casa.
- Plutão em trânsito em quadratura com Meio do Céu/IC – esse aspecto ficou exato em agosto e envolveu o regente da quarta casa em aspecto com a quarta casa.

Com Plutão em trânsito e Marte progredido (na oitava, casa natural de Escorpião), havia muita energia plutoniana manipulativa (mas também transformadora) ativa no mapa dela. O casamento mudou de fato sua vida, mas a questão da manipulação por Marilyn ou os pais

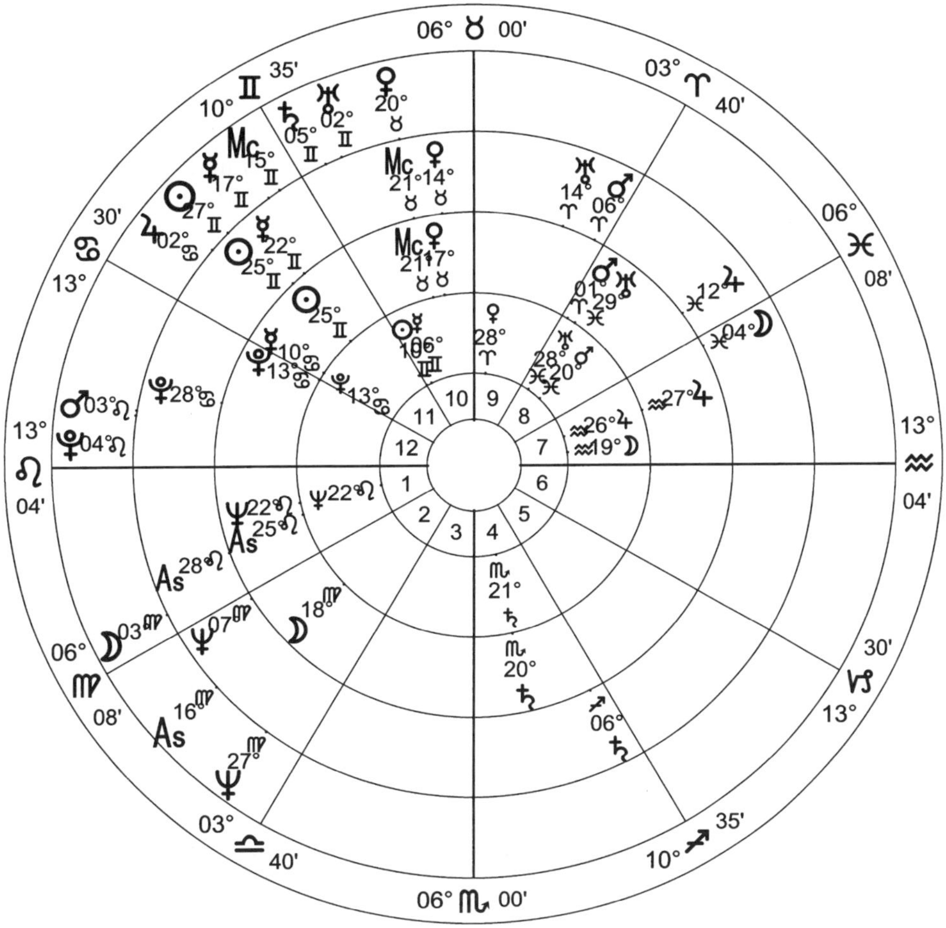

Mapa 15: Marilyn Monroe

Círculo interno: Mapa Natal/1º de junho de 1926/9:30/Los Angeles, Califórnia
Círculo interno intermediário: Progressões secundárias/
19 de junho de 1942/8:48:31/Los Angeles, Califórnia
Círculo externo intermediário: Arco Solar Dirigido/
19 de junho de 1942/8:48:31/Los Angeles, Califórnia
Círculo externo: Trânsitos de Casamento/19 de junho de 1942/12:00/
Los Angeles, Califórnia/ Casa Placidus

adotivos é algo que só podemos supor. Entretanto, Netuno em trânsito formava semiquadratura/sesquiquadratura com o Ascendente/Descendente natal (eixo do casamento), preparando-se para estacionar em 8 de junho, apenas uma semana depois da cerimônia. Pode-se interpretar isso de uma das seguintes formas, ou por ambas juntas: escapismo ou ilusão. Provavelmente foi um pouco de cada, pois ela estava escapando de uma situação potencialmente difícil (retorno ao orfanato) e é possível que estivesse enganando a si mesma (ou sendo enganada por outros) ao pensar que o casamento forneceria uma opção de vida duradoura ao dilema.

Saturno em trânsito formava conjunção com Mercúrio natal, regente do signo solar dela e corregente, com Urano, de sua sétima casa. Portanto, esse casamento trouxe sérias responsabilidades, tanto de natureza cármica quanto prática. Ela supostamente teria dito que não se sentia como uma esposa, o que corresponde aos aspectos plutonianos de julho e agosto e a Saturno em trânsito formando conjunção com o Sol dela em agosto, depois em novembro e então novamente em abril de 1943, enquanto um Netuno em trânsito continuava a oscilar para dentro e para fora do orbe de um aspecto com o Ascendente-Descendente natais dela. Não foi, decididamente, um aspecto fácil ou totalmente feliz da vida dela. Em 1943, seu marido foi para a guerra no Pacífico.

Um astrólogo que fosse consultado antes do casamento teria imediatamente identificado o provável casamento refletido nas progressões e arcos solares. Mas os planetas exteriores em trânsito teriam feito surgir algumas questões sobre essa concessão por felicidade. Só porque um mapa mostra fortes indicadores de casamento, não significa que a união funcionará como o ideal desejado. Pelo fato de os planetas progredidos e de arco solar não se moverem com rapidez, o resultado mais revelador nos meses subsequentes é sempre visto nos trânsitos de planetas exteriores.

Além dos trânsitos já mencionados relacionados ao casamento, um astrólogo teria detectado a possibilidade de mudanças repentinas e avanços na carreira indicados por Urano em trânsito na décima casa, que logo entraria em conjunção com a conjunção Sol-Mercúrio natal dela na décima casa, e então prosseguiria para formar aspecto com o restante de seu mapa conforme avançava através de Gêmeos. Ao mesmo tempo, Vênus progredido (planeta do amor universal) se moveria para formar quadratura com a Lua da sétima casa dela cerca de um ano e meio depois, e para formar oposição com Saturno natal e progredido ao longo dos dois anos seguintes. Jim Dougherty não apreciava nem um pouco a carreira de Marilyn como modelo e atriz inexperiente. Um astrólogo poderia então ter questionado a atitude do futuro noivo com relação a uma esposa indo atrás de sua própria carreira, especialmente em 1942, quando isso não era a norma. Eles se divorciaram em 1946, quando o aspecto progredido Vênus-Saturno se separava e Plutão em trânsito cruzava o Ascendente-Descendente de Marilyn. Era algo que um astrólogo também poderia ter previsto.

Esse exemplo ilustra outra questão importante com relação a prever o futuro: a ética astrológica. Um astrólogo ético nunca tomará decisões por seu cliente (ou por um de seus amigos ou familiares). As decisões de vida são responsabilidade do indivíduo. O papel do astrólogo é fornecer informações para que o cliente possa tomar decisões esclarecidas (ou assim esperamos). Essa é a melhor política, mesmo que você veja 100% de certeza de que o cliente irá se casar, divorciar, mudar de emprego, etc. Cabe ao indivíduo, e não ao astrólogo, exercitar o livre-arbítrio, não importa quanto alguém pressione para tomar uma decisão.

Val

Havia vários aspectos progredidos e de arco solar envolvendo o Meio do Céu, a segunda casa e a conjunção Urano-Plutão natal na quarta casa quando Val se mudou para um novo Estado em setembro de 2002 (Mapa 16). Ela se mudou para unir-se ao noivo, e cerca de cinco meses e meio depois eles se casaram.

A influência dos trânsitos de planetas exteriores não é assim tão óbvia, a não ser que você verifique seu padrão direto, estacionário e retrógrado em uma efeméride. Saturno em trânsito teve bastante peso nessa mudança e depois, quando ela chegou ao novo endereço. Esse planeta, que formara sua primeira quadratura com Urano natal e progredido na quarta casa em agosto (quando ela decidiu se mudar), realizou mais duas passagens: uma no início de outubro e outra em abril de 2003, quando se mudou de uma casa para outra na mesma localidade. Saturno em trânsito também formou trígono com Urano de arco solar em três ocasiões ao longo do mesmo período de seis meses.

Na época da mudança de casa para o novo Estado, Netuno em trânsito formava sesquiquadratura com a conjunção Plutão-Urano na quarta casa, estacionando para ficar direto em outubro. A casa que, no começo, ela pensava ser ideal não era, precipitando assim a segunda mudança em abril seguinte. Isso é reforçado por Saturno (propriedade) em trânsito em oposição a Netuno (ilusão) de arco solar. Conforme a influência de Netuno se foi, ficou clara a necessidade de uma segunda mudança em dezembro, quando Plutão em trânsito formou uma sesquiquadrante com Mercúrio de arco solar, regente da quarta casa natal dela.

Como era de se esperar, havia vários trânsitos de planetas exteriores envolvendo Júpiter. Esse planeta está em conjunção com o IC no mapa natal dela e rege sua sétima casa natal de casamento. Júpiter em trânsito estava na segunda casa de posses, onde fez trígono com o Meio do Céu-IC progredido, semissextil com Mercúrio progredido, e semiquadratura com Plutão natal e progredido na quarta casa. Saturno em trânsito aproximava-se de um sextil com Júpiter natal, aspecto particularmente forte porque Saturno estava a ponto de estacionar para ficar retrógrado em outubro, em conjunção com sua conjunção Ascendente-Mercúrio natal e em sextil com Júpiter. Desse modo, Val não tinha como se sentir completamente estabelecida no novo endereço até a primavera seguinte, quando Saturno passou uma última vez pelo Ascendente, Mercúrio, e por Júpiter.

Conclusão

É possível prever acontecimentos usando somente progressões e arcos solares ou planetas exteriores em trânsito? Sim e não.

Em alguns casos, como o de Val, os trânsitos de planetas exteriores, especialmente de Saturno, indicam a possibilidade do acontecimento. Saturno formando aspecto com um planeta conjunto ao IC e planetas na quarta casa aumentam a possibilidade de realocação. Mas os mesmo aspectos poderiam indicar alguma grande reforma ou alguém se mudando para a casa ou saindo dela. Então, como é possível determinar qual dos três aconteceria?

Por esse motivo são indispensáveis as progressões e arco solares. No mapa dela, o Meio do Céu-IC progredido formando quadratura com Mercúrio progredido (regente da quarta casa) era o indicador mais forte de uma mudança. Lembre-se de que foram necessários 34 anos para que esse aspecto se tornasse exato, e isso ocorreu somente porque o Meio do Céu-IC progredido se movia mais rápido do que Mercúrio progredido. Mercúrio estava retrógrado no nascimento e por progressão até os seus 17 anos, quando, então, tornou-se direto e, gradualmente, acelerou até que ele e o Meio do Céu progredido estivessem em aspecto de quadratura. É um aspecto de oportunidade única no mapa dela, e, portanto, algo forte e significativo que indica uma mudança de casa importante.

Alguns trânsitos de planetas exteriores são óbvios e deixam pouca margem de dúvida sobre o que virá. Urano e Plutão são os previsores mais confiáveis, sua natureza e movimento vagaroso. Por exemplo, se qualquer um dos dois planetas entra em conjunção com o IC, pode haver uma mudança de lar; se a conjunção for com o Descendente ou Ascendente, mudanças irrevogáveis em um relacionamento íntimo ocorrerão. Saturno às vezes é confiável em si mesmo, mas, por ser o planeta das lições, pode ser difícil prever o que vai acontecer. Seria uma pressuposição errônea, por exemplo, prever o fim de um relacionamento enquanto Saturno transita pelo Descendente. Saturno ali pode fortalecer uma união ou indicar que o indivíduo terminará alguma amizade, ou dela se afastará, enquanto o mesmo não ocorreria caso se tratasse de seu par romântico.

Valem muito a pena o tempo e o esforço de listar e estudar todas as progressões, arcos solares e trânsitos de planetas exteriores quando você for prever acontecimentos de grande importância e tendências na vida de uma pessoa.

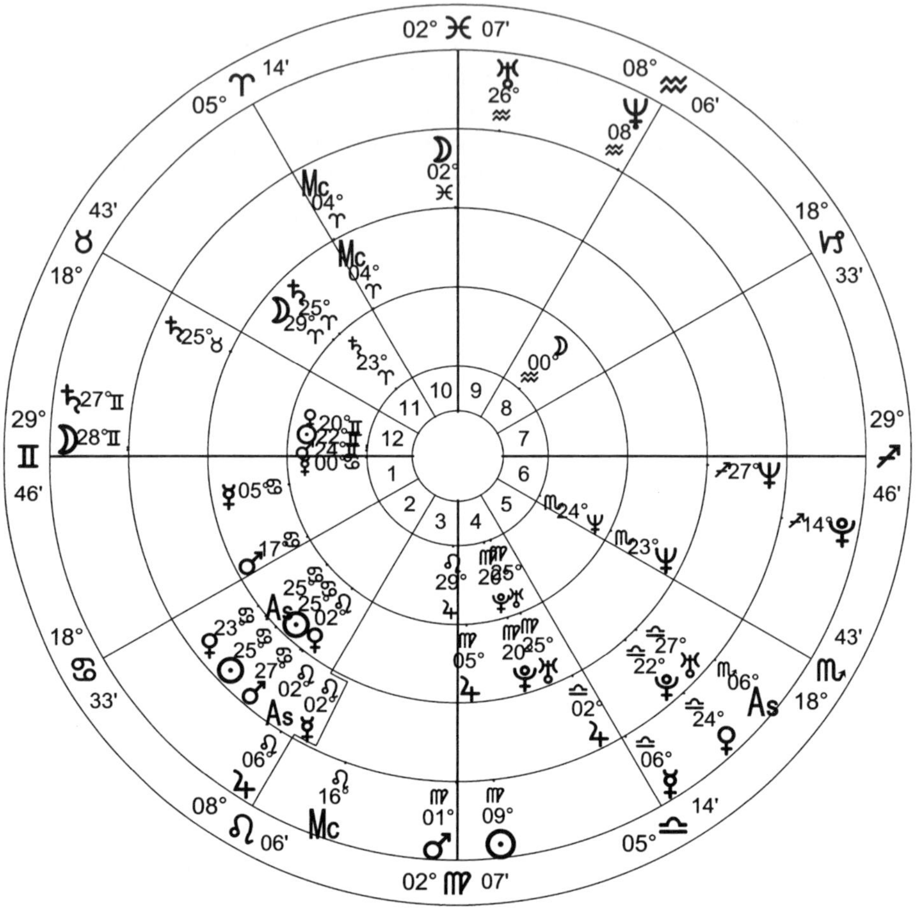

Mapa 16: Val

Círculo interno: Mapa Natal/13 de junho de 1968/6:01 PDT/Salem, Oregon
Círculo interno intermediário: Progressões secundárias/
1º de setembro de 2002/8:48:31/Salem, Oregon
Círculo externo intermediário: Arco Solar Direcionado/
1º de setembro de 2002/8:48:31/Salem, Oregon
Círculo externo: Realocação/1º de setembro de 2002/12:00 MDT/
Helena, Montana/ Casa Placidus

Capítulo Cinco

Planetas Exteriores em Trânsito por Casas e Aspectos

Júpiter

Júpiter, conhecido como o grande benéfico, é também o planeta da expansão. Ele multiplica tudo aquilo que toca, o que pode ou não ser agradável a você. Como planeta da sorte, Júpiter pode ser associado a ganhar na loteria, ou receber dinheiro inesperado, uma promoção importante, além de amor, viagens e mais. Porém, às vezes ele traz coisas boas em excesso, ou promete a você o mundo só para deixá-lo se perguntando como é que algo tão certo acabou não se materializando.

Na melhor das hipóteses, Júpiter abre janelas de oportunidade, aquelas épocas em que você pode criar sua própria sorte. Isso é verdade até mesmo quando o aspecto mais sortudo traz aparente boa sorte a partir do nada. Ainda assim cabe a você, com seu livre-arbítrio, agir, ir atrás de uma oportunidade de emprego, comprar uma oferta, convidar para jantar aquela pessoa especial ou comprar um bilhete de loteria que será sorteado.

Júpiter é também conhecido por seus excessos, característica capaz de causar reviravoltas irônicas, como quando um aspecto Júpiter-Netuno traz à sua casa um novo carpete como resultado de a casa ter sido inundada por uma enchente. Ele também é capaz de acenar com promessas tentadoras, alimentando de modo pouco realista suas esperanças de que algo que tanto deseja se materializará.

Geralmente, contudo, Júpiter suaviza aspectos mais desafiadores, enquanto torna ainda mais benéficos os aspectos bons. Só não conte com ele para ser seu anjo da guarda em todas as situações.

Júpiter percorre todo o zodíaco a cada 12 anos, demorando-se cerca de um ano em cada signo e casa.

Júpiter nas casas

Júpiter na Primeira Casa: esse é um ano absolutamente de sorte, em que você pode descobrir novos meios de expressão pessoal, experiências e oportunidades de crescimento. A criatividade e a confiança enchem-no de otimismo e disposição para sair da sua zona de conforto. Portanto, é a hora de arriscar-se um pouco, expandir-se para áreas que sempre desejou explorar, aprendendo uma nova aptidão ou desenvolvendo um novo passatempo.

Júpiter na Segunda Casa: a renda aumenta nesse trânsito, mas as despesas também, conforme Júpiter expande ambos os lados do balancete. Seu desafio é resistir às gastanças, utilizar com sabedoria os recursos e obter o conhecimento necessário para firmar-se no caminho a uma segurança financeira para a vida toda. Esse ano é também ideal para se aperfeiçoar, pois Júpiter recorda que é preciso se valorizar. Você é seu maior bem.

Júpiter na Terceira Casa: a necessidade de estímulo mental impulsiona você ao aprendizado de tudo o que puder por meio da leitura, das conversas, de cursos de curta duração e viagens de fim de semana. Você interagirá mais com os irmãos, com outros parentes e vizinhos, e esse é um bom momento para liderar uma atividade ou projeto comunitário. Otimismo e pensamento positivo estão em alta, mas assegure-se de não desprezar possíveis contratempos.

Júpiter na Quarta Casa: um interesse crescente pela cena doméstica pode motivá-lo a comprar imóveis, mudar-se ou redecorar, provavelmente em razão da chegada de um novo membro na família. É um bom momento para as habilidades do tipo faça-você-mesmo e para projetos de melhoria na casa, além de entretenimento. Júpiter aqui é também favorável aos relacionamentos familiares. Porém, seja cuidadoso com relação a começar coisas além do que você é capaz de dar conta.

Júpiter na Quinta Casa: com a criatividade em alta, você está em um período social e divertido que favorece os romances e as novas amizades. Você vai adorar passar mais tempo com as crianças, embora não seja uma boa ideia mimá-las demais; se você não tem filhos, mas quer ter, Júpiter pode estar a seu favor. Os investimentos podem ser lucrativos se você resistir à vontade de apostar; tome decisões de modo bem fundamentado, e não com base em esperanças.

Júpiter na Sexta Casa: o trabalho em sua vida está satisfatório e otimista agora, e as condições são favoráveis à caça de emprego. Contudo, você também terá uma tendência a assumir responsabilidades em excesso, acreditando sinceramente que consegue dar conta de tudo. Isso pode ou não ser verdade, apesar do seu otimismo, então prometa apenas o que você sabe ser capaz de cumprir. Atividades voluntárias podem ser particularmente recompensadoras, e há bastante motivação para adotar um estilo de vida mais saudável.

Júpiter na Sétima Casa: os relacionamentos próximos, incluindo parcerias românticas e de negócios, bem como amigos íntimos, beneficiam-se desse trânsito de Júpiter. Agora também é possível fazer alguns contatos de sorte, com potencial para render frutos nos vários anos vindouros. É possível trocar conhecimento e favores, e as pessoas estarão dispostas a compartilhar seus conhecimentos com você. Há chances de um casamento, mas o mais provável são as relações harmoniosas.

Júpiter na Oitava Casa: a tendência financeira para esse ano todo é geralmente positiva, colocando-o em posição de atrair dinheiro a partir de muitas fontes, incluindo aumentos consideráveis de salário, heranças ou golpes de sorte. Você pode também ganhar por meio de um reembolso do seguro. É relativamente fácil obter empréstimos agora, mas isso poderia encorajá-lo a gastar demais em crédito. Pense duas vezes antes de fazê-lo e dê, em vez disso, ênfase à poupança.

Júpiter na Nona Casa: com Júpiter aqui, o objetivo é aumentar o seu conhecimento e expandir as perspectivas. Isso pode ser conseguido de muitas formas, incluindo ter aulas, ministrá-las e viajar. Os estudos metafísicos podem ser especialmente iluminadores agora e conduzir a uma autocompreensão mais profunda. É possível você ser convocado como jurado, esse ano, ou envolver-se em alguma questão legal.

Júpiter na Décima Casa: a confiança cada vez maior em suas aptidões profissionais e talentos pode resultar em uma promoção, maior reconhecimento ou prêmios. Você também estará no lugar certo e na hora certa para aproveitar as várias oportunidades profissionais e para obter atenção desejada, bem como golpes de sorte que possam aparecer. É o momento de reforçar sua posição com relação aos tomadores de decisões, que poderiam beneficiá-lo no futuro.

Júpiter na 11ª Casa: com essa influência no seu setor de amizades e grupos, seu objetivo é expandir seu círculo de contatos pessoais e profissionais. Envolva-se com uma boa causa ou organizações profissionais

– ambas agora oferecem boas oportunidades de aumentar a rede de contatos. As pessoas que você encontrar agora trarão sorte e irão ajudá-lo a redefinir, mesmo que indiretamente, sua vida e objetivos de carreira em constante desenvolvimento.

Júpiter na 12ª Casa: Júpiter aqui funciona bastante como um anjo da guarda, chegando nos momentos decisivos para ajudá-lo quando você mais precisa. Não que você deva depender disso, mas Júpiter, com bastante frequência, agirá em seu auxílio. Esse trânsito também o encoraja a olhar para dentro de si como meio de definir necessidades e desejos subconscientes, bem como libertar seu sexto sentido.

Aspectos desafiadores de Júpiter: quadratura, oposição, semiquadratura, sesquiquadratura e conjunção

Júpiter-Sol: esse é um aspecto de oportunidade e boa fortuna, mas é de bom senso não brincar com a sorte. Qualquer forma de excesso, incluindo extravagâncias financeiras e esquemas tolos, não é aconselhável; entretanto, empreendimentos bem projetados podem deslanchar se você considerar todos os prós e contras. Em geral, a vida se desenrola com relativa tranquilidade e o período é de alegria.

Júpiter-Lua: você está animado, otimista e generoso sob esse aspecto. Mas mantenha tudo em perspectiva, ou você pode escorregar facilmente para um padrão autoindulgente de gastos e alimentação. Suas necessidades emocionais serão mais bem satisfeitas se você se aproximar dos melhores amigos e familiares, trazendo animação para a vida deles.

Júpiter-Mercúrio: estão surgindo no seu caminho pensamentos positivos e uma vasta gama de informações capazes de gerar grandes ideias. Assegure-se de que sejam práticas antes de dar prosseguimento, pois agora é fácil ver só os aspectos positivos. Felizmente você também tem acesso a pessoas mais especializadas para orientá-lo e opinar. Ouça atentamente o que elas dizem e considere com seriedade seus conselhos. Relacionamento animado com irmãos e vizinhos.

Júpiter-Vênus: os relacionamentos são prazerosos e a maioria está no ápice durante esse trânsito, especialmente as parcerias pessoais e profissionais. Pode ser que você conheça um novo interesse romântico, ou que celebre um noivado, agora. Mas atenção aos gastos, pois terá vontade de gastar a torto e a direito. Seja, além disso, realista com relação a investimentos e crédito, utilizando esse trânsito para aprender mais sobre como administrar seu dinheiro.

Júpiter-Marte: sua energia em alta e atitude ambiciosa são vantagens, contanto que você não sufoque as pessoas com isso. Por querer tudo agora, é fácil agir prematuramente e esperar que os outros operem no mesmo ritmo. Pense primeiro e assuma riscos calculados em vez de deixar que o excesso de confiança sabote ganhos em potencial. Cuidado ao dirigir e manejar ferramentas.

Júpiter-Júpiter: a conjunção marca o início de um ciclo de 12 anos. É um ano normalmente sortudo para novos projetos e direções pessoais, embora seja recomendável planejar primeiro, com um olhar para o futuro. Os projetos a que você der início agora enfatizando o bom senso em vez do otimismo cego poderão crescer nos anos vindouros. As finanças poderão estar em alta ou em baixa nesse período, dependendo de outras influências e de suas decisões; tenha um mecanismo de salvaguarda.

Júpiter-Saturno: essa combinação desafia-o a equilibrar expansão e contração, crescimento e cautela. Pense grande, mas realisticamente, e resista à tendência de ser conservador demais, ou então otimista demais. Esforce-se para mesclar ambas as energias, utilizando conhecimento e experiência para se orientar. A obtenção de outro diploma ou certificado seria um bom investimento na sua carreira e traria avanços. O desenrolar de questões almejadas será lento.

Júpiter-Urano: esse tem potencial para ser um dos períodos mais sortudos durante o trânsito de Júpiter, especialmente a conjunção. Muitas coisas dependem do seu mapa natal e de outros fatores de previsão, mas oportunidades repentinas e golpes de sorte podem surgir no momento mais inesperado. Sua necessidade de excitações é, entretanto, capaz de embotar seu raciocínio e sabotar maiores ganhos. O aumento da rede de contatos por meio de grupos ou amigos deve ser uma prioridade.

Júpiter-Netuno: você está em um plano espiritual e idealístico que pode pô-lo em desvantagem com relação aos assuntos do dia a dia e, certamente, às grandes decisões de vida. Por confiar mais agora, vendo o bem em praticamente todo mundo e todas as coisas, há mais facilidade de você ser enganado e de aceitar falsas promessas. Seja especialmente cuidadoso nas questões de dinheiro. Esse aspecto, entretanto, está entre os melhores para atividades voluntárias e a promoção de causas beneficentes.

Júpiter-Plutão: a ambição move você. Isso é uma vantagem, mas só se você mantiver seu poder em perspectiva, algo que será difícil de conseguir em algumas situações. Mesmo que você não seja normalmente uma pessoa controladora, é possível que isso surja agora, pois você está profundamente empenhado em seus objetivos. Portanto, tente não fazer com que seus planos aconteçam a qualquer custo; deixe que as coisas evoluam em seu ritmo próprio. É também um aspecto que indica brigas por poder, então esteja ciente do que ocorre à sua volta.

Aspecto suaves de Júpiter: sextil, trígono e conjunção

Júpiter-Sol: você estará cercado de boa sorte durante esse período afortunado, que apresenta relacionamentos que o apoiarão, fluxo constante de dinheiro e muita alegria. Uma atitude animada resulta em otimismo, mas é fácil relaxar demais e ir deixando a vida levar você. Faça mais. Use essa época de modo construtivo estabelecendo metas pessoais.

Júpiter-Lua: seu temperamento otimista atrai contatos e experiências agradáveis e emocionalmente inspiradores, e você apreciará passar o tempo com seu par, com amigos próximos e entes queridos. As mulheres, em especial, podem trazer-lhe sorte, conectando-o a oportunidades. Esse trânsito também favorece o trabalho com o público.

Júpiter-Mercúrio: comunicação, assuntos de negócios e o aprendizado beneficiam-se desse aspecto, que acentua o pensamento positivo e acesso fácil a informação e conhecimento. É normalmente uma época excelente para assinar contratos, negociar e fazer contatos, pois você estará em sincronia com a maioria das pessoas, que também provavelmente garantirão favores. O momento favorece viagens, especialmente as de fim de semana e visitas a parentes.

Júpiter-Vênus: será fácil escorregar para a autoindulgência sob esse aspecto, pois você estará preguiçoso e ansiará por conforto. Isso, até certo ponto, não tem problema. Mas um excesso de coisas boas pode fazer com que você perca o potencial vantajoso desse período. Você poderia se dar bem financeiramente; transforme o desejo de gastar em uma missão para encontrar as melhores ofertas e economize a diferença. Relacionamentos animados e o amor estarão no ápice.

Júpiter-Marte: esse aspecto acentua um período de energia em alta, impulso, liderança e confiança, que serão mais bem usados para expandir seus objetivos e desejos. O que ele necessita são válvulas de escape delimitadas e produtivas, tais como aperfeiçoar uma aptidão ou liderar um projeto. Fazer exercícios também é algo positivo, mas sem exageros; é também um momento excelente para suavizar conflitos de longa data com outras pessoas.

Júpiter-Júpiter: a vida vai se desenrolando e requer pouco esforço para realizar seus desejos durante essa fase de sorte. Você pode usar esse período tranquilo para aproveitar a existência, fazendo as coisas das quais mais gosta. Em geral é um momento bom para viajar, tirar férias, aprender e comparecer a eventos sociais. Problemas legais normalmente têm um resultado favorável.

Júpiter-Saturno: durante essa época, você terá oportunidade de colher as recompensas profissionais a partir do que plantou no passado. Pode não ser um grande avanço, e sim um incremento no caminho. Também é possível cumprir com facilidade as responsabilidades relativas ao trabalho, ou até mesmo excedê-las, pois você consegue manter um ritmo constante e equilibrado que gerará resultados sólidos. Fundamente-se no seu conhecimento e experiência, e nos de outros também.

Júpiter-Urano: oportunidades repentinas são a combinação perfeita para suas ideias inovadoras ao longo desse período, conforme você acolhe as mudanças. Tudo isso pode vir por meio do aprendizado, da educação, viagens e projetos em grupo – seja o que for que satisfaça sua necessidade de estímulo mental e por tudo o que é novo, renovador e diferente. Golpes de sorte podem acontecer nesse aspecto, caso haja outros fatores em concordância no mapa.

Júpiter-Netuno: esse aspecto enfatiza a espiritualidade e a intuição, ambas podendo estar fortes agora. Mas cuidado para não se perder em um mundo de ilusões e desejos fantasiosos, e faça uma verificação periódica para ver se está com os pés no chão (ou conte suas ideias para alguém próximo e depois ouça os conselhos). Um bom meio de vazão para o seu idealismo são as boas causas.

Júpiter-Plutão: suas ambições reavivam, mas será necessário um esforço concentrado para direcioná-las e lucrar com elas agora. Se bem utilizado, esse aspecto pode melhorar suas aptidões de liderança e possivelmente ajudá-lo a alcançar algum grande objetivo. É também possível se beneficiar financeiramente, contanto que não confie demais na sorte.

Saturno

Saturno representa restrição, contratempos e o passado. Ele também recompensa esforços, responsabilidade e obediência às regras. Saturno fornece estrutura, o suporte dentro do qual moldamos nossa vida e a fundação sobre a qual construímos ganhos a longo prazo. Também é o planeta da experiência de vida e das lições aprendidas.

Saturno pode frustrar e atrasar o que esperávamos alcançar, pois ensina sobre paciência e a importância do esforço e da perseverança no caminho para a realização. Embora possa levar grande parte de uma vida para alguém realmente entender e apreciar seu ritmo, a observação cuidadosa de seus ciclos e eventos relacionados podem apressar o processo de aprendizado.

Saturno percorre todo o zodíaco a cada 28 anos, formando aspectos desafiadores de grande importância (conjunção, quadratura, oposição) com sua posição natal e com todos os outros planetas e ângulos no seu mapa a cada sete anos. Verifique a efeméride para as datas em que esses posicionamentos ocorreram e reflita sobre os acontecimentos e sua reação a eles na época. Você será capaz de identificar um tema comum (ou mais de um) e assim preparar-se melhor para o próximo trânsito de Saturno. Esse conhecimento lhe dará uma ideia geral sobre como reagir a Saturno, bem como formas de minimizar suas características negativas e capitalizar com as positivas.

Em geral, Saturno é o planeta da carreira e sugere atrasos, limitações, lições difíceis, trabalho duro e pessoas mais velhas. Saturno também está associado a segurança, autoridade, posição social, autodisciplina, depressão, paciência, responsabilidade, realização, restrição e pessimismo.

Saturno nas casas

Saturno na Primeira Casa: esse é o momento ideal para lançar um olhar crítico a si mesmo. Identifique suas forças e fraquezas, o que você alcançou ao longo da vida e o que ainda pretende alcançar. Essa autoavaliação pode ser esclarecedora, se você for honesto consigo mesmo, e o conduzirá a novas direções. Deixe que estas surjam e se desenvolvam em seu próprio ritmo, pois esse é um período de planejamentos, e não de empreendimentos.

Saturno na Segunda Casa: embora esse trânsito possa limitar a renda, não há razão para temer que o fará. Pense nele como uma oportunidade para equilibrar seu orçamento e aprender hábitos frugais. A principal lição, entretanto, são os valores. O que é realmente importante na sua vida? O que você mais valoriza em si? Qual a sua atitude com relação a suas posses?

Saturno na Terceira Casa: seu modo de pensar provavelmente ficará mais solene durante esse trânsito, em que emergem recordações do passado na memória. Pelo fato de seu nível de concentração ser alto, é um momento excelente para iniciar um curso universitário ou de especialização. É possível que você tenda a se distanciar dos irmãos, parentes em geral e vizinhos, sendo que um ou mais podem ser pessoas difíceis.

Saturno na Quarta Casa: responsabilidades de família aumentam durante esse trânsito e pode ser que você precise cuidar do pai, da mãe ou de algum parente idoso. Também pode ser que você se mude ou que algum filho mais crescido ou parente se mude de ou para sua casa. Pode surgir, a qualquer momento, a necessidade de consertos domésticos. Se houver outros fatores em concordância, pode ser um bom momento para comprar ou reformar um imóvel.

Saturno na Quinta Casa: seus filhos tornam-se uma responsabilidade maior, agora, provavelmente por você ser um pai ou mãe de primeira viagem, ou por ter de lidar com adolescentes, ou por estar bastante envolvido nas atividades deles dentro e fora da escola. Isso pode limitar o seu tempo livre, a ponto de sentir que a vida perdeu a graça. Pense em si mesmo e atenda a suas necessidades. Embora os interesses românticos estejam limitados com Saturno aqui, poderão ser mais recompensadores. Seja cauteloso com seus investimentos.

Saturno na Sexta Casa: você está em um período de atividades intenso e com maiores responsabilidades no trabalho. Porém, infelizmente, é improvável que seja reconhecido no emprego agora. Isso virá com o tempo, provavelmente em mais ou menos três anos. Seria uma boa ideia dar mais atenção à sua saúde. Reduza o estresse, tenha uma dieta saudável e tente fazer exercícios regulares, mas moderados. Animais de estimação e trabalho voluntário podem ser recompensadores.

Saturno na Sétima Casa: as pessoas demandam muito de você e de seu tempo durante esses trânsitos. Alguns relacionamentos terminarão por sua escolha ou do outro, enquanto outros se fortalecerão. É hora de se distanciar conscientemente de pessoas que já não têm mais um papel positivo na sua vida e de expandir seu conhecimento sobre a natureza humana. Se outros fatores estiverem em concordância, há possibilidade de um casamento.

Saturno na Oitava Casa: é uma boa época para equilibrar o orçamento, pagar dívidas e evitar novos empréstimos, independentemente de sua situação financeira geral. Lembre-se também de verificar regularmente sua avaliação de crédito* (e da família) à caça de erros. A renda do seu par será provavelmente menor que a sua, e pode haver atrasos e dificuldades com relação a heranças ou seguros.

*N.T.: Nos Estados Unidos, o relatório de crédito (*credit report*) contém o histórico de como uma pessoa pagou suas contas e uma "nota" relativa à sua confiabilidade como pagador. É utilizado por credores para conceder ou recusar um empréstimo, por exemplo.

Saturno na Nona Casa: esse trânsito pode desencadear extensas viagens de negócios, mais interação com parentes da família do esposo/esposa, ou problemas legais, incluindo ser convocado a participar de júri. Contudo, sua aplicação mais efetiva está relacionada ao ensino superior, então considere voltar aos estudos para obter um diploma ou especialização. É possível que surja a oportunidade de ensinar outras pessoas ou de aprender sobre outras culturas e modos de vida.

Saturno na Décima Casa: esse pode ser o ápice da carreira, trazendo o sucesso que você desejou e trabalhou duro para obter. Ou pode ser exatamente o oposto. Grande parte do resultado depende de como você atendeu às suas responsabilidades profissionais durante os sete a 14 anos antes desse período. Portanto, não fique tentado a tomar as saídas mais fáceis no seu caminho para a ascensão, pois essas coisas se voltarão contra você mais tarde. Pode haver uma mudança de casa.

Saturno na 11ª Casa: é possível que lhe peçam para aceitar uma posição de liderança em alguma organização ou projeto de grupo. Embora isso contribua bastante para o sucesso pessoal e profissional, certifique-se de enfatizar a delegação de responsabilidades e o trabalho em equipe em vez de tentar fazer tudo sozinho. Nesse período, os amigos podem ajudar a redefinir e alcançar objetivos pessoais e profissionais, e será possível o reencontro com pessoas do passado.

Saturno na 12ª Casa: com Saturno aqui, passar um tempo sozinho pode ser algo satisfatório e produtivo, tanto que você pode às vezes deixar passar eventos sociais para poder aproveitar sua própria companhia. Use esse tempo para avaliar e aprender com o passado, bem como finalizar projetos que ficaram em aberto. Além disso, preste atenção à sua saúde e aos sinais do seu corpo. Você provavelmente precisará de descanso e sono adicionais agora.

Aspectos desafiadores de Saturno: conjunção, quadratura, oposição, semiquadratura e sesquiquadratura

Saturno-Sol: é um período de trabalho duro em que você deveria terminar o que começou e cumprir com todas as responsabilidades. Embora as recompensas não sejam imediatas, elas virão com o tempo; então, prepare-se para ser paciente. Os relacionamentos poderão ser desafiadores agora, principalmente porque você vê a vida com mais seriedade. Priorize descanso, sono e períodos de relaxamento no dia a dia, pois esse aspecto pode afetar a vitalidade.

Saturno-Lua: depressão, solidão, culpa e isolamento quase sempre ocorrem com esses aspectos. Seja verdade ou não, você pode sentir-se como se carregasse tudo sozinho, sem o apoio emocional dos outros, o que pode afetar os relacionamentos íntimos. Por mais difícil que pareça, e de fato pode ser, é também um período para reavaliar sua vida, e daí surgirão ambições renovadas e o entusiasmo para alcançá-las. Trate-se com carinho.

Saturno-Mercúrio: seus pensamentos derivam para o lado negativo sob esse aspecto, deixando-o preocupado em demasia com detalhes, e crítico para os outros. Isso pode, é claro, afetar a comunicação e os relacionamentos. Você pode ao menos transformar o pessimismo em aceitação se substituir o negativo pelo positivo e, a partir dessa mudança, será possível avaliar criticamente os desafios e agir para resolvê-los.

Saturno-Vênus: alguns relacionamentos terminam sob esse aspecto, enquanto outros são fortalecidos. Quais terminam e quais se fortalecem é algo que depende em grande parte da sua perspectiva e atitude. Você pode encontrar uma alma gêmea durante esse período, e é possível ser necessário aceitar mais responsabilidades em uma parceria profissional ou pessoal. Esse trânsito é também uma lição de frugalidade, seja pelas finanças apertadas, seja em prol da segurança financeira.

Saturno-Marte: a principal razão do seu estresse são as frustrações e, por mais que se esforce, é difícil ter algum progresso. Tudo isso aumenta o potencial para acidentes e desafios de relacionamento. Descubra uma forma de aliviar a tensão começando por aceitar a situação atual, bem como a necessidade de trabalhar com as estruturas existentes. Exercícios moderados também podem ajudar, mas não se exceda neles.

Saturno-Júpiter: o período fornece uma oportunidade de aprender como lidar melhor com as restrições da vida. Embora você note a necessidade de manter um caminho conservador e operar dentro da estrutura estabelecida, também deseja liberdade e expansão. Resolver esses dois fatores é a experiência de aprendizado desse aspecto. Mesmo se não estiver satisfeito com seu emprego atual, a procura por outro dificilmente trará resultados. Seja paciente.

Saturno-Saturno: esse aspecto representa um momento decisivo na vida, conforme você revê o passado e confronta questões de segurança e confiança. Pode também haver dificuldade com pessoas em posição de autoridade. Entretanto, esse período pode trazer uma conquista importante, tal como uma promoção ou a obtenção de um objetivo há muito desejado. À medida que você vê esse aspecto se aproximar, pense sobre o que estava acontecendo na sua vida há sete anos; os eventos provavelmente estarão relacionados.

Saturno-Urano: surge a vontade de se libertar das atuais restrições que você detecta, mas as circunstâncias da vida ou necessidade de segurança o seguram. Não é tarefa fácil solucionar essas duas energias em conflito, mas o bom senso e uma válvula de escape eficiente, como um passatempo ou exercícios, podem reduzir os efeitos desse trânsito. Esse conflito, provavelmente, se concentrará em questões de relacionamento ou carreira, em que você se sentirá aprisionado e sem alternativa de fuga.

Saturno-Netuno: a dúvida e a confusão acrescentam uma qualidade ilusória à sua vida, na medida em que a estabilidade se desvanece e você confronta a realidade com o ideal. Como resultado podem surgir dificuldades profissionais, e você sentirá como se sua segurança estivesse evaporando, e nem sabe bem por quê. É possível que você se envolva em desentendimentos e jogos de culpa, sem quaisquer alternativas efetivas a que recorrer. Um meio de vazão criativo ou espiritual pode ajudar a equilibrar a energia.

Saturno-Plutão: esse aspecto, que assinala términos e grandes mudanças, quase sempre produz dificuldades quando planetas pessoais e ângulos estão envolvidos. Problemas financeiros, demissão, brigas de poder e questões de controle são todos possíveis. Infelizmente, você se sente (e provavelmente está) desprovido de força para reagir. A solução é acreditar em si mesmo, aceitar a vida como ela está e seguir em frente, mirando o futuro.

Aspectos suaves de Saturno: sextil, trígono e conjunção

Saturno-Sol: esforços passados podem trazer recompensas no presente sob esse trânsito, especialmente com a conjunção, que trará o que você merecer. É também um ótimo período para se empenhar em tarefas adicionais para demonstrar seu valor no local de trabalho, pois o que você faz agora pode ajudar a preparar terreno para futuros ganhos.

Saturno-Lua: suas emoções estarão estáveis sob o sextil e o trígono, e você estará em sintonia com as responsabilidades familiares. Use essa fase para firmar as fundações da sua vida e estabelecer novas metas na carreira. Acordos imobiliários podem ser positivos. Com a conjunção, entretanto, é provável que você se sinta um tanto deprimido e sozinho.

Saturno-Mercúrio: dentre suas melhores habilidades nesse momento, estão a comunicação, a concentração e o pensamento claro e analítico. Você também pode colher recompensas profissionais, contanto que se desapegue de velhos hábitos e métodos que já não são mais efetivos. Proteja-se contra pensamentos negativos com a conjunção e também contra remoer o passado e os arrependimentos.

Saturno-Vênus: relacionamentos e dinheiro são estáveis, e você é favorecido por pessoas importantes. Se outros fatores forem positivos, esse aspecto será auspicioso para o casamento, parcerias de negócios e de relacionamento, e um aumento pequeno, mas merecido, do seu salário. Durante esse período é possível fortalecer os laços com membros da família, podendo reunir-se a pessoas do passado.

Saturno-Marte: você aprecia o progresso vagaroso e constante, e o esforço no trabalho traz satisfação além de produtividade. Mesmo as tarefas mais desafiadoras não são páreo para a determinação extra que terá durante esse trânsito. Porém, com a conjunção, cuidado para não pressionar outras pessoas para que façam o que você considera melhor; além disso, não seja duro consigo mesmo e, de vez em quando, distancie-se da cena para ter uma visão mais ampla.

Saturno-Júpiter: fique atento às oportunidades profissionais durante o período e não hesite em se autopromover diante de algumas pessoas em posição de liderança quando for apropriado. A educação também pode conduzir a ganhos futuros ou presentes na carreira, mesmo se você só fizer cursos de curta duração para aprender ou aperfeiçoar habilidades. Irá se sair geralmente bem nos assuntos de negócios, pois consegue ver tanto o lado positivo quando o negativo das coisas.

Saturno-Saturno: sob o sextil e o trígono, você sente-se seguro e nos trilhos com a carreira e a vida. Mas ainda é uma boa época para fazer um *check-up* nos seus objetivos e uma revisão, quando necessário, para potencializar possíveis ganhos. Com a conjunção, você pode se sentir como se estivesse viajando rapidamente até lugar nenhum. Considere esse um momento de mudança e almeje mais alto.

Saturno-Urano: novas oportunidades surgem aparentemente do nada, na forma de uma oferta de emprego inesperada ou uma promoção. Não se jogue. Dê-se tempo para analisar se essa é a melhor decisão para você, em vez de render-se somente à necessidade de mudança. A conjunção pode trazer uma repentina mudança de emprego que será uma oportunidade disfarçada.

Saturno-Netuno: separe um tempo para ficar sozinho e meditar durante esse trânsito. Isso vai ajudá-lo a centrar-se, encorajando assim novos *insights* sobre a direção geral da vida profissional e pessoal. Normalmente não é um bom momento para mudar de emprego, pois podem haver fatores ocultos, e você tende a ver apenas o que deseja.

Saturno-Plutão: você está concentrado, ambicioso e metódico enquanto se esforça para ter sucesso. As ambições são mais facilmente realizadas sob o sextil e o trígono, mas vá com calma e tenha uma política de aprender com os exemplos e saber jogar em equipe. São prováveis as brigas de poder, dificuldades na carreira e conflitos de personalidade com supervisores, sob essa conjunção.

Urano

Urano é *o* planeta do inesperado. E nunca deixa de espantar os astrólogos. Quando você pensa que sabe o que fará um trânsito de Urano, ele o surpreende com algo completamente diferente, que nunca lhe ocorreu. Com certeza, Urano é o curinga do Universo.

Como planeta do inesperado, Urano desencadeia a mudança por meio de acontecimentos internos e externos. Ele pode mudar seu modo de pensar e caminho de vida tão facilmente quanto pode mudar sua casa, seu trabalho ou um relacionamento. Urano adora fazer surpresas.

Ele tem um cronômetro bem preciso: seus acontecimentos ocorrem justamente quando os aspectos estão exatos ou a poucos minutos da exatidão. Planeta intuitivo, sua energia está ligada a lampejos de inspiração, aqueles momentos de "lâmpada acesa" em que o que antes não era visto se torna, repentinamente, aparente e compreendido por completo.

As mudanças podem ser difíceis durante os melhores dos tempos. Algumas pessoas lidam bem com elas, enquanto outras, em especial as de signos fixos, combatem as mudanças a menos que eles mesmos a tenham iniciado. Seja qual for seu modo de pensar, tente ter a mente aberta às mudanças durante os trânsitos de Urano, especialmente os que envolverem aspectos desafiadores. A vida ficará mais fácil e você poderá se beneficiar da sensação de liberdade e independência resultantes.

É comum que Urano esteja envolvido quando as pessoas tomam o que parecem ser decisões repentinas importantes, como divórcios, casamentos e mudanças de emprego/carreira. Embora esses acontecimentos às vezes pareçam espontâneos para quem vê de fora, o processo já vinha acontecendo por dentro há algum tempo. Padrões retrógrados são quase sempre a chave para a data dos acontecimentos, sendo que o segundo ou terceiro contato desencadeiam a ação.

O trânsito de Urano pelo zodíaco dura 84 anos, movendo-se por meio de uma casa/signo em cerca de sete anos. Conjunção, oposição e semiquadratura assinalam momentos decisivos.

Urano nas casas

Urano na Primeira Casa: sua missão é se libertar, redefinir-se e tornar-se o "você" real, livre das inibições do passado. Porém, na medida em que descobre (ou redescobre) sua independência, cuidado com o que joga fora apenas para satisfazer a paixão do momento. Os relacionamentos estão particularmente em risco agora, pois você anseia por liberdade e por tudo o que é novo e diferente. Lembre-se, no entanto, de que as mudanças feitas agora serão permanentes.

Urano na Segunda Casa: um dinheiro inesperado pode resolver despesas repentinas durante esse trânsito, mas não conte sempre com esse expediente, pois isso não funcionará todas as vezes. Pelo contrário, aproveite os ganhos inesperados para fazer uma poupança que será sua salvaguarda durante tempos difíceis. Também é possível uma mudança ou adição na renda, bem como um novo emprego ou carreira, um segundo emprego, um trabalho que você poderá fazer em casa para tirar um extra e que tem possibilidade de virar um negócio maior.

Urano na Terceira Casa: abra sua mente para novas atitudes, informações, tecnologia e ideias inovadoras conforme Urano transita por essa casa. Tome aulas e burile suas aptidões de comunicação. Espere o inesperado no cotidiano, em que provavelmente haverá acontecimentos incomuns de tempos em tempos envolvendo irmãos, parentes ou vizinhos.

Urano na Quarta Casa: mudança de endereço, renovação e outras grandes mudanças domésticas podem ocorrer conforme Urano entra em conjunção com o IC e então transita por essa casa. Em outro nível, você pode usar Urano para ajudá-lo a libertar-se de antigas influências da infância que ainda o prendem. Se você é pai ou mãe, um jovem adulto pode estar saindo do ninho, ou então uma necessidade de independência pode estimular você a estabelecer seu próprio lar.

Urano na Quinta Casa: esse pode ser um dos períodos mais criativos da sua vida, então explore as opções até achar a expressão ideal: tudo, desde habilidades manuais até pintura e jardinagem. Um romance súbito, não necessariamente duradouro, pode surgir durante esse trânsito, ou pode haver uma gravidez inesperada. Se você tem filhos, prepare-se, pois eles testarão a própria independência.

Urano na Sexta Casa: acontecimentos imprevistos podem desencadear uma mudança de emprego, ou você pode decidir que é hora de encontrar um cargo mais estimulante. Também terá menos paciência para supervisores controladores que interferem todo o tempo; na verdade, a liberdade de planejar e monitorar sua carga de trabalho será vital para ter sucesso. Tudo o mais pode criar uma tensão capaz de afetar a sua saúde. É possível que você adquira um bicho de estimação, inesperadamente, durante esse trânsito.

Urano na Sétima Casa: os relacionamentos, incluindo parcerias e amizades íntimas, atravessam um período de mudanças nesses anos, em parte por sua necessidade de se aventurar. Ou pode ser seu par que tem essa necessidade e dará início à mudança. Separações e divórcio podem acontecer quando Urano transita pelo Descendente e percorre essa casa. Uma união, nessa época, poderá ter vida curta.

Urano na Oitava Casa: esse trânsito quase sempre desencaderia novos elementos no campo do dinheiro, incluindo uma herança. Mas nem sempre eles são positivos; portanto, planeje-se com antecedência e faça uma poupança para o caso de precisar. Recursos compartilhados podem ser afetados como resultado de mudança de renda para você ou a cara-metade, ou você pode acabar descobrindo que o seguro não cobrirá totalmente uma perda. Evite totalmente novos empréstimos, se possível.

Urano na Nona Casa: o mundo emite sinais para você. Explore isso em pessoa ou via livros, televisão e internet. Você deveria também tentar mais um diploma ou especialização, seja pelos meios tradicionais ou por meio de ensino a distância. Ou, então, estude metafísica ou outras culturas e modos de vida. Problemas legais podem ser desestabilizadores, com resultados incertos; então, evite iniciar ações na Justiça, se possível.

Urano na Décima Casa: carreira e posição social podem mudar, para o bem ou para o mal. Garanta-se e fique alerta aos rumores sobre a saúde e prosperidade futuras da companhia em que trabalha. Se o seu emprego parece restritivo e sem possibilidade de crescimento, pode ser hora de buscar um novo emprego ou carreira. Mas verifique se a necessidade é real, e não apenas seu desejo por mudanças e liberdade.

Urano na 11ª Casa: durante esse trânsito, você se envolve várias vezes em atividades de grupo, clubes, organizações e boas causas que o interessam. Cada um é ótima fonte de amigos e contatos, muitos dos quais podem exercer influência positiva na sua vida. Alguns o ligarão a oportunidades. Seus objetivos de vida provavelmente mudarão, agora, para tomar rumos inesperados.

Urano na 12ª Casa: segredos que você acreditava estar bem guardados podem ser revelados, e outros fatores ocultos poderão vir à tona. A melhor política durante esse trânsito é não compartilhar nada que você não queira espalhar. Sintonize-se com seu sexto sentido, que pode fornecer *insights* surpreendentes sobre você mesmo, sua vida e outras pessoas. Faça questão de descansar, pois a tensão nervosa estará em alta, em alguns momentos.

Aspectos desafiadores de Urano: quadratura, oposição, semiquadratura, sesquiquadratura e conjunção

Urano-Sol: esse aspecto tem tudo a ver com libertar-se de si mesmo para ser o seu eu real. Se pensa já ter alcançado seu verdadeiro eu, pense melhor. Esse pode ser um período empolgante de mudanças pessoais, mas cuidado com a vontade de jogar fora sua vida atual só para satisfazer a necessidade de independência e de algo diferente. Um relacionamento pode passar por grandes mudanças, especialmente sob a oposição.

Urano-Lua: espere uma flutuação nas emoções com irritações periódicas e mudanças de humor. Podem surgir problemas de segurança, e o setor doméstico possivelmente será cenário de alterações, incluindo mudanças de casa ou de pessoas da família que saem ou voltam para casa. Tenha cuidado especial com eletrônicos e a eletricidade. Uma amiga ou conhecida pode fazer surgir uma oportunidade inesperada, que também pode vir por meio de algum grupo ou organização.

Urano-Mercúrio: esse aspecto pode trazer ideias inovadoras e lampejos de percepção, bem como notícias repentinas (bem-vindas ou não). O mais importante: é preciso que você se proteja contra a impulsividade e as decisões rápidas demais, pois pode acabar se arrependendo por ambas as coisas. Descubra uma estratégia para aliviar o estresse que funcione para você, pois a tensão nervosa estará em alta agora. Dê ouvidos à sua intuição.

Urano-Vênus: sob esse trânsito, relacionamentos começam e terminam, ou pode ocorrer amor à primeira vista. Entretanto, a situação pode ou não ser real, então não fuja para se casar, pelo menos até que esse trânsito passe. Relacionamentos próximos existentes podem se beneficiar de mudanças positivas, se você e a outra pessoa gostarem da ideia. Planeje-se com antecedência e guarde dinheiro, pois esse trânsito pode muito facilmente trazer lucros inesperados ou despesas extras.

Urano-Marte: agora pode ser que você esteja impulsivo e com pavio curto, mesmo que não perceba completamente. A causa fundamental é provavelmente um desejo de afirmar sua independência e individualidade. Pense com calma antes de falar e descubra um meio positivo de dar vazão a essa energia – só garanta que essa atividade não seja de alto risco, especialmente que envolva risco físico. Esse aspecto causa propensão a acidentes.

Urano-Júpiter: esse pode ser um dos aspectos mais afortunados, trazendo oportunidades repentinas. Contudo, o que parece ser um movimento pessoal, financeiro ou profissional positivo pode não ser aquilo que você esperava. Vá com calma e colha informações antes de agir, mesclando então pensamento positivo e bom senso. A fé em outros e no Universo pode ser uma vantagem, contanto que seja realista.

Urano-Saturno: algumas, e provavelmente muitas, das constantes na sua vida estão sujeitas a mudar durante esse trânsito. Embora o seu objetivo seja ir além das restrições e desapegar-se do que não precisa mais, resista à vontade de cortar laços definitivamente e tenha cuidado especial com questões ligadas à carreira. O desafio é trabalhar com a estrutura existente, modificando-a para melhor atender suas necessidades.

Urano-Urano: de uma forma ou de outra, sua busca por independência marca esse período como um que pode enviá-lo a direções novas e positivas. Mas também pode fazer justamente o contrário se, ao desejar a liberdade, você jogar pela janela sua vida atual em troca de uma nova. Busque saídas positivas para satisfazer sua necessidade de ser diferente, conforme você dá esse passo para o crescimento e para tornar-se mais verdadeiro consigo mesmo.

Urano-Netuno: esse trânsito pode ser esclarecedor, contanto que você não entre no reino da ilusão e da confusão das condições em mutação que o cercam. Questione o que é real e o que não é, e lembre-se: qualquer ideal imaginado provavelmente é apenas fruto de seu desejo. A criatividade e a intuição podem estar em alta, agora, mas drogas e álcool podem ser um problema para você ou alguém próximo, caso exista essa tendência.

Urano-Plutão: mudanças externas estimulam as internas sob esse aspecto, que exige uma adaptação à nova realidade. As condições são o que são, e estão além do seu controle, então pense positivo e vá por um caminho diferente, ou por um que seja um desdobramento das atividades atuais. Mesmo que esse processo seja difícil, no fim você dará valor a seu novo eu e à nova vida que surge.

Aspectos suaves de Urano: sextil, trígono e conjunção

Urano-Sol: esse é um momento esplêndido para ligar-se a amigos e grupos ampliando sua rede de contatos e dando boas-vindas a pessoas novas que surgirem em sua vida. Cada um pode trazer animação e novas experiências à sua vida, bem como oportunidades para ampliar suas aptidões e talentos. Você também achará mais fácil se expressar agora, no sentido de estar mais confortável com seu verdadeiro eu, seguro em sua identidade.

Urano-Lua: vida social, conhecer pessoas e fazer novos amigos são prioridade, agora, e as oportunidades podem vir por meio de mulheres ou do trabalho com o público. É também uma época para fazer mudanças positivas de relacionamento, pois você poderá expressar livremente suas emoções enquanto mantém um desapego saudável. Seu sexto sentido está ativo e oferece *insights* vigorosos e palpites intuitivos.

Urano-Mercúrio: sua curiosidade ganha vida e você estará aberto a novas ideias, além de gerar as suas próprias, graças a uma imaginação ativa durante esse período. Passe o tempo com irmãos e parentes, entre para um curso, aprenda novas aptidões ou passatempos, ou amplie suas habilidades profissionais. Cada um desses fatores pode fornecer o benefício extra do contato com pessoas estimulantes na sua comunidade, com a qual você poderá envolver-se mais.

Urano-Vênus: os amigos aumentam a sua sorte e podem ser os catalisadores de lucros ou romance inesperados. A época também é boa para eventos e atividades sociais, especialmente se você sair do normal para se aventurar por novos caminhos. Você tende a apreciar quase tudo que é novo e diferente, incluindo pessoas, arte e comida. Caso planeje redecorar, use sua imaginação pensando em algo eclético e incomum. Negocie preços quando for comprar.

Urano-Marte: a energia está em alta, mas é bom monitorar seu sistema nervoso, pois a tensão pode aumentar nesse período. Atividades e eventos espontâneos, além de exercícios, são formas boas de aliviar o estresse, trazendo a você a oportunidade para reduzir um pouco o ritmo a fim de refletir sobre os acontecimentos atuais. Você também pode brilhar como líder em situações de trabalho coletivo.

Urano-Júpiter: aprenda, cresça, acrescente um pouco de brilho e empolgação à sua vida durante esse período afortunado. Viagens, ensino e estudos são meios excelentes, seja pelo prazer, seja para impulsionar suas aptidões de carreira. É possível que tenha lucros inesperados, se a sua casa de dinheiro estiver ativada; ou então isso poderá se manifestar como uma oportunidade por meio de alguém que você conhece ou de um grupo ou organização que o veem como uma estrela em ascensão.

Urano-Saturno: o curso de ação mais efetivo para você é trabalhar pela mudança dentro das estruturas existentes. É possível mudar a cultura corporativa utilizando originalidade no trabalho, embora seja prudente apresentar novos enfoques com calma, para que os tomadores de decisões tenham tempo para assimilar a ideia. Também é uma época favorável para planejamento e organização, bem como para melhorias na casa.

Urano-Urano: embora você tenha necessidade de mudança, ela não chega a ser avassaladora. Na verdade é tempo de explorar as coisas que atraem seu interesse e aproveitar novas experiências e pessoas como forma de trazer alívio para o estresse da labuta diária. Amigos e atividades em grupo são especialmente agradáveis agora. Você poderá liderar algum esforço comunitário organizando um grupo de ação.

Urano-Netuno: causas beneficentes atraem seu interesse, especialmente como voluntário para pôr a mão na massa. Você se sentirá bem com seus esforços e colherá o benefício extra de expandir seu círculo de conhecidos e sua rede de contatos. A meditação pode ser eficiente agora, tanto para aliviar a tensão como para acessar seu subconsciente, libertando o sexto sentido. Os palpites têm boa chance de ser certeiros. Porém, seja cauteloso se alguém tentar convencê-lo de que o caminho dele é o melhor para você.

Urano-Plutão: mudanças de longo alcance tocarão a sua vida, principalmente em nível interno. Sua mudança de perspectiva pode vir por meio de outras pessoas ou pelo estudo da metafísica, e esse conhecimento recém-descoberto acrescentará profundidade à sua vida e ao caminho de vida. Se for pego por um ciclo de grandes mudanças que saiam do seu controle, deixe de lado as vias normais de pensamento e de visão do mundo.

Netuno

Netuno, planeta da confusão, das ilusões e desilusões, é também inspirador, criativo, espiritual e romântico. Com Netuno, separar o joio do trigo pode ser um desafio se você estiver sob sua influência, e só conseguirá enxergar o óbvio depois que o aspecto se afasta. Quando se trata de Netuno, saber compreender as coisas em retrospectiva é o que tornará tudo mais claro.

Quando Netuno está ativo, você só vê e ouve aquilo que quer. A realidade é algo muito distante de sua mente. Dependendo das circunstâncias atuais, pode ser uma vantagem ou desvantagem. É maravilhoso para a criatividade, mas perigoso em questões de dinheiro e do coração. Esse trânsito também pode dificultar que os outros o compreendam ou pode desencadear conflitos impossíveis de definir com as outras pessoas.

Netuno também está associado à água, produtos químicos, vício em substâncias e medicamentos. Esses problemas ocorrem com mais frequência nos aspectos difíceis, mas nem sempre. Aspectos difíceis de carreira em combinação com, por exemplo, um trígono Marte-Netuno progredidos ou por arco solar pode sugerir abuso de álcool como principal causa para a perda de um emprego.

Netuno se move tão lentamente pelo zodíaco que é improvável que você vivencie qualquer aspecto para além da oposição, que ocorre com pessoas na metade de seus 80 anos de vida.

Netuno nas casas

Netuno na Primeira Casa: você questiona sua identidade, quem é e o que quer. Não apresse esse processo potencialmente positivo, do qual pode emergir um você novo e mais confiante. Dê-se tempo para explorar sua vida, suas habilidades e talentos em sintonia com essa energia, que pode revelar vários lados em si mesmo que você nunca havia percebido antes. Seja paciente consigo, pois inícios que não engatam e decisões que voltam atrás são parte do processo.

Netuno na Segunda Casa: evite tomar grandes decisões e riscos financeiros, tais como investimentos, especialmente quando Netuno forma aspecto com outros planetas natais, progredidos ou de arco solar. Em transações do dia a dia, pode haver dinheiro escorrendo pelos seus dedos, e você se pergunta onde ele foi parar. Tenha fé de que o que você precisar virá, pois Netuno é famoso por essa característica; faça ao mesmo tempo uma reavaliação das coisas que valoriza em si, em sua vida e posses.

Netuno na Terceira Casa: com Netuno aqui, podem ser frequentes os mal-entendidos, e você pode facilmente se afundar em devaneios e esperanças ilusórias. Entretanto, também está em sintonia com as coisas ocultas e com os sentimentos de outras pessoas. A inspiração poderá vir por meio da arte, poesia e música. Fique especialmente atento quando for assinar contratos, que podem ter cláusulas enganadoras, e faça questão de esclarecer o que escreve ou fala.

Netuno na Quarta Casa: os assuntos de família ficam confusos, às vezes, e pode ser difícil obter respostas diretas de parentes. Utilize a sua intuição para ver, além da superfície, a verdadeira motivação das outras pessoas. Tome precauções para evitar problemas domésticos ligados a água, certifique-se de que sua propriedade está garantida por um bom seguro e cuidado com compras de imóveis. A decoração da casa tem a ganhar com esse trânsito.

Netuno na Quinta Casa: você atrai amor e romance, mas as questões do coração podem ser coloridas por um idealismo sonhador. Proteja seu coração e seus recursos. Não é uma boa época para decisões de investimento, mas excelente para empreendimentos criativos. Se tem filhos, fique de olho neles, pois podem envolver-se com os amigos ou atividades errados.

Netuno na Sexta Casa: os diagnósticos de saúde são normalmente difíceis sob esse trânsito, e você pode estar bastante sensível a medicamentos. Desilusões com o emprego podem deprimi-lo, mas a energia não mudará se você for atrás de outro cargo que pareça ideal. Não será. Então encontre uma alternativa para fazer uso positivo de Netuno desenvolvendo sua criatividade ou se envolvendo em projeto em prol de uma boa causa.

Netuno na Sétima Casa: às vezes as ligações com outras pessoas ficam confusas e você se sente fora de sincronia com elas, pois parece difícil obter compreensão. O amor pode capturar seu coração agora, mas pergunte-se (e a alguém próximo) se é real ou somente uma ilusão. Parcerias de negócios e contatos profissionais podem ser prejudicados pelas mesmas ilusões, e drogas e álcool podem fazer parte do cenário.

Netuno na Oitava Casa: você pode ser vítima de uma fraude ou de algum grande mal-entendido em questões de dinheiro, especialmente se Netuno formar aspectos com planetas natais, progredidos ou de arco solar. Verifique sua avaliação de crédito pelo menos uma vez por ano e não tome como certo que você e seu parceiro estão em sincronia financeira. É um momento excelente para estudar metafísica e desenvolver sua intuição.

Netuno na Nona Casa: você busca respostas para as grandes questões da vida durante esse trânsito, interessando-se pela fé e motivando-se por meio da espiritualidade. Viagens, estudos e sonhos ajudam a remoldar suas atitudes, que ficarão em sintonia maior com a pessoa que você é hoje. Você também poderá descobrir novas saídas criativas, como fotografia e escrita, bem como inspirar os outros por meio da palavra falada ou escrita.

Netuno na Décima Casa: é possível que você sinta uma insatisfação cada vez maior com sua carreira e seu lugar no mundo, embora seja difícil definir exatamente o que você quer ou precisa. As respostas surgirão com o tempo se você se der a dádiva da paciência. Nesse meio tempo, fique atento para sua situação atual de carreira, pois a realidade pode ser bem diferente do que você observa e ouve.

Netuno na 11ª Casa: escolha criteriosamente seus amigos e atividades de grupo. Sendo ou não bem-intencionados, ambos podem drenar energia e recursos. Alguns inspirarão novos objetivos, mas outros o desapontarão e enganarão. Proteja-se não sendo ingênuo, especialmente com relação às pessoas novas que entram em sua vida, e ajude os amigos a auxiliarem a si mesmos, em vez de ser uma "mãezona".

Netuno na 12ª Casa: a solidão é benéfica, contanto que você não se retire completamente do mundo, o que, às vezes, parecerá tentador. Você pode conseguir os mesmos resultados positivos por meio de meditações diárias ou períodos de tranquilidade, que também serão capazes de abrir seu canal intuitivo para o poder da visualização. Use-a para curar seu espírito e desapegar-se de coisas que ainda o prendem.

Aspectos desafiadores de Netuno: quadratura, oposição, semiquadratura, sesquiquadratura e conjunção

Netuno-Sol: com esse aspecto, você questiona o rumo da sua vida e vivencia certa confusão com relação a o que e quem você é, e por onde deve seguir. Cuidado com manipulações, iniciadas por você ou outra pessoa. Pode haver períodos de desapontamento e desilusão. Entretanto, há possibilidade de serem tempos de criatividade e intuição.

Netuno-Lua: as emoções podem ficar confusas, e esse aspecto quase sempre gera volubilidade e lágrimas. Você está bastante sensível agora, portanto se proteja de energias psíquicas negativas, capazes de afetá-lo de modos imperceptíveis. Outras pessoas conseguirão ganhar sua simpatia com mais facilidade, mas você, sua família e suas necessidades devem vir em primeiro lugar. Existe possibilidade de problemas domésticos ligados à água.

Netuno-Mercúrio: é difícil tomar decisões importantes, pois o seu pensamento está enevoado. E um desafio ainda maior pode ser a crença de que você está sendo sagaz, quando na verdade está completamente fora da realidade. Seja cauteloso e peça a opinião de alguém em quem confie. Também são comuns, nesse aspecto, os mal-entendidos, e você pode ser enganado por alguém que parece ser bem-intencionado.

Netuno-Vênus: o aspecto definitivamente relacionado a romance, essa dupla planetária também acentua sua criatividade e imaginação. Tente não idealizar o amor, pois é possível que se desaponte; ou você pode cair na armadilha de tentar "salvar" alguém. Seja cauteloso com questões de dinheiro. O que parece ser um negócio fabuloso pode acabar deixando você mais pobre, mas também mais sábio, apesar das garantias que lhe derem.

Netuno-Marte: seus esforços e energia ficam diluídos sob esse aspecto, e às vezes você não tem certeza de como deve agir. Não é o momento de começar novos projetos que envolvam grandes compromissos. Você também pode acabar virando bode expiatório ou ser envolvido, sem saber, em algum esquema fraudulento. Recupere-se com bastante descanso, sono, água e alimentos saudáveis.

Netuno-Júpiter: você vive um idealismo e uma propensão às falsas promessas, tanto as suas quanto as dos outros. Por mais que você queira ajudar as pessoas, faça-o com cuidado, pois alguém tentará tirar vantagem de você e de sua boa vontade. Satisfaça essa necessidade doando seu tempo e seus talentos a uma organização beneficente reconhecida. Sua fé é forte e pode ser de grande valor se tiver a realidade como contrapeso.

Netuno-Saturno: é fácil cair em um padrão de preocupações e dúvidas sobre si mesmo durante esse aspecto, quando diminui seu senso de segurança. As estruturas da sua vida, como carreira, relacionamentos e família, podem ser afetadas por decepções, e você se sente sem forças para efetuar mudanças positivas. Siga o fluxo dos acontecimentos e adapte-se conforme for necessário, enquanto usa atividades recreativas e passatempos para fortalecer sua autoconfiança.

Netuno-Netuno: conforme esse aspecto passa a surtir efeito, um sentimento inquietante de insatisfação começa a entrar na sua vida. É tão difícil perceber o problema ou a questão, quando surge, quanto complicado achar uma solução. A melhor opção é deixar que as coisas sigam seu curso natural, ouvir sua intuição, anotar os sonhos e esperar. As respostas acabarão por aparecer aos poucos. Pode ser um período extremamente criativo.

Netuno-Urano: esse trânsito ativa seu sexto sentido, conduzindo a novos *insights* sobre a vida e o seu papel no mundo. Mas não é hora de contar vantagem, nem de transmitir seus segredos a amigos, grupos, nem a ninguém, para ser bem exato. Mais cedo ou mais tarde, serão revelados, e no momento mais inoportuno. Possíveis mudanças também nas áreas do seu mapa influenciadas por Netuno.

Netuno-Plutão: as mudanças o deixam perplexo, e, quanto mais você tenta entendê-las, menos consegue. Isso se deve, em parte, a pessoas poderosas – provavelmente inimigos ocultos – que podem tentar sabotar seus esforços ou confundi-lo. Cuidado com as alianças, pois será difícil identificar com quem de fato você pode contar. A pressão dos pares também pode ser uma dificuldade agora. Proteja-se.

Aspectos suaves de Netuno: sextil, trígono e conjunção

Netuno-Sol: é uma época de paz e espiritualidade em sua vida, e você está receptivo às necessidades dos outros, conduzindo-os a recursos capazes de auxiliá-los. Música ajuda as visualizações, que podem transformar seus devaneios e fantasias em realidade, conforme esse aspecto se distancia. Você pode atrair um bom grau de atenção positiva por meio da carreira ou de atividades de lazer.

Netuno-Lua: você está sensível às emoções das pessoas e consegue sentir o clima facilmente assim que entra em um ambiente. Esse aspecto amplia seu sexto sentido, mas também pode expô-lo às energias negativas no ambiente. Fique atento a essa possibilidade e evite situações e pessoas que possam deixá-lo para baixo. Pode ser particularmente benéfico passar um tempo em casa, com a família e os amigos íntimos.

Netuno-Mercúrio: você pode combinar intuição, imaginação e criatividade em uma combinação singular, que o ajuda a sentir o que os outros estão pensando e não estão falando. Isso também o ajuda a aprender, pois você absorve facilmente as informações. Use essa vantagem para entrar em algum curso divertido ou que beneficie sua carreira; ou então comece a escrever um diário para explorar seus pensamentos mais íntimos.

Netuno-Vênus: quando esses dois planetas se alinham, o amor é adorável e o romance também. Aprecie ambos, mesmo se souber que está idealizando o relacionamento. Porém, não misture amor e dinheiro, e fique longe de investimentos que pareçam trazer lucro garantido, pois podem ou não ser o que você esperava. O dinheiro pode também evaporar como se nunca tivesse estado lá.

Netuno-Marte: essa não é a melhor época para empreendimentos, apesar do seu entusiasmo e da crença no sucesso. A melhor opção é manter a situação como está, pois suas ambições não andam focadas como você acredita que elas estejam. Use esse aspecto para se redirecionar para o lado mais leve da vida e a seus relacionamentos mais próximos. Vá com um pouco mais de calma para variar.

Netuno-Júpiter: você é guiado por grandes esperanças. Isso é ótimo, contanto que você seja capaz de avaliar com precisão os riscos de qualquer empreitada, algo que pode ser difícil de fazer agora. Em vez disso, volte sua atenção para o romance, viagens, aprendizado de um novo passatempo ou ser voluntário de uma causa ou organização humanitária. Esse é também um aspecto de fé e espiritualidade, e ambos podem melhorar a sua vida.

Netuno-Saturno: você pode usar esse período para visualizar uma nova realidade que incorpore seu lado mais idealista em equilíbrio com o mais prático. Equilibrar objetivos tão diversos será fácil com o sextil e o trígono, mas a conjunção pode fazer com que você questione suas ambições. Conhecimentos obtidos ou compartilhados podem ajudar a responder suas questões e antecipar o caminho que deve tomar.

Netuno-Urano: você pode fazer a diferença na vida de outros, sejam várias pessoas ou uma apenas, sob esse aspecto; ele também pode despertar sua intuição. Os amigos valorizarão suas opiniões, e organizações beneficentes apreciarão o presente de seu tempo e esforços.

Netuno-Netuno: você pode usar esse aspecto para enriquecer a vida de modos que nunca imaginou. Explore seus ideais para determinar o que funciona ou não para você, além de descobrir novas verdades capazes de expandir sua visão de mundo. A intuição está ativa agora, bem como sua energia criativa.

Netuno-Plutão: esse é o momento para explorar seu subconsciente por meio de meditação, música, caminhadas na natureza ou momentos de quietude. Use essa parte de si para aprender como você funciona por dentro, enquanto explora anseios e motivações ocultos, e não se surpreenda se descobrir talentos desconhecidos esperando para ser revelados. Sonhe alto e aja para concretizar tais sonhos.

Plutão

Plutão vai além da mera mudança: vai para o nível da transformação. Ele desafia qualquer planeta ou ângulo que toca a mover-se para além dos acontecimentos em direção ao seu sentido fundamental. Então, com a compreensão vem a transformação, o processo que substitui as estruturas, condições e ideias velhas e superadas por outras novas e viáveis.

Plutão representa poder, obsessão e acontecimentos que fogem do seu controle, como demissões e desastres naturais ou causados pelo homem. Também pode ter a ver com pessoas plutonianas em sua vida; os controladores (que manifestam o lado negativo de Plutão) são os mais fáceis de identificar. Plutonianos positivos podem ser mais difíceis de descobrir, pois são os catalisadores que funcionam sutilmente como agentes para as mudanças construtivas.

Plutão se move tão lentamente pelo zodíaco – dois ou três graus por ano –, que transitará por metade do seu mapa, ou menos, durante toda a sua vida. Os anos em que ele forma aspectos de ação com seus planetas e ângulos natais, progredidos ou de arco solar são memoráveis por sua intensidade e mudanças de longo alcance. Como acontece com os outros trânsitos de planetas exteriores, sua disposição para trabalhar em conjunto com a energia planetária pode ser o que determinará sucesso ou fracasso. Quanto mais você resiste (e, no caso de Plutão, quanto mais você tenta ficar no controle), mais difíceis se tornarão as condições.

É possível que você comece a sentir a influência de Plutão a pelo menos quatro graus da posição exata, e raramente acontece algo quando ele está exato. De certa forma, por seu movimento vagaroso, ele forma o cenário para as condições de mudança que precedem e, por fim, acabam precipitando o processo de transformação. Outros trânsitos, progressões e arcos solares de planetas exteriores completam as lições e detalhes mais específicos sobre o significado do trânsito de Plutão.

Por exemplo, no caso de uma demissão, as questões transformadoras envolvidas podem ter a ver com segurança, a necessidade de educação ou responsabilidades familiares. É com essas questões que o indivíduo precisa lidar; a demissão em si (o acontecimento) foi o mecanismo que deu partida no processo da transformação. Esse conhecimento será de inestimável valor conforme o ciclo se desdobra, e seus efeitos são quase sempre positivos quando o processo se completa. No nível prático, passos em direção à solução abrem as portas para novas energias – transformadas – que beneficiarão a busca por um novo emprego.

Plutão nas casas

Plutão na Primeira Casa: uma vontade forte lhe dá o poder de fazer as coisas acontecerem. Use-a com sabedoria e para seu próprio ganho, e não para manipular e controlar outras pessoas. A confiança cresce conforme você testa seus limites pessoais em busca de um novo você, mas a intensidade pode sabotar seus esforços. Afaste-se, amplie sua perspectiva e deixe ao menos algumas coisas se desenrolarem livremente.

Plutão na Segunda Casa: por ser essa a casa dos valores, você pode se beneficiar desse trânsito de duas formas. Use-o para livrar seu espaço doméstico e de trabalho do lixo e das tranqueiras, reorganizando-os de maneira geral. Assim você aprenderá mais sobre suas posses. Depois, volte sua atenção à sua filosofia de vida e dê início a mudanças capazes de incrementar sua autovalorização.

Plutão na Terceira Casa: esse trânsito é caracterizado pelo pensamento profundo. Isso é positivo e útil na exploração de suas motivações e necessidades psicológicas. Entretanto, será necessário certo esforço de objetividade e uma mente aberta. Pode haver parentes manipuladores que tentarão pressioná-lo por meio da culpa, e você pode ter dificuldades com vizinhos ou associações de vizinhos.

Plutão na Quarta Casa: mudanças centradas no lar e na família, com possibilidade de mudança de endereço, nova decoração ou grandes reformas, e pais ou outros parentes, podem ser uma preocupação em algum momento ao longo desse trânsito longo. É, entretanto, uma época excelente para encarar e resolver questões de infância por meio de terapia. Certifique-se de que o seguro do imóvel está atualizado e, periodicamente, faça uma verificação na casa em busca de pontos danificados.

Plutão na Quinta Casa: laços amorosos podem ser intensos, obsessivos ou ambos, e um constante turbilhão emocional pode pôr fim aos relacionamentos amorosos. Boas formas de aliviar a tensão são exercícios e projetos criativos, mas evite os esportes radicais. Se você tem filhos, eles testarão seus limites e os deles, sabendo que a situação com frequência será um combate entre vontades. Seja cauteloso com os investimentos.

Plutão na Sexta Casa: conflitos no trabalho e lutas por poder entre supervisores e colegas podem impulsioná-lo a entrar na disputa. Não faça isso. Não é sábio tomar partidos, pois esse trânsito pode desencadear a perda de um emprego, seja por demissão programada ou conflitos com colegas ou supervisores. Use o trânsito, em vez disso, em prol de algo positivo para você mesmo: tenha um estilo de vida mais saudável com dieta e exercícios, bem como reservando um tempo para si.

Plutão na Sétima Casa: podem acontecer tensões no relacionamento na medida em que ressentimentos afloram ou atingem um ponto de saturação, e, como resultado, é possível o rompimento de uma ligação próxima. Você deve evitar entrar em quaisquer relacionamentos enquanto Plutão cruza seu eixo Ascendente-Descendente ou faz aspectos desafiadores a partir da sétima casa; a outra pessoa pode se revelar alguém que você nunca imaginou, bem diferente do que havia percebido.

Plutão na Oitava Casa: embora possa ser doloroso, o processo desse trânsito será efetivo e positivo se você consolidar suas finanças ou pagar suas dívidas. Se não estiver devendo, mantenha-se assim e evite riscos financeiros. As finanças podem mudar a qualquer momento, para melhor ou pior, dependendo dos aspectos que Plutão faz com o restante do seu mapa. Seja cauteloso ao ler as letras pequenas dos contratos de empréstimo ou financiamento, caso você precise deles.

Plutão na Nona Casa: religião e espiritualidade podem ter importância extra, conforme você busca um conhecimento e compreensão mais profundos acerca de si mesmo e de seu mundo. Fazer um curso universitário ou explorar outras culturas também podem realizar os objetivos desse trânsito. Busque conselhos competentes caso se depare com problemas legais nessa época, que não é favorável para dar início a processos na Justiça.

Plutão na Décima Casa: sua carreira atinge o ápice conforme Plutão transita pelo Meio do Céu e entra nessa casa. Com atenção cuidadosa, você pode usar sua vontade e ambição para ser bem-sucedido, mas resista à ânsia de desafiar pessoas em cargos superiores. É possível também que você seja pego em um jogo de poder, sem perceber até ser tarde demais, perdendo assim o que levou muitos anos para alcançar.

Plutão na 11ª Casa: as transformações ocorrem por meio dos amigos e grupos, mas tenha cautela. Alie-se aos que possam ser uma força de mudança positiva, e não a quem possa levá-lo pelo caminho errado. O desafio aqui é manter uma distância saudável, pois é fácil demais ser consumido por uma causa. Ao longo desse trânsito, você encontrará pelo menos algumas pessoas influentes capazes de melhorar sua vida.

Plutão na 12ª Casa: seu subconsciente libera memórias há muito enterradas conforme Plutão, nessa casa, o estimula a resolver questões de vida. Trabalhe-as com terapia, um grupo ou leituras de autoajuda. Sintonize-se com seu sexto sentido, que pode fornecer pistas valiosas para autocompreensão. Com Plutão aqui, você também terá força de vontade e aptidão máximas para mudar para melhor.

Aspectos desafiadores de Plutão: quadratura, oposição, semiquadratura, sesquiquadratura e conjunção

Plutão-Sol: impulso e ambição podem trazer sucesso, mas também brigas de poder com pessoas que o veem como ameaça a seus próprios objetivos. Dê ênfase às ações justas, consenso e trabalho em equipe, mesmo que prefira assumir o controle e liderar. A lição aqui é desenvolver suas aptidões para a liderança, orientando outros para o sucesso ao mesmo tempo em que aprende a lidar habilmente com conflitos.

Plutão-Lua: emoções intensas, mudança de relacionamento e anseios subconscientes podem atrapalhar seu equilíbrio durante esse trânsito, em que seria bom evitar mulheres e parentas difíceis e controladoras.

Embora seus sentimentos sejam reais, sua visão pode ser limitada; portanto, tente avaliar os problemas realisticamente. Há possibilidade de mudança de casa e reformas, e o uso mais positivo desse trânsito é livrar-se de tranqueiras e lixo.

Plutão-Mercúrio: esse aspecto pode se manifestar na forma de conflito com figuras de autoridade, bem como manipulação e pensamentos obsessivos. Pode também refletir-se em depressão. Em seu lado mais positivo, entretanto, essa influência planetária é excelente para pesquisa, estudos, pensamento profundo e comunicação persuasiva. Você também pode programar sua mente com a força de vontade para alcançar o que se determinou a fazer.

Plutão-Vênus: alguns relacionamentos alcançam um ponto crítico quando vêm à tona várias tensões, ciúme e sentimento de posse. Os mais complicados provavelmente terminarão, enquanto outros serão transformados. Você pode ser atraído por pessoas casadas ou de alguma forma indisponíveis. Cautela nos investimentos, pois qualquer coisa de alto risco pode resultar em perdas. Use a influência para economizar e quitar dívidas.

Plutão-Marte: esse período é de grande sucesso ou então fracasso. Embora sua força e determinação estejam em alta, pode ser tentador cruzar a linha em direção à brutalidade, mesmo quando não é como você age normalmente. Afaste-se de jogos de poder e proteja seus interesses, enquanto resiste à tentação de passar dos limites, mental ou fisicamente. Dirija com cuidado.

Plutão-Júpiter: a ambição promete sucesso, ou resultará em fracasso se você se comprometer com mais coisas do que dá conta. Mantenha seus limites em perspectiva, mesmo que esteja bastante otimista, e veja isso como oportunidade para ganhos. Esse trânsito também pode assinalar problemas legais, e não é uma boa época para iniciar ações na Justiça. Mantenha a mente aberta, isso expandirá sua percepção.

Plutão-Saturno: quanto mais você se aferra ao passado e às estruturas existentes, mais complicada fica a mudança. Por mais difícil que seja, a melhor opção é se desapegar e prosseguir até um ponto em que você consiga aceitar o crescimento pessoal e profissional. Problemas financeiros nessa fase podem ser resultado de demissão programada ou reestruturação na empresa como reflexo de condições globais, em vez de uma questão individual.

Plutão-Urano: você tem vontade de jogar fora todos aqueles elementos da sua vida que já não funcionam mais, ou que você percebe como não mais viáveis. Pare antes de agir. Mudanças em larga escala quase nunca são uma boa ideia, especialmente quando estimuladas pela necessidade de rebelar-se contra a autoridade, um indivíduo ou o mundo. Organize suas questões em profundidade, examinando-as cuidadosamente em buscas das verdadeiras motivações.

Plutão-Netuno: o mundo está mudando em um contexto global, como acontece para a maioria das pessoas nascidas na sua geração. Mantenha a mente aberta e adapte-se, pois o que foi nunca será novamente. Você pode obter compreensão por meio de estudos metafísicos ou então desenvolvendo e fortalecendo suas bases espirituais.

Plutão-Plutão: esse aspecto encoraja-o a examinar seus desejos e necessidades básicos, seu poder e efetividade no mundo e o modo como lida com autoridades e conflitos. Aproveite a iniciativa para tornar suas abordagens mais eficientes, se necessário, antes que alguém o force a fazê-lo. As casas influenciadas por Plutão mostram áreas em que as mudanças são necessárias.

Aspectos suaves de Plutão: sextil, trígono, conjunção

Plutão-Sol: você tem poder para fazer acontecerem coisas incríveis em sua vida, nas vidas de outras pessoas e, provavelmente, no mundo. Concentre a energia, primeiro em si, e faça do autoaperfeiçoamento a principal meta. Isso lhe trará a confiança adicional para almejar avanços na carreira e tirar o máximo de suas habilidades de liderança.

Plutão-Lua: você consegue se conectar facilmente com suas emoções agora e trabalhar questões que ainda o prendem e limitam seu sucesso. Limpe sua casa física também, transformando-a, renovando-a e tirando para fora o que não tem mais utilidade. Isso liberará seu espaço, bem como suas emoções. Alguma mulher poderá ter profunda influência em sua vida.

Plutão-Mercúrio: esse aspecto é de grande valor na área da pesquisa e do estudo sério exigidos pelo ensino superior e especializações avançadas. Também lhe trará *insights* acerca da natureza humana, que podem, de fato, ensiná-lo mais sobre si do que sobre outros. A comunicação é também uma ferramenta poderosa para você, que deve aproveitar as oportunidades para falar em público.

Plutão-Vênus: o amor é intenso, a ponto de gerar os mais profundos sentimentos, cuidados e preocupações. Isso é benéfico tanto para relacionamentos novos quanto para os mais antigos, bem como para amizades de longa data. As finanças também podem se beneficiar sob esse aspecto, pois seus poderes de atração estão especialmente fortes agora. Porém, use o bom senso e não se arrisque em questões de dinheiro.

Plutão-Marte: energia, força e ambição em alta impulsionam-no em direção a novos triunfos, possivelmente entre os melhores de sua vida. Use seu poder com sabedoria, como um motivador, que lidera pelo exemplo. Também faça algo bom para si: inicie um programa de exercícios, aprenda um novo esporte ou entre para um time de atletas de fim de semana como ótima forma de aliviar o estresse do trabalho.

Plutão-Júpiter: a sorte permite que você alcance mais sem fazer esforço em excesso, mas seja cuidadoso para não fazer coisas demais. Assuntos legais e financeiros também podem se beneficiar desse aspecto afortunado, e a confiança está em alta, pois você acredita em si, em suas habilidades, aptidões e talentos. Pode também viajar ou voltar a estudar.

Plutão-Saturno: a determinação e capacidade de resistência podem auxiliar em todos os seus empreendimentos, bem como ajudá-lo a ultrapassar os que são menos diligentes. Esse pode ser o momento de ganhar uma promoção importante, ou obter outro emprego em cargo mais elevado. Para conseguir obter o máximo dos recursos pessoais e profissionais, cultive a frugalidade e cautela moderada. Pense a longo prazo.

Plutão-Urano: saia do seu mundo de sempre e busque o estímulo mental de novas pessoas, ideias e experiências. Tudo pode produzir um efeito profundo agora sobre você e sua vida, de modos incomuns, mas igualmente efetivos. Você também pode iniciar mudanças positivas nas áreas da vida associadas a Urano e Plutão no seu mapa.

Plutão-Netuno: você estará motivado a examinar suas crenças espirituais como forma de descobrir o que funciona para você e o que não funciona. Essa filosofia de vida renovada será, em seguida, facilmente incorporada em sua vida cotidiana, pois é sua, e não produto da família ou do ambiente. O estudo da metafísica pode acrescentar *insights* e profundidade adicionais.

Plutão-Plutão: impulsos subconscientes estimulam você a mudanças sutis que, no fim, podem exercer impacto significativo nos rumos da sua vida. Ouça-os atentamente e pense em como mesclá-los da melhor forma à sua vida e estrutura cotidianas, como fontes extras de força para o futuro.

Capítulo Seis

Luas Novas, Luas Cheias e Eclipses

Luas Novas e Luas Cheias

Uma Lua Nova, também chamada lunação, ocorre a cada 28 dias, mais ou menos, quando o Sol e a Lua encontram-se no mesmo grau e no mesmo signo (uma conjunção entre Sol e Lua). A Lua Cheia também ocorre a cada 28 dias, por volta de duas semanas após a Lua Nova anterior. O Sol e a Lua estão em signos opostos no mesmo grau durante a Lua Cheia (uma oposição entre Sol e Lua). Há 12 Luas Novas e 12 Luas Cheias durante grande parte dos anos, mas em alguns casos há 13, sendo que duas acontecem no mesmo mês.

Em essência, a Lua Nova inicia um acontecimento que tem seu ponto culminante ou dá um passo à frente com informações adicionais na Lua Cheia. A interpretação começa com a posição de casa da Lua Nova e quaisquer aspectos que esta e os planetas em trânsito formam com planetas natais, progredidos ou de arco solar durante a Lua Nova. Um orbe de três a cinco graus pode ser usado para as Luas Nova e Cheia e para os velozes planetas interiores, mas, no caso dos exteriores, a melhor escolha seria um orbe de um ou dois graus.

Luas Novas e Cheias nem sempre indicam um acontecimento. Se não há aspectos no seu mapa, o mês será predominantemente rotineiro e sem acontecimentos especiais, com ênfase na casa em que a Lua Nova ou Cheia ocorre. Por exemplo, a vida doméstica é enfatizada com a quarta casa; os relacionamentos, com a sétima; questões de dinheiro, com a segunda, e assim por diante. Mas é mais comum que uma Lua Nova ou Cheia ative tendências estabelecidas por planetas progredidos, de arco solar ou exteriores em trânsito.

As Luas Nova e Cheia normalmente ocorrem, embora nem sempre, em casas opostas como a primeira e a sétima, segunda e oitava, terceira e nona. Isso pode funcionar de um dos seguintes modos: a Lua Nova ocorre, por exemplo, inicialmente na segunda casa, seguida de uma Lua Cheia duas semanas depois na oitava casa. Ou a Lua Cheia pode ser a primeira seguida da Lua Nova na casa oposta.

A energia é diferente, dependendo da ordem. Se a Lua Nova ocorre primeiro, digamos, na segunda casa, isso poderia aumentar a renda, mas também os gastos. Quando é seguida de uma Lua Cheia na oitava, você pode acabar descobrindo que passou dos limites de gasto por causa do dinheiro extra ou poderia decidir quitar uma dívida em vez de gastar. Na situação reversa, com a Lua Nova na oitava casa, você pode perceber que precisa tomar as rédeas de suas dívidas e poupar, em vez de gastar durante a Lua Cheia.

Se uma Lua Nova e uma Lua Cheia não estão em casas opostas, a atividade se concentra em duas áreas diferentes da vida. Por exemplo, se um aumento de salário previsto não ocorre por volta da Lua Nova na segunda casa, a Lua Cheia seguinte, na nona casa, pode fornecer incentivo para expandir suas aptidões para poder se qualificar para um aumento.

Observe atentamente os planetas natais, progredidos e de arco solar formando aspecto com a Lua Nova ou a Cheia. Então verifique a efeméride da(s) datas(s) quando um planeta veloz em trânsito (Sol, Lua, Mercúrio, Vênus, Marte) forma aspecto com aquele alinhamento planetário no seu mapa. É quando você pode esperar que ocorra um acontecimento, uma ocorrência posterior relacionada.

Por exemplo, se você antecipa alguma decisão relativa a um pedido de empréstimo durante um mês em que a Lua Nova está na oitava casa, procure primeiro um aspecto entre a Lua Nova e o regente da sua oitava casa. O regente pode ser um planeta natal, progredido ou de arco solar. Então, verifique se o planeta em trânsito que rege sua oitava casa forma aspecto com um planeta natal, progredido ou de arco solar em seu mapa. Procure também aspectos que a Lua Nova forme com quaisquer planetas natais, progredidos ou de arco solar na sua oitava casa. Para confirmações adicionais, observe os aspectos em trânsito envolvendo Marte ou Plutão, regentes naturais da oitava casa. Faça o mesmo com a próxima Lua Cheia (duas semanas após a Nova), que, nesse caso, quase sempre se encontra na segunda casa (Lua na segunda, Sol na oitava). Se os aspectos de trânsito na época da Lua Cheia forem favoráveis e formarem aspectos favoráveis com planetas pertinentes da oitava casa do seu mapa, você pode esperar uma decisão dentro de alguns dias da Lua Cheia. Se não forem favoráveis, pode haver um atraso, o credor pode requerer mais informações ou o empréstimo pode ser negado.

Usando o mesmo exemplo, é possível verificar as efemérides para ver quando os planetas em trânsito ao longo das quatro semanas a partir da Lua Nova estarão em aspecto com os planetas relacionados à sua oitava casa. Quando esses contatos ocorrerem, poderá haver novidades para a situação.

Mapa de Amanda: Exemplo de Lua Nova

Embora Amanda fosse universitária com emprego de meio período (Mapa 17), ela não tinha crédito porque seu carro fora comprado pelos pais e o aluguel do apartamento onde morava também era bancado por eles. Ela descobriu a dura realidade de não ter um relatório de crédito quando foi tentar obter uma linha de telefone celular. Quando a companhia telefônica lhe negou a linha, ela tentou, então, requerer vários cartões de crédito, com o mesmo resultado. Mesmo que a Lua Nova seja uma boa época para iniciar uma atividade ou novo projeto, se os mapas natal, progredido e de arco solar não indicam êxito, o esforço terá sido infrutífero.

A Lua Nova ocorreu na sua segunda casa do dinheiro e renda pessoais (ela tinha a renda para pagar pelo celular). O Sol rege sua oitava casa de recursos financeiros em conjunto, incluindo credores, e tanto a Lua quanto Mercúrio progredidos estavam na oitava casa. Os aspectos na época da Lua Nova não eram favoráveis. A Lua Nova formava oposição com Mercúrio progredido, e Vênus em trânsito opunha-se à Lua progredida. Observe também que Netuno em trânsito (confusão) formava conjunção com a Lua Nova e também uma oposição com Mercúrio progredido (ela não entendeu por que lhe haviam negado a linha, pois tinha um emprego).

Além de tudo, na época da Lua Nova um Plutão em trânsito (regente natural da oitava casa) opunha-se a Vênus progredida (dinheiro), enquanto Marte em trânsito (corregente natural da oitava casa) estava retrógrado e formava uma conjunção com Mercúrio de arco solar e trígono com Plutão de arco solar. Mercúrio em trânsito estava em oposição a Mercúrio de arco solar e Marte em trânsito. (Marte ficaria estacionário no início de março formando conjunção com o Sol progredido e de arco solar.) Saturno em trânsito formava quadratura com Vênus progredida, formando uma quadratura em T com Plutão em trânsito.

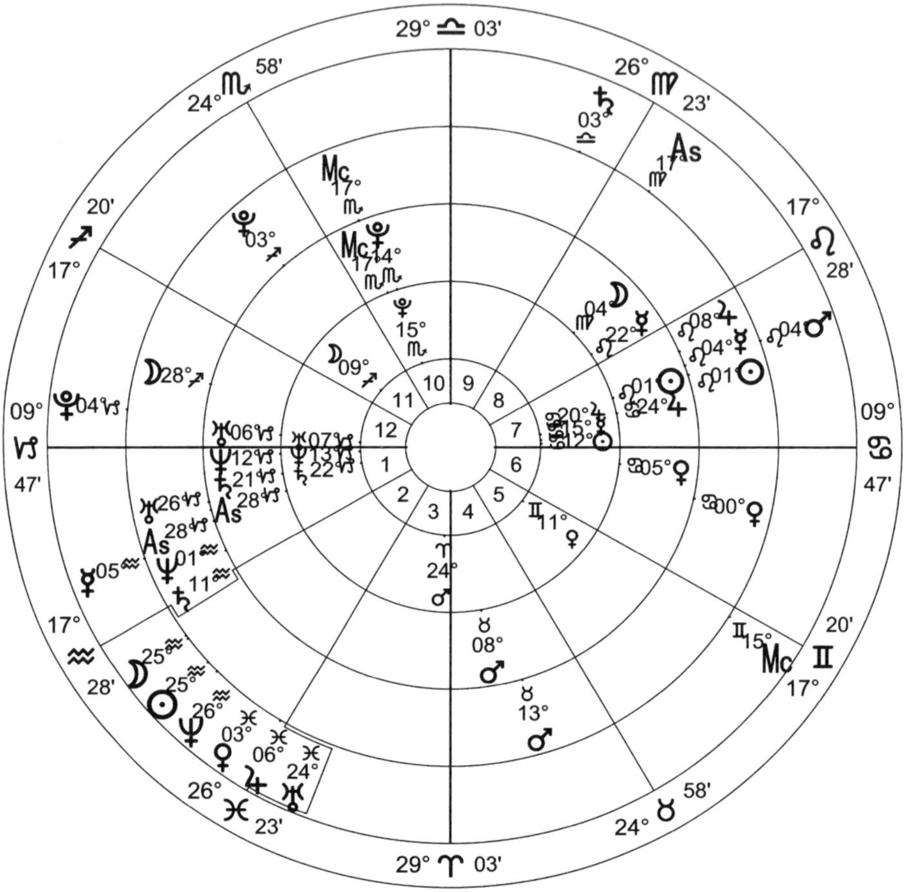

Mapa 17: Amanda

Círculo interno: Mapa Natal/4 de julho de 1990/19:25 MST*/
Good Samaritan Hospital
Círculo interno intermediário: Progressão Secundária/
13 de fevereiro de 2010/10:27:13 MST/Good Samaritan Hospital
Círculo externo intermediário: Arco Solar Direcionado/
13 de fevereiro de 2010/10:27:13 MST/Good Samaritan Hospital
Círculo externo: Lua Nova/13 de fevereiro de 2010/19:51 MST/
Phoenix, Arizona/ Casa Placidus

*N.T.: "MST", ou "Mountain Standard Time", é um fuso horário usado em algumas localidades dos Estados Unidos, México e Canadá, e tem sete horas a menos que a hora universal.

Será que Amanda poderia ter escolhido uma época pior para se candidatar a um crédito? Provavelmente, mas não tão pior. Esse é um excelente exemplo de como a astrologia de previsão pode ser usada para antecipar dificuldades. Afinal, o seguro morreu de velho. Todos os aspectos com Mercúrio, bem como Saturno na nona, sugerem que essa seria uma experiência de aprendizado e que ela precisava de mais informações e conhecimento antes de requerer crédito. Isso é o que um astrólogo teria dito a ela, caso tivesse consultado um. No fim, o problema teve um resultado positivo naquele verão, em que ela pediu e obteve um cartão de crédito segurado com o qual pôde iniciar seu histórico de crédito. A Lua Nova de agosto estava na cúspide da oitava casa em 15 de Virgem, e em trígono com Marte de arco solar (um planeta de dinheiro) na quarta casa (o dinheiro viera de seu pai), que formava sextil com Plutão natal (regente natural da oitava casa) e trígono com Netuno natal e progredido (corregente da segunda casa de recursos financeiros pessoais).

Eclipses

Os eclipses coincidem com Luas Novas ou Cheias e têm impacto similar, embora sejam mais fortes e de efeito mais duradouro. Sua influência dura de seis a oito meses, ocorrendo ao menos quatro vezes ao ano (dois solares e dois lunares); são especialmente úteis na astrologia de previsão quando refletem tendências importantes. Um eclipse em ponto crítico do mapa, como um planeta de arco solar ou progredido em conjunção com um planeta natal, é uma confirmação adicional de que está em processo um acontecimento de longo prazo ou que se desenrolará ao longo de um bom tempo.

Os eclipses tendem a ser vistos de modo negativo entre o público e até entre alguns astrólogos, provavelmente porque durante séculos foram assim considerados por pessoas que não compreendiam a astronomia por trás do fenômeno. Como tudo o mais em astrologia, entretanto, não são nem positivos nem negativos. Tudo depende de que aspectos formam com planetas natais, progredidos, de arco solar ou em trânsito. A casa, planeta ou ângulo em aspecto com um eclipse torna-se bastante energizada e vira ponto focal de outros fatores no mapa. Os eclipses também podem ajudá-lo a refinar sua previsão anual (assim como as Lua Novas e Cheias fazem mensalmente).

Como exemplo, houve um eclipse em agosto de 1989, mês em que Pamela Anderson foi descoberta durante a partida de futebol e, posteriormente, disparou para o estrelato. Aquele eclipse lunar em 24 de

Aquário formava conjunção com o Meio do Céu natal e a Lua progredida na décima casa.

No mapa de Marilyn Monroe, houve dois eclipses em agosto de 1942, ambos na sétima casa dela. Observe a sequência de fatos: ela se casou em junho de 1942. É sempre uma boa ideia verificar alguns meses adiante para ver onde se dará a ênfase do eclipse, pois às vezes eles agem cedo.

Assim como Luas Novas e Cheias, eclipses solares e lunares normalmente, embora nem sempre, ocorrem em casas opostas. Por exemplo, um eclipse solar na décima casa poderia resultar em promoção ou oferta de emprego que exigisse mudança de casa no eclipse lunar seguinte na quarta. De modo alternativo, um eclipse lunar na quarta casa poderia desencadear uma mudança justamente para procurar emprego no eclipse solar seguinte. Os eclipses que acontecem em casas não opostas são interpretados da mesma forma que as Luas Novas e Cheias em casas não opostas.

Mapa de Bev: Exemplo de Eclipse

Embora não seja recomendável fazer previsões só com base nos eclipses, ao observá-los e sua influência no mapa de Bev (Mapa 18) como primeiro passo, você pode começar a se concentrar nos temas ativos da vida dela em 2009 e 2010. Bev é casada, tem casa própria e sua situação financeira é bastante boa como *bartender* que trabalha no mesmo restaurante há mais de 15 anos. Ela também é ourives.

Esses são os eclipses e aspectos do mapa dela de julho de 2009 a junho de 2010:

- 7 de julho de 2009, eclipse lunar, 15 Capricórnio 24, na quinta casa da criatividade; sextil com a conjunção IC-Mercúrio-Vênus-Saturno natal na quarta casa do lar; conjunção com Vênus de arco solar na quinta casa; Saturno rege a sexta casa de trabalho; Vênus rege Meio do Céu natal; Mercúrio rege a segunda casa do dinheiro.
- 22 de julho de 2009, eclipse solar, 29 Câncer 27, na 12ª casa; em conjunção com a afortunada conjunção Júpiter-Urano natal/progredido; trígono com Sol natal na quarta casa; quadratura com Netuno natal/progredido na terceira casa; Júpiter rege a quinta casa da criatividade e correge a oitava, do dinheiro; Urano rege a sétima das parcerias; Netuno rege a oitava casa.
- 6 de agosto de 2009, eclipse lunar, 13 Aquário 43, na sexta casa; conjunção quadratura IC-Mercúrio-Vênus-Saturno natal na quarta casa; trígono com Lua natal na terceira casa; Lua rege 12ª casa.

- 31 de dezembro de 2009, eclipse lunar, 10 Câncer 15, na 11ª casa das amizades e metas (eclipse do Sol na quinta casa); trígono com conjunção IC-Mercúrio-Vênus-Saturno na quarta casa; quadratura com Lua natal; oposição a Saturno de arco solar na quinta casa.
- 15 de janeiro de 2010, eclipse solar, 25 Capricórnio 01, na sexta casa, conjunção com Sol progredido; oposição à conjunção Júpiter-Urano natal/progredido; sextil com Sol natal; quadratura com Netuno natal/progredido; trígono com conjunção Júpiter-Urano de arco solar.
- 26 de junho de 2010, eclipse lunar, 4 Capricórnio 46, na quinta casa; oposição com Meio do Céu progredido.

Observando essas posições e aspectos, é fácil resumir os temas ativos na vida dela, à época: casa, trabalho, carreira, criatividade. O que todos esses eclipses refletem é seu desejo por um novo trabalho que envolvesse criatividade e pudesse ser feito em casa. Em outras palavras, sair do emprego ou reduzir a carga horária deste para ter mais tempo para criar e desenvolver seu pequeno negócio de ourivesaria em casa – além, é claro, de ganhar mais dinheiro.

Os eclipses de fato somente assinalam o desejo e a oportunidade para fazer o que ela desejava. As progressões, arcos solares, planetas exteriores em trânsito, bem como as Luas Novas e Cheias tinham de unir-se para criar um fato capaz de lançar no mundo esse novo empreendimento.

O aspecto mais extraordinário no mapa dela é o Sol progredido/de arco solar na sexta casa formando oposição com Júpiter progredido na 12ª. Sob vários aspectos, essa era a oportunidade pela qual ela esperara a vida toda, mesmo que não soubesse. Aqui, o Sol natal em trígono com a conjunção Júpiter-Urano está se desdobrando, e, pelo fato de sua energia natal ser um trígono positivo, a progressão/arco será a mesma. Observe como o Sol progredido/de arco solar irá avançar e formar aspecto com Urano progredido e, então, com Urano e Júpiter natais durante os quatro anos seguintes. Portanto, essa não foi apenas uma oportunidade passageira, e sim duradoura. Lembre-se de sempre olhar o mapa de previsão em movimento, com os planetas movendo-se continuamente para a frente ou de modo retrógrado.

No quesito progressões, também há um sextil entre Mercúrio progredido (regente da segunda casa de renda) e Vênus (regente do Meio do Céu), progredido. Outro aspecto-chave do acontecimento desencadeado, cuja importância poderia facilmente passar em branco, é o Meio

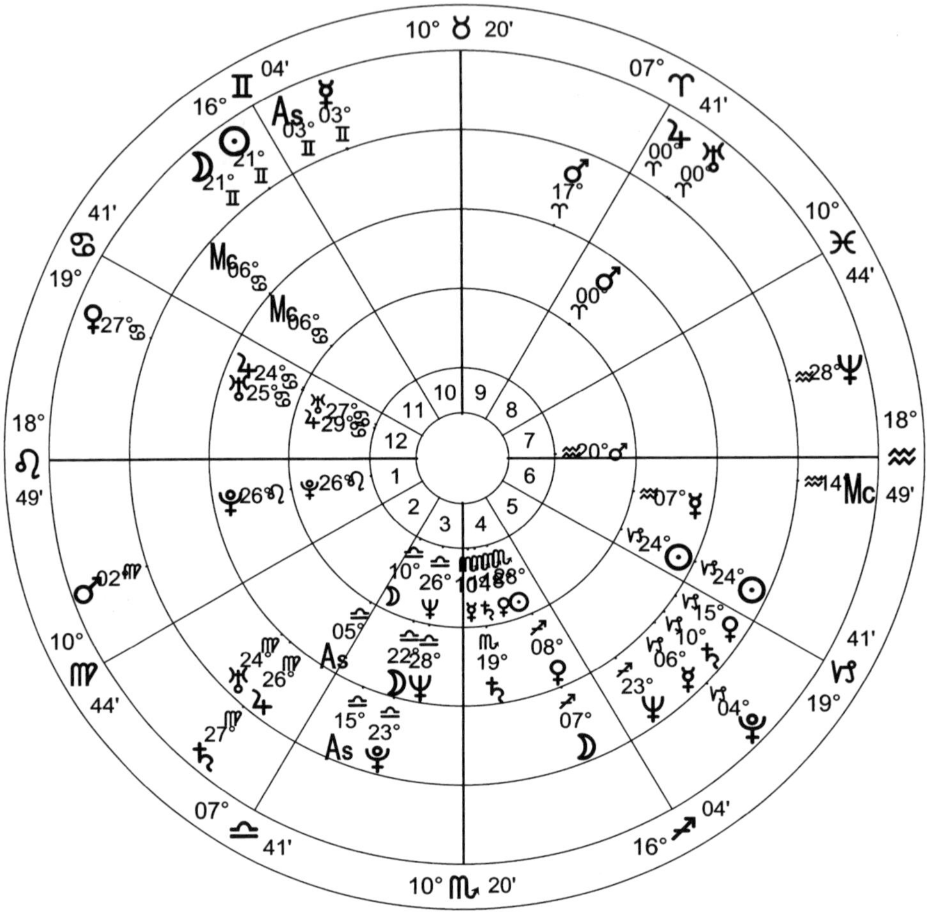

Mapa 18: Bev

Círculo interno: Mapa Natal/20 de novembro de 1954/22:37 EST/ Reading, Pensilvânia

Círculo interno intermediário: Progressão Secundária/ 12 de junho de 2010/13:39:17 EST/Reading, Pensilvânia

Círculo externo intermediário: Arco Solar Direcionado/ 12 de junho de 2010/13:3917 EST/Reading, Pensilvânia

Círculo externo: Lua Nova/12 de junho de 2010/4:15 MST/Phoenix, Arizona/ Casa Placidus do Céu progredido em sesquiquadratura com Marte natal, regente da nona casa e corregente da quarta casa.

Mercúrio de arco solar formava oposição com o Meio do Céu de arco solar, indicando a possibilidade de ganhar dinheiro (regente da segunda casa de Mercúrio) com um empreendimento criativo (quinta casa), que poderia ser um novo rumo profissional (Meio do Céu). Outro aspecto interessante é Marte de arco solar na nona casa formando trígono com o Ascendente natal.

Os planetas exteriores em trânsito fizeram vários contatos com o mapa dela. Foi muito significativa a conjunção Júpiter-Urano em trânsito em conjunção com Marte progredido (na oitava casa e regente da nona), que pode ser interpretado como uma quantia de dinheiro que chega de forma surpreendentemente inesperada. Plutão em trânsito formava conjunção com Mercúrio de arco solar e oposição com os Meios dos Céus progredidos e de arco solar. Saturno, regente da sexta casa, transitando pela segunda casa, formava conjunção com Júpiter de arco solar (regente da quinta casa e corregente da oitava) e sextil com a conjunção Júpiter-Urano natais.

Então, o que aconteceu de fato? Na Lua Nova de 12 de junho de 2010 em Gêmeos na 11ª casa de Bev, uma amiga lhe contou que lera sobre outra ourives cujas joias haviam aparecido no especial anual de roupas de banho da [revista] *Sports Illustrated*. Dois dias depois, em 14 de junho, Bev mandou amostras de suas joias à revista, para avaliação. Ela acompanhou o trajeto pelo *site* do correio e sabe-se que a caixa chegou a seu destino em 17 de junho. Vários dias depois, em 23 de junho, ela recebeu um *e-mail* e um telefonema informando-lhe que suas joias haviam sido selecionadas.

A Lua Nova estava em trígono com a Lua progredida dela na terceira casa de comunicação (correio, *e-mail*, telefonema). No mapa da Lua Nova, Mercúrio (na décima casa e regente da segunda) formava quadratura com Marte (regente da nona casa de publicações e corregente da quarta casa), e ambos os planetas formavam aspecto com o Marte de arco solar dela na nona casa (semiquadratura/sesquiquadratura). Além disso, Vênus no mapa da Lua Nova formava conjunção com Júpiter-Urano natais, sextil com Saturno em trânsito e quadratura com Netuno natal/progredido. Era o cenário perfeito.

Ela enviou as joias à revista em 14 de junho, com Vênus (regente do Meio do Céu) em trânsito formando trígono com Marte progredido na oitava casa. Vênus em trânsito também formava trígono com a conjunção Júpiter-Urano em trânsito. Naquela data, Mercúrio em trânsito estava a 7 de Gêmeos, em trígono com Mercúrio progredido na sexta casa.

Por que as boas novas chegaram até ela naquele momento? Olhando de novo o mapa de Lua Nova, o Sol avançara a 2 Câncer no dia 23, quando formou sextil com Marte em 2 Virgem, desencadeando a quadratura Mercúrio-Marte no mapa da Lua Nova, bem como os contatos do mapa da Lua Nova com o mapa dela. Vênus no mapa da Lua Nova movera-se para a frente até 10 Leão, onde formou quadratura com o Meio do Céu natal dela, e Mercúrio em seguida ficou em 26 Gêmeos, em quadratura com Júpiter de arco solar, na segunda casa e regente da quinta. Marte, que se move mais lentamente do que os outros dois planetas, estava em 8 Virgem no dia 23, em quadratura com Vênus progredido e semiquadratura com Júpiter progredido.

Em geral, a Lua é o catalisador final dos acontecimentos, portanto você deve procurar a posição dela para saber em que momento as coisas acontecerão e quando os outros aspectos já identificados poderão ser ativados. Nesse caso, a Lua estava nos últimos graus de Escorpião quando ela recebeu o *e-mail*, em conjunção com o Sol natal e trígono com a conjunção Júpiter-Urano natais.

Esse exemplo ilustra a importância de:

- Eclipses como indicadores de tendências, quando formam aspecto com planetas natais, progredidos ou de arco solar.
- Progressões e arcos solares como tendências e desdobramento do mapa natal.
- Planetas externos em trânsito como tendências, especialmente se formam aspecto com progressões e arcos solares.
- Aspectos múltiplos confirmando o evento.
- Lua Nova e seus aspectos, que indicam um mês cheio de acontecimentos de acordo com as tendências indicadas.
- Planetas em trânsito como gatilhos para todas as ferramentas de previsão.

Cronometrando acontecimentos por meio de Luas Novas, Luas Cheias e eclipses

As Luas Novas e os eclipses solares, em geral, estão relacionados ao ego e à identidade, ao passo que Luas Cheias e eclipses lunares possuem um componente emocional. Pelo fato de Sol e Lua estarem em conjunção na Lua Nova/eclipse solar, esses fatos simbolizam foco ampliado e esforço unificado. Na Lua Cheia/eclipse lunar, entretanto, o Sol e a Lua opõem-se, trazendo uma ênfase de relacionamento aos acontecimentos, algo usual em aspectos de oposição. No começo, a Lua Nova/eclipse solar concentra sua energia na casa/signo, enquanto a Lua Cheia/eclipse lunar envolve duas casas em oposição.

Você pode usar as orientações a seguir como ponto de partida quando interpreta esses acontecimentos nas casas, lembrando-se de que a influência de um eclipse é bem maior do que a de uma Lua Nova ou Cheia. Para obter um retrato genuíno do acontecimento que pode estar sendo indicado no seu mapa, procure também os seguintes fatores:

- Aspectos formados com seus planetas progredidos, de arco solar e natais, bem como suas posições nas casas.
- Aspectos com o regente da casa onde a Lua Nova, Cheia ou eclipse ocorrem; por exemplo, se Gêmeos está na cúspide da casa, procure por aspectos com Mercúrio natal, progredido ou de arco solar, e aspectos de Mercúrio em trânsito formando aspectos com esses mapas.
- Aspectos com o regente do signo da Lua Nova, Cheia ou eclipse, e aspectos desse regente em trânsito com os planetas e ângulos natais, progredidos e de arco solar.
- A casa, ou casas, regida por qualquer planeta natal, progredido ou de arco que seja aspectado pela Lua Cheia, Nova ou pelo eclipse.
- As casas com planetas com os quais as Luas Novas, Cheias e eclipses formam aspectos. Por exemplo, se uma Lua Nova ocorre na segunda casa e está em quadratura com um planeta natal, progredido ou de arco solar na quinta casa, pode ser que você tenha despesas adicionais envolvendo crianças ou eventos sociais. Se a Lua Nova formasse trígono com um planeta na sexta casa, você poderia receber um aumento ou bônus naquele mês.
- Quaisquer planetas exteriores em trânsito com que as Luas Nova, Cheia ou o eclipse formassem aspecto; também as posições de casa desses planetas, em especial se algum deles formar aspecto com seus planetas e ângulos natais, progredidos e de arco.
- Uma quadratura em T envolvendo Lua Nova, Lua Cheia ou eclipse e planetas natais, progredidos ou de arco, muitas vezes indica uma mudança de planos. Por exemplo, uma Lua Nova na sétima casa, envolvida em uma quadratura em T com planetas na quarta e décima casas pode indicar mudanças em projeto ou acontecimentos domésticos em razão dos compromissos profissionais do seu parceiro.

• Planetas interiores retrógrados (Mercúrio, Vênus e Marte) que formarão aspecto com grau da Lua Nova, Cheia ou eclipse durante seu ciclo retrógrado.

Camilla Parker-Bowles: Determinando Momentos dos Acontecimentos

Camilla Parker-Bowles (Mapa 19) e o príncipe Charles casaram-se em 9 de abril de 2005. O casamento fora marcado para 8 de abril, mas Charles teve de comparecer ao funeral do papa João Paulo II naquele mesmo dia, de modo que a cerimônia foi atrasada em um dia. O papa morrera em 2 de abril.

Charles e Camilla anunciaram o noivado em 10 de fevereiro, dois dias depois da Lua Nova, em 20 Aquário 16, na sétima casa das parcerias de Camilla, representando o casamento e Charles. O enlace não teria sido no mês seguinte, quando a Lua Nova estava em 19 Peixes 53, na nona casa dela. Ambas as Luas Novas formaram aspecto com Urano natal, regente de sua sétima casa. A Lua Nova de fevereiro formou trígono com Urano natal, e a Lua Nova em Peixes formou quadratura com Urano natal. A Lua Nova de março, na nona casa de viagens, formou quadratura (desafio) com Urano (Charles) e oposição (separação) com o Sol (o eu) progredido e de arco solar de Camilla e Vênus progredido (parceiro) na terceira casa de viagens curtas. Considerando esses indicadores, você poderia prever que o noivo dela teria de viajar, de repente, em algum momento nas quatro semanas depois da Lua Nova de março. A questão é quando ele viajaria, e, para respondê-la, olhemos para a Lua Cheia a seguir.

A Lua Cheia de 25 de março em 5 Libra 18, na terceira casa de Camilla (Sol na nona), estava em conjunção com Saturno de arco solar, corregente da sétima casa dela. Essa configuração com Saturno indica responsabilidades envolvendo viagens, e Saturno também é o planeta dos atrasos. Embora a viagem pudesse ter acontecido na Lua Cheia, os regentes na terceira e nona casa de Camilla são indicadores melhores.

Mercúrio, regente da terceira casa, estava retrógrado na época da Lua Cheia. Examinando a efeméride mais à frente, vemos que mostra Mercúrio em 5 Áries (em oposição à posição da Lua Cheia) em 2 de abril, data em que o papa morreu, e em 3 de abril. Júpiter e Netuno regem a nona casa, e em 2 e 3 de abril Netuno formou oposição com Saturno progredido de Camilla e quadratura com seu Júpiter natal. Porém, mais um catalisador é necessário: a Lua em trânsito. A decisão de adiar o casamento foi, provavelmente, tomada após a entrada da Lua em trânsito na sétima casa de Camilla, no início da tarde de 3 de abril. O anúncio do

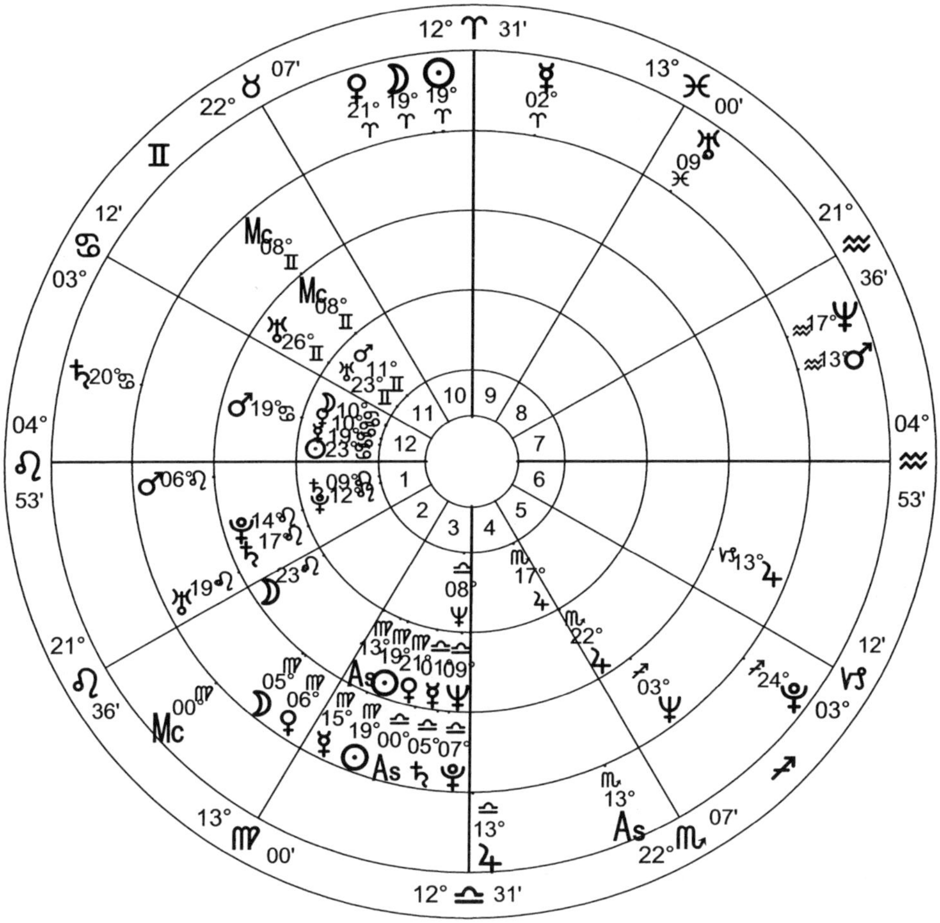

Mapa 19: Camilla Parker-Bowles

Círculo interno: Mapa Natal/17 de julho de 1947/7:10 BDST*/Londres, Inglaterra
Círculo interno intermediário: Progressão Secundária/
8 de abril de 2005/1:00:10 BST/Londres, Inglaterra
Círculo externo intermediário: Arco Solar Direcionado/
8 de abril de 2005/1:00:10 BST/Londres/Inglaterra
Círculo externo: Trânsitos de Eventos/8 de abril de 2005/21:32 BST/
Londres/Inglaterra/Casa Placidus

*N.T.: BDST (British Double Summer Time) era o horário de verão utilizado naquele país durante a Segunda Guerra Mundial e em algumas ocasiões no pós-Guerra; adiantava-se em duas horas ao horário universal. BST (British Summer Time) é o horário de verão utilizado na Inglaterra; nele se adiantam os relógios em uma hora (a partir do horário universal).

adiamento foi feito no dia seguinte, quando a Lua em trânsito formou quadratura com Júpiter natal (e conjunção com Netuno em trânsito).

Também existem indicadores de um atraso no mapa Lua Nova/ eclipse solar em 8 de abril. Essa Lua Nova em 19 Áries 05, na décima casa de Camilla, de posição social, fazia quadratura com Saturno em trânsito, corregente da sétima casa dela. A conjunção Sol-Lua estava em conjunção com Vênus em trânsito e também em quadratura com Saturno. Pelo fato de Sol e Lua estarem um grau antes que Saturno, portanto aproximando-se do aspecto, é forte indicador de um atraso. Revendo a lista de orientações, esses são os outros indicadores:

Marte, como regente de Áries, rege a casa da Lua Nova, e essa Lua Nova estava em quadratura com o Marte progredido dela.

Marte, como regente de Áries, rege também o signo da Lua Nova, que formava quadratura com seu Marte progredido.

Na Lua Nova, Marte em trânsito (regente da casa e do signo da Lua Nova) na sétima casa do mapa de Camilla formava oposição com seu Plutão progredido (frustração e provavelmente discordância quanto ao adiamento).

A Lua Nova na décima casa formava quadratura com Saturno em trânsito, corregente da sétima casa de Camilla (adiamento por causa do papel oficial e responsabilidades de seu noivo), mas também trígono com Saturno natal (ela reconheceu e aceitou a necessidade do adiamento).

Na ocasião do casamento, em 9 de abril, a Lua em trânsito havia acabado de passar por uma sextil com o Urano progredido de Camilla, enquanto Vênus em trânsito formava sextil com Urano natal e os ângulos do mapa de casamento eram praticamente os mesmos (dentro de um grau) que os ângulos natais no mapa de Camilla.

Luas Novas, Luas Cheias e eclipses nas casas

Uma Lua Nova, que é conjunção entre Sol e Lua, representa a iniciativa pessoal, e sua posição de casa é onde você investirá mais de sua energia nas quatro semanas seguintes. O efeito é mais forte e duradouro no caso de um eclipse solar – de seis a 12 meses. Além da posição de casa da Lua Nova/eclipse solar, procure por aspectos dos planetas nos seus mapas natal, progredido e de arco solar. A posição desses planetas nas casas, bem como as casas que regem no seu mapa natal, fornecerão *insights* adicionais sobre os acontecimentos possíveis.

Fatos que ocorrem em sua vida ou que você inicia em uma Lua Nova caminham em direção a uma conclusão na Lua Cheia dessa lunação. O mesmo acontece com um eclipse lunar, mas, como em um eclipse solar, o efeito é mais forte e duradouro. Pelo fato de uma Lua Cheia ser uma oposição Sol-Lua, os acontecimentos, normalmente, envolvem outras pessoas (um relacionamento), que têm um papel na conclusão do que começou a ocorrer próximo à Lua Nova/eclipse solar. Como em todos os aspectos de oposição, o objetivo é encontrar um meio-termo, uma solução conveniente para todos os envolvidos.

Por exemplo: suas energias estarão concentradas em questões profissionais durante o mês com uma Lua Nova na sua décima casa. Contudo, duas semanas depois da Lua Nova, quando a Lua Cheia acontecer na sua quarta casa, você pode perceber que vem negligenciando a família ou o lar – ou algum membro da família pode chamar sua atenção para isso. Já que o intervalo de tempo é curto, provavelmente a questão não irá se agravar, pois passará rapidamente. Entretanto, com a influência mais forte e duradoura de um eclipse solar ou lunar, um relacionamento familiar poderia atravessar sérias dificuldades e, possivelmente, acabar, se você não conseguir alcançar um equilíbrio saudável entre as duas áreas da vida. Igualmente possível com o eclipse é que uma mudança ligada à carreira atrapalhe a vida familiar.

Primeira Casa

Lua Nova/Eclipse Solar: você pode querer mudar a aparência ou os hábitos, iniciando também projetos pessoais, como um programa de exercícios ou um passatempo. Essa influência também indica quase sempre aumento de popularidade. Mas sua maior ênfase é encorajar você a definir suas forças e fraquezas, e como melhor trabalhá-las para que possam ser usadas no seu aprimoramento.

Lua Cheia/Eclipse Lunar: sob essa influência, você busca pessoas que o satisfaçam emocionalmente, bem como relacionamentos de ajuda mútua. Uma parceria ou relacionamento íntimo pode terminar, pois já não preenche suas necessidades emocionais ou porque suas expectativas não foram realistas. É uma época desfavorável para negociações ou discussões sérias, pois existe falta geral de cooperação.

Segunda Casa

Lua Nova/Eclipse Solar: essa energia enfatiza os valores materiais, *status* financeiro e bens, e estimula você a examinar suas atitudes gerais com relação ao dinheiro. Sua renda pode aumentar, você poderá acrescentar dinheiro à poupança e, provavelmente, receberá um presente. Mas as necessidades do ego podem fazer com que se endivide para obter o que quer. O planejamento bancário e orçamentário são formas práticas de lidar com essa influência.

Lua Cheia/Eclipse Lunar: sua segurança emocional está ligada à segurança financeira sob essa influência, que aconselha a não gastar além do que normalmente costuma com as compras. Pode haver despesas extras ou atrasos de pagamento, bem como ser difícil obter crédito ou empréstimos. Seu objetivo é aprender como estabilizar suas finanças planejando o orçamento, as finanças e poupando.

Terceira Casa

Lua Nova/Eclipse Solar: as atividades giram em torno dos irmãos e vizinhos, além de eventos, projetos e envolvimentos comunitários. Você também pode esperar um grande volume de telefonemas, cartas, contatos por redes sociais e *e-mail*. Em geral, é uma época boa para realizar provas, rever documentação, resolver pendências e fazer viagens curtas. Seu objetivo é compartilhar ideias e conhecimento, além de obter informações práticas, do cotidiano.

Lua Cheia/Eclipse Lunar: esse período pode ser desfavorável para viajar, entrar em contato com parentes do seu parceiro e problemas relativos à educação. Você também deve ter cautela com o que escreve, pois suas palavras podem ser mal interpretadas e informações importantes poderiam não ser entregues ou transmitidas. É possível que as questões legais emperrem ou sejam cercadas de dificuldades. Grande parte dos seus pensamentos sofre influência dos sentimentos.

Quarta Casa

Lua Nova/Eclipse Solar: os acontecimentos estão relacionados à parte doméstica, como a possibilidade de mudança de casa, reformas, responsabilidades para com os filhos, colega ou parente saindo ou se mudando para seu lar. As condições e circunstâncias podem requerer mudanças domésticas. Nesse período, você tem êxito ao lidar com os problemas da vida e da família, sendo capaz de compreender melhor seus familiares e seu papel no núcleo familiar.

Lua Cheia/Eclipse Lunar: emoções exacerbadas influenciam a vida familiar durante esse período em que a segurança e a estabilidade domésticas e familiares são tão importantes. Apesar dos esforços, pode haver dificuldades entre pais e filhos, ou com um colega com quem você mora. Pode ser um desafio para equilibrar as responsabilidades familiares e profissionais, sendo talvez necessário mudar o escritório para casa ou mudar de casa por causa do um emprego.

Quinta Casa

Lua Nova/Eclipse Solar: nessa época, muitos acontecimentos estarão ligados às crianças, relacionamentos amorosos, esportes, vida social, investimentos, projetos criativos e, em geral, qualquer coisa que lhe dê prazer. O crescimento pode vir de todas essas atividades de satisfação ao ego. É possível que um filho vá embora para fazer faculdade em outra cidade, ou para começar uma vida independente – ou pode voltar a morar com a família.

Lua Cheia/Eclipse Lunar: seu desejo agora é alcançar a sensação de satisfação proveniente das atividades positivas com as crianças, um relacionamento amoroso, esportes, projetos criativos ou outros interesses ligados ao lazer. Seus filhos podem precisar de atenção extra agora, e tanto eles quanto outras pessoas podem atrapalhar planos sociais ou dificultar um relacionamento amoroso. Pode haver conflito com os amigos.

Sexta Casa

Lua Nova/Eclipse Solar: é um bom momento para mandar currículo ou começar um novo emprego; o relacionamento com colegas de trabalho e supervisores é em geral favorável, desde que você fique atento ao seu ego. Você também pode começar um programa de exercícios, adquirir um animal de estimação, comprar aparelhos ou realizar pequenas reformas. Entretanto, essa influência está centrada principalmente no trabalho, na prestação de serviços e em ser útil aos outros.

Lua Cheia/Eclipse Lunar: seu ambiente de trabalho, incluindo o relacionamento com colegas, está diretamente ligado à saúde e ao bem-estar emocional agora. Essa influência também pode indicar envolvimento com fofocas e rumores no trabalho, e é possível que alguém tente sabotar seus esforços ou querer trocar acusações. Não revele informações pessoais, mesmo que se sinta seguro no relacionamento com um colega de trabalho.

Sétima Casa

Lua Nova/Eclipse Solar: parceiros e relacionamento íntimos são o foco agora, e você sente uma necessidade intensa de interagir com as pessoas. Contudo, também terá contato com competidores capazes de tentar atrapalhar suas esperanças e aspirações. As negociações podem ser efetivas se você tiver a mente aberta e inclinação para colaborar com os outros, chegando a um consenso ideal. É possível um noivado ou casamento.

Lua Cheia/Eclipse Lunar: transforme em prioridade o ato de ouvir outros pontos de vista e chegar a um consenso quando necessário; isso beneficiará sua ligação emocional com outras pessoas. Pode haver desafios com outros, acerca de questões importantes, quando alguém se opõe a seus planos, algo que você tomará de forma mais pessoal, nesse momento. Essa influência também pode resultar em noivado (ou casamento), que, por alguma, razão é adiado.

Oitava Casa

Lua Nova/Eclipse Solar: as finanças da família são o foco, bem como bens em conjunto, pensão de divórcio, impostos, devedores, dinheiro, renda e propriedade do seu parceiro. Com a Lua Nova (porém, mais provavelmente, sob um eclipse), é possível que receba uma herança. Essa lua também pode aumentar a renda da família de outros modos, como aumento de salário, devolução do imposto de renda ou um lucro inesperado. Mas seja cuidadoso com os empréstimos e resista à vontade de emprestar mais do que pode pagar.

Lua Cheia/Eclipse Lunar: você deve economizar para o caso de despesas inesperadas antes desse fato, que pode desencadear aumento nas parcelas de seguros ou nos impostos imobiliários. Não é uma época favorável para pedir um empréstimo, seja só ou em conjunto, ou assinar documentos para tal; podem chegar notícias acerca de uma auditoria. Diga não a solicitações financeiras e ofertas que parecem boas demais para ser verdade, mesmo que se sinta tentado emocionalmente.

Nona Casa

Lua Nova/Eclipse Solar: essa é a época ideal para olhar para o futuro e formular planos de longo alcance. Pode ser que receba notícias de pessoas distantes, e que viaje, vivencie outras culturas, envolva-se em questões com parentes do parceiro ou jurídicas, ou que seja convocado a participar de júri popular. Essa influência também enfatiza ética e o desafia a avaliar sua filosofia de vida em busca de verdade e conhecimento.

Lua Cheia/Eclipse Lunar: é possível que surjam dificuldades com parentes do parceiro, e planos de viagem podem sofrer atrasos ou ser cancelados, provavelmente porque um dos membros do casal não conseguirá viajar. Cuidado com as promessas que faz agora e não se aferre muito ao que os outros prometem. O momento é inoportuno para envolver-se em problemas legais. Olhe para dentro. A espiritualidade (ou a religião) pode fornecer apoio emocional.

Décima Casa

Lua Nova/Eclipse Solar: o que você mais procura e precisa nesse momento são evidências concretas de avanço no mundo lá fora. Sob essa influência, concentre-se na carreira e em questões de posição social; ela pode também trazer uma promoção ou elogios, prêmios ou reconhecimento por parte parte de seus chefes. É também possível o contato com órgãos governamentais, e você pode envolver-se mais com o pai ou a mãe.

Lua Cheia/Eclipse Lunar: sua maior sensação de satisfação emocional vem agora de acontecimentos ligados à carreira. É possível uma mudança de emprego. Você pode também ter responsabilidades ou obrigações familiares extras (para com seus filhos ou pais), e pode ser difícil achar um equilíbrio entre trabalho e questões domésticas. Isso pode desencadear conflitos no lar ou no local de trabalho, e podem também surgir dificuldades com relação ao direito de propriedade ou aluguel de uma casa.

Décima Primeira Casa

Lua Nova/Eclipse Solar: esse pode ser um dos meses ou períodos mais leves da sua vida, repleto de acontecimentos sociais e tempo com os amigos, bem como oportunidades para aumentar sua rede de contatos. Grupos, trabalho em equipe, organizações e projetos humanitários estão em foco. Leve essa influência a um passo adiante e reserve um tempo para rever e atualizar suas metas de curto e longo prazo.

Lua Cheia/Eclipse Lunar: você sente uma forte ligação com alguns amigos agora. Mas outros podem exigir demais de você na forma de favores ou esperar que faça muito além do que lhe cabe em um grupo ou atividade organizacional. Pode haver atritos com um amigo ou interesse amoroso, ou então suas responsabilidades parentais podem interferir com o tempo em prol de seus próprios interesses.

Décima Segunda Casa

Lua Nova/Eclipse Solar: com essa posição, as informações confidenciais são frequentemente comunicadas, também encorajando-o a rememorar acontecimentos ao longo dos vários meses que se passaram, como preparação para a Lua Nova na sua primeira casa (que ocorrerá em seguida). É também possível que você se envolva com alguém que está hospitalizado ou confinado em alguma instituição. Seu lado oculto, incluindo intuição, desejos e talentos suprimidos, pode vir à tona agora.

Lua Cheia/Eclipse Lunar: essa posição quase sempre desencadeia rumores e fofocas, assim, problemas e inimigos ocultos podem acabar se revelando. Você deve ter cautela com medicamentos e substâncias químicas, e priorizar o descanso e atividades relaxantes. É possível que lhe peçam para cuidar de alguém doente, e o ambiente de trabalho pode estar difícil, com pessoas pressionando-o a assumir responsabilidades que são delas. A perceptividade pode vir por meio de intuição e pensamentos subconscientes.

DETERMINANDO EVENTOS SEMESTRAIS

Todos os anos, de outubro até março (ou abril, dependendo da data da Lua Nova), as Luas Nova e Cheia mensais encontram-se praticamente nos mesmos graus. Somente o signo muda. Assim, da Lua Nova-Lua Cheia em Libra-Áries em outubro até a Lua Nova-Lua Cheia em Áries-Libra em abril, são repetidos quase os mesmos graus dos signos. Isso pode ser uma importante ferramenta de previsão quando você estuda as tendências em sua vida. Caso tenha um planeta natal, progredido ou de arco solar nos graus das Luas Novas e Luas Cheias durante esses meses do ano, esse planeta será ativado mês após mês. Em conjunto com outros indicadores de previsão, isso pode mostrar como os eventos se desdobrarão na medida em que as Luas Novas e Cheias progridem pelas casas.

Como exemplo, considere uma Lua Nova de Libra em outubro na sexta casa, em conjunção com Vênus natal e regendo a mesma casa. A Lua Nova de outubro traz uma oferta de emprego. No mês seguinte, com a Lua Nova de Escorpião na sétima casa, você passa a interagir melhor com os colegas de trabalho; entretanto, por ser uma semissextil com Vênus natal, também representa um período de ajustamento às várias personalidades.

Em novembro, a Lua Nova de Sagitário na sua oitava casa faz sextil com Vênus natal, indicando uma oportunidade de ganhar mais dinheiro. Dezembro traz a Lua Nova de Capricórnio em sua nona casa, onde ela forma quadratura com Vênus Natal; isso pode indicar questões acerca de uma requisição de férias para viajar. A Lua Nova de janeiro em Aquário, sua décima casa, faz trígono com Vênus natal, indicando um fluxo tranquilo de energia entre seu trabalho diário (sexta casa) e sua carreira (décima); em essência, você alcançou um nível de conforto no novo emprego, e as pessoas reconhecem seus talentos e aptidões.

A Lua Nova de fevereiro está na sua 11ª casa, formando um quincunce com Vênus natal, estimulando-o a avaliar e atualizar suas metas profissionais e, provavelmente, expandir-se aceitando a liderança de um projeto em grupo. Março traz então a Lua Nova em oposição à Vênus natal, quando você estará pronto para reduzir o ritmo após ter dado tudo de si em seu novo emprego, nos meses que se passaram. Esse é também o momento de avaliar os êxitos obtidos desde o início do emprego.

Lembre-se de que a Lua Cheia em cada um desses meses está também praticamente no mesmo grau (embora diferente do grau da Lua Nova e, assim, possivelmente formando aspectos com outros planetas no seu mapa) um mês após o outro, ocupando as casas opostas à Lua Nova. Durante esse espaço de tempo de seis meses, você vivenciará seu novo emprego da perspectiva de cada uma das casas em seu mapa.

Capítulo Sete

Retornos Solares, Lunares e Planetários

Os mapas de retorno são excelentes ferramentas suplementares de previsão. Usados em conjunto com progressões, arcos solares, trânsitos de planetas exteriores e eclipses (e, obviamente, o mapa natal), esses mapas também mostram tendências. Seu período de influência varia de um mês para o retorno lunar, a um ano para o retorno solar a até décadas para os retornos de planetas exteriores. Os lançadores de tendência mais efetivos são os planetas interiores (Sol, Lua, Mercúrio, Vênus e Marte), pois a sua influência pode ser medida no intervalo de um período que varia de um mês até cerca de dois anos. Um retorno de Saturno ocorre somente a cada 28 a 30 anos, enquanto Urano leva cerca de 84 anos para completar seu ciclo.

Um mapa de retorno é simplesmente um registro do momento em que o planeta em trânsito retorna à sua posição natal. O retorno lunar acontece 12 (e às vezes 13) vezes por ano, ou uma vez por mês, pois a Lua atravessa o zodíaco inteiro a cada 28 dias, mais ou menos. O retorno solar é um evento anual, enquanto, no caso de Mercúrio, pode acontecer entre 11 e 13 meses, dependendo do ciclo retrógrado desse planeta. Um retorno de Vênus acontece a cada 18 meses, aproximadamente, e Marte retorna à sua posição natal a de cerca cada dois anos.

Esses mapas podem ser lidos quase como se fossem mapas natais, aplicando-se os mesmos princípios de interpretação, como posição nas casas, ênfase em quadrantes e hemisférios, o signo Ascendente e os aspectos. A maior parte dos *softwares* de cálculos astrológicos gera automaticamente esses mapas de retorno.

Já houve muito debate entre os astrólogos sobre se os mapas de retorno deveriam ser calculados com base no local de nascimento (como você faria no caso de um mapa progredido ou de arco solar) ou baseados no local atual de residência. O consenso é o local onde se mora atualmente, mas você deve tentar ambos para ver qual funciona melhor para seu mapa e sua vida. Se você vive perto de onde nasceu, haverá pouca diferença entre ambos os mapas.

Alguns acreditam, erroneamente, ser capazes de alterar o Universo mudando-se para outra localidade para passar o aniversário. Isso não funciona, e você rapidamente perceberá que o mapa de retorno solar para aquele ano não corresponderá ao que acontece na sua vida. Então, não se engane pensando que ao manipular a localidade do mapa você criará um ano bom para amor, carreira, dinheiro ou qualquer outra coisa.

Mapas de retorno solar e lunar são os mais comumente usados, embora seja possível obter *insights* adicionais estudando outros retornos planetários. As energias, influências e atividades representadas em todos esses mapas podem ser ativadas pelos planetas em trânsito, pelas Luas Nova e Cheia e eclipses, durante o período em que exercerem seu efeito. Isso vale em especial para quaisquer configurações importantes no mapa de retorno (*stellium*, grande cruz, quadratura em T, etc.) e para planetas em conjuntura com os ângulos.

Retornos solares e lunares

Ao trabalhar com mapas de retorno solar (entre outros), é útil observá-los por si sós e também em conjunto com o mapa natal, enquanto mantém em mente quaisquer progressões, arcos solares e eclipses significativos em efeito na época. Verifique também as posições dos eclipses durante o período em que o mapa de retorno está valendo e aonde esses eclipses cairão nos mapas natal e de retorno.

É possível ter uma ideia geral da ênfase do ano observando a ênfase em quadrantes e hemisférios (os que tiverem mais planetas) no mapa de retorno solar. As qualidades das casas (angular, sucedente, cadente) indicam a abordagem às atividades e como estas se desenrolarão. Aqui estão algumas orientações:

- Hemisfério Sul (metade superior do mapa, casas sete a 12): a ênfase é no mundo externo, em outras pessoas, relacionamentos, reconhecimento, carreira, liderança. Esse hemisfério representa uma atitude extrovertida e o interesse em interagir com as pessoas.
- Hemisfério Norte (metade inferior do mapa, casas um a seis). Esse hemisfério representa um viés mais introspectivo e independente com relação ao olhar público, com ênfase em lar, família, trabalho, emprego, serviço social, bem como a comunidade e os vizinhos.

- Hemisfério Ocidental (lado direito do mapa, casas quatro a nove). Ênfase nas outras pessoas (família, parceiro, colegas de trabalho) e na interação com elas; você está receptivo aos desejos e às necessidades dos outros.
- Hemisfério Oriental (lado esquerdo do mapa, casas dez a três). Um acúmulo de planetas aqui representa autoconsciência, autoconfiança, automotivação, além de ênfase em carreira e amizades.
- Primeiro Quadrante (casas um a três). Quando esse quadrante está em destaque, a ênfase está na independência e na ação; necessidades, desejos e interesses pessoais ganham prioridade.
- Segundo Quadrante (casas quatro a seis). Embora esse quadrante indique uma tomada de rumos, também dá ênfase aos relacionamentos com a família, crianças e colegas de trabalho.
- Terceiro Quadrante (casas sete a nove). Uma grande quantidade de planetas aqui reforça o foco nas outras pessoas, incluindo parceiros, credores, professores, psicoterapeutas e membros de alguma religião.
- Quarto Quadrante (casas dez a 12). Esse quadrante representa automotivação e trabalho em equipe, podendo indicar *status* e reconhecimento; ênfase também na introspecção.
- Casas Angulares (primeira, quarta, sétima, décima). Essa ênfase indica novos projetos, mas, se tentar fazer tudo de uma vez, você pode acabar realizando muito pouco.
- Casas Sucedentes (segunda, quinta, oitava e 11ª). Se há muitos planetas nessas casas, isso enfatiza a finalização de projetos, mas também certa resistência às mudanças.
- Casas Cadentes (terceira, sexta, nona e 12ª). Com grande quantidade de planetas nessas casas, a ênfase está nas condições mutáveis, bem como em atividades intelectuais; há possibilidade de dispersão das forças.

Tendo em mente esse cenário geral do mapa, o próximo passo é examinar os ângulos dos retornos solares. Você pode determinar mais tendências para o ano à frente observando se os signos nos ângulos são cardeais, fixos ou mutáveis. Às vezes os signos estarão na mesma categoria; já, em outros casos, você verá, por exemplo, mutáveis no Ascendente-Descendente e cardeais no Meio do Céu-IC.

- Signos cardeais (Áries, Câncer, Libra, Capricórnio) indicam novos projetos e uma profusão de atividades com foco no eu, lar e família, nos relacionamentos e na carreira. Mas esses signos também estão associados a atitudes precipitadas.

- Signos fixos (Touro, Leão, Escorpião, Aquário) relacionam-se a finanças pessoais ou conjuntas, recreação, crianças e amigos. Entretanto, esses signos não apreciam as mudanças, preferindo estabilidade; portanto, a tendência é manter o *status quo*, ou a estagnação.
- Signos mutáveis (Gêmeos, Virgem, Sagitário, Peixes) nos ângulos indicam um ano concentrado em trabalho, serviço, educação, comunicação, conhecimento, informação e viagem. Contudo, com esses signos nos ângulos, pode ser difícil se concentrar nos objetivos.

Observe em particular os mapas de retorno solar com os primeiros ou últimos graus de um signo em um ângulo. Os últimos graus indicam um ano em que algo irá chegar ao fim ou ser concluído, ao passo que os primeiros poucos graus indicam um ano de novas empreitadas. Um planeta nos últimos graus também reflete uma porta que se fecha, ou o fechamento de um ciclo.

É também importante notar onde no mapa natal o Ascendente do mapa de retorno solar (ou de outro planeta) cairá. Isso acrescenta informações extras sobre o foco de atividade do ano. A cúspide da casa do mapa natal que estiver mais próxima ao Ascendente do mapa de retorno solar também pode ser significativa, se cair em uma casa diferente do Ascendente do retorno solar. Siga o mesmo procedimento com o planeta apropriado ao retorno, como Mercúrio para o retorno de Mercúrio, e Vênus para o retorno de Vênus. As casas regidas pelo planeta serão as áreas em que grande parte das atividades representadas por aquele planeta ocorrerão.

O primeiro planeta a ascender no mapa de retorno (o mais próximo do Ascendente, começando com a primeira casa) quase sempre tem importância adicional. Ele pode indicar, em conjunto com o signo Ascendente, a principal ênfase do ano. Qualquer configuração importante envolvendo esse planeta, a casa que ele rege (e que os outros planetas na configuração regem), bem como onde ele está no mapa natal acrescentam detalhes adicionais e profundidade à interpretação. Você também deve observar a casa no mapa natal regida pelo planeta ascendente, não se esquecendo de verificar se uma progressão, arco solar ou planetas exteriores em trânsito estão formando aspecto com ele.

Um mapa de retorno com o mesmo signo ascendente (Ascendente) do mapa natal quase sempre indica um ano de grande importância, que também será focado no indivíduo. Isso é ainda mais verdadeiro se o Meio do Céu for o mesmo. Quando os ângulos são os mesmos, os planetas do mapa natal podem cair nas mesmas casas do mapa de retorno. Observe particularmente quaisquer conjunções entre os planetas natais e de retorno, pois haverá ênfase adicional naquela área da vida para aquele ano.

Você também pode colher muitas informações considerando a casa no polo oposto. Por exemplo, se o Sol estiver na terceira casa, inclua as influências da nona casa em sua interpretação.

Ao estudar um mapa de retorno, observe os planetas nas casas dele, seus aspectos, as casas regidas por esses planetas, onde estão no mapa natal e como formam aspecto com planetas natais. Embora essas interpretações sejam praticamente as mesmas de quando lemos um mapa natal, elas precisam ser mescladas às inclinações naturais mostradas pelo mapa natal. Por exemplo, se você tem um Sol natal em Capricórnio e Ascendente em Virgem, com Leão no Ascendente de retorno solar, não entrará para o estrelato repentinamente. Em vez disso, as qualidades leoninas naturais de liderança podem acentuar seu ambicioso Sol em Capricórnio e o esforçado Ascendente em Virgem.

Para os aspectos do mapa de retorno, use um orbe menor do que usaria para um mapa natal – cerca de cinco graus. Busque também configurações planetárias, como a quadratura em T, a grande cruz ou o grande trino. Eles podem ajudar a determinar áreas importantes de atividade para o ano.

Às vezes a escolha óbvia de um mapa de retorno não revela o que se espera. Se, por exemplo, outras ferramentas de previsão indicam a possibilidade de casamento, não se fie somente no mapa de retorno de Vênus além do de retorno solar. Verifique também os mapas de retorno de Mercúrio e Marte. Eles podem mostrar o acontecimento esperado com mais clareza, dependendo de onde ocorre o retorno. Mapas de retornos ocorridos próximos à data de nascimento são, muitas vezes, mais precisos.

Jimmy Carter

Jimmy Carter foi eleito presidente dos Estados Unidos em 1976, mas perdeu a reeleição em 1980. Os mapas de retorno solar e lunar ilustram as técnicas interpretativas usadas para esses mapas, e é fácil ver como cada conjunto de retornos solares e lunares para diferentes anos e meses indica um resultado diferente para a eleição.

Antes de examinar os retornos solar e lunar de Jimmy Carter, primeiro é importante estudar alguns dos outros fatores de previsão no mapa dele, na época que antecedeu a eleição (Mapa 20).

Ele passava por um período de boa sorte com um sextil Vênus-Júpiter progredidos e, pelo fato de o aspecto envolver a segunda casa

(Júpiter nessa casa) e a oitava (Vênus rege a oitava), ele tinha dinheiro de sobra para financiar a campanha e estava cercado de partidários.

PALAVRAS-CHAVE PARA AS CASAS

Primeira Casa: Autoexpressão, iniciativa, autodesenvolvimento, interesses pessoais, ponto de vista e direcionamento pessoal, autoprojeção
Segunda Casa: Finanças, valores, renda, qualidades, bens, valor pessoal
Terceira Casa: Comunicação, vizinhos, parentes, pequenas pendências, viagens rápidas, aprendizado, interesses intelectuais e mentalidade em geral
Quarta Casa: Lar, família, propriedade, términos, inícios, ambiente doméstico
Quinta Casa: Crianças, criatividade, recreação, investimentos, romance
Sexta Casa: Trabalho, serviço social, saúde, bichos de estimação, ambiente e colegas de trabalho
Sétima Casa: Parcerias, cooperação, consenso, competidores, admiradores, o público
Oitava Casa: Recursos em conjunto, credores, empréstimos, seguros, herança
Nona Casa: Viagem, conhecimento, educação universitária, filosofia de vida, questões legais, espiritualidade, religião, assuntos internacionais
Décima Casa: Carreira, *status*, reconhecimento, figuras de autoridade, governo, honrarias
11ª Casa: Amizades, grupos, organizações, atividades humanitárias, objetivos, trabalho em equipe, apoiadores
12ª Casa: Segredos, fofocas, instituições, tempo para si mesmo

PALAVRAS-CHAVE PARA OS PLANETAS

Sol: Ego, foco central, honrarias, criatividade, crianças, recreação, romance, êxitos pessoais, autoconfiança
Lua: Mudança, emoções, inquietude, família, o público, atividades domésticas
Mercúrio: Comunicação, aprendizado, trabalho, saúde
Vênus: Amor, parceiro, beleza, atração, conforto, acontecimentos sociais, diversão
Marte: Ação, energia, conflito, desafios, risco, coragem, impaciência
Júpiter: Boa sorte, expansão, conhecimento, ensino superior, o futuro, questões legais, viagens
Saturno: Ambições, restrições, responsabilidade, autoridade, governo, limitações, insegurança
Urano: Inovação, independência, liberdade, o inesperado, iluminação, mudança
Netuno: Ilusões, visão, imaginação, idealismo, criatividade, segredos, inspiração
Plutão: Transformação, poder, controle, estresse, intensidade, o subconsciente

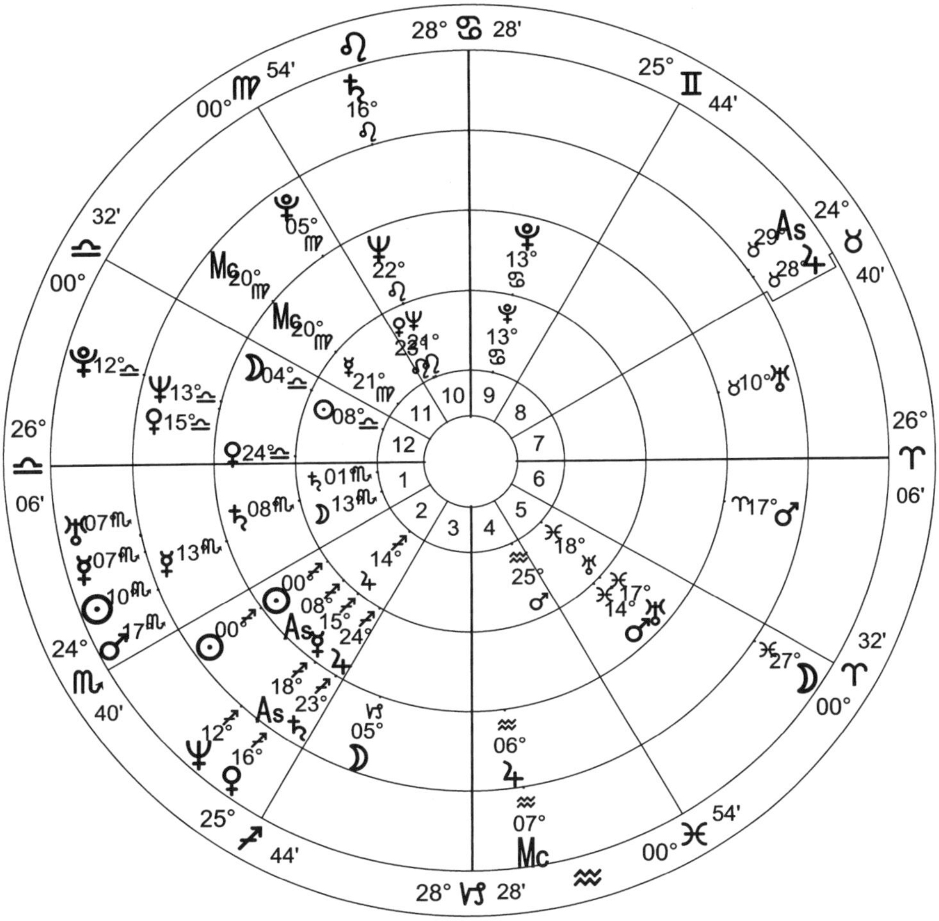

Mapa 20: Jimmy Carter
Círculo interno: Mapa Natal/1º de outubro de 1924/7:00 CST*/Plains, Georgia
Círculo interno intermediário: Progressão Secundária/
2 de novembro de 1976/8:48:31 CST/Plains, Georgia
Círculo externo intermediário: Arco Solar Direcionado/
2 de novembro de 1976/8:48:31 CST/Plains, Georgia
Círculo externo: Trânsitos para as eleições de 1976/
2 de novembro de 1976/18:00 EST/Washington DC/Placidus House

*N.T.: "CST", ou Central Standard Time, é o fuso horário padrão nos Estados Unidos (GMT -6).

Em geral, por Vênus ser o regente de seu Sol e de seu Ascendente, a época para ele era de autoconfiança e autovalorização, o que é decididamente uma vantagem para um candidato. No dia da eleição, Júpiter em trânsito na oitava casa formava sextil com seu Meio do Céu natal. Marte, regente da sexta casa do trabalho, formava sesquiquadratura com o Meio do Céu natal.

A influência mais reveladora, entretanto, era Saturno na décima casa: é um trânsito que pode tanto trazer grandes êxitos quanto uma completa derrocada e perda da posição social. Saturno estava desacelerando para estacionar e ficar retrógrado, no fim de novembro, entrando assim em trígono com Mercúrio progredido e Júpiter natal (orbe maior permitido com um planeta exterior estacionário) por cerca de dois meses. Urano em trânsito na primeira casa dele formava conjunção com Saturno progredido (aspecto de mudança de casa, pois Saturno rege a quarta casa do mapa natal de Carter). Ele também se beneficiou de um eclipse solar em 23 de outubro em 29 Libra 56, conjunto com seu Ascendente natal e em quadratura com o Meio do Céu natal. O dia 6 de novembro trouxe um eclipse lunar 14 Touro 41, que ativou o grande trino natal Lua-Urano-Plutão em seu mapa. A Lua rege o Meio do Céu natal dele. Carter estava no lugar certo na hora certa, com a mensagem certa e aspectos que agradariam tanto eleitores quanto a mídia.

No mapa de retorno solar de 1976 de Jimmy Carter (Mapa 21), a ênfase planetária está no hemisfério sul (sete planetas), no ocidental (oito planetas) e no terceiro quadrante (sete planetas). À primeira vista, pode parecer incrível que alguém seja eleito presidente sem um grupo de planetas no hemisfério sul, quarto quadrante e na décima casa da carreira, mas existem outros indicadores, incluindo aspectos do retorno solar, progressões, arcos solares e trânsitos.

No contexto de um *candidato* presidencial, a ênfase em quadrante e hemisfério é lógica. Qualquer pessoa nessa posição estaria em comunicação constante com conselheiros de campanha, e, no caso dele, havia também muita atenção da mídia dirigida a seu irmão e filha. O contato com o público é representado pela Lua (o público) no terceiro quadrante (relacionada a outras pessoas).

Também é importante lembrar que esse retorno solar agiu ao longo dos primeiros oito meses do mandato dele, em que exerceria sua influência mais longa. Como indica o retorno solar, Jimmy Carter e seus assessores e associados foram tachados de "a Máfia da Georgia" – forasteiros em Washington que seguiam seu próprio programa político, rejeitando "regras e regulamentos" há muito estabelecidos. Eles basicamente não

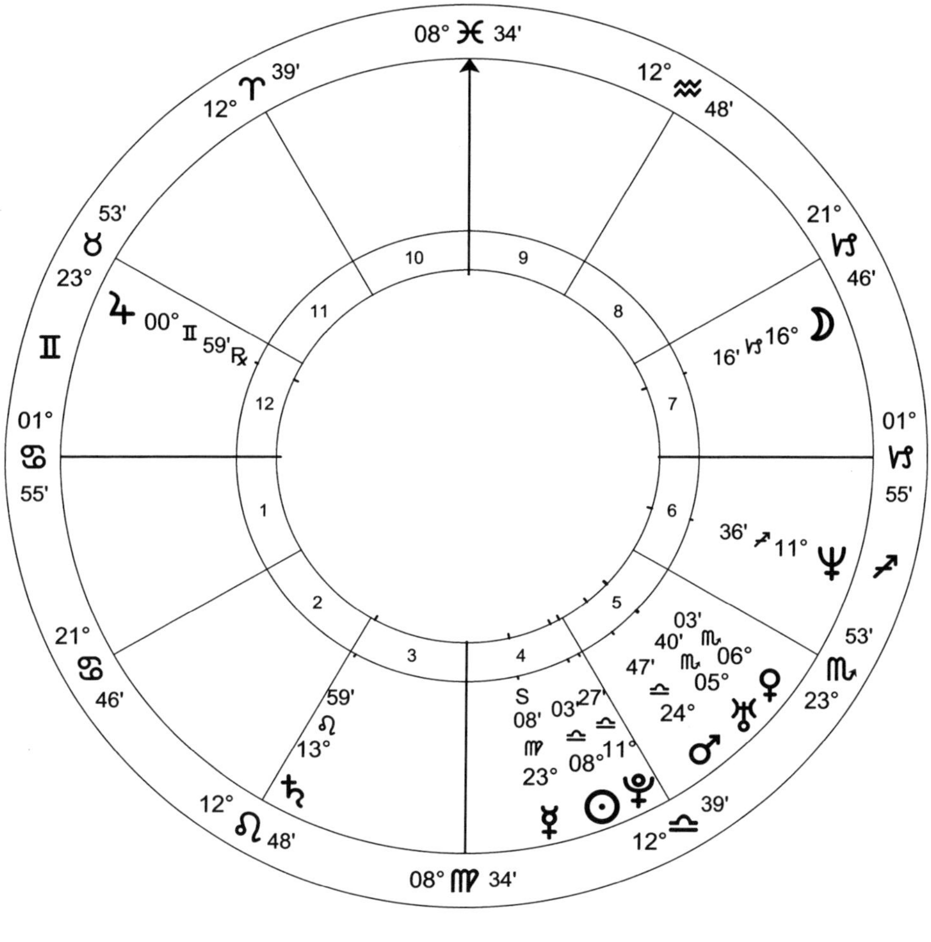

Mapa 21: Jimmy Carter
Retorno Solar/30 de setembro de 1976/22:56:55 EDT/
Washington
DC/Casa Placidus

jogavam o jogo de Washington. Isso também condiz com a ênfase do retorno solar em pessoas da cidade natal próximas a ele.

A ênfase em atividade de casa está distribuída por igual entre três planetas em casas angulares, quatro em casas sucedentes três em casas cadentes. A ênfase nas casas sucedentes é levemente mais forte, indicando que ele alcançaria a meta, mas estava pouco disposto a mudar e adaptar-se à política de Washington.

O mapa de retorno solar de 1976 de Jimmy Carter tem signos mutáveis nos ângulos, indicando os temas centrais: comunicação, serviço social e viagens; todos esses condizem com um presidente ou candidato a presidente. O Ascendente em 27 Gêmeos 49 está em um dos últimos graus desse signo e pode ser interpretado como completar uma missão pessoal. O Meio do Céu está no início dos graus de Peixes, refletindo sua nova empreitada. O Ascendente de retorno solar está na nona casa natal de viagens e em sextil com Vênus natal e Netuno na décima casa natal; também está em trígono com Vênus progredido e o Ascendente natal.

O regente do Ascendente geminiano do retorno solar é Mercúrio, que está na quarta casa do retorno solar, dando ênfase em lar e família (a Máfia da Geórgia) e mudança para um novo endereço (a Casa Branca). Mercúrio está retrógrado, então a mudança seria temporária. Também indica que suas ações e palavras poderiam ser mal interpretadas, e suas decisões, sujeitas a mudanças – tendência que poderia ampliar qualquer propensão à indecisão ditada por seu Sol e Ascendente natais em Libra. O Mercúrio natal de Carter em Virgem na 11ª casa das amizades, grupos e trabalho em equipe está a apenas dois graus do Mercúrio de retorno solar na quarta casa. Mercúrio em Virgem pode ser o incrível administrador de detalhes, característica dele que a mídia sempre mencionava, e a posição desses dois Mercúrios na quarta casa sugere que ele deveria ter confiado mais em si mesmo do que nas pessoas de sua cidade natal que o acompanharam até Washington.

Esse mapa de retorno solar é particularmente interessante no sentido de que a quarta casa é a dos términos e inícios, e Mercúrio, regente do Ascendente nos últimos graus (términos), está naquela casa. Ele estava completando uma fase da vida e começando outra nova, embora Mercúrio retrógrado indicasse que a transição não seria tranquila.

Como sabemos que Jimmy Carter foi eleito presidente em 1976, deve haver fortes indicadores de carreira no mapa de retorno solar. Saturno, planeta universal da carreira, está em Leão (liderança, reconhecimento, popularidade), na terceira casa da comunicação. Ele rege a oitava casa de retorno solar, relativa aos recursos de outras pessoas, algo de que ele com certeza precisou como presidente, e correge a nona casa de viagens e assuntos internacionais. A posição de casa de Saturno e sua corregência da nona casa, bem como o sextil que forma com a conjunção Sol-Plutão de retorno solar (o Sol rege a terceira casa no mapa de retorno solar), também refletem a popularidade dele na mídia na época de sua eleição.

Netuno, regente do Meio do Céu de retorno solar (carreira) está na sexta casa do trabalho. Essa posição e regência indicam que o serviço social, e não o poder, foram sua maior motivação ao candidatar-se (ele foi um forte proponente dos direitos humanos e estabeleceu uma política nacional de energia). Mas Netuno na sexta casa também mostra seu idealismo com relação a seu trabalho e o potencial para ilusão e para ser enganado por colegas de trabalho (os principais membros de sua equipe). Júpiter, corregente de Netuno, está na 12ª casa dos segredos e da solidão. Pelo fato de Júpiter reger o Descendente, seus principais assessores mais próximos eram bem-intencionados. Mas sem dúvida houve dificuldades com algumas dessas pessoas, pois a Lua de retorno solar está em Capricórnio (restrição) na sétima casa e em quadratura (conflito) com Plutão (poder, controle), regente da sexta casa. É provável que os conselhos que ele aceitou de uma dessas pessoas tenham afetado sua imagem pública (Lua).

Há um forte elemento de mudança no mapa de retorno solar de Jimmy Carter, começando com os ângulos de signos mutáveis e Mercúrio (regente do Ascendente) e Netuno (regente do Meio do Céu) em signos mutáveis. De fato, ele concorreu com uma plataforma de reorganização governamental. A conjunção de retorno solar Vênus-Urano (mudança) em um signo fixo (Escorpião) forma trígono com o Meio do Céu de retorno solar. Ele viu a mudança (Urano) governamental (décima casa) como sua missão (Vênus rege seu signo solar).

A posição poderosa a partir da qual ele foi eleito é vista na conjunção Sol-Plutão do retorno solar; ambos estão em sextil com Netuno na sexta casa, e Saturno – planeta universal da carreira – está na terceira.

Olhando para o mapa natal, há vários contatos interessantes com planetas de retorno solar. Marte do retorno solar em conjunção com o Ascendente natal na 12ª casa, em sextil com Vênus-Netuno (charme e popularidade) na décima casa natal. Marte rege sua sexta (trabalho) e sétima (parceiros) casas natais, bem como a 11ª (objetivos, apoiadores) do retorno solar. Essa posição indica que havia uma série de atividades nos bastidores, junto a assessores e membros-chave da equipe, relacionadas aos eminentes objetivos de Carter (Vênus na décima casa natal regendo a 12ª e primeira natais) – é provável que houvesse também conflitos (Marte de retorno solar na 12ª natal). Marte de retorno solar forma também um trígono com Marte natal na quarta casa (Máfia da Georgia).

A Lua de retorno solar na terceira casa natal faz oposição a Plutão natal e sextil com a Lua natal na primeira casa. Em vez de interpretar esse aspecto como desafiador, digamos que ele ativa vigorosamente as emoções profundas do trígono natal Lua-Plutão em recepção mútua (a Lua no signo de Plutão, e Plutão no signo da Lua). Além disso, a Lua rege o Meio do Céu natal dele. A Lua de retorno solar também faz sextil com Mercúrio natal na 11ª casa dos objetivos e apoiadores, regendo a nona (viagens) e 11ª casas. Esses aspectos também refletem o compromisso dele com a missão pela presidência e por seu país.

Os retornos lunares são igualmente reveladores, às vezes até mais, pois seus efeitos têm periodicidade mais curta – por volta de 28 dias. Enquanto o retorno solar de Jimmy Carter é mais indicativo de seus primeiros oito meses no mandato, o retorno lunar diz mais respeito às eleições (Mapa 22).

O retorno lunar anterior às eleições é, sob vários aspectos, semelhante ao retorno solar. O Meio do Céu em 01 Áries 35 reflete um novo projeto de carreira, e Câncer está no Ascendente, mesmo signo de seu Meio do Céu natal. Vênus (popularidade) de retorno lunar está em trígono com o Meio do Céu de retorno lunar, e há uma conjunção Lua-Marte de retorno lunar (Marte rege o Meio do Céu, a Lua rege o Ascendente e o público).

Mesmo o retorno lunar reflete uma plataforma eleitoral de mudanças, com as conjunções Sol-Urano e Urano-Marte-Lua. Com quatro planetas na quarta casa, incluindo o Sol, era bem provável uma mudança de residência.

O trígono Saturno-Netuno mostra que, além de obter apoio do público, ele tinha apoio da mídia (Netuno rege a nona) e de seus assessores e apoiadores mais próximos (Saturno rege a sétima); Netuno, regente da nona casa ligada à mídia, forma trígono com Saturno, regente da sétima casa das parcerias.

Júpiter no 29º grau na 11ª casa sugere que ele realizaria seu objetivo de garantir um novo emprego (Júpiter regendo a sexta casa). Vênus, regente da quarta e 11ª casas, e em trígono com Meio do Céu, fornece mais confirmações de que ele alcançaria suas metas e se mudaria de casa.

Em 1980, Jimmy Carter perdeu as eleições para Ronald Reagan, em uma derrota avassaladora. Comparando as diferenças nos retornos

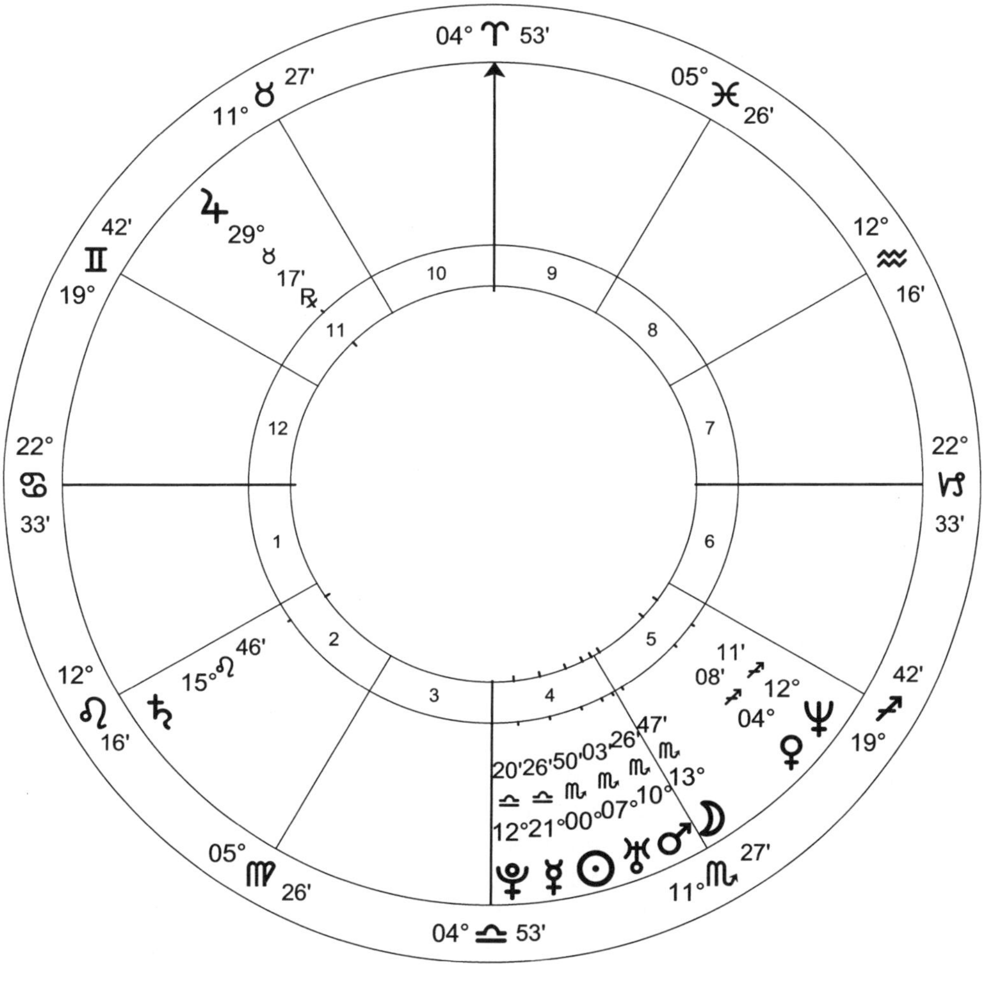

Mapa 22: Jimmy Carter
Retorno Lunar/23 de outubro de 1976/23:03:25 EDT/
Washington DC/Casa Placidus

solares e lunares para ambas as eleições, pode-se perceber como o primeiro mostra sucesso e o segundo, derrota. Mas antes examinaremos algumas outras influências de previsão para ver como elas se alteraram nos quatro anos entre ambos os pleitos (Mapa 23).

Saturno em trânsito avançara para a 12ª casa, e lá Júpiter uniu-se a ele. Saturno aproximava-se de uma conjunção com o Sol natal, onde iria estacionar para ficar retrógrado em janeiro, na data em que deixou o cargo. Isso pode indicar um período de desânimo e depressão e, no mapa dele, com Saturno regendo o IC, indica também mudança de endereço. Júpiter iria estacionar, praticamente na mesma posição, cerca de uma semana depois. Esses dois planetas na 12ª casa em conjunção com o seu Sol indicam uma época de isolamento, solidão e busca pela alma. Urano em trânsito formando trígono com o Meio do Céu também indica um potencial para mudanças, pois seu padrão retrógrado fez com que avançasse e retrocedesse em seu aspecto com o seu Sol natal, por semiquadratura.

Onde o primeiro mapa de retorno solar tem signos mutáveis nos ângulos, o segundo mapa de retorno solar (Mapa 24) tem signos mutáveis no Ascendente-Descendente e signos fixos no Meio do Céu-IC. Os signos mutáveis refletem mudanças, ao passo que os fixos estão associados a uma indisposição para mudar. Aquário (Meio do Céu de retorno solar de 1980), ao contrário de Peixes (Meio do Céu de retorno solar de 1976), pode ser distante e dificultar aproximações, e os últimos graus do Meio do Céu em Aquário indicam um término, contra os primeiros graus no Meio do Céu em Peixes.

O sinal mais forte de queda de popularidade e consequente perda das eleições é a conjunção Marte-Urano de retorno solar na sexta casa do trabalho, em quadratura com o Meio do Céu de retorno solar. Isso é reforçado por Marte ser o regente de Áries, interceptado na 11ª casa dos objetivos, e Urano rege a décima casa. Marte é também corregente da sexta. Todos esses fatores combinados trazem uma única mensagem: mudança de emprego/carreira. Dessa vez, a imprensa não o promoveu (Urano rege a nona casa).

Em 1976, o trígono Vênus-Netuno com o Meio do Céu ajudou-o a encantar os eleitores; já no retorno solar de 1980, Netuno o desfavoreceu. Sua posição na sétima casa (público) em conjunção com o Descendente dificultou-lhe a conexão com o público, e as pessoas estavam desiludidas com ele. Vênus de retorno solar na parte de baixo do mapa de retorno solar, em oposição ao Meio do Céu, também dificultava atrair

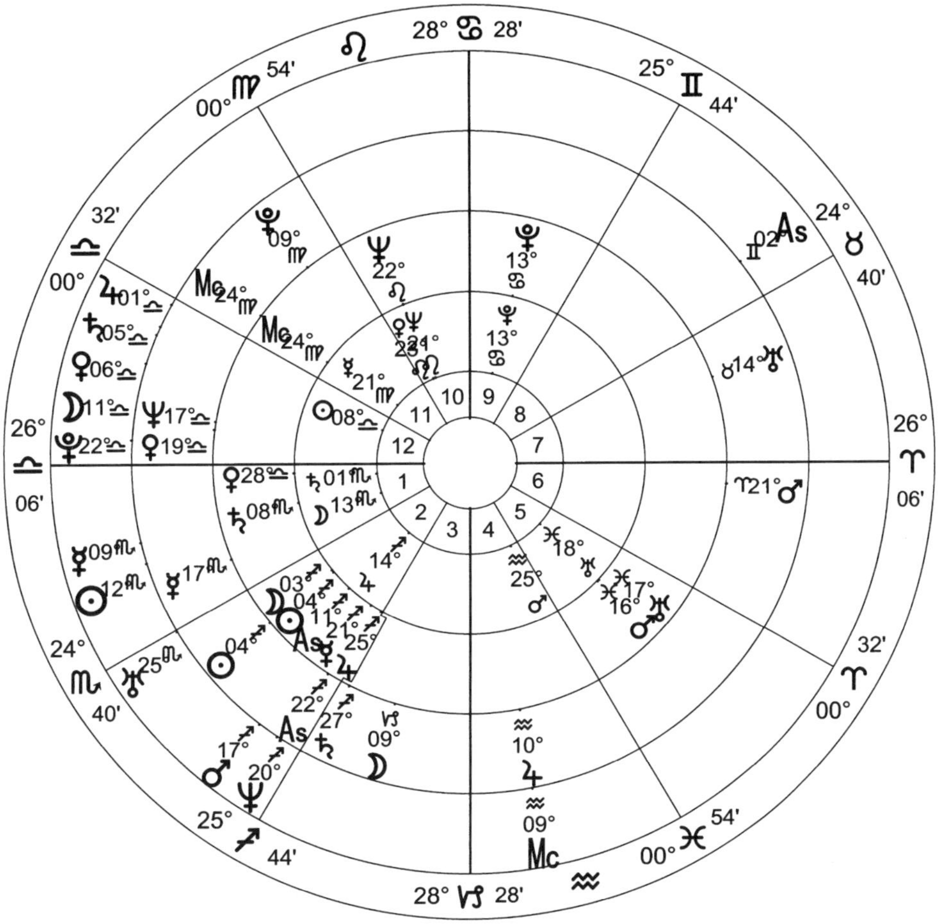

Mapa 23: Jimmy Carter

Círculo interno: Mapa Natal/1º de outubro de 1924/7:00 CST/Plains, Georgia
Círculo interno intermediário: Progressão Secundária/
4 de novembro de 1980/8:48:31 CST/Plains, Georgia
Círculo externo intermediário: Arco Solar Direcionado/
4 de novembro de 1980/8:48:31 CST/Plains, Georgia
Círculo externo: Trânsitos para as eleições de 1980/
4 de novembro de 1980/18:00 EST/Washington DC/Casa Placidus

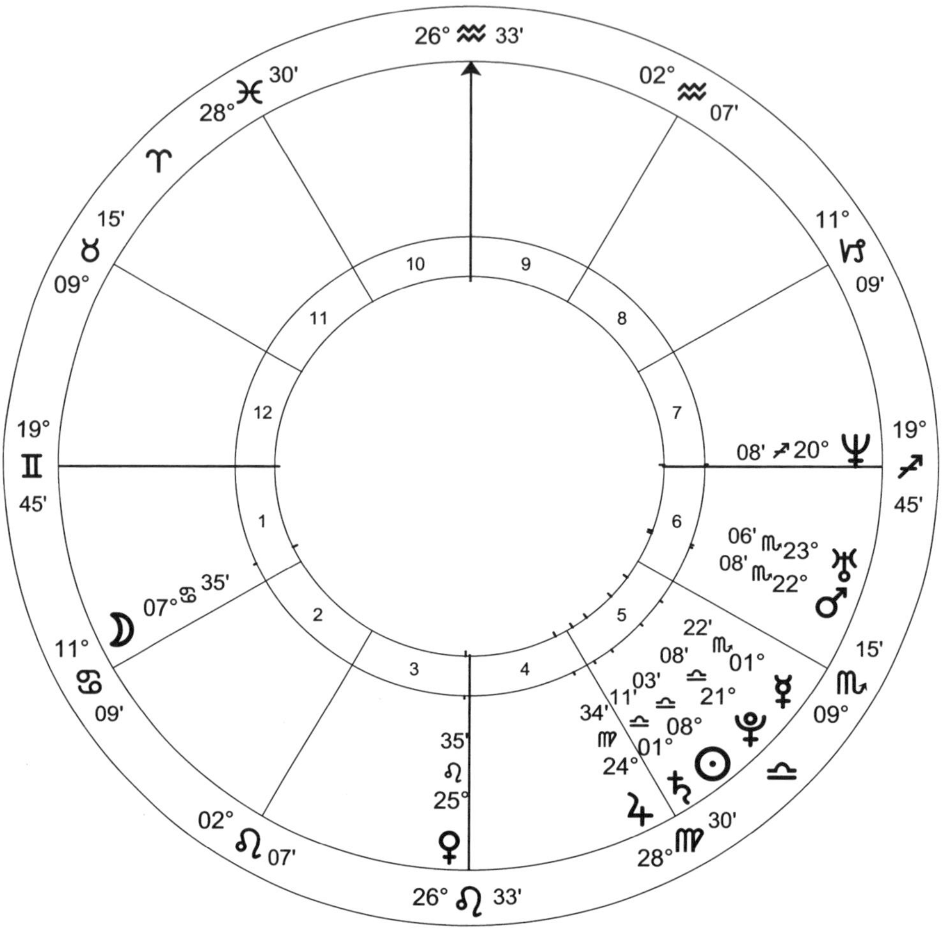

Mapa 24: Jimmy Carter

Retorno Solar/30 de setembro de 1980/22:23:24 EDT/Washington DC/ Casa Placidus

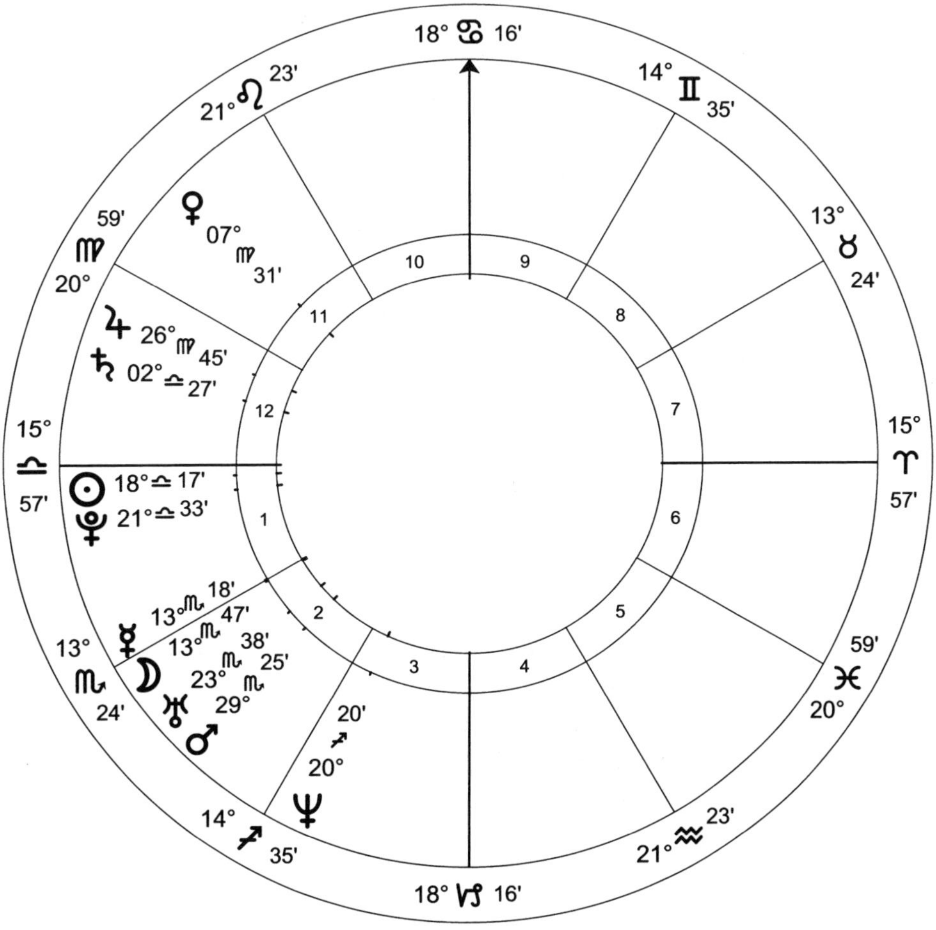

Mapa 25: Jimmy Carter
Retorno Lunar/11 de outubro de 1980/7:06:33 EDT/Washington DC/
Casa Placidus

o apoio do público. O único aspecto positivo, Plutão em trígono com Meio do Céu, não bastou para superar os aspectos negativos.

O retorno lunar de 11 de outubro, anterior às eleições de 1980 (Mapa 25), não foi tão negativo quanto o retorno solar de 20 de setembro, mas, mesmo assim, houve algumas posições difíceis. Era óbvio que aquele seria um mês memorável, a julgar pelos ângulos, que duplicavam os signos nos ângulos do mapa natal de Carter. Nesse mapa, o Sol ascende em conjunção com Plutão, aspecto de foco interno intenso e grandes mudanças para além de seu controle. Ambos os planetas estão em quadratura com o Meio do Céu de retorno lunar.

Marte, regente da sétima casa, está a 29 graus, indicando o fim de seu relacionamento com o público. A conjunção Lua-Mercúrio fornece uma influência positiva, com seu trígono com o Meio do Céu; portanto, ele ainda tinha algum apoio entre membros da imprensa (Mercúrio rege a nona casa) e as pessoas nos bastidores (Mercúrio rege a 12ª casa). Júpiter e Netuno, corregentes da sexta, com Júpiter na 12ª e regendo a terceira, repetem a indicação do retorno solar, de que seria difícil transmitir mensagens claras (Netuno na terceira casa).

Embora Jimmy Carter tenha deixado a Casa Branca sob suspeita, pelo menos para a opinião pública, ele acabou recuperando uma grande parcela da antiga popularidade nos anos seguintes. Em 2002, ele ganhou o Prêmio Nobel da Paz por suas "décadas de incansável esforço em busca de soluções pacíficas para conflitos internacionais, em prol de avanços da democracia e dos direitos humanos e na promoção de desenvolvimento econômico e social".

Seu retorno solar para 2002 (Mapa 26) mostra um cenário bem diferente do seu retorno solar de 1980. No mapa de 2002, vê-se que Saturno está na décima casa dos êxitos, significando a recompensa recebida por seus incansáveis esforços. Está em trígono com Urano no humanitário signo de Aquário na sexta casa do serviço social. É interessante observar que Mercúrio, regente da primeira e da décima casas no mapa de retorno solar, está retrógrado. Isso sugere que ele poderia receber reconhecimento adicional no futuro e, possivelmente, também, que sentia que seu trabalho não estava terminado. De fato, ele continuou promovendo a paz.

No dia em que o Prêmio Nobel da Paz foi anunciado, 11 de outubro de 2002, Júpiter em trânsito estava na décima casa natal de Carter, em trígono com sua Lua natal, regente da décima casa. Mercúrio progredido formava sextil com a Lua natal, e Saturno em trânsito na nona

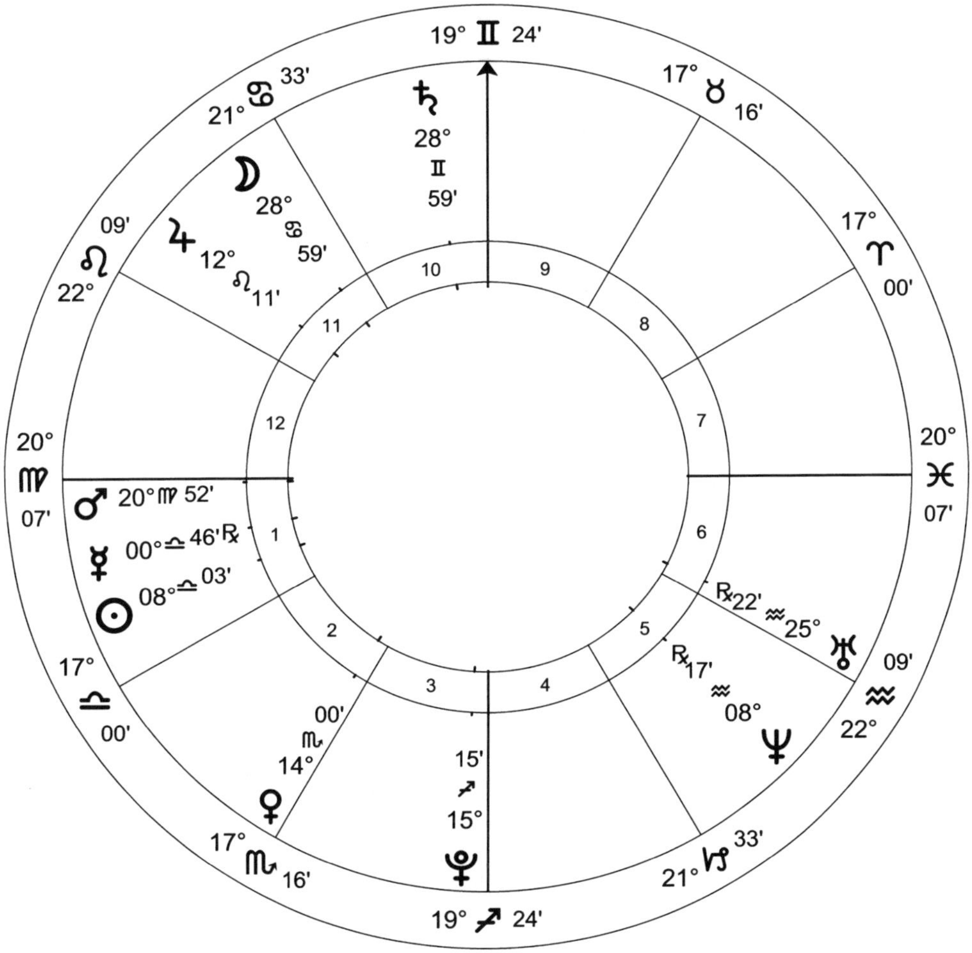

Mapa 26: Jimmy Carter

Retorno Solar/1º de outubro de 2002/4:11:35 CST/Plains, Georgia/
Casa Placidus

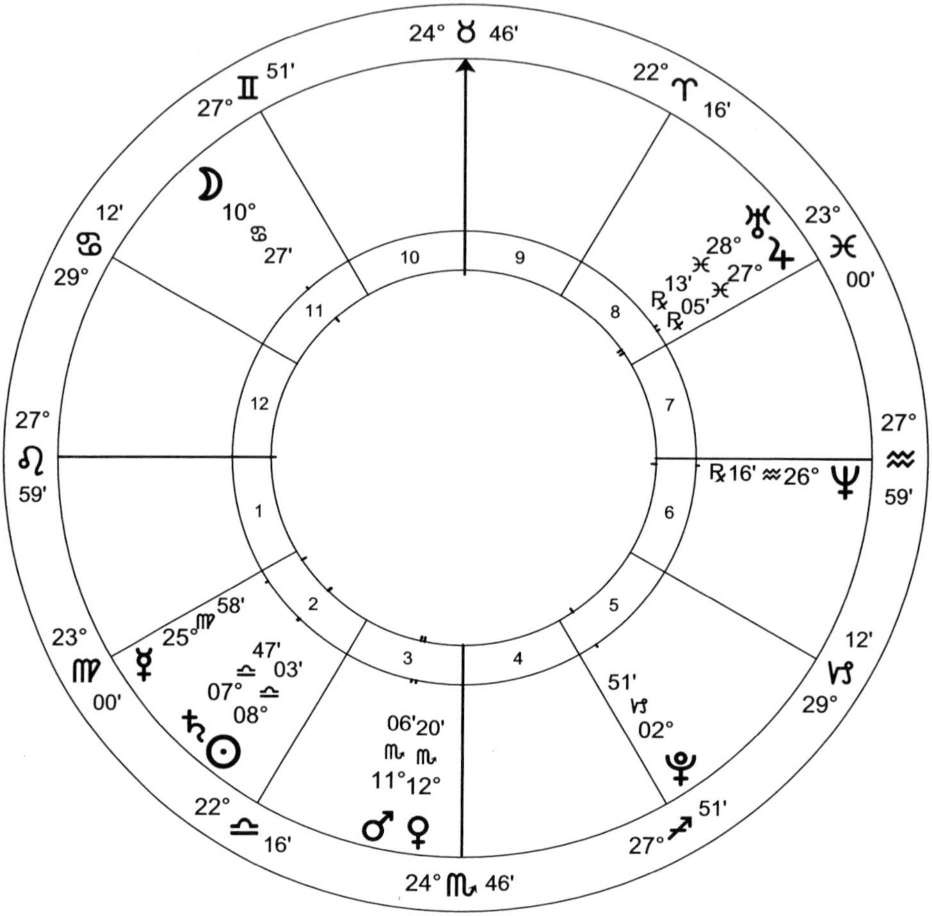

Mapa 27: Jimmy Carter
Retorno Solar/1º de outubro de 2010/2:27 EST/Plain, Georgia/Casa Placidus

casa de assuntos internacionais formava quadratura com Marte progredido, regente da sexta casa natal dele, ligada ao serviço social.

No livro que lançou em 2010, *White House Diary*, Jimmy Carter admite seus erros presidenciais, mas também cita seus êxitos, incluindo a normalização das relações com a China e o fato de o Congresso ter aprovado mais projetos dele do que de qualquer outro presidente americano recente. Também menciona que ao sair da Casa Branca, estava "em desespero".

O mapa de retorno solar de 2010 (Mapa 27) reflete a publicação de trechos do diário que ele escreveu enquanto morava na Casa Branca. Uma conjunção afortunada Júpiter-Urano na oitava casa indicava que o livro venderia bem. Com Urano envolvido, e a conjunção em oposição a Mercúrio, a publicação estava também repleta de surpresas reveladoras. A conjunção Sol-Saturno na segunda casa indica renda proveniente de acontecimentos passados associados ao trabalho (Saturno, regente da sexta casa) de Carter (Sol, regente do Ascendente).

Esse mapa também tem uma conjunção Marte-Vênus na terceira casa da escrita, com Marte regendo a nona casa de publicações e Vênus regendo a terceira casa (comunicação) e a décima (fama). A Lua (o público) em trígono com a conjunção Marte-Vênus mostra que o livro seria bem recebido, trazendo atenção favorável a Carter. Como regente da 12ª casa e em quadratura com a conjunção Sol-Saturno, a Lua reflete a natureza de parte do conteúdo da publicação: a revelação de segredos do passado.

Val

O mapa de Val foi usado como exemplo de mudança de casa. O retorno solar dela para aquele ano (Mapa 28) mostra graficamente essa possibilidade. Todos os ângulos têm signos mutáveis, indicando mudança, e há quatro planetas em casas angulares e quatro em signos cardeais apontando novos projetos.

O motivo pelo qual ela se mudou para outro Estado foi unir-se ao noivo. Isso se mostrou com Netuno do retorno solar, regente da sétima casa, na quinta casa do amor e em trígono/sextil com o Meio do Céu-IC de retorno solar. Plutão, planeta da transformação, do retorno solar, está na quarta casa do lar e em quadratura com o Ascendente-Descendente, indicando uma mudança importante e realocação em função de um parceiro.

Obviamente, a mudança exigiria a procura de um novo emprego, o que é mostrado pela conjunção Sol-Saturno de retorno solar em conjunção

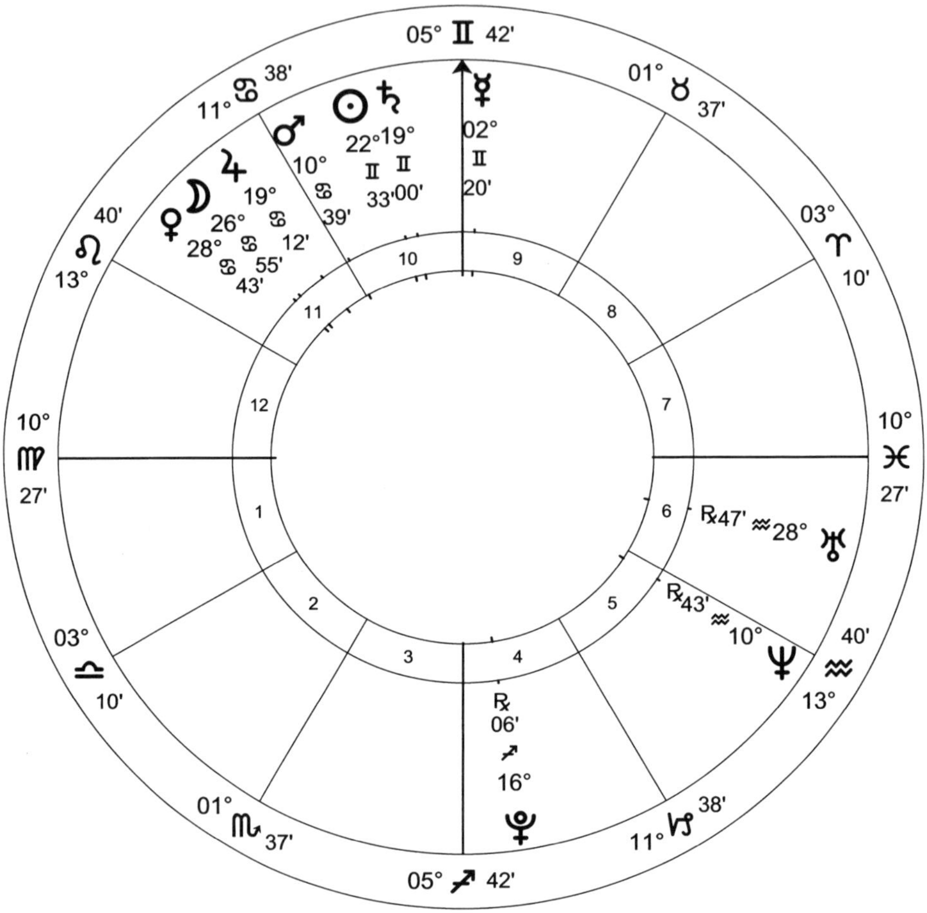

Mapa 28: Val
Retorno Solar/13 de junho de 2002/12:15:48 MDT/
Helena, Montana/Casa Placidus

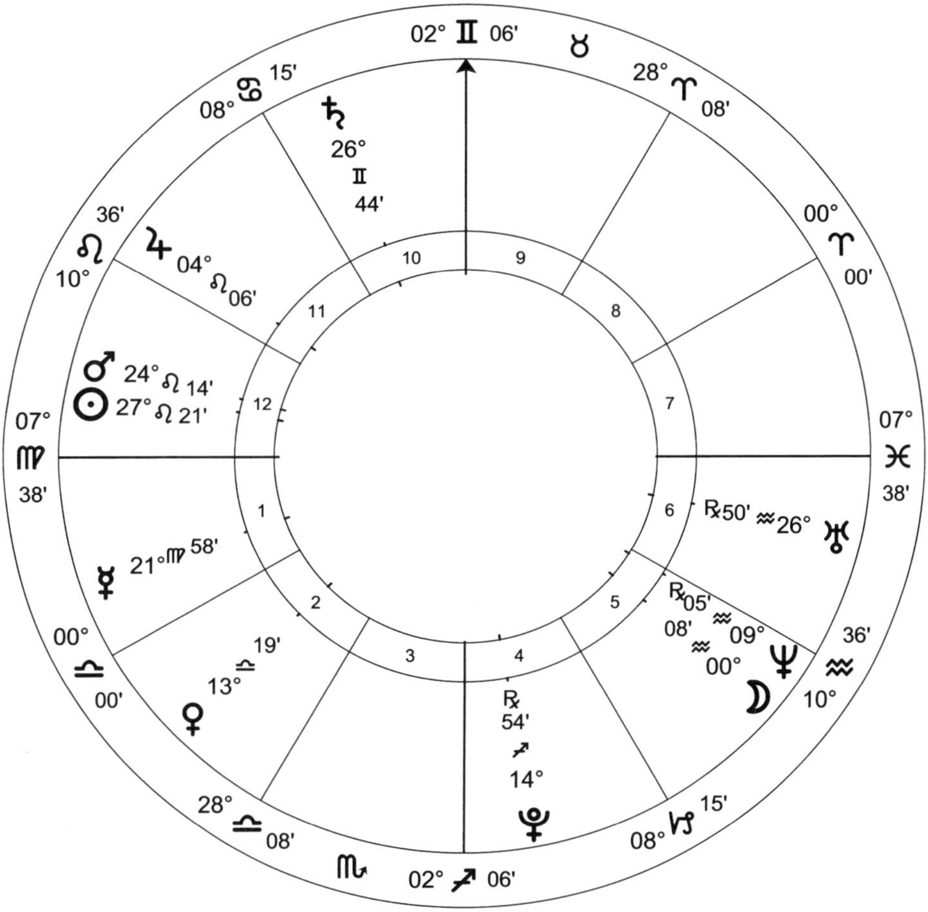

Mapa 29: Val

Retorno Lunar/20 de agosto de 2002/7:3320 MDT/Helena, Montana/
Casa Placidus

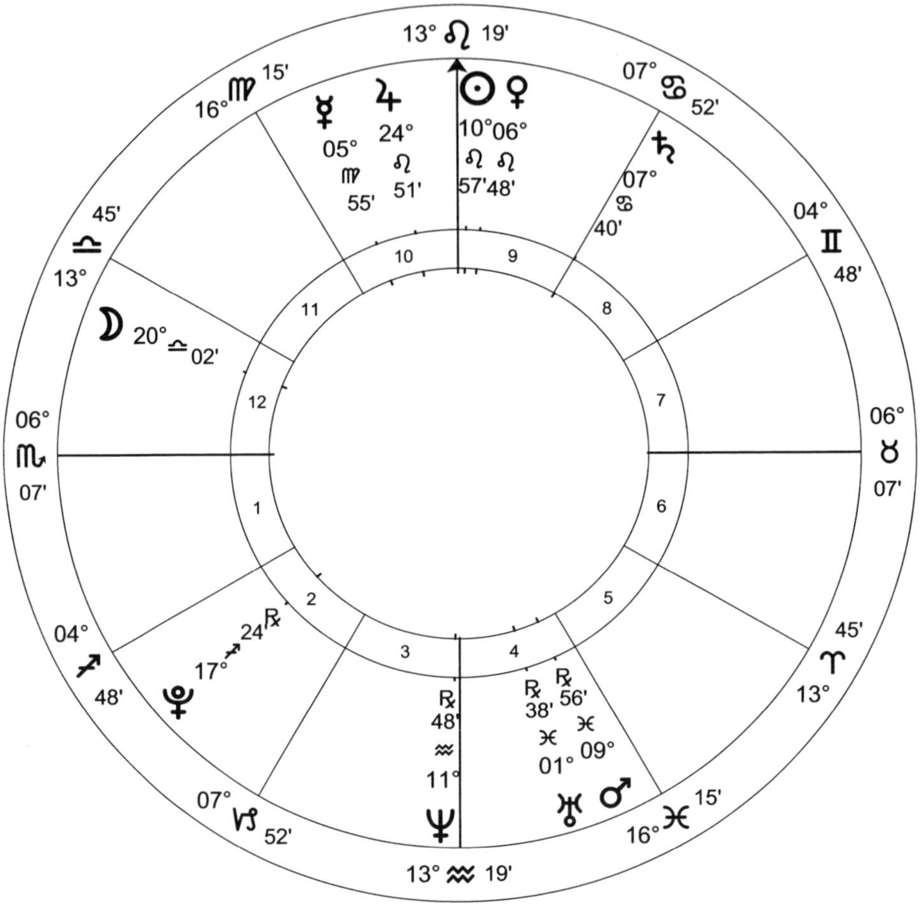

Mapa 30: Martha Stewart
Retorno Solar/3 de agosto de 2003/13:11:40 EDT/Nova York, Nova York/
Casa Placidus

na décima casa, e Urano de retorno solar, planeta da mudança, dentro da sexta casa de trabalho e regendo a mesma. Mercúrio, regente do Ascendente, está na nona casa, indicando que ela viajaria. Esse planeta também rege o Meio do Céu de retorno solar, e ela encontrou um novo emprego junto a um tipógrafo (Mercúrio rege tipografia).

O movimento pode ser visto também no retorno lunar (Mapa 29) exercendo efeito na época em que ela se mudava. Aqui, Júpiter de retorno lunar, regente da quarta casa e corregente da sétima, faz oposição com a Lua (casa) e Netuno (parceiro) na quinta casa do romance. Vênus de retorno lunar na segunda casa de bens forma sextil com Plutão de retorno lunar na quarta.

Há dois planetas na 12ª casa de retorno lunar: Marte e o Sol, ambos em oposição a Urano na sexta. Os planetas envolvidos nessa oposição estão em sextil/trígono com Saturno na décima casa, sugerindo que ela conseguiria achar um emprego na nova localidade, mesmo se arrependendo por deixar o emprego atual.

Martha Stewart

O retorno solar em efeito durante o julgamento, a condenação e o tempo que Martha Stewart passou na cadeia é fascinante e revelador, bem como os retornos lunares de quando ela virou detenta e os relativos a sua soltura. Seus mapas natal, progredido e de arco solar mostraram que ela seria considerada culpada e condenada a um curto período na prisão, cerca de cinco meses, seguidos por mais cinco de prisão domiciliar.

O mapa de retorno solar de Martha (Mapa 30) para 2003 mostra claramente com o que ela estava lidando na ocasião. Há quatro planetas em casas sucedentes, indicando algo que se completa. Por estarem todos, de uma forma ou de outra, ligados a questões legais e prisão, os mapas indicam que esses fatos viriam a termo. Os quatro planetas em casas angulares indicam novos projetos (conclusão de problemas com a Justiça e ser mandada para a prisão). Porém, com Mercúrio na décima casa em oposição a Urano e Marte na quarta, há também forte possibilidade de mudança de endereço – nesse caso, para a prisão. Os signos fixos nos ângulos indicam que ela estava em um beco sem saída, a não ser cumprir a sentença.

A conjunção Sol-Vênus na nona casa (problemas legais e tribunais) forma oposição com Netuno na terceira casa. Isso sugere que ela pensava que tudo era um pesadelo. Estava cética, sem esperanças de ter êxito caso entrasse com um apelo (inicialmente ela disse que apelaria, mas depois mudou de ideia). O alinhamento Sol-Vênus-Netuno conta

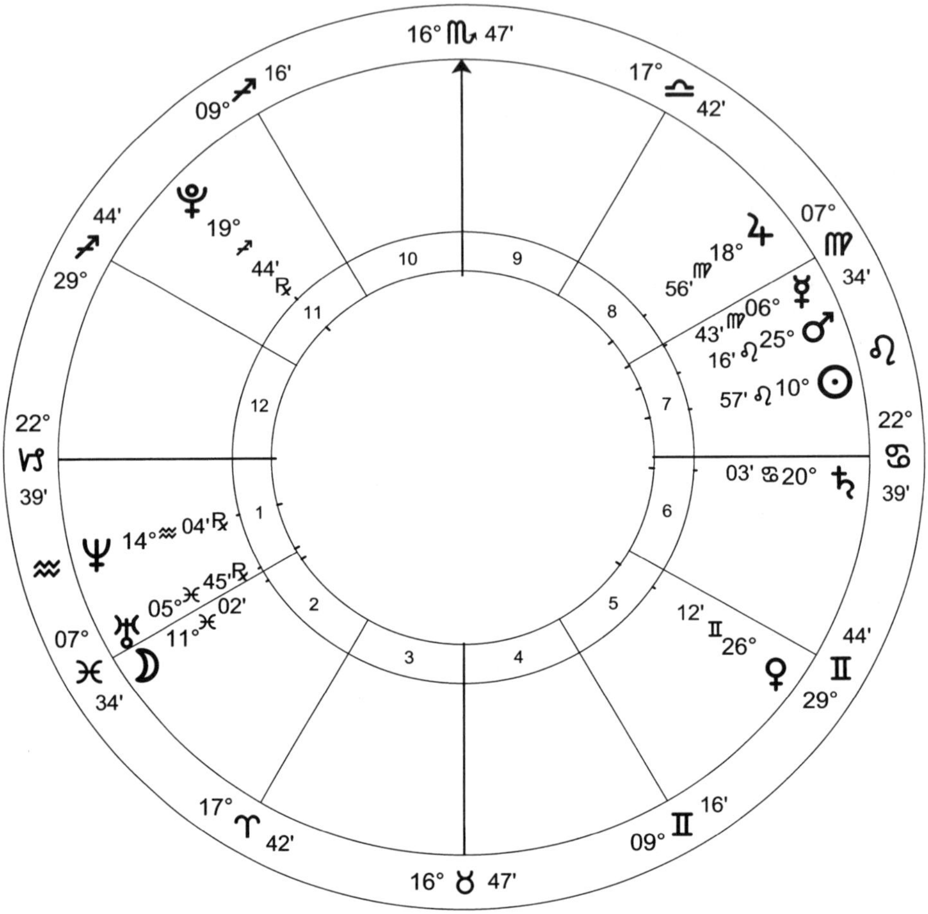

Mapa 31: Martha Stewart

Retorno Solar/2 de agosto de 2004/19:05:47 EDT/Nova York, Nova York/ Casa Placidus

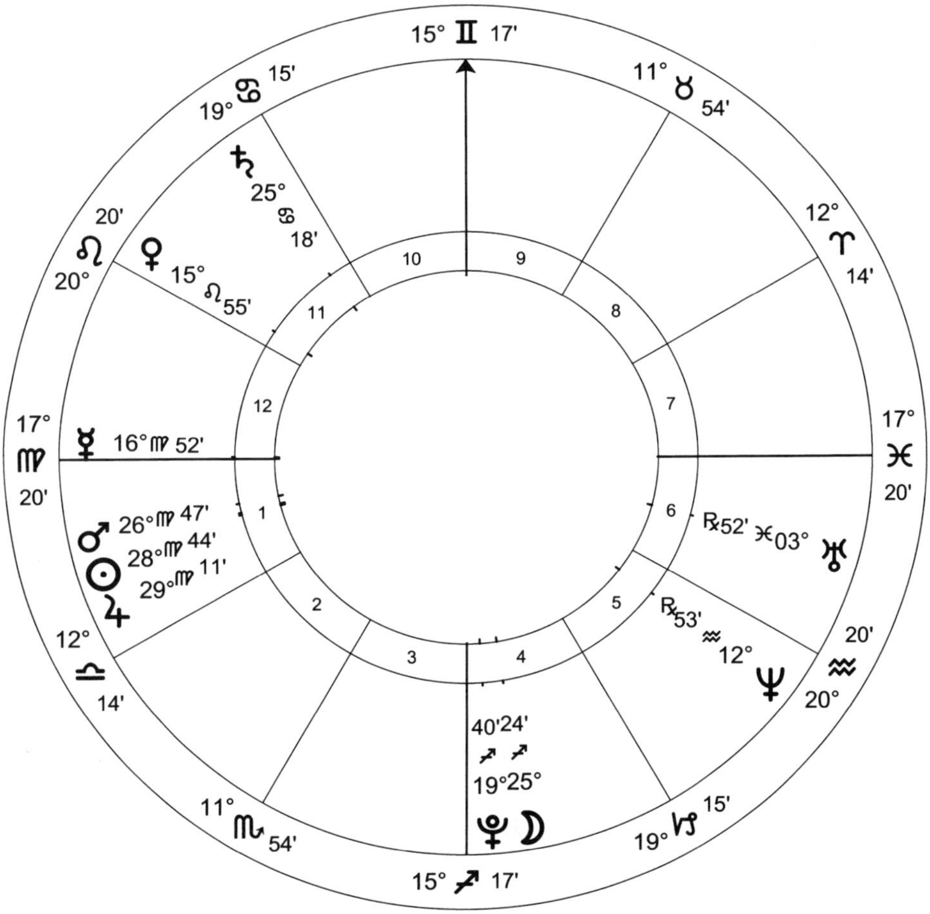

Mapa 32: Martha Stewart
Retorno Lunar/21 de setembro de 2004/5:49:43 EDT/Nova York, Nova York/
Casa Placidus

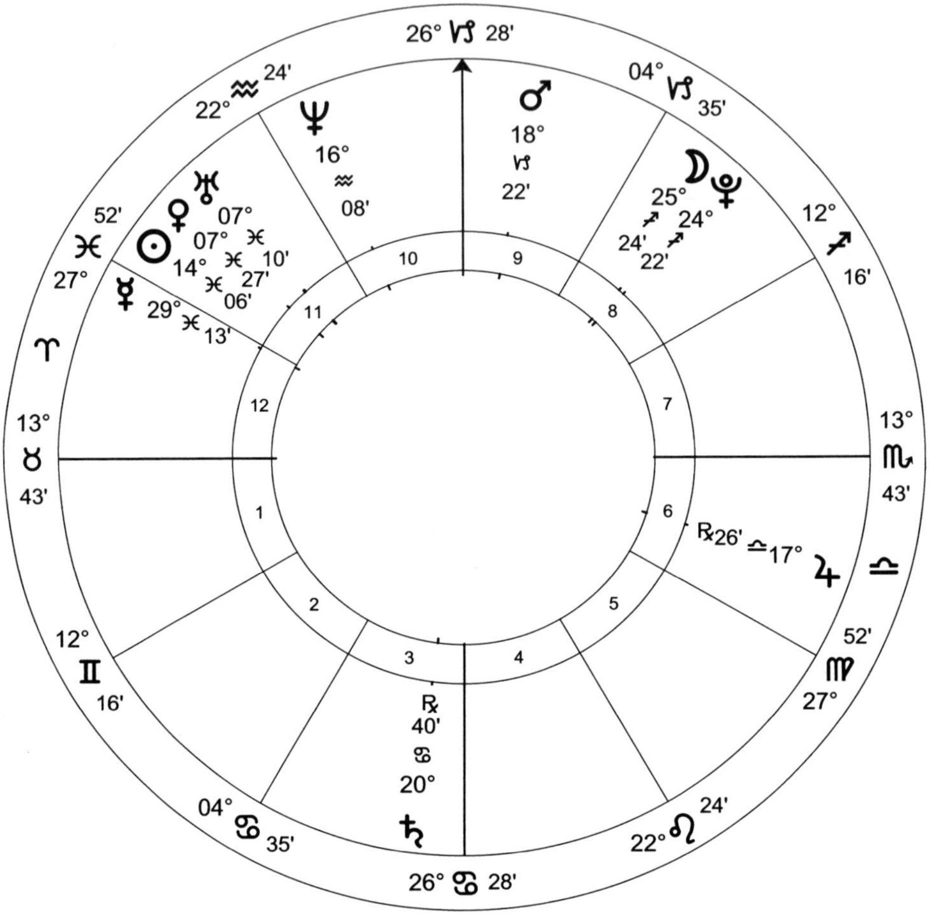

Mapa 33: Martha Stewart

Retorno Lunar/4 de março de 2005/9:26:43 EST/Alderson, West Virginia/Casa Placidus

outra história. Netuno é o regente natural da 12ª casa das prisões, e Vênus rege a 12ª e a sétima (advogados e questões legais) no mapa de retorno solar. A Lua de retorno solar na 12ª casa rege a nona casa, de problemas com a Justiça.

O retorno solar de Martha em 2004 (Mapa 31) cobre do tempo passado na prisão até o momento em que foi solta para entrar em prisão domiciliar. Aqui o Meio do Céu-IC estão em signos fixos, e o Ascendente-Descendente estão em signos cardinais. Esse é um mapa de transição. Ela estava voltando aos negócios e recomeçando a vida do zero. O mesmo pode ser visto com os cinco planetas em casas angulares, indicativos de recomeço, que ocorreria com sua soltura.

Vênus de retorno solar, nos últimos graus de Gêmeos, rege a quarta casa do lar, onde ela foi confinada por cinco meses. Com Vênus na quinta casa de diversão e vida social, ela se divertiria bem pouco por causa da prisão domiciliar. Observe a 12ª casa. Ela tem a cúspide em 29 Sagitário 44, representando o término de seu período na prisão. Júpiter, regente da 12ª, faz quadratura com o regente do Meio do Céu Plutão, portanto, ela teria dificuldade de voltar aos projetos da carreira. Isso se comprovou com a prisão domiciliar e problemas nos negócios. Saturno na sexta casa do trabalho e regendo o Ascendente fornece uma mensagem similar: restrição (Saturno) em questões pessoais (Ascendente) e de trabalho (sexta casa). Mas seus esforços compensariam porque Saturno também fazia trígono com o Meio do Céu.

O mapa de retorno lunar (Mapa 32) relativo ao mês em que ela entrou na prisão repete a mensagem de algo que se completa, com Marte, o Sol e Júpiter, todos nos últimos graus da primeira casa. O Sol rege a 12ª, e Mercúrio, regente do Ascendente, está na 12ª, surgindo logo depois do Ascendente. A Lua na quarta casa em conjunção com Plutão também está em um dos últimos graus e em quadratura com os planetas da primeira casa, incluindo Júpiter, regente da quarta. Isso é ainda outro sinal de mudança de endereço – e uma turbulenta – com Plutão na quarta em conjunção com a Lua e Plutão em oposição com o Meio do Céu; sua vida doméstica e a carreira foram transformadas.

Plutão faz trígono com Vênus na 11ª, então, provavelmente, ela teve alguns relacionamentos amigáveis enquanto esteve na prisão. Alguns, entretanto, não foram tão agradáveis, pois Vênus também se opunha a Netuno. Enquanto na prisão, conta-se que Martha usou suas habilidades para ensinar artesanato a algumas das detentas, o que é indicado pelo trígono Vênus-Plutão (Plutão rege a terceira casa de aprendizado e Vênus, a nona, do ensino). Isso provavelmente contribuiu para que ela superasse a situação, pois Saturno na 11ª faz sextil com os planetas da primeira casa. Apesar de tudo, foi um período intensamente emotivo (aspectos lunares).

O retorno lunar da época da soltura (Mapa 33) aconteceu exatamente no dia dessa ocorrência, e é tão revelador quanto o retorno lunar de quando foi para a prisão. Mercúrio está nos últimos graus de Peixes (regente universal da 12ª) na 12ª, onde forma sextil/trígono com o Meio do Céu-IC. Marte, regente de Áries (interceptado na 12ª casa), está na nona, de problemas legais e em oposição a Saturno na terceira, com Saturno regendo a nona. Esses planetas também formam quadratura com Júpiter na sexta casa, formando uma quadratura em T e indicando forte ênfase em algumas áreas de atividade: a quadratura em T mostra as restrições que teve para continuar seu trabalho (era permitido que ela saísse de casa por um determinado número de horas todos os dias), a necessidade de se reportar periodicamente a um oficial (Saturno na terceira), a obrigação de obedecer à ordem judicial (Marte-Saturno) e a impossibilidade de expandir (Júpiter) seu negócio (sexta casa). Então, embora ela tivesse sido libertada da prisão, ainda tinha responsabilidades legais a cumprir: a prisão domiciliar e suas restrições. A Lua, regente da quarta casa, faz conjunção com Plutão na oitava e quadratura com Mercúrio, ou seja: por mais que tivesse liberdade, não era livre para ir e vir como desejasse.

A mudança em seu estilo de vida que ocorreu quando foi solta se reflete na conjunção Vênus-Urano (Vênus rege o Ascendente). Esse aspecto também indica uma mudança de amizades (Urano dentro da 11ª e regendo a mesma), e acrescenta confirmações de que ela desenvolvera relações de amizade com algumas das detentas enquanto estava presa.

Retornos planetários

Os retornos de Mercúrio e Vênus normalmente ocorrem perto do seu aniversário, pois o Sol, Vênus e Mercúrio estão sempre próximos. Os ritmos dos retornos variam dependendo dos períodos retrógrados (Mercúrio fica retrógrado três ou quatro vezes ao ano e Vênus, a cada 18 meses, aproximadamente).

O fenômeno mais incomum acerca dos retornos planetários envolve uma característica específica do padrão retrógrado. É possível ter dois ou três retornos planetários bem próximos um do outro. Se seu Mercúrio está em 16 Áries, por exemplo, e Mercúrio fica retrógrado em 19 Áries, você teria um retorno de Mercúrio no primeiro período direto, outro no período retrógrado e mais um no segundo período direto. Isso pode acontecer com qualquer planeta que tenha um período retrógrado (não é o caso do Sol e da Lua).

Qual desses mapas de retorno seria válido? Todos. Porém, somente o último estaria agindo por qualquer período de tempo. Os outros dois ficam ativos por apenas uma semana, ou várias semanas, no caso de Mercúrio e Vênus, enquanto os retornos de Marte poderiam acontecer em intervalos de um ou mais meses. Para os outros planetas, poderiam ser vários meses ou até um ano.

Em geral, cada retorno planetário em uma série deles refletirá acontecimentos associados em processo, assim como qualquer planeta retrógrado em trânsito em aspecto com seus planetas natais, progredidos ou de arco solar. Se você tem um deles, examine atentamente os dois primeiros mapas em busca de aspectos formados com eles que sejam capazes de desencadear acontecimentos. Tudo estará relacionado.

Val: Exemplo de Retorno de Mercúrio

O mapa do retorno de Mercúrio mostra onde se concentrarão os eventos relacionados a Mercúrio. Mercúrio está associado a comunicação, concentração mental e interesses, aprendizado, processos de pensamento, contratos, veículos, utilidades domésticas, bichos de estimação, vizinhos, irmãos e acordos. A posição por casa e os aspectos de Mercúrio no mapa de retorno revelam onde e como os eventos ligados a esse planeta acontecerão com mais frequência.

Pelo fato de Mercúrio, como qualquer outro planeta, reger muitas situações e acontecimentos diferentes da vida, não só é útil, mas necessário, estudar primeiro os outros fatores que influenciam o mapa natal (progressões, trânsitos, eclipses, etc.). Isso ajudará a focalizar com mais exatidão a área de ênfase. Aspectos suaves no mapa de retorno de Mercúrio mostram onde você pode de fato se comunicar, enquanto os aspectos difíceis mostram desafios.

O mapa de Val foi usado anteriormente como exemplo de fatores de previsão que indicam mudança de endereço, como o que foi motivado pelo desejo dela de reunir-se ao noivo.

A escolha óbvia para o caso de casamento ou mudança de casa seria um mapa do retorno de Vênus, pois Vênus é o regente universal das posses e relacionamentos. Então, por que usar um mapa de retorno de Mercúrio? É um bom exemplo de como se podem visualizar outros acontecimentos da vida em um mapa de retorno que aparentemente não está relacionado ao fato. E, nesse caso, Mercúrio exerce forte influência na vida dela, pois rege seu Sol e Ascendente natais.

Esse mapa de retorno de Mercúrio (Mapa 34) impressiona pela quantidade de informações que fornece. Em primeiro lugar, observe que o Ascendente-Descendente é 29 graus, indicando que um capítulo se completou e finalizou na vida dela, como preparação para uma nova fase. Ela se mudou, deixando para trás a vida atual, e ela e seu noivo concluíram a fase de namoro do relacionamento ao se casarem. A Lua, regente do Ascendente, está na 11ª casa de objetivos, e em trígono com Netuno na sétima casa. Netuno rege a nona casa das viagens e longas distâncias. Esse aspecto também indica que ela punha muita fé em sua decisão de mudar-se para casar com o noivo.

Vênus (planeta universal dos relacionamentos e posses) está posicionado na segunda casa dos bens e em oposição a Urano, planeta das mudanças. Vênus rege a quarta casa do lar no mapa de retorno. Esse aspecto, portanto, indica tanto uma mudança de endereço dela e de suas posses quanto uma mudança no relacionamento.

Marte, regente da décima casa da carreira, forma conjunção com Júpiter, regente da sexta casa do trabalho cotidiano. Esse aspecto afortunado indica que ela poderia encontrar, fácil e rapidamente, um novo emprego na nova localidade, o que, de fato, aconteceu.

Comparando o mapa natal com o mapa de retorno de Mercúrio, vê-se Saturno no mapa de retorno em conjunção com o *stellium* natal de Vênus-Sol-Marte, indicação de uma relação conjugal de longa duração. A oposição Vênus-Urano no mapa de retorno alinha-se à conjunção natal entre Júpiter e IC, ativando o sextil entre Júpiter natal e Mercúrio em conjunção com o Ascendente natal (e oposição com o Descendente). O Mercúrio do retorno também formou quadratura com Júpiter de arco solar (regente do Descendente natal) na quarta casa.

O Mercúrio do mapa de retorno na 12ª casa é uma posição interessante, considerando o que ela fez enquanto essa configuração exercia seu efeito. No mapa de retorno, Mercúrio rege a terceira e a 12ª casas, e, durante aquele ano, ela começou a escrever um diário para registrar seus pensamentos (Mercúrio) e sentimentos (Câncer) mais íntimos.

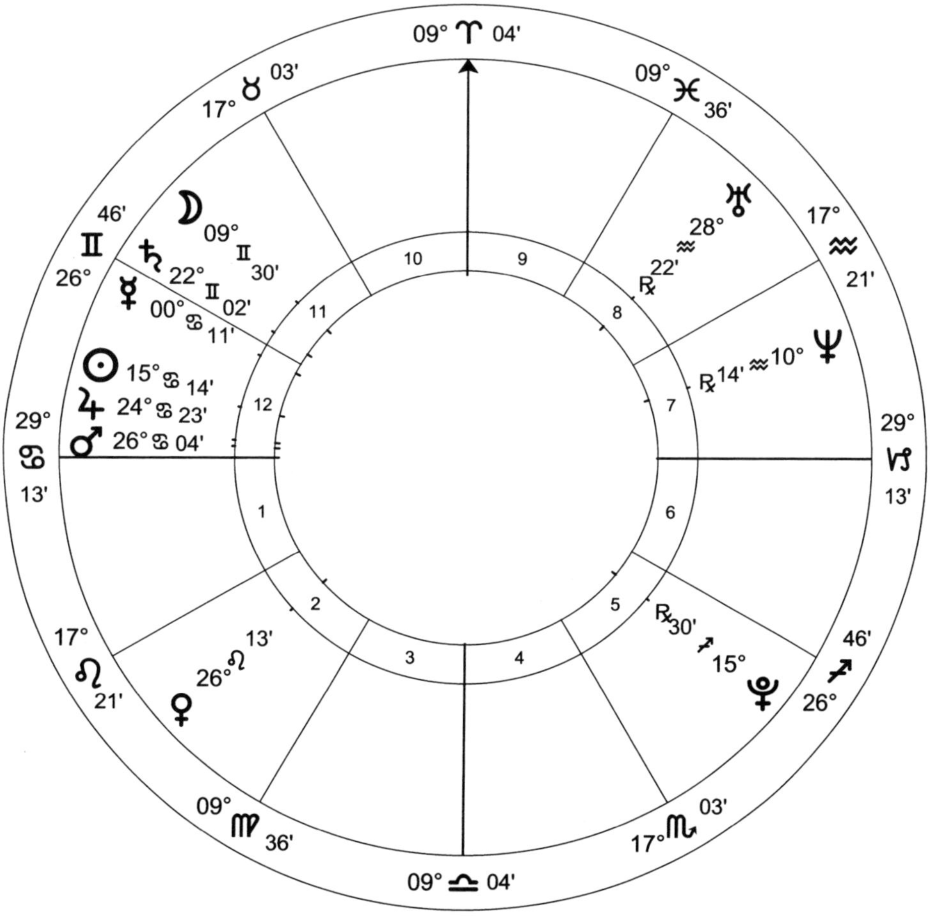

Mapa 34: Val

Retorno de Mercúrio/7 de julho de 2002/7:00:10 MDT/Helena, Montana/
Casa Placidus

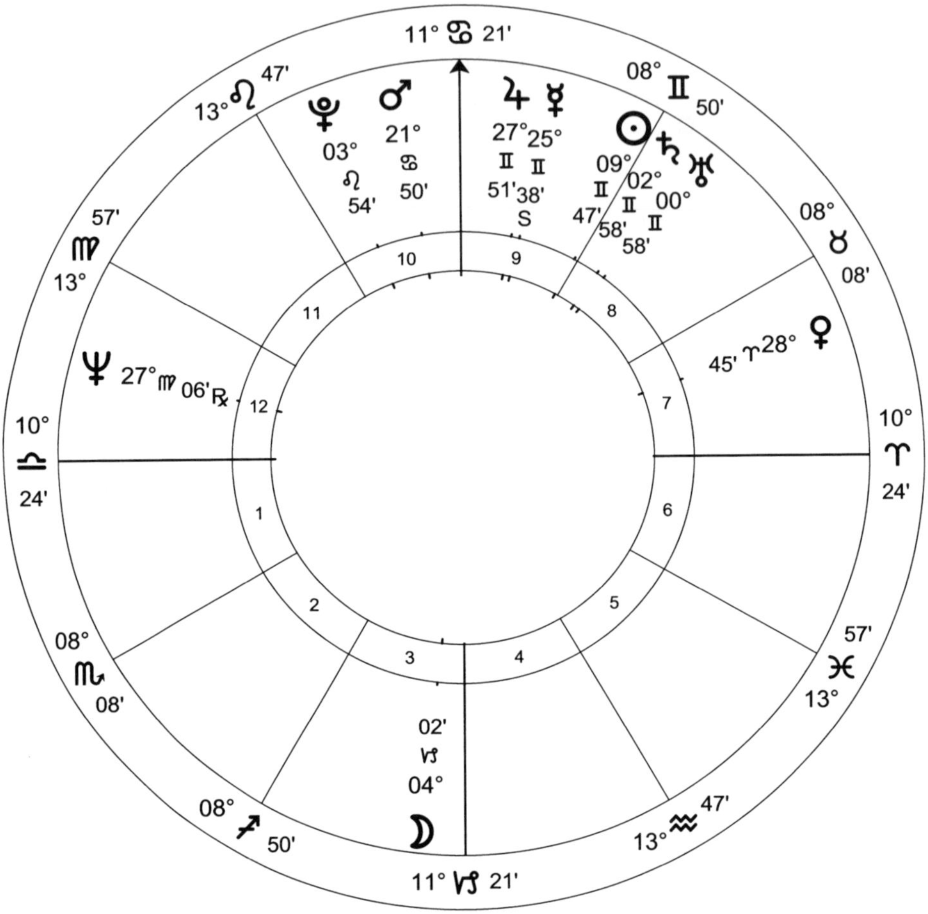

Mapa 35: Marilyn Monroe
Retorno de Vênus/31 de maio de 1942/14:07:19 PST/Los Angeles, Califórnia/
Casa Placidus

Marilyn Monroe: Exemplo de Retorno de Vênus

Esse mapa de retorno fornece uma visão sobre o lado leve da vida, pois Vênus rege afeição, diversão, amor, as coisas que você atrai, vida social, relacionamentos, popularidade. Vênus é também um planeta do dinheiro, então é uma boa ideia prestar atenção a quaisquer aspectos desafiadores no mapa de retorno. Eles podem mostrar possíveis despesas extras ou desafios de relacionamento em potencial. Vênus também rege as posses, o lado materialista da vida.

Repetimos que é importante considerar os principais temas em seus mapas natal, progredido e de arco solar, bem como trânsitos e eclipses. Usados em combinação com o retorno de Vênus, permitirão a você afinar sua previsão. A posição do Ascendente-Descendente do retorno de Vênus em seu mapa natal pode ser particularmente reveladora, pois esse planeta está intimamente ligado aos relacionamentos.

Marilyn Monroe casou-se com Joe Daugherty em 1942, e o casal divorciou-se em 1946. Os retornos de Vênus que agiram em ambos os casos são um bom exemplo de como saber a diferença, com base nos mapas de retorno de Vênus. No retorno de Vênus de 1942 (Mapa 35), Vênus está em 28 Áries 45 na sétima casa, com Áries na cúspide. Vênus faz sextil com Mercúrio retrógrado em conjunção com Júpiter na nona casa dos tribunais e problemas legais, com Gêmeos, regido por Mercúrio, na cúspide da casa. Pode-se interpretar isso como uma confirmação da história de que ela teria se casado para evitar ser mandada novamente ao orfanato. Vênus em um dos últimos graus indica o término de um relacionamento, o casamento nesse caso, e Vênus rege a primeira casa, representando a própria Marilyn. Outras confirmações da história poderiam ser o Sol de retorno na nona casa em trígono/sextil com o Ascendente/Descendente. Marte na décima casa, representando o marido dela (Marte rege a sétima), não forma aspectos, pois a quadratura com Vênus e o sextil com Netuno na 12ª casa são amplos. Mesmo assim, o sextil sugere motivos velados (12ª casa) e uma decisão repentina (quadratura Vênus-Marte) de mudar a própria situação (décima casa). A conjunção Mercúrio-Júpiter em quadratura com Netuno sugere também desilusão.

Mercúrio também está retrógrado no retorno de Vênus que agiu no ano do divórcio, e quase no mesmo grau em que estava no retorno de Vênus de 1942. No mapa de 1946 (Mapa 36), Mercúrio em Peixes forma conjunção com o Descendente e quadratura com o Mercúrio de 1942 nos últimos graus de Gêmeos. O Sol do retorno opõe-se a Netuno na primeira casa, refletindo a desilusão entre os parceiros (primeira-sétima casas). O Sol também faz sextil com Urano (regente da sexta

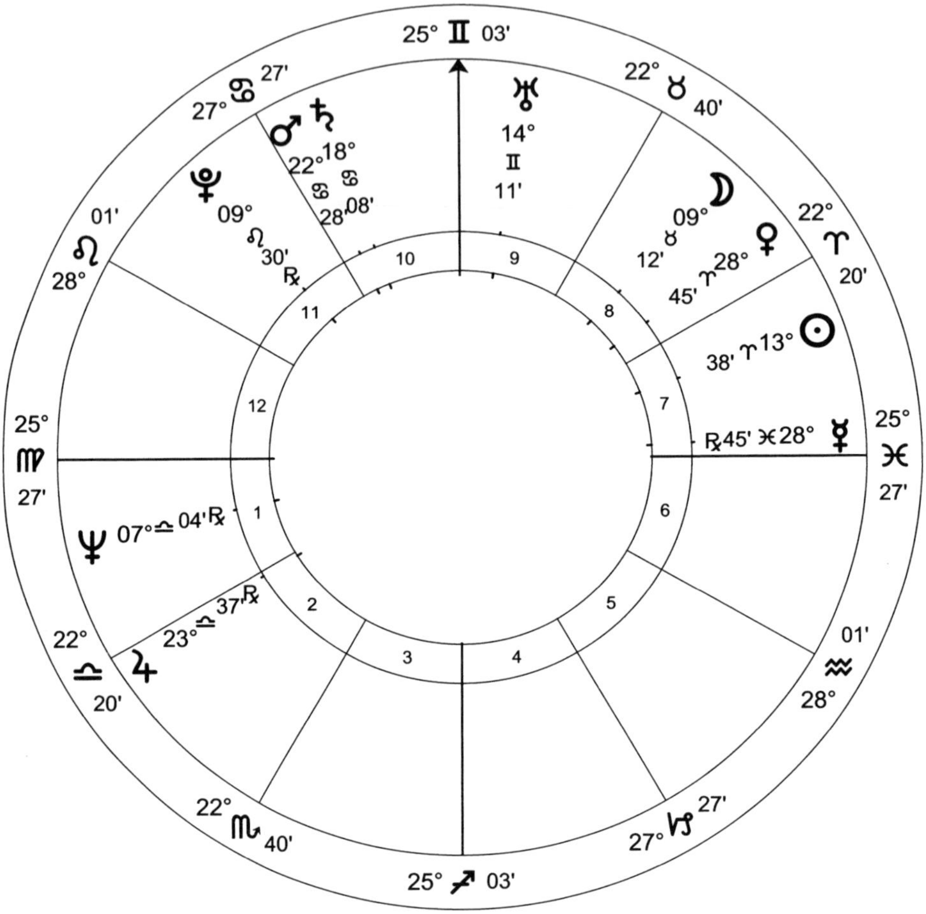

Mapa 36: Marilyn Monroe
Retorno de Vênus/3 de abril de 1946/16:44:27 PST/
Los Angeles, Califórnia/Casa Placidus

casa) na nona casa dos tribunais. Conta-se também que Marilyn e Joe divorciaram-se por causa da carreira em ascensão da moça, o que seria confirmado por Mercúrio na sétima casa regendo a décima. A conjunção Marte-Saturno na décima indica que esse ano foi o melhor para os esforços e alianças profissionais do que para relacionamentos pessoais. Ambos os planetas fazem sextil/trígono com o Ascendente-Descendente (e um trígono amplo com Mercúrio), sugerindo que ela escolheu a carreira em vez do casamento.

Martha Stewart: Exemplo de Retorno de Marte

O retorno de Marte, cuja frequência é de dois em dois anos, mostra em que áreas da vida você terá mais empenho e iniciativa, e quais terão maior nível de ação e atividade. Esse mapa também pode trazer *insights* sobre novos projetos e meios de alcançar objetivos. Porém, Marte está associado a conflitos, acidentes e agressividade, de modo que os aspectos mais desafiadores poderão identificar onde há maior probabilidade de tais características se mostrarem.

O mapa natal, aliado às progressões, arcos solares, trânsitos e outros fatores de previsão é o primeiro passo na análise do retorno de Marte. Fique especialmente atento aos aspectos desafiadores de Marte natal, progredido e de arco solar, especialmente se forem formados com planetas exteriores em trânsito. Esses aspectos podem mostrar áreas em que você pode obter êxito máximo e também se deparar com dificuldades.

O retorno de Marte de Martha Stewart (Mapa 37), que aconteceu por volta de sete semanas antes do veredito culpada, fornece confirmações adicionais quanto ao destino dela. Marte está interceptado na primeira casa, efetivamente "aprisionando" a energia ali sem uma saída fácil. Ele faz trígono com Plutão na nona casa de tribunais, indicando que seus problemas com a Justiça iriam se concluir, mas também que sua liberdade (nona casa) seria cortada (interceptação). O trígono com Plutão (regente do Ascendente natal dela) indica também que o resultado poderia ser transformador, se ela escolhesse o caminho da transformação.

Observe os três planetas no mapa de retorno na 12ª casa das instituições (prisão). Urano rege a 12ª casa; Netuno, a primeira; e Vênus, a segunda (autovalorização e posses, que ela não tinha na prisão), e correge a sétima, onde Libra está interceptado. Ela foi separada das pessoas mais próximas, incluindo contatos de negócios e a mãe idosa.

A conjunção Lua-Júpiter na sexta casa forma trígono com o Sol na 11ª, ecoando a mensagem nos mapas de retorno solar e lunar de que ela fez amizades na prisão. Outras, entretanto, não foram tão agradáveis, pois Marte na primeira casa forma quadratura com o Sol, regente da sexta casa. A conjunção e o trígono sugerem que ela pode ter se inspirado (Júpiter) pelo trabalho (sexta) realizado na prisão. Na verdade, ela usou de criatividade (a Lua rege a quinta) em projetos com as colegas detentas (Sol na 11ª). Saturno na quarta indica uma restrição na vida doméstica, enquanto Mercúrio em oposição ao IC sugere que ela viveria longe de casa, à medida que estivesse focada na "carreira".

Retorno de Júpiter

O retorno de Júpiter exerce seu efeito por cerca de 12 anos, tempo que esse planeta leva para dar a volta no seu mapa e retornar à posição natal. Esse mapa relaciona-se ao bem-estar material (bens, renda, lucros inesperados), espiritualidade, educação e conhecimento, viagens, fé, esperança no futuro e expansão.

Os aspectos que Júpiter forma no mapa de retorno e os aspectos que os outros planetas formam com seus planetas natais trazem informações sobre as principais áreas de ênfase jupiteriana ao longo dos 12 anos que se sucedem. Por ser um mapa de retorno, quaisquer aspectos que envolvam Júpiter no seu mapa natal irão obviamente ser ativados por Júpiter de retorno. Busque os trânsitos de planetas exteriores que ativem esses aspectos, tanto na época do retorno quanto durante o período de 12 anos. Eles serão particularmente importantes se, na época analisada, quaisquer planetas exteriores em trânsito formarem aspectos com os planetas e ângulos do mapa de retorno.

Carol: Exemplo de Retorno de Júpiter

Carol é psicóloga escolar de alunos do colegial, cuja energia natal é acentuadamente jupiteriana. Ela tem Mercúrio e o Sol em Sagitário (regido por Júpiter) e quatro planetas na nona casa (casa natural de Júpiter). Sua fé é forte e ela é bastante espiritualizada, mas também é bem prática (Saturno Ascendente), destacando-se no trabalho com adolescentes. Todos os anos, durante a primavera, ela leva um grupo de jovens até o México para construírem casas. Durante o verão, ela e um grupo de adolescente da escola onde trabalha se unem a outros grupos escolares em uma viagem de duas semanas para outro país.

O retorno de Júpiter (Mapa 38) dela mostra esse planeta na sétima casa dos relacionamentos, que são influenciados também por Saturno (na sexta casa de trabalho) em conjunção com o Descendente. Vênus (regente natural dos relacionamentos) na nona casa rege sua décima casa de carreira e quinta da recreação, formando quadratura com Plutão

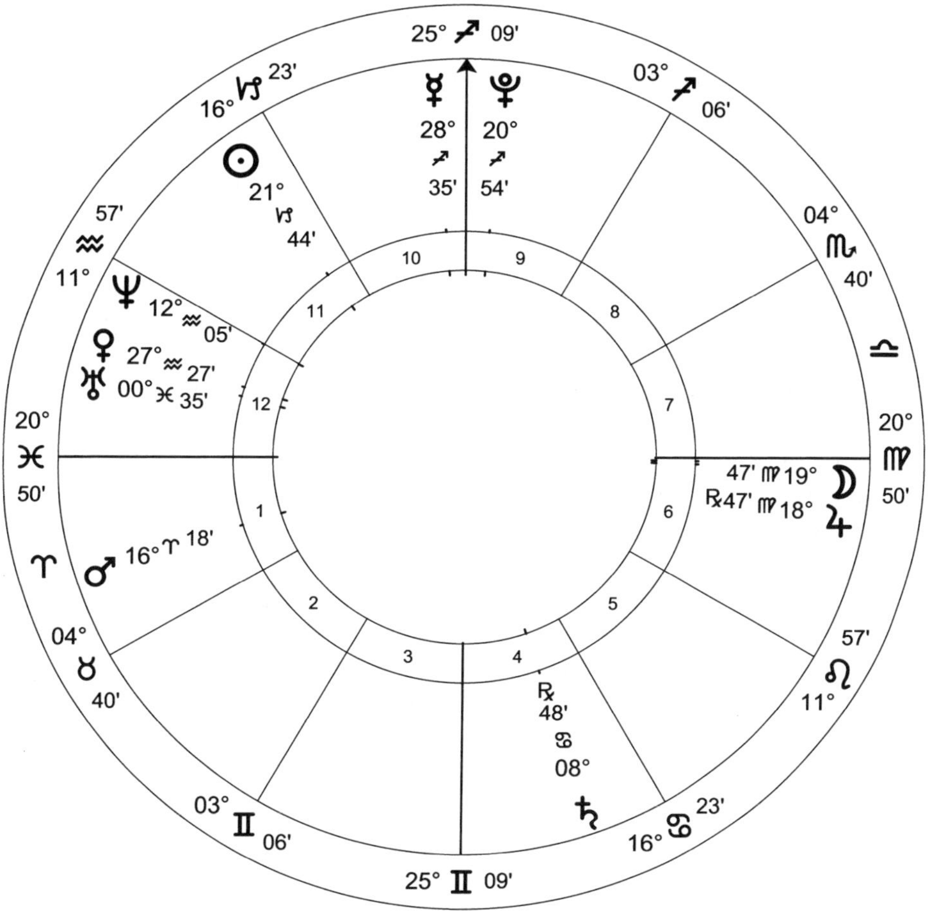

Mapa 37: Martha Stewart
Retorno de Marte/12 de janeiro de 2004/10:09:02 EST/Nova York, Nova York/
Casa Placidus

na 12ª. Esse mapa de retorno de Júpiter também tem Mercúrio em conjunção com Marte formando oposição com Netuno. As casas de viagem no retorno de Júpiter também são regidas por Mercúrio (Virgem na cúspide da nona casa) e por Júpiter e Netuno (Peixes na cúspide da terceira casa). Mercúrio rege a sétima casa do mapa de retorno, enquanto Júpiter rege o Ascendente. Nesse mapa de retorno, é aparente o reforço no setor de viagens, mas nem tudo correrá harmoniosamente com todos os seus companheiros de viagem.

O Plutão da carta de retorno de Júpiter rege a 11ª casa do mapa de retorno relativa a grupos, e forma conjunção com o Mercúrio natal de Carol, indicando novamente a possibilidade de haver dificuldades com colegas viajantes. A Lua do retorno (corregente da sétima casa, pois Câncer está interceptado) em conjunção com seu Marte natal repete a mensagem.

Carol e um grupo de alunos da escola em que ela trabalha partiram para a Grécia em 14 de junho de 2010, bastante animados e com esperança de fazer uma ótima excursão, quando a Lua estava em conjunção com o Júpiter de retorno dela e seu Urano natal. Ela não tinha qualquer motivo para duvidar de que a viagem seria fabulosa... até o dia seguinte. Quando a Lua em trânsito se uniu à conjunção Mercúrio-Marte no mapa natal, ela começou a perceber que um dos adultos de outro grupo escolar definitivamente não queria cooperar e fazia o que bem entendia. Posteriormente ele ficou tentando mudar o itinerário diário planejado e, por fim, saiu sozinho, esperando que os outros adultos cuidassem dos adolescentes pelos quais ele era responsável. O maior denunciador de que haveria dificuldades com alguém na viagem, entretanto, foi Saturno em trânsito na nona casa de viagens em quadratura com o Ascendente-Descendente do retorno de Júpiter. Saturno é quase sempre associado a atrasos, e o restante do grupo tinha de esperar 30 minutos ou mais todas as manhãs até que o outro grupo escolar chegasse ao ônibus.

Parte da viagem era de navio, com paradas diárias em várias ilhas gregas. Carol, que nunca tivera problemas de enjoo antes, ficou mareada. Observe o Netuno em trânsito fazendo conjunção com Urano no mapa de retorno de Júpiter. Urano rege a quarta casa natal dela, e ela passou tempo "em casa" na cabine, por fim se adaptando ao movimento marítimo. O enjoo fora desencadeado por Mercúrio em trânsito formando oposição com Plutão do retorno de Júpiter (em conjunção com Mercúrio natal) na 12ª casa do retorno de Júpiter, ligada à solidão e saúde. Isso se prolongou por vários dias até que Vênus em trânsito se

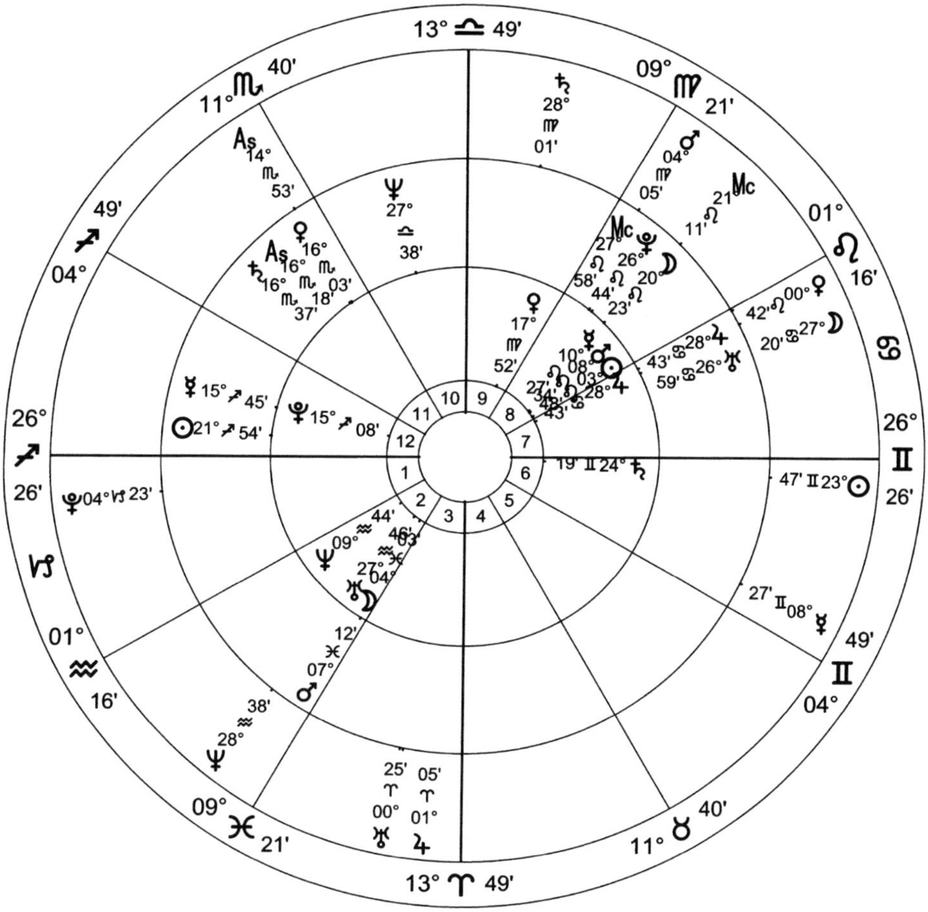

Mapa 38: Carol

Círculo interno: Retorno de Júpiter/26 de julho de 2002/17:01:09 MST/ Phoenix, Arizona

Círculo intermediário: Mapa Natal/14 de dezembro de 1954/4:28 CST/ Madison, Wisconsin

Círculo externo: Trânsitos/14 de junho de 2010/16:30/Phoenix, Arizona/ Casa Placidus

moveu para longe da configuração Mercúrio-Marte-Netuno do retorno de Júpiter.

Uma alternativa melhor poderia ter sido cancelar ou adiar essa viagem, mas, em geral, ela gostou da experiência, apesar do indivíduo difícil e do acesso de enjoo marítimo.

Retorno de Saturno

Os retornos de Saturno acontecem a cada 28 a 30 anos. O primeiro, em geral, é caracterizado como um tempo de amadurecimento, quando a maioria das pessoas faz a transição entre o jovem, amante de diversão, e o adulto responsável, que leva mais a sério as questões profissionais e familiares. É quando a maioria das pessoas começa a entender o que significa viver no mundo real.

No segundo retorno de Saturno (entre os 56 e 60 anos), muitas pessoas começam a pensar seriamente em se aposentar da força de trabalho. Também questionam a vida como a conhecem, dando mais importância ao que querem fazer, e não ao que devem fazer. As prioridades da vida ganham importância, e fica bem mais fácil dizer "não" a tudo, exceto às oportunidades melhores e mais atraentes. Isso pode não ser totalmente possível, mas a mudança de pensamento, de fato, ocorre em algum nível.

O retorno de Saturno é interpretado como os outros mapas de retorno, mas, por cobrir um período de tempo tão extenso, ele trata mais do cenário geral do que, por exemplo, o retorno de Mercúrio. Busque no mapa de retorno os trânsitos de planetas exteriores, bem como progressões, arcos solares e eclipses que se alinhem aos planetas de retorno. E, principalmente, observe o ciclo de Saturno – períodos em que Saturno em trânsito forma a primeira quadratura, a oposição e a segunda quadratura com Saturno natal (e do retorno). Eles representam momentos decisivos, lições a serem aprendidas e as inevitáveis ocasiões de volta à realidade que a vida proporciona. Além disso, os aspectos sextil e trígono podem, por vezes, desencadear acontecimentos (busque gatilhos de planetas velozes, como o Sol, Mercúrio, Vênus ou Marte).

Você deve ficar particularmente atento à conexão entre o mapa de retorno de Saturno e o mapa natal, pois o segundo mostrará as áreas de ênfase dos fatos relacionados a Saturno. Também são importantes as casas natais e de retorno regidas por Saturno, bem como a posição de Saturno no mapa de retorno.

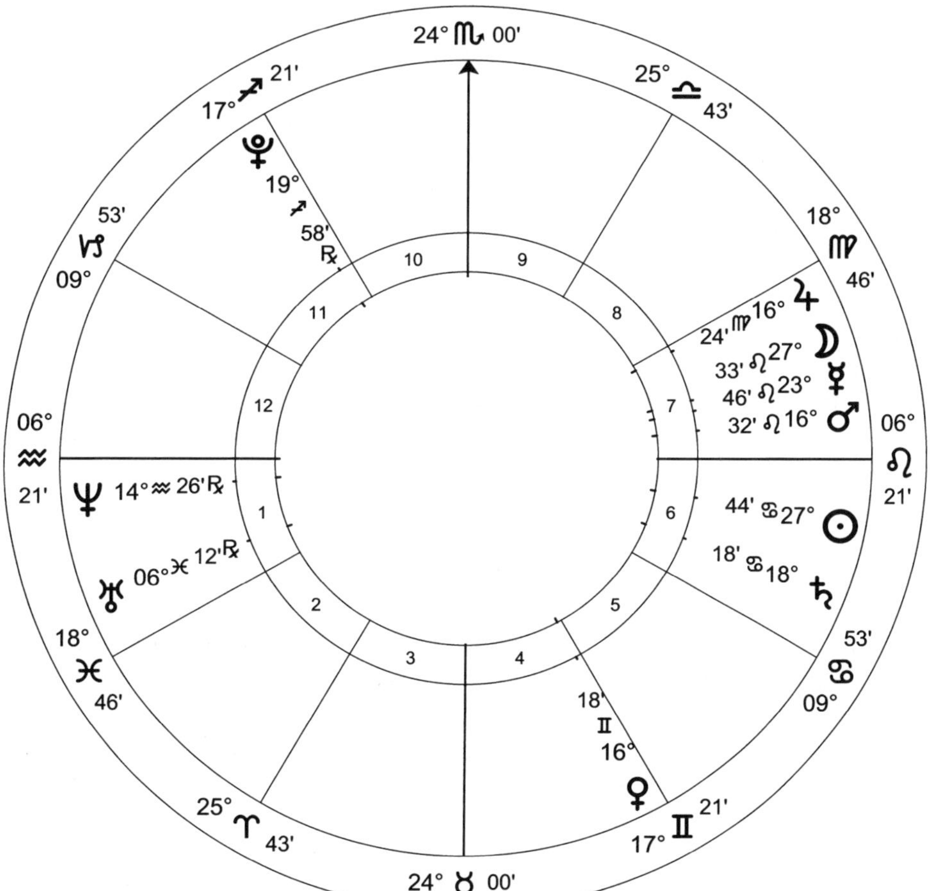

Mapa 39: Kim

Retorno de Saturno/19 de julho de 2004/20:00:53 MST/Mesa, Arizona/
Casa Placidus

Kim: Exemplo de Retorno de Saturno

Kim passou por seu primeiro retorno de Saturno em 2004 (Mapa 39), vários meses antes de seu aniversário de 30 anos. Ela é profissional autônoma e, na época, estava solteira. Observe que Saturno no mapa de retorno está na sexta casa de trabalho diário, indicando seu compromisso com a profissão. Saturno na sexta casa de um mapa de retorno saturnino pode indicar problemas de saúde e, nesse caso, Saturno rege a 12ª, outra casa ligada à saúde; ou seja, essa também é uma possibilidade para o futuro. Mas Saturno aqui também pode indicar o desejo de ser útil aos outros, o que ela faz em seu trabalho na indústria de serviços e de modo frequente como voluntária. Embora Kim houvesse tido um namoro sério na metade dos 20 anos, ainda estava procurando um companheiro. Em outubro de 2009, conheceu Steve, um homem que a interessou.

Por que os astrólogos examinam o mapa do retorno de Saturno em busca da possibilidade de um casamento? Porque o mapa natal de Kim tem Capricórnio regido por Saturno no Descendente.

O mapa de retorno de Saturno de Kim tem quatro planetas na sétima casa, então é possível afirmar com bastante certeza que ela conheceria alguém interessante em algum momento. Obviamente, isso poderia acontecer a qualquer momento entre os 30 e os 60 anos! Por si só não é uma informação muito útil; então, buscamos os contatos planetários no mapa de retorno para tentar determinar melhor o momento desse acontecimento.

O mapa de retorno de Saturno de Kim tem Aquário (corregido por Saturno) no ascendente. Esse signo no Ascendente enfatiza liberdade e independência, mas também tem um lado mais sério e conservador, pois Saturno é corregente de Aquário. Urano, regente de aquário, está na primeira casa do mapa de retorno, reforçando as qualidades de Aquário. Sua posição em Peixes é outra indicação do envolvimento pessoal (Ascendente) dela em causas beneficentes (Peixes, regente natural da 12ª casa), assim como Netuno em Aquário.

Netuno forma oposição com Marte, aspecto que pode indicar engano e desilusão no amor, ou, quando posicionado cruzando o eixo primeira-sétima casas, é o melhor romance que se pode ter. No caso dela, acabou sendo as duas coisas. A oposição está ligada a dois outros planetas: Vênus em oposição a Plutão. Esses planetas fazem sextil/trígono com a oposição Marte-Netuno. Com essa forte configuração e os outros três planetas na sétima, um astrólogo terá bastante material para determinar a época dos acontecimentos.

O mapa natal de Kim tem uma conjunção Vênus-Netuno em oito-nove Sagitário que faz sextil/trígono com o Ascendente-Descendente do retorno de Saturno. Esse aspecto natal está associado ao amor idealizado, e é fácil para as pessoas sob essa influência se apaixonarem pelo amor.

Marte no mapa de retorno rege a terceira casa (Kim e Steve fizeram o colegial juntos, mas não se conheciam porque ele é vários anos mais velho). Conheceram-se por meio de amigos, quando Kim saíra para se divertir com colegas de trabalho, uma das formas pela qual agiu a oposição Vênus-Plutão (Plutão na 11ª casa). O Sol do retorno na sexta casa (trabalho) rege o Descendente do mapa de retorno.

Um eclipse lunar em agosto de 2009 em 13 Aquário 43, cruzando as casas um e sete do mapa de retorno e em conjunção com a oposição Netuno-Marte, movimentou a energia. Quando se encontraram ao final de outubro de 2009, foi sob a influência da Lua Nova de 18 de outubro em 24 Libra 59, que formava sextil com a conjunção Lua-Mercúrio na sétima casa, e também quadratura com o Sol no mesmo mapa.

Quando se conheceram, Saturno em trânsito estava nos últimos graus de Virgem em sextil com o Sol do mapa de retorno. Júpiter em trânsito havia acabado de estacionar para entrar no movimento direto em 17 Aquário, em oposição a Marte do retorno, de onde avançaria para contatar os outros três planetas da sétima casa. Marte também formava aspecto com Vênus em trânsito em 18 Libra. Marte em trânsito formava conjunção com o Descendente do mapa de retorno, e Netuno em trânsito formava oposição com Mercúrio no mapa de retorno. Tanto Sol quanto Mercúrio em trânsito formavam quadratura com o Ascendente-Descendente do retorno. Urano em trânsito forneceu o elemento-surpresa e a repentina atração entre os dois, com sua oposição exata a Mercúrio do retorno (Urano estava em 23 Aquário).

O amor e o romance floresceram, e o relacionamento era tudo o que Kim esperava – ou assim pensavam ela e sua conjunção natal Vênus-Netuno. Ambos noivaram em junho do ano seguinte e marcaram o casamento para 15 de setembro.

Inicialmente, tudo ocorreu de acordo com o esperado e, no dia do casamento, houve vários trânsitos do mapa de retorno de Saturno dela:

- Mercúrio na sétima casa em oposição a Urano.
- Vênus em trânsito na nona casa em quadratura com o Ascendente-Descendente.
- Marte em trânsito na nona casa em sesquiquadratura/semiquadratura com Vênus em oposição a Plutão.

- Uma conjunção Júpiter-Urano na segunda casa formava aspecto com Netuno oposto a Marte por semiquadratura/sesquiquadratura.
- Saturno na oitava casa em sextil/trígono com o Ascendente/Descendente.
- Netuno em trânsito em oposição à Lua. O eclipse solar de 11 de julho de 2010 estava em 19 Câncer 24, em conjunção com o Saturno natal e de retorno, regente do Descendente natal dela.

Netuno em todo canto! Em seu melhor aspecto, é fantástico no quesito amor e romance. Mas pode ser um desastre em seu lado mais negativo.

Em algumas semanas, a paixão dos dias de namoro começou a desaparecer e, então, Kim descobriu que a segunda página da licença de casamento não fora assinada. Isso deveria ter sido feito antes que o documento fosse aceito no cartório, então ela reuniu todas as assinaturas necessárias, com exceção de uma: Steve recusou-se a assinar, basicamente sequestrando a licença de casamento, até que Kim resolvesse algumas questões financeiras. Não demorou para que a questão virasse uma briga, pois a data limite para entregar a certidão assinada já se aproximava, e se atrasassem teriam de entrar com um pedido para outra licença.

Embora não fossem legalmente casados e o relacionamento estivesse mal das pernas, Kim continuou a dedicar energia considerável a essas questões. A pedido dela ambos fizeram sessões com um terapeuta de casal, mas Kim sentiu que Steve não se esforçava minimamente pelo relacionamento, até que ela parou de tentar. Ele percebeu e sugeriu que conversassem. O resultado: Kim mudou-se da casa em junho de 2011, para descrença de Steve, e não foi necessário qualquer processo de divórcio.

Os trânsitos de casamento do retorno de Saturno ativaram a configuração dos quatro planetas Vênus em oposição a Plutão e Marte em oposição a Netuno, que é certamente desfavorável para o casamento em qualquer mapa, seja ele natal, progredido de arco solar ou de retorno. Importantes aqui também são os aspectos feitos pelos planetas em trânsito nas casas segunda, oitava e nona do mapa de retorno: o dinheiro dela, o dinheiro dele e problemas legais.

Nem todas as lições associadas a um retorno de Saturno são memoráveis como essa, mas esses mapas de fato indicam onde as lições serão aprendidas. No caso de Kim, a ênfase decididamente eram os relacionamentos e um reflexo de seu mapa natal com a conjunção Vênus-Netuno, bem como Capricórnio, regido por Saturno, no Descendente.

Capítulo Oito

Planetas Interiores e o Desencadear de Eventos

Os planetas interiores em trânsito possuem duas funções: disparam eventos cotidianos, como um elogio, o telefonema de um amigo, um instante de frustração ou uma discordância menor; e agem como gatilhos de tendências de longo prazo que assinalam acontecimentos importantes.

No Capítulo 9 você encontrará as interpretações planetárias para os aspectos planetários. Embora estes se concentrem, principalmente, nos acontecimentos menos importantes da vida, você pode usar as informações como orientação para interpretar grandes fatos da vida. A energia planetária é a mesma.

A diferença entre acontecimentos de importância maior ou menor é que existem outros fatores a se considerar no caso dos eventos mais significativos – progressões, arcos solares, planetas exteriores em trânsito, eclipses e Luas Novas e Cheias. Por exemplo, Mercúrio progredido em conjunção com o IC sugere consideráveis mudanças no quesito lar – mudança de casa, reforma ou algum membro da família saindo de casa ou se mudando para a mesma. Entretanto, Mercúrio em trânsito em conjunção com o IC pode estimulá-lo a resolver a papelada acumulada ou entrar em contato com seus pais.

Em geral, as quadraturas, oposições, conjunções, semiquadraturas e sesquiquadraturas, todas geram ações. Trígonos e sexteis produzem um fluxo suave de energia, capaz de suavizar aspectos difíceis. As conjunções podem ter mão dupla, dependendo dos planetas envolvidos. Sejam eles positivos ou negativos, as conjunções intensificam os efeitos de ambos os planetas. De modo geral, Sol, Lua, Vênus e Júpiter têm uma influência mais positiva do que os outros planetas.

O Sol em trânsito, comumente, representa você e sua esfera de atividade; também pode representar homens. Mercúrio é comunicação, viagens curtas, parentes, pessoas jovens. Vênus rege o amor, dinheiro, dons e relacionamentos, simbolizando também as pessoas e coisas que atraem você. Marte é ação, iniciativa e homens; habitualmente, ele age cedo (use um orbe de dois graus, para garantir), e está ativo quando ocorrem acidentes. A Lua está ligada às emoções e às mulheres.

Esse capítulo se concentra nos planetas interiores em trânsito como desencadeadores de progressões e arcos solares.

Utilizando a efeméride

A efeméride é a ferramenta número um do astrólogo para previsão, pois lista as posições planetárias para todos os dias por signo e grau.

A maioria dos astrólogos utiliza *softwares* de cálculo para gerar mapas, bem como programas que avançam as progressões, arcos solares e trânsitos por minuto, hora, dia, semana, mês e ano. Podem ser úteis, pois você vê o mapa natal estático no centro com os planetas progredidos (ou de arco solar) e em trânsito avançando juntos em tempo real.

Mesmo assim, nada substitui a consulta de um volume de efeméride em busca de planetas transitando por signos e graus específicos, ou em busca de eclipses e Luas Cheias e Novas. Nas efemérides, você também encontrará um aspectário, que fornece os aspectos entre os planetas em trânsito para cada dia. Ela também mostra a data e a hora em que cada planeta fica retrógrado ou entra em um novo signo.

Há vários tipos de efemérides disponíveis. Elas cobrem períodos de tempo diversos, de um a 151 anos, e o *layout* das páginas varia de uma para outra. Algumas listam as posições planetárias ao meio-dia no horário universal (GMT), enquanto outras o fazem para meia-noite no mesmo fuso. Nenhuma efeméride é melhor que outra; a que você escolher será preferência pessoal. As efemérides para um ano são práticas para referências rápidas de consulta diária.

Essas ferramentas também são úteis para encontrar, rapidamente, qualquer planeta progredido prestes a ficar direto ou retrógrado (ver Capítulo 2). Encontre o dia do seu nascimento (dia, mês, ano) nas efemérides e conte, progressivamente, começando com a data do seu nascimento como o primeiro ano. É uma forma rápida de descobrir com que idade os planetas em seu mapa progredido irão mudar de direção. Dê atenção especial aos anos em que essas mudanças ocorrerão no seu mapa, pois assinalam fatos significativos.

13	06:55	20♍10	☉ Eclipse Solar (mag 0.788)
28	02:49	04♈40	✹ Eclipse Lunar Total

Setembro 2015

Dia	T. S. h m s	☉ ° ' "	☽ ° ' "	☿ ° '	♀ ° '	♂ ° '	♃ ° '	♄ ° '	♅ ° '	♆ ° '	♇ ° '	☊ Verdade ° '
01 Ter	22 39 22	08♍ 15 31	09♈ 39 26	05♎ 05	14♌R58	14♌ 47	04♍ 27	28♏ 59	19♈R59	08♓R25	13♑R07	01♎D04
02 Qua	22 43 19	09 13 33	24 29 14	06 10	14 46	15 25	04 40	29 02	19 57	08 23	13 06	01 05
03 Qui	22 47 15	10 11 37	09♉ 00 40	07 12	14 37	16 03	04 53	29 05	19 56	08 21	13 06	01 06
04 Sex	22 51 12	11 09 42	23 10 15	08 12	14 30	16 42	05 06	29 08	19 54	08 20	13 05	01 07
05 Sáb	22 55 08	12 07 50	06♊ 56 48	09 09	14 25	17 20	05 19	29 11	19 52	08 18	13 04	01 08
06 Dom	22 59 05	13 06 00	20 20 54	10 04	14 23	17 58	05 32	29 15	19 51	08 16	13 04	01R 08
07 Seg	23 03 01	14 04 12	03♋ 24 19	10 55	14D 24	18 36	05 45	29 18	19 49	08 15	13 03	01 07
08 Ter	23 06 58	15 02 25	16 09 28	11 43	14 26	19 14	05 58	29 21	19 47	08 13	13 03	01 05
09 Qua	23 10 55	16 00 41	28 39 04	12 28	14 31	19 52	06 11	29 25	19 45	08 11	13 02	01 04
10 Qui	23 14 51	16 58 59	10♌ 55 44	13 10	14 39	20 30	06 24	29 28	19 43	08 10	13 02	01 01
11 Sex	23 18 48	17 57 19	23 02 00	13 47	14 48	21 08	06 37	29 32	19 41	08 08	13 01	01 00
12 Sáb	23 22 44	18 55 40	05♍ 00 09	14 20	15 00	21 46	06 50	29 36	19 39	08 07	13 01	00 58
13 Dom	23 26 41	19 54 03	16 52 19	14 49	15 13	22 24	07 03	29 39	19 37	08 05	13 01	00 57
14 Seg	23 30 37	20 52 29	28 40 38	15 13	15 29	23 02	07 16	29 43	19 35	08 03	13 00	00D 57
15 Ter	23 34 34	21 50 56	10♎ 27 20	15 32	15 46	23 39	07 29	29 47	19 33	08 02	13 00	00 57
16 Qua	23 38 30	22 49 24	22 14 53	15 46	16 06	24 17	07 42	29 51	19 31	08 00	13 00	00 58
17 Qui	23 42 27	23 47 55	04♏ 06 00	15 53	16 27	24 55	07 54	29 55	19 29	07 59	12 59	00 59
18 Sex	23 46 23	24 46 27	16 03 49	15R 55	16 50	25 33	08 07	30 00	19 27	07 57	12 59	00 59
19 Sáb	23 50 20	25 45 01	28 11 52	15 50	17 15	26 11	08 20	00♐ 04	19 25	07 55	12 59	01 00
20 Dom	23 54 17	26 43 37	10♐ 33 57	15 39	17 41	26 48	08 33	00 08	19 22	07 54	12 59	01 00
21 Seg	23 58 13	27 42 15	23 14 02	15 20	18 09	27 26	08 45	00 12	19 20	07 52	12 59	01R 00
22 Ter	00 02 10	28 40 54	06♑ 15 51	14 54	18 39	28 04	08 58	00 17	19 18	07 51	12 58	01 00
23 Qua	00 06 06	29 39 35	19 42 27	14 22	19 10	28 41	09 11	00 22	19 16	07 49	12 58	01D 00
24 Qui	00 10 03	00♎ 38 17	03♒ 35 36	13 42	19 43	29 19	09 23	00 26	19 14	07 48	12 58	01 00
25 Sex	00 13 59	01 37 01	17 55 05	12 55	20 17	29 56	09 36	00 31	19 11	07 46	12 58	01 00
26 Sáb	00 17 56	02 35 47	02♓ 38 15	12 03	20 52	00♍ 34	09 48	00 36	19 09	07 45	12D 58	01 01
27 Dom	00 21 52	03 34 35	17 39 38	11 04	21 28	01 11	10 01	00 40	19 07	07 43	12 58	01 01
28 Seg	00 25 49	04 33 24	02♈ 51 25	10 02	22 06	01 49	10 13	00 45	19 04	07 42	12 58	01 01
29 Ter	00 29 46	05 32 16	18 04 13	08 56	22 45	02 26	10 26	00 50	19 02	07 41	12 59	01R 01
30 Qua	00 33 42	06 31 09	03♉ 08 23	07 48	23 25	03 04	10 38	00 55	19 00	07 39	12 59	01 00

Dados para	09-01-2015
data Juliana	2457266.50
Ayanamsa	24 04 33
SVP	05 ♓ 02 29
☽ ☊ Significado	02 ♎ 04 R

● ◐ FASES ○ ◑

05	09:55	◑	12♊32
13	06:41	○	20♍10
21	08:59	◐	28♐04
28	02:51	✹	04♈40

ÚLTIMO ASPECTO Dia	h m	☽ INGRESSO Dia	h m	
01	16:38	02	09:03	♉
04	10:21	04	11:49	♊
05	23:05	06	17:41	♋
09	01:29	09	02:37	♌
11	13:04	11	13:56	♍
14	02:08	14	02:42	♎
16	04:22	16	15:43	♏
18	19:49	19	03:32	♐
21	08:59	21	12:33	♑
22	23:13	23	17:52	♒
25	04:03	25	19:44	♓
26	16:33	27	19:30	♈
29	07:46	29	18:58	♉

DECLINAÇÕES

	☉	☽	☿	♀	♂	♃	♄	♅	♆	♇
01	08N28	03N06	03S 46	09N01	17N29	10N42	18S 07	07N12	09S 10	20S 56
02	08 07	07 32	04 20	09 11	17 18	10 37	18 08	07 11	09 11	20 56
03	07 45	11 25	04 53	09 20	17 07	10 32	18 09	07 10	09 12	20 56
04	07 23	14 32	05 25	09 29	16 56	10 27	18 10	07 10	09 12	20 57
05	07 01	16 43	05 56	09 38	16 44	10 23	18 10	07 09	09 13	20 57
06	06 38	17 55	06 25	09 46	16 33	10 18	18 11	07 08	09 13	20 57
07	06 16	18 07	06 53	09 54	16 22	10 13	18 12	07 08	09 14	20 57
08	05 54	17 23	07 20	10 01	16 10	10 09	18 13	07 07	09 15	20 57
09	05 31	15 50	07 45	10 08	15 58	10 04	18 14	07 06	09 15	20 58
10	05 08	13 35	08 08	10 15	15 46	09 59	18 15	07 06	09 16	20 58
11	04 46	10 45	08 30	10 21	15 35	09 54	18 16	07 05	09 16	20 58
12	04 23	07 31	08 49	10 27	15 23	09 50	18 17	07 04	09 17	20 58
13	04 00	03 59	09 07	10 32	15 11	09 45	18 18	07 03	09 18	20 58
14	03 37	00 20	09 22	10 36	14 58	09 40	18 19	07 03	09 18	20 58
15	03 14	03S 20	09 34	10 40	14 46	09 36	18 20	07 02	09 19	20 59
16	02 51	06 53	09 44	10 44	14 34	09 31	18 21	07 01	09 19	20 59
17	02 28	10 09	09 50	10 47	14 21	09 26	18 22	07 00	09 20	20 59
18	02 05	13 02	09 54	10 49	14 09	09 21	18 23	06 59	09 21	20 59
19	01 41	15 24	09 54	10 51	13 56	09 17	18 24	06 58	09 21	20 59
20	01 18	17 06	09 50	10 52	13 44	09 12	18 26	06 58	09 22	21 00
21	00 55	18 01	09 42	10 53	13 31	09 07	18 27	06 57	09 22	21 00
22	00 31	18 01	09 31	10 53	13 18	09 03	18 28	06 56	09 23	21 00
23	00 08	17 01	09 15	10 53	13 05	08 58	18 29	06 55	09 24	21 00
24	00S 15	15 00	08 54	10 52	12 53	08 53	18 30	06 54	09 24	21 00
25	00 39	12 00	08 30	10 50	12 40	08 49	18 31	06 53	09 25	21 00
26	01 02	08 10	08 01	10 48	12 27	08 44	18 32	06 53	09 25	21 01
27	01 25	03 44	07 28	10 46	12 13	08 40	18 34	06 52	09 26	21 01
28	01 49	00N59	06 52	10 42	12 00	08 35	18 35	06 51	09 26	21 01
29	02 12	05 39	06 13	10 38	11 47	08 30	18 36	06 50	09 27	21 01
30	02 35	09 55	05 31	10 34	11 34	08 26	18 37	06 49	09 27	21 01

ASPECTÁRIO

01 03:40 ☉ ☍ ♆
03:56 ☽ # ☿
05:04 ♀ ☌ ♂
05:33 ☽ □ ♇
08:25 ☽ △ ♀
08:37 ☽ △ ♂
16:38 ☽ ☌ ♅
22:00 ☽ ∥ ♅
23:48 ♀ # ♆
02 03:02 ☽ ∥ ☉
09:41 ☽ # ♆
10:04 ☽ ∥ ♀
17:02 ☽ △ ♃
18:14 ☽ ∥ ♃
22:54 ☽ ✶ ♆
03 02:07 ☽ △ ☉
06:51 ☽ △ ♇
09:20 ☽ □ ♀
12:25 ☽ □ ♂
04 10:21 ☽ ☍ ♄
14:27 ☉ ∥ ♅
21:06 ☽ □ ♃
05 00:17 ☽ ∥ ♂
02:23 ☽ □ ♆
04:12 ☽ △ ☿
13:16 ☽ ✶ ♀
19:28 ☽ ✶ ♂
23:05 ☽ ✶ ♅
23:09 ☉ △ ♇
06 06:15 ☿ # ☉
08:30 ♀ SD
07 04:28 ☽ ✶ ♃
09:02 ☽ △ ♆
12:32 ☿ # ♅
15:02 ☽ □ ☿
18:06 ☽ ☍ ♇
21:42 ☽ ✶ ☉
08 06:54 ☽ □ ♅
14:37 ♀ ∥ ♃
19:53 ♂ △ ♅
22:13 ☽ ∥ ♂
09 01:29 ☽ △ ♄
19:24 ☿ □ ♇
10 04:39 ☽ ✶ ☿
07:25 ☽ ☌ ♀
17:21 ☽ △ ♅
20:00 ☽ ☌ ♂
11 03:06 ☽ ∥ ♀
06:45 ☽ ∥ ♃
11:17 ☽ # ♆
13:04 ☽ □ ♄
15:26 ☽ # ☿
12 03:09 ☽ ∥ ♅
03:46 ☽ ☌ ♃
06:15 ☽ ☍ ♆
16:11 ☽ △ ♇
23:58 ☽ ∥ ☉
13 17:50 ☿ ∥ ♆
14 02:08 ☽ ✶ ♄
23:25 ☽ # ☉
15 02:14 ☿ # ♃
05:11 ☽ □ ♇
10:34 ☽ ☌ ☿
11:08 ☽ ✶ ♀
18:28 ☽ ☍ ♅
16 01:01 ☽ # ♅
04:22 ☽ ✶ ♂
17:47 ☽ ∥ ♆
18:42 ☽ # ♃
21:34 ☽ ∥ ☿
17 05:01 ☽ # ♀
06:56 ♃ ☍ ♆
07:48 ☽ △ ♆
07:49 ☽ ✶ ♃
17:51 ☽ ✶ ♇
18:11 ☿ SR
18 01:35 ☽ □ ♀
02:47 ♄ ♐
03:51 ♃ # ♆
09:44 ☽ # ♂
18:46 ☽ ✶ ☉
19:49 ☽ □ ♂
19 03:40 ☽ ☌ ♄
18:53 ☽ □ ♆
20:03 ☽ □ ♃
20 09:29 ☽ ✶ ☿
14:05 ☽ △ ♀
16:42 ☽ △ ♅
21 08:12 ☽ △ ♂
22 02:52 ☽ ✶ ♆
04:58 ☽ △ ♃
11:59 ☿ ∥ ♆
12:04 ☽ ☌ ♇
14:56 ☽ □ ☿
23:13 ☽ □ ♅
23 04:00 ♀ △ ♅
08:21 ☉ ♎
18:35 ☽ △ ☉
18:35 ☽ ✶ ♄
18:37 ☉ ✶ ♄
24 01:11 ☿ # ♃
16:09 ☽ △ ☿
18:58 ☽ # ♂
22:32 ☿ □ ♇
25 02:05 ☽ ✶ ♅
02:19 ♂ ♍
04:03 ☽ ☍ ♀
06:56 ♇ SD
07:53 ☽ # ♀
16:42 ☽ ∥ ♆
20:31 ☽ ☍ ♂
20:40 ☽ # ♃
20:41 ☽ □ ♄
26 01:03 ☽ ∥ ☿
01:13 ♂ □ ♄
07:20 ☽ # ♅
08:12 ☽ ☌ ♆
11:40 ☽ ☍ ♃
16:33 ☽ ✶ ♇
27 10:59 ☽ ∥ ☉
20:40 ☽ △ ♄
28 00:42 ☿ # ♅
04:35 ☽ # ☉
10:33 ☽ ☍ ☿
15:57 ☽ □ ♇
29 01:31 ☽ ☌ ♅
02:37 ☽ # ☿
06:22 ☽ ∥ ♅
07:46 ☽ △ ♀
15:29 ☽ ∥ ♃
21:18 ☽ # ♆
23:52 ☽ △ ♂
30 04:02 ☽ ∥ ♀
07:15 ☽ ✶ ♆
09:57 ☽ ∥ ♂
12:16 ☽ △ ♃
14:39 ☿ ☌ ☉
15:54 ☽ △ ♇

⚷ Chiron

01	Dec.	00 N 19
03	19♓38R	
06	19 30	
09	19 22	
12	19 13	
15	19 05	
18	18 57	
21	18 49	
24	18 40	
27	18 32	
30	18 24	

Na página anterior, há um exemplo tirado do *AstroAmerica's Daily Ephemeris*, disponível em edições para 10 e 20 anos. Todas as horas baseiam-se em meia-noite do horário universal.

No topo da página estão mês e ano, e à esquerda está a data de um eclipse que ocorrerá naquele mês. O box superior tem uma linha para cada dia do mês. À esquerda está a data. A segunda coluna lista o tempo sideral (T.S.) (usado para o cálculo de mapas), seguido de colunas para cada um dos planetas. Os graus, minutos (e segundos, para a Lua), bem como signos dos planetas, são indicados para cada data. É nesse box que você examinará quando for procurar um planeta em determinado grau e signo.

A metade inferior da página inclui um box com as fases lunares (Lua Nova, Crescente, Cheia e Minguante) daquele mês. À direita estão a data e a hora em que a Lua em cada sigo forma seu último aspecto (após o qual fica vazia, é claro), bem como a data e a hora em que a Lua entra no próximo signo (Ingresso). Próximo à direita há um box que mostra as declinações dos planetas para cada dia do mês. (Alguns astrólogos usam declinações, que medem a distância de um planeta ao norte ou ao sul do eclíptico. Os dois aspectos de declinação são o paralelo, que é similar a uma conjunção, e o contraparalelo, similar a uma oposição.)

A página da efeméride também contém um aspectário para os planetas em trânsito. Ela mostra todos os aspectos (inclusive paralelos e contraparalelos) formados pelos planetas durante o mês. Estão listados por data e hora.

Determinando eventos

Raramente os fatos acontecem na data exata em que um planeta progredido, de arco solar ou um planeta exterior em trânsito, forma um aspecto com um planeta ou ângulo. Normalmente é dentro de uma ou duas semanas, o que não ajuda muito se você está na expectativa de uma oferta de emprego, por exemplo. Então, se um desses aspectos exatos não indicar o momento de um acontecimento, o que indicará?

Um trânsito de planeta interno.

Sol, Lua, Mercúrio, Vênus ou Marte (ou mais de dois desses planetas) em trânsito dirão o momento, para o intervalo de tempo de um ou dois dias. Esses gatilhos ativam eclipses, progressões, arcos solares e trânsitos de planetas exteriores, dando partida no movimento. Se você quer determinar o tempo de um acontecimento que pode ocorrer a qualquer hora em um espaço de vários meses, comece com as Luas Novas e

Cheias para esse período. Uma ou mais delas normalmente formarão um aspecto com o(s) planeta(s) apropriado(s) no seu mapa, identificando um período de quatro – ou duas – semanas como tendo potencial.

Por exemplo, suponha que você almeje uma promoção e veja um eclipse solar na primeira casa formando quadratura com Mercúrio progredido na décima. Mas nada acontece. Em vez de desistir, supondo que já escolheram outra pessoa, é hora de comunicar seu interesse e aproveitar a oportunidade de chamar atenção dos que tomam as decisões. Nesse caso, o eclipse ativou o potencial. Porém, a energia permanecerá dormente até que outros trânsitos entrem na jogada.

Olhando para o futuro, você vê que Saturno em trânsito entrará na sexta casa em cerca de três meses, quando formará trígono com Mercúrio progredido na décima. A Lua Nova mais próxima ocorrerá uma semana após Saturno formar seu trígono e, como com o eclipse solar, ela forma aspecto com Mercúrio progredido, dessa vez por oposição a partir da quarta casa. A sorte está com certeza a seu favor.

Então, após examinar a efeméride em busca dos trânsitos de planetas interiores para Mercúrio progredido durante a semana de Lua Nova, você vê que Marte e Vênus farão uma oposição a Mercúrio progredido em alguns dias. Marte e Vênus em trânsito também formarão, é claro, um sextil com Saturno em trânsito na sexta casa.

O trânsito final a ser examinado é o da Lua. Nesse exemplo, o trânsito em questão provavelmente seria uma sesquiquadratura com Mercúrio progredido, pois a Lua chegaria nessa posição alguns dias após a Lua Nova. Esse aspecto lunar ocorrerá, então, no mesmo dia em que Mercúrio em trânsito formar uma oposição com Mercúrio progredido, enquanto Marte ainda se aproxima da oposição exata com o mesmo planeta. (Lembre-se: é comum que Marte aja cedo.)

Ao seguir esse procedimento, você quase sempre identificará a data em que um fato irá acontecer.

Exemplo de Determinação de Evento: Amanda

Amanda, a mulher que precisava estabelecer um histórico de crédito, é universitária que trabalha meio período em emprego relacionado à carreira. Ela foi nomeada a funcionária do ano em 2008, no início da crise econômica global. Ao longo de boa parte de 2009, ouviam-se boatos de que a empresa, do ramo imobiliário, poderia abrir falência. Algumas pessoas foram demitidas em 2009, mas as portas ainda estavam abertas. Amanda e mais de cem outros funcionários foram demitidos em 9 de março de 2010, quando finalmente a companhia faliu.

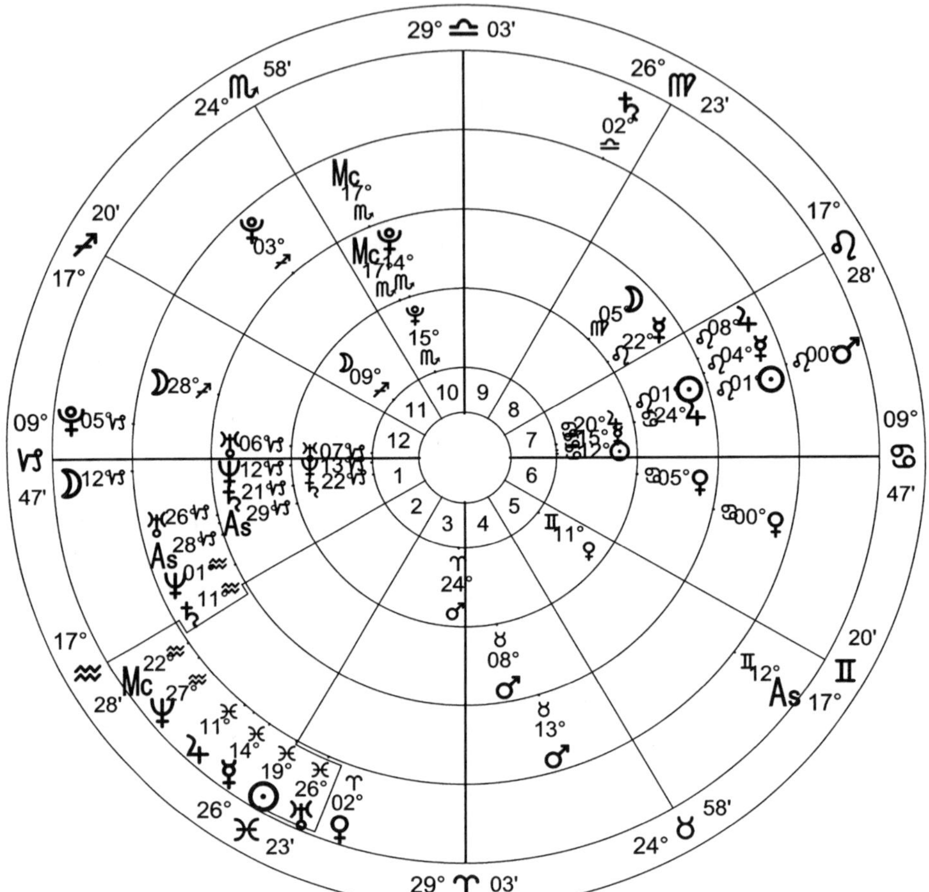

Mapa 40: Amanda

Círculo interno: Mapa Natal/4 de julho de 1990/19:25 MST/
Desert Samaritan Hospital, Phoenix, Arizona
Círculo interno intermediário: Progressão Secundária/
9 de março de 2010/00:11:40 MST/Desert Samaritan Hospital
Círculo externo intermediário: Arco Solar Direcionado/
9 de março de 2010/00:11:40 MST/Desert Samaritan Hospital
Círculo externo: Trânsitos das Demissões/9 de março de 2010/11:00 MST/
Phoenix, Arizona/ Casa Placidus

No mapa natal de Amanda (Mapa 40), os planetas de trabalho/carreira são Mercúrio (regente da sexta casa) e Vênus (regente do Meio do Céu e da décima casa). Porém, pelo fato de seu Meio do Céu estar no último grau de Libra, deveríamos também considerar os regentes de Escorpião, Marte e Plutão. A Lua também pode ser considerada regente da sexta casa. Observe que Júpiter, Saturno e Marte estão na configuração de quadratura em T, em signos cardeais (e em uma grande cruz com o Meio do Céu, se for usado um orbe mais amplo). Quando um desses planetas forma aspecto, ele rapidamente (signo cardinal) ativa a energia de todos os outros planetas.

O eclipse solar de 15 de janeiro de 2010 em 25 Capricórnio foi a deixa para que ela começasse a resolver questões ligadas à carreira naquele ano. Estava em quadratura com o Meio do Céu e Marte natais e em conjunção/oposição com a oposição natal Saturno-Júpiter. (A oposição natal Saturno-Júpiter representa a necessidade de equilibrar restrição e expansão, e, com Saturno regendo o Ascendente dela na primeira casa, ela iria, naturalmente, ser mais cautelosa. Saturno também é o planeta universal da carreira.) O eclipse formava, além de tudo, uma conjunção com Urano (mudança) de arco solar e com os Ascendentes progredidos, bem como oposição a Júpiter progredido.

Uma vez que as questões profissionais estariam em pauta nos seis a 12 meses seguintes, e com o conhecimento de que ela poderia perder o emprego, a tarefa seguinte seria procurar um período de tempo em que algo pudesse acontecer. A Lua Nova de 14 de fevereiro é uma possibilidade, pois a 25 Aquário formava trígono com o Meio do Céu natal e sextil com a Lua progredida na 12ª casa de questões e problemas ocultos. Essa Lua Nova estava em conjunção com Netuno em trânsito (regente natal da 12ª casa). Ambas as influências da 12ª casa sugerem que havia algo ocorrendo do qual ela não tinha conhecimento.

A energia da Lua Nova estaria ativa pelas próximas quatro semanas, então a influência posterior a estudar é a Lua Cheia seguinte (término), que ocorreu em 28 de fevereiro em 10 Virgem. Estava em quadratura com a oposição Lua-Vênus natal (regente da décima casa), em sesquiquadratura/semiquadratura com a quadratura em T natal, em trígono com Marte progredido (corregente da décima casa), em trígono com a conjunção natal Ascendente-Urano-Netuno, em sesquiquadratura com Urano de arco solar e em trígono com Marte de arco solar. Saturno de arco solar formava trígono com Vênus natal, e Júpiter de arco solar formava trígono com a Lua natal (ativando a oposição natal Lua-Vênus).

Em resumo, as indicações da Lua Cheia parecem ser mais positivas do que negativas, ou pelo menos meio a meio – até que se observe mais atentamente os aspectos envolvendo os planetas ativados. Primeiro, a Lua Nova estava na oitava casa do dinheiro alheio (o empregador), assim como a Lua progredida, que formava trígono com Urano natal, regente de sua segunda casa de renda. A Lua progredida também formava sesquiquadratura com Saturno natal/progredido, disparando a quadratura em T natal. Ativando o Meio do Céu, um ponto focal por causa do eclipse solar de janeiro, foi o Ascendente progredido em quadratura com aquele ângulo.

É bom recordar que as Luas Nova e Cheia nessa época do ano estão em aproximadamente os mesmos graus; isso significa que as Luas Novas e Cheias de março e abril formariam aspecto com os mesmos planetas e ângulos no mapa dela. Isso deixa em aberto a questão do momento da demissão, que ela já imaginava estar vindo.

Antes de verificarmos os planetas interiores em trânsito, é importante procurar tendências que reforçam, representadas pelos planetas exteriores em trânsito. Saturno em trânsito fazia semiquadratura com o Meio do Céu progredido, Urano em trânsito fazia sextil com Urano de arco solar e Júpiter em trânsito fazia trígono com o Sol natal e sextil com Netuno natal/progredido. Todos são aspectos positivos, com exceção de um, o que poderia fazer você se perguntar se o desencadear de eventos indicado pelas Luas Cheia e Nova estaria correto. O que esses aspectos representam é a oportunidade (sextil) de ganhar dinheiro (Netuno, regente da segunda) por meio de outras pessoas (Sol na sétima) e fazendo contatos (Urano).

O próximo passo é examinar os planetas em trânsito durante o período de duas semanas após a Lua Cheia, em busca de uma data possível. Houve vários trânsitos importantes em 9 de março, dia da demissão em massa. Sol em trânsito formava trígono com Júpiter natal (ativando a quadratura em T) e Marte em trânsito formava conjunção com o Sol (regente da oitava) progredido/de arco solar e oposição com Netuno de arco solar (regente da terceira casa e corregente da segunda). Vênus em trânsito formava sesquiquadratura com o Meio do Céu progredido (e oposição com Saturno em trânsito em semiquadratura com o mesmo ângulo). Vênus em trânsito também formava um trígono com Plutão de arco solar (corregente da décima casa).

Marte em trânsito teve importância especial no desencadear de eventos. Ficou direto em 9 de março, dia exato das demissões. Questões que até então haviam sido colocadas de lado passavam a movimentar-se novamente.

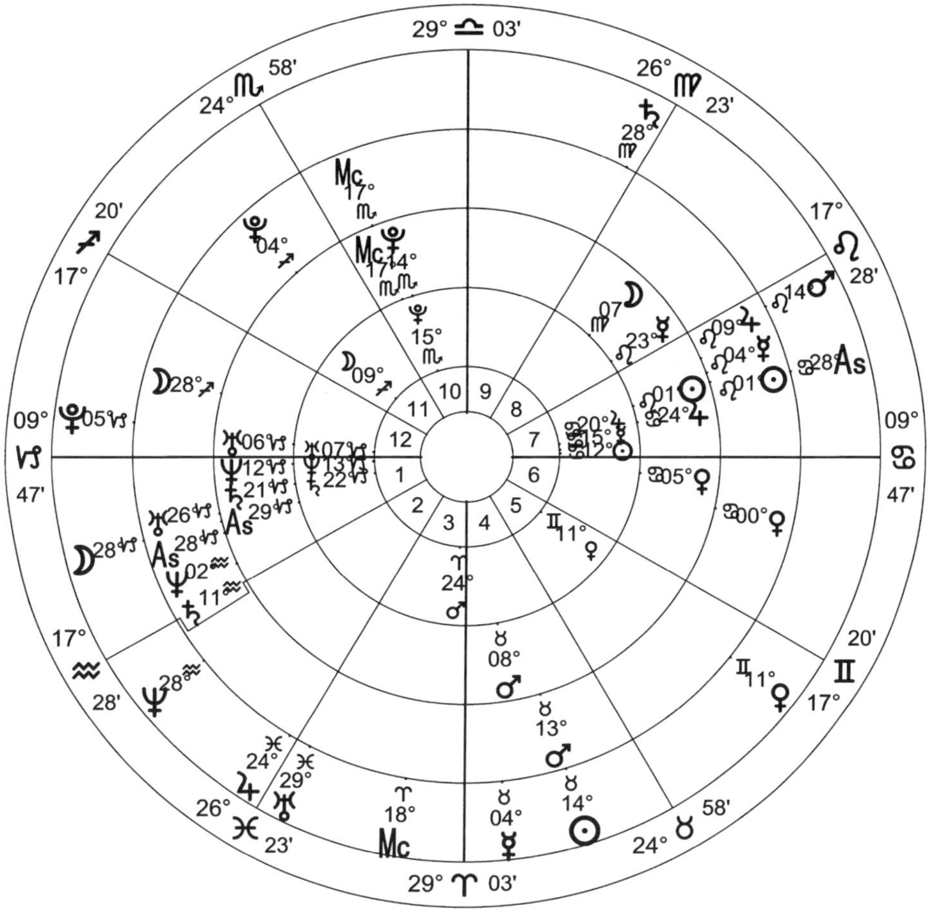

Mapa 41: Amanda

Círculo interno: Mapa Natal/4 de julho de 1990/19:25 MST/
Desert Samaritan Hospital, Phoenix, Arizona
Círculo interno intermediário: Progressão Secundária/
4 de maio de 2010/00:11:40 MST/Desert Samaritan Hospital
Círculo externo intermediário: Arco Solar Direcionado/
4 de maio de 2010/00:11:40 MST/Desert Samaritan Hospital
Círculo externo: Novos Trânsitos Profissionais/4 de maio de 2010/10:45 MST/
Phoenix, Arizona/Casa Placidus

Mercúrio (notícias e regente da sexta casa) em trânsito formava vários aspectos na segunda casa: trígono com Mercúrio natal (na sétima), trígono com Plutão natal/progredido (na décima), semiquadratura com o Ascendente progredido e sesquiquadratura com o Meio do Céu natal.

Para confirmar 9 de março como a data exata das demissões, deveria haver aspectos com Vênus natal ou progredido. Vênus em trânsito afastava-se de uma quadratura com Vênus de arco solar e aproximava-se de uma quadratura com Vênus progredido, estando a meio caminho entre ambos. Procure por esse tipo de aspecto e também por aqueles no ponto médio entre um planeta natal e outro progredido. Ambos são quase sempre pontos importantes no mapa.

Houve três gatilhos finais que fizeram dessa data um dia propício para a demissão em massa. O primeiro foi a Lua em trânsito em conjunção com Netuno natal/progredido (regente da terceira casa). Esse aspecto, assim como outros envolvendo o Sol e Mercúrio natais em oposição a Netuno natal, reflete descrença, desilusão e um sentimento de perda que acompanha uma demissão.

Quando ela recebeu a notícia, o Meio do Céu em trânsito estava em oposição com Mercúrio progredido, e o Ascendente em trânsito formava conjunção com Vênus natal. Você verá que os ângulos em trânsito quase sempre funcionam como gatilhos finais.

Esse acontecimento, na verdade, acabou tendo um final positivo. Uma empresa próxima abrira uma vaga para meio período, e o diretor da empresa perguntou ao ex-empregador de Amanda se um de seus funcionários se interessaria pela vaga.

A Lua Nova de março de 2010 estava em 25 Peixes no final da segunda casa dela e formando aspecto com a oposição Saturno-Júpiter por sextil/trígono. A ela, seguiu-se a Lua Cheia em 30 de março em 9 Libra, que formava quadratura com o Ascendente-Descendente natal e trígono com Vênus natal da nona casa. Embora essas Luas Nova e Cheia não tenham trazido um emprego (e de fato não se podia esperar um emprego, considerando as casas dessas Luas), foi nesse momento que ela entregou o currículo à outra empresa.

No mês seguinte houve várias atividades no Mapa (Mapa 41) relacionadas a emprego/carreira, começando com a Lua Nova de 14 de abril em 24 Áries, em oposição ao Meio do Céu natal dela e quadratura com Saturno natal em oposição a Mercúrio. À Lua Nova, seguiu-se uma Lua Cheia em 8 Escorpião na décima casa em trígono com Vênus progredido na sexta casa, em oposição a Marte progredido na quarta e sextil com a Lua progredida na oitava casa e sextil com Urano progredido/natal na 12ª. A Lua Nova também formava trígono com o Sol natal e quadratura com Saturno de arco solar. Então havia potencial ali para uma oferta de emprego em abril.

Mas isso não aconteceu até 4 de maio (ainda sob energia das Luas Nova e Cheia de abril). Foi só então que os planetas se alinharam para ativar os fatores necessários no mapa dela. Observe que o afortunado Júpiter estava no mesmo grau que a Lua Nova de março, sob a qual ela entregara o currículo àquele que seria seu novo empregador. É sempre bom procurar os planetas que ativam ou que formavam aspecto quando foram feitas as ações iniciais, ou quando ocorreu algum evento inicial, relacionado a uma data futura em potencial. Os planetas retrógrados entrando e saindo de um aspecto com algum planeta são excelentes para apontar o momento dos acontecimentos.

No dia em que ela conseguiu a vaga do emprego, Vênus em trânsito fazia conjunção com Vênus natal (regente da décima casa); o Sol em trânsito (regente da oitava casa) formava conjunção com Marte de arco solar (corregente da décima), sextil com Mercúrio natal (regente da sexta casa) e trígono com Netuno natal/progredido (regente da terceira casa); além disso, Mercúrio em trânsito formava sextil com Vênus progredida na sexta. Saturno em trânsito, que estava retrógrado, recuara até Virgem e formava trígono com o Ascendente progredido, um aspecto que foi engatilhado pela Lua em trânsito em conjunção com o Ascendente progredido e quadratura com o Meio do Céu natal.

Aqui, de novo, o Ascendente em trânsito e o Meio do Céu foram excelentes determinadores de datas. O Meio do Céu em trânsito formava trígono com Júpiter natal na época da oferta de emprego, e o Ascendente em trânsito fazia quadratura com o Meio do Céu natal e oposição ao Ascendente progredido.

Exemplo de Determinação de Datas: Jennifer Aniston

Muitas vezes as pessoas consultam astrólogos querendo saber quando chegará a oportunidade de começar um relacionamento significativo capaz de levar ao casamento. O indicador-chave a buscar quando se prevê e identifica um período de tempo é o Ascendente-Descendente (eixo dos relacionamentos): natal, progredido e de arco solar. Às vezes somente um deles formará aspecto, às vezes dois ou três fazem aspecto com o regente da sétima casa e com os planetas ali. De vez em quando você também verá aspectos do Meio do Céu-IC, que representam uma mudança de estado civil e o estabelecimento de um novo lar pelo casal.

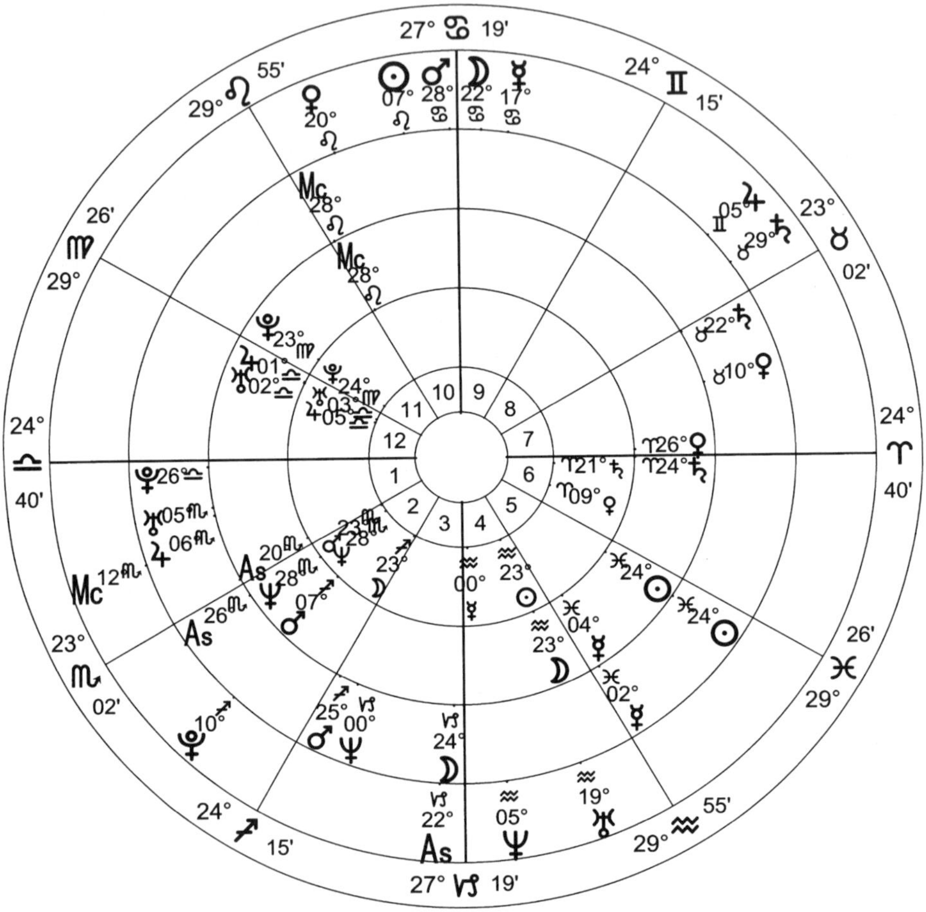

Mapa 42: Jennifer Aniston

Círculo interno: Mapa Natal/11 de fevereiro de 1969/22:22 PST/ Los Angeles, Califórnia
Círculo interno intermediário: Progressão Secundária/ 29 de julho de 2000/00:11:40 PST/Los Angeles, Califórnia
Círculo externo intermediário: Arco Solar Direcionado/ 29 de julho de 2000/00:11:40 PST/Los Angeles, Califórnia
Círculo externo: Trânsitos Matrimoniais/29 de julho de 2000/ 19:02 MST/ Malibu, Califórnia/Casa Placidus

O regente do Descendente e Vênus (natal, progredido e/ou de arco solar) normalmente também entram em ação quando há algum compromisso previsto. Assegure-se de verificar Vênus progredida na efeméride – quando esse planeta muda de direção (retrógrado ou direto), isso normalmente indica acontecimentos importantes nas relações.

Os atores Brad Pitt e Jennifer Aniston casaram-se em 29 de julho de 2000. A união durou pouco menos de cinco anos, embora eles tenham anunciado a separação em 7 de janeiro de 2005. O processo de divórcio teve início em 22 de agosto de 2005 e completou-se em 2 de outubro do mesmo ano.

Havia vários aspectos na época da cerimônia (Mapa 42) incluindo diversos com Ascendente-Descendente progredidos e natais. As mais óbvias progressões são Saturno progredido em conjunção com o Descendente natal, e Vênus progredido em quadratura com o Meio do Céu-IC natal.

Saturno progredido, de movimento lento, estava chegando naquele ponto 31 anos após o nascimento dela e logo cruzaria o Descendente, indicando a possibilidade de outro acontecimento importante no campo dos relacionamentos. Na época do casamento, estava bem dentro do orbe, a somente 18 minutos de uma conjunção exata. Saturno rege a quarta casa do mapa dela, acrescentando a interpretação de mudança de estado civil (quadratura com o Meio do Céu) e mudança de casa (quadratura com o IC). Como planeta, Saturno rege responsabilidades e compromisso, podendo indicar a durabilidade de uma relação quando está ativo na época do casamento. Por outro lado, Saturno pode fazer com que o indivíduo se sinta preso e solitário, esfriando a paixão e o compromisso e dificultando o vínculo emocional. Alguns astrólogos interpretam isso como ligação cármica.

Vênus progredida cruzara o Descendente em 1992 e aproximava-se de uma quadratura com o Meio do Céu-IC quando eles se casaram, indicando mudanças de estado civil. Esse é um bom exemplo de determinação de datas, pois seria natural pressupor que ela começaria um relacionamento significativo na medida em que Vênus progredido cruzasse o Ascendente. Mas, em 1992, esse teria sido o único aspecto, e não havia envolvimento do Ascendente-Descendente. Pelo contrário, pelo fato de Vênus reger seu Ascendente, ela estava encantada em atrair as pessoas e fazer contatos que propulsionariam sua carreira.

Entre os trânsitos de planetas exteriores, Urano e Plutão forneciam ainda outras possibilidades para o compromisso. Urano em trânsito formava quadratura com o Ascendente-Descendente progredido, e Plutão em trânsito formava trígono com Vênus natal, em aspecto desafiador (semiquadratura e sesquiquadratura) com todos os quatro ângulos natais, bem como sesquiquadratura com Saturno progredido.

Urano está frequentemente ativo nos mapas de compromisso, podendo indicar a decisão repentina de mudança na posição social. Quando Urano transita pelo Ascendente-Descendente, é importante verificar se o planeta está estacionário, retrógrado ou direto, e se fará outro contato com os mesmos ângulos. Quando um segundo contato desponta em um futuro próximo, é possível que o casamento tenha vida curta.

O Plutão ativo no mapa de Jennifer é particularmente interessante. Embora o casal possa ser as únicas pessoas a conhecerem a verdadeira importância desse trânsito, ele indica questões de poder e controle, especialmente com o envolvimento mais próximo com Saturno progredido, o Descendente natal e Vênus progredido. Plutão em trânsito também formava trígono com Vênus natal. No nível prático, Plutão, regente da segunda casa de Jennifer, reflete um casamento caro e extravagante.

Marte rege o descendente Áries de Jennifer, mas não há muita atividade com ele. Na data do casamento, a Lua progredida formava quadratura com Marte natal. Observe que o mapa natal dela tem uma sesquiquadratura Vênus-Marte, então qualquer planeta que forme aspecto com um deles também ativa o outro.

Quanto aos eclipses, aconteceram dois no mês do casamento. O primeiro, um eclipse lunar (Lua Cheia), foi em 24 Capricórnio 19, formando aspecto com todos os quatro ângulos natais e também com Vênus e Saturno progredidos, Plutão de arco solar e os Ascendente e Descendente progredidos e de arco solar. O segundo eclipse, um eclipse solar (Lua Nova), estava em 8 Leão 12 e trígono com Vênus Natal.

Na data do casamento, havia cinco planetas em trânsito no topo do mapa dela, dando-lhe destaque sob os holofotes. Marte em trânsito (regente da sétima casa) estava em trígono com Netuno natal e progredido, por sua vez em conjunção (a um minuto de ficarem exatos em um aspecto aproximativo). Mas aqui também vemos Saturno em trânsito em oposição com a conjunção Marte-Netuno, aspecto que se repetiria em novembro de 2000 e abril de 2001. Saturno e Netuno não se dão muito bem. Saturno é realidade, Netuno é fantasia. Não é o melhor dos aspectos para se começar um casamento; provavelmente na época do último aspecto em 2001, a ilusão romântica havia desvanecido. Também na data de casamento o Sol em trânsito formava trígono com Marte progredido, e Vênus em trânsito, trígono com Saturno natal.

Em vez de pararmos na data do casamento, poderia ser esclarecedor olhar para além do fato e estudar quais aspectos agiriam durante os vários anos seguintes. O procedimento pode indicar quaisquer dificuldades e, possivelmente, soluções que o casal poderia tentar. Em alguns casos, essas informações podem ser particularmente valiosas se um indivíduo não tem certeza se quer casar.

Esse casamento terminou em divórcio. Um exame nos anos intermediários revela vários fatores planetários que indicavam essa possibilidade. Costuma haver um ponto decisivo, uma data com uma série de aspectos, indicando o fim de um relacionamento. Antes disso, entretanto, você verá as tendências começarem a se acumular naquela direção com cada vez mais progressões, arcos solares e planetas exteriores em trânsito tornando-se ativos. Isso, obviamente, reflete o que acontece entre as duas pessoas: uma deterioração gradual do relacionamento.

Abaixo está a cadeia de aspectos principais que envolvem o Ascendente-Descendente, Vênus e Marte no mapa de Jennifer entre o casamento e o divórcio.

- 2000-2001: Saturno em trânsito formando oposição com Netuno progredido/natal
- 2001: Urano em trânsito em semiquadratura com Vênus natal
- 2001-2002: Saturno em trânsito em oposição a Marte progredido
- 2001-2002: Urano em trânsito em quadratura com o Ascendente-Descendente progredido
- 2001-2002: Urano em trânsito em conjunção com Sol natal
- 2001-2002: Urano em trânsito em quadratura com Marte de arco solar
- 2002: Saturno em trânsito em oposição a Marte de arco solar
- 2002: Mercúrio progredido em quadratura com Marte progredido
- 2002-2003: Urano em trânsito em quadratura com o Ascendente-Descendente por arco solar
- 2003: Saturno progredido em exata conjunção com o Descendente natal
- 2003: Vênus progredido retrógrado
- 2003-2004: Saturno em trânsito em quadratura com Vênus natal
- 2004: Saturno em trânsito em sesquiquadratura com Marte natal
- 2004: Saturno em trânsito em quadratura com Ascendente-Descendente natal
- 2004: Netuno em trânsito em quadratura com Vênus de arco solar

Houve um número significativo de aspectos uranianos em 2001 e 2002, quando o relacionamento, sem dúvida, começou a sofrer com a tensão, provavelmente porque Jennifer estava em um período independente, com Urano em conjunção com seu Sol. Uma reviravolta aconteceu, provavelmente em 2002, quando havia aspectos desafiadores envolvendo Marte, mas o verdadeiro ponto decisivo deu-se quando Vênus progredido ficou retrógrado e Saturno progredido entrou na sétima casa. A partir dali, o relacionamento deteriorou-se sob todos os aspectos de Saturno, que foram ressaltados mais ainda pelo eclipse solar de 14 de outubro de 2004, em 21 Libra 06, em conjunção com o Ascendente natal dela e oposição a Saturno natal e Vênus, Saturno e Lua progredidos na sétima casa. Um eclipse lunar em 28 de outubro de 2004, em 5 Touro 02, estava na sétima casa dela e em quadratura com seu Mercúrio natal (regente da nona casa de problemas legais), sesquiquadratura com a Lua natal, oposição a Plutão de arco solar e sextil com Mercúrio de arco solar.

A separação foi anunciada quando Saturno em trânsito formava quadratura com o Ascendente-Descendente natal de Jennifer (Mapa 43), com seu Saturno progredido, Lua progredida, Vênus progredido e Saturno progredido (os mesmos pontos contatados pelo eclipse solar). Saturno também formava trígono com Marte natal e o Ascendente progredido, além de sesquiquadratura com Marte progredido.

O mais revelador desses aspectos foi o Ascendente progredido em conjunção com Marte natal (regente da sétima) e quadratura com o Sol natal. O aparentemente positivo Marte progredido em trígono com Vênus natal com certeza não foi um aspecto suave: ele ativou a oposição Vênus natal com Júpiter em conjunção com Urano (Vênus em oposição a Urano é um clássico aspecto de divórcio). Vênus natal também estava envolvido em uma sesquiquadratura com o Ascendente progredido, e Marte progredido estava em semiquadratura/sesquiquadratura com o Ascendente-Descendente natal.

Existe outro aspecto de planeta exterior que merece ser citado no contexto do divórcio: Plutão em trânsito em conjunção com a Lua natal e quadratura com Plutão natal/progredido. Sem dúvida Jennifer tem emoções profundas e pode, às vezes, ser obsessiva (quadratura natal Lua-Plutão). Esse aspecto também a impulsiona a obter riqueza financeira. Porém, em outro nível, a segunda é a casa da autovalorização, e esse acontecimento deve tê-la deixado arrasada, bem mais do que as pessoas, a não ser as mais próximas, perceberam.

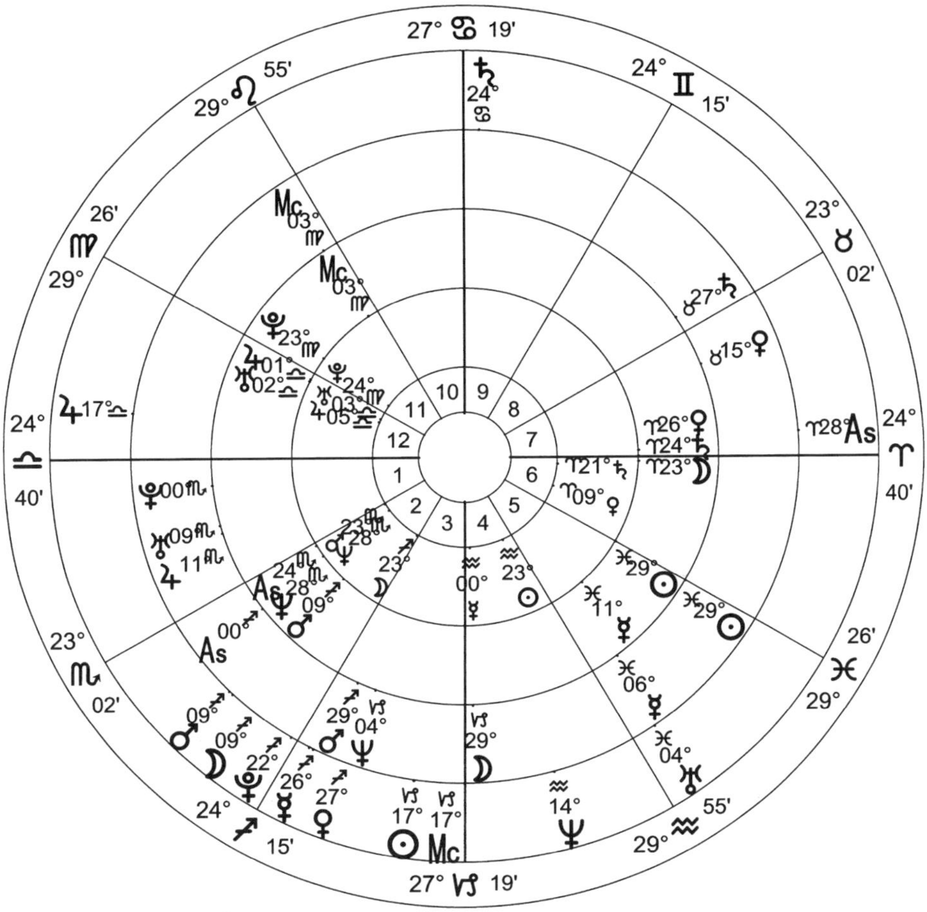

Mapa 43: Jennifer Aniston
Círculo interno: Mapa Natal/11 de fevereiro de 1969/22:22 PST/
Los Angeles, Califórnia
Círculo interno intermediário: Progressão Secundária/
7 de janeiro de 2005/00:11:40 PST/Los Angeles, Califórnia
Círculo externo intermediário: Arco Solar Direcionado/
7 de janeiro de 2005/00:11:40 PST/Los Angeles, Califórnia
Círculo externo: Trânsitos do Fim do Relacionamento/7 de janeiro de 2005/
00:00 PST/Malibu, Califórnia/Casa Placidus

Antes de 4 de janeiro de 2005, dia do anúncio da separação, houve uma Lua Nova em 12 de dezembro em 20 Sagitário 22, em conjunção com a Lua de Jennifer. A Lua Cheia de 26 de dezembro estava em 5 Câncer 12, em quadratura com a Vênus natal e a conjunção natal Júpiter-Urano, além de oposta a Netuno de arco solar.

Em dezembro, também, Mercúrio ficou direto no dia 19 em 10 Sagitário, em conjunção com o seu Marte progredido. Vênus em trânsito estava no mesmo ponto em 24 de dezembro, com a Lua em trânsito em Gêmeos; e Marte em trânsito avançara para uma conjunção com Marte progredido e trígono com Vênus natal na data do anúncio.

Será que a astrologia poderia nos dizer quando a decisão foi tomada, ao menos na mente dela? Ela, provavelmente, chegou a essa conclusão ao longo de vários dias durante a semana de 20 de dezembro, chegando à decisão final com a Lua Nova de 26 de dezembro, que engatilhou a oposição Vênus-Urano natal. Pouco antes da Lua Cheia, Mercúrio e Vênus em trânsito entraram em conjunção com seu Mercúrio progredido.

No dia do anúncio, Mercúrio e Vênus em trânsito se aproximavam de uma conjunção com Marte de arco solar e quadratura com o Sol progredido/de arco solar. A Lua estava em Sagitário, onde desencadeou os aspectos de Marte em trânsito.

ORIENTAÇÕES PARA DETERMINAR DATAS

1. Faça uma lista dos aspectos de planetas progredidos para os natais e progredidos para os progredidos, acompanhados de palavras-chave ou comentários para cada um.
2. Faça uma lista das casas que os planetas ocupam e as casas que eles regem, acompanhadas de palavras-chave ou comentários para cada uma.
3. Faça uma lista dos aspectos de arco solar com planetas natais, acompanhados de palavras-chave ou comentários para cada um.
4. Faça uma lista das casas que os planetas ocupam e das casas que os planetas regem, acompanhadas de palavras-chave ou comentários para cada uma.
5. Identifique as tendências preponderantes, como dinheiro, carreira, família e relacionamentos.
6. Faça uma lista dos eclipses que ativam os aspectos progredido e de arco solar, em conjunto com as casas que ocupam.
7. Faça uma lista das Luas Novas e Cheias que formaram aspecto com os aspectos de planetas progredidos ou de arco solar, e também das casas que eles ocupam. Os aspectos desafiadores mais importantes (conjunção, quadratura, oposição) são normalmente os mais efetivos.
8. Procure os planetas interiores em trânsito dentro do período da Lua Nova/ Lua Cheia que aspectam os aspectos progredidos e de arco solar. Comece com Marte, o planeta da ação, e retroceda até o Sol. Lembre-se de que alguns aspectos desafiadores, incluindo semi e sesquiquadratura, são necessários para desencadear um acontecimento.
9. Concentre-se nas datas com maior quantidade de aspectos em um intervalo de tempo de dois a três dias, e procure pela posição da Lua. Ache a data em que a Lua forma um aspecto desafiador com os planetas em trânsito aspectando os aspectos de planetas progredidos ou de arco solar. Esse é o dia com maior potencial de acontecimentos.
10. Agora crie dois mapas com três círculos cada, seja desenhando-os ou calculando-os no computador. O primeiro mapa deve conter seu mapa natal no círculo interno, o mapa progredido no círculo intermediário e os trânsitos da data selecionada no círculo externo. O segundo é o mesmo, com o mapa de arco solar substituindo o mapa progredido. Ou use um mapa de quatro círculos com os arcos solares no terceiro círculo.

Durante esse processo, não se esqueça de levar em conta seu mapa natal. O que parece ser um acontecimento ou resultado negativo pode ser positivo se o mesmo aspecto no seu mapa natal for positivo. O oposto também vale: aspectos suaves envolvendo um aspecto natal difícil podem não ter resultados favoráveis.

Você também pode usar os passos acima para prever o resultado de um fato específico se sabe a data agendada para uma entrevista, apresentação, primeiro encontro, viagem, etc. Quando você compreende os aspectos agindo naquela data, ganha maior consciência das dificuldades em potencial, sendo quase sempre capaz de agir para minimizá-las.

Capítulo Nove

Previsões Diárias

A vida cotidiana é repleta de pequenos acontecimentos, grande parte dos quais passa despercebida. Alguns, entretanto, como uma discussão com um colega de trabalho ou alguém da família, podem tirar você do sério. Frustrações são capazes de acabar com seu dia, como quando você enfrenta longas filas no banco ou no caixa do supermercado, ou então ao sair às compras e não conseguir encontrar o que procurava. Algumas reuniões sociais são divertidas e animadas, enquanto, em outras, você só fica pensando em modos de sair à francesa.

Todos esses casos e outros podem ser detectados pelas posições planetárias diárias, tanto dos planetas em trânsito que formam aspecto um com outro, quanto os que aspectam com seus planetas e ângulos natais, progredidos ou de arco solar. Ao saber de antemão o que esperar, você pode tomar as devidas precauções para evitar um colega de trabalho duro de roer, escolher um dia bom para sair às compras ou saber quando realizar algum evento social.

Grande parte disso depende da Lua em trânsito, que se move pelas casas e signos uma vez a cada 28 dias. Conforme ela transita pelo zodíaco, forma aspecto com outros planetas, ativando-os. Por exemplo, os dias com a Lua em Libra são normalmente bons para encontros amorosos e a vida social. Mas não se a Lua estiver em quadratura com Saturno.

As interpretações mais à frente neste capítulo são orientações para casos diários. Use-as como ponto de partida para dinamizar seu raciocínio, em vez de considerá-las regras limitadoras sobre o que "pode" e "não pode". As interpretações dos aspectos podem ser usadas para aspectos entre os planetas em trânsito e aspectos dos planetas em trânsito com seus planetas e ângulos natais, progredidos e de arco solar.

Acontecimentos cotidianos

A astrologia pode ser um guia eficiente para que você saiba os melhores dias para atividades específicas, e há várias formas de fazê-lo. É claro que, quanto mais informações você tem, melhor será o resultado final potencial. Mas a praticidade também tem um papel. Ocupadas, as pessoas quase nunca têm tempo de estudar uma série de mapas e aspectos para saber qual o melhor dia para comprar roupas ou dar uma festa. Minha recomendação é que você utilize apenas planetas em trânsito, considerando a casa em que estão transitando no seu mapa natal, bem como os regentes dessas casas. Um estudo aprofundado, que inclua retornos solares e lunares, além de aspectos de planetas em trânsito com seus planetas natais, progredidos ou de arco solar, deve ser reservado para acontecimentos mais relevantes, como um pedido de empréstimo, a compra de um veículo ou sair de férias.

O jeito mais fácil de avaliar as influências astrológicas em determinada data é usar as efemérides. Primeiro, encontre o signo em que a Lua está; em seguida, olhe o aspectário para saber quais aspectos planetários importantes (conjunção, sextil, trígono, quadratura, oposição) a Lua formará enquanto estiver naquele signo. Você também pode usar um *software* de cálculo astrológico, mas é preciso ter cautela: nem sempre é fácil ver os aspectos lunares. Com a prática, contudo, o uso do *software* será tão eficaz quanto as efemérides.

Jacklyn Vai às Compras

Esse exemplo utiliza o mapa natal de Jacklyn (Mapa 44) e ilustra como achar uma boa data para uma atividade específica: comprar roupas. Primeiro encontre na efeméride as datas em que a Lua estará em Leão, signo que rege as vestimentas. Em março de 2010, a Lua esteve em Leão nos dias 25 e 26. Agora, olhando para o aspectário, ele lista os aspectos de planetas em trânsito para ambas as datas no fuso MST (subtraia sete horas do horário GMT universal da efeméride):

25 de março
Lua em sextil com Saturno (4h22)
Lua em conjunção com Marte (5h16)
Lua em trígono com o Sol (10h58)

26 de março
Lua em trígono com Mercúrio (8h07)
Lua em trígono com Vênus (18h38)

27 de março
Lua em oposição a Netuno (12h05)

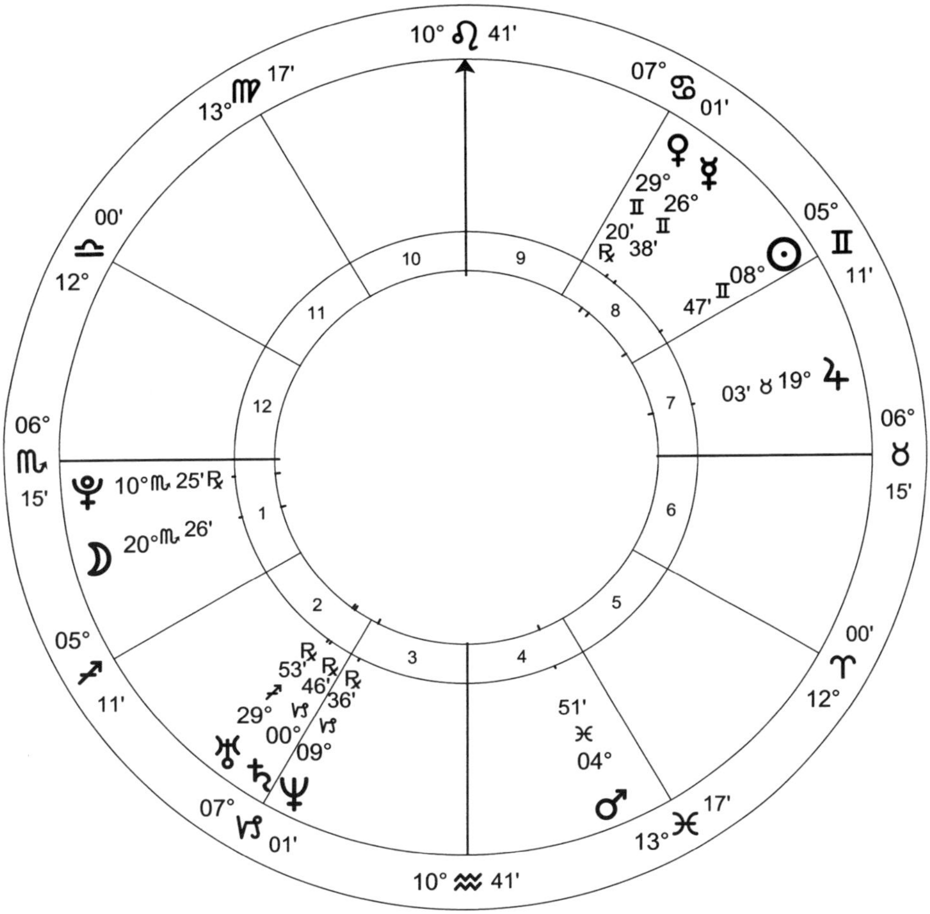

Mapa 44: Jacklyn

Mapa Natal/29 de maio de 1988/16:50 MST/Phoenix, Arizona/Casa Placidus

A julgar pelos aspectos lunares, no geral esses parecem dias ótimos para sair às compras. Se a conjunção Lua-Marte estivesse acontecendo durante o horário comercial normal, 25 de março não seria uma boa escolha, pois ela tenderia a comprar por impulso. Entretanto, mais tarde, naquela manhã, houve um trígono Sol-Lua excelente, e o mesmo ocorreria mais à tarde no dia 26, conforme a Lua se aproximava de um trígono com Vênus.

Antes de olhar onde esses planetas caem no mapa dela, é importante rever o conceito de aspecto aproximativo e separativo. Um aspecto aproximativo é o que ainda não se tornou exato, como foi o caso até 10h58 do dia 25 – nesse instante, a Lua em trânsito formou um trígono exato com o Sol em trânsito. Após esse trígono, o contato Sol-Lua passaria a ser chamado de aspecto separativo.

Examinando o mapa de Jacklyn, quando a Lua em trânsito está em Leão, está na nona e na décima casas dela. O movimento da Lua pode ser estimado *em uma média* de cerca de um grau para cada duas horas de tempo, então se moveria para a décima casa dela (10 Leão 41 na cúspide), quase 22 horas após ter entrado em Leão (2h40 MST no dia 25, de acordo com a efeméride), ou por volta de meia-noite. De fato, a Lua entrou em Leão, e na décima casa dela, aproximadamente às 20h30 no dia 25. Por que entrou mais cedo?

Duas horas por grau de movimento lunar é uma *média*. Leão é um signo de longa ascensão, o que significa que a Lua (e qualquer outro planeta) leva mais tempo para transitar por esse signo. Os signos de longa ascensão são Câncer, Leão, Virgem, Libra, Escorpião e Sagitário; e os de curta são Capricórnio, Aquário, Peixes, Áries, Touro e Gêmeos.

Utilizando a média de duas horas por grau, levaria 60 horas para a Lua transitar por um signo (2 horas x 30 graus, ou dois dias e meio). Com um signo de longa ascensão, a Lua leva pouco mais de 48 horas para transitar por um signo, ou aproximadamente dois dias. Mas no caso de um signo de curta ascensão, a Lua transita por um signo em pouco mais de 36 horas, ou cerca de um dia e meio. Portanto, é preciso estar ciente desses fatores para estimar com exatidão o movimento lunar.

Se Jacklyn quisesse comprar pela internet, a Lua em Leão na nona casa (longas distâncias) seria uma opção melhor, considerando que os aspectos em ambas as datas são favoráveis. Entretanto, se ela quisesse comprar em uma loja, o dia 26 seria a opção mais conveniente: com a Lua na décima casa, ela atrairia mais atenção e assim encontraria facilmente um atendente disposto a ajudá-la.

A segunda casa do mapa natal dela é também algo a considerar na busca por boas datas para ir às compras; essa análise pode ser feita de duas formas. Júpiter é o regente da segunda casa (Sagitário na cúspide). Seria boa ideia escolher uma data com aspectos favoráveis de trânsito lunar aspectando Júpiter, mas pelo fato de Júpiter, na ocasião, estar em Peixes, a Lua em Leão não formaria um aspecto relevante com ele. No mapa de Jacklyn, Urano natal está na segunda casa, e esse planeta receberia um trígono da Lua em Leão antes de ela mudar de signo e entrar em Virgem, formando então um trígono com Saturno natal, também na segunda casa. Esse aspecto Lua-Saturno seria então um bom momento para ela comprar – o problema é que se passa de madrugada.

Os dias em que a Lua em trânsito forma aspectos favoráveis com Júpiter em trânsito, regente da segunda casa dela, seriam outros a considerar, bem como os dias em que a Lua em trânsito está em Sagitário ou no início de Capricórnio na segunda casa dela.

Grande parte dos dias é uma mescla de aspectos desafiadores e suaves, sendo raro encontrar algum período de dois ou três dias em que a Lua forme apenas aspectos suaves. Essa é uma das razões pelas quais é importante estar atento ao momento em que os aspectos se tornam exatos. Logo que começam a se separar, sua influência rapidamente se dissipa. Mantenha isso em mente, por exemplo, se um dia possui um único aspecto favorável seguido de uma série de desfavoráveis. Se você fizesse compras em um dia assim, é possível que gostasse do produto na loja, mas, ao chegar em casa, mudasse de ideia.

Há outro fator lunar a considerar: a Lua fora de curso. Esse fato ocorre algumas vezes durante o trânsito lunar por cada signo. Ela fica fora de curso entre o momento em que forma seu último aspecto significativo com outro planeta e o momento em que entra no signo seguinte. Por exemplo, se o último aspecto importante de uma Lua em Touro for uma quadratura com Saturno em 24 Aquário 15, a Lua ficaria fora de curso até entrar em Gêmeos, o signo seguinte. Em alguns casos raros, ela pode ficar fora de curso durante algumas horas a partir de sua saída de um signo, ou entrada. Isso ocorre normalmente durante a segunda metade ou o último terço do trânsito dela por um signo.

A definição clássica da Lua fora de curso é: "não vai dar em nada". Se você seguir essa regra (o que geralmente é uma boa escolha), não faria compras enquanto a Lua estivesse nesse estado, pois não encontraria o que procura.

O ideal, repetimos, é ter o maior número possível de aspectos positivos em efeito durante o período da atividade. Suponha, por exemplo, que na noite de um primeiro encontro a Lua em Libra formasse trígono com Vênus cerca de uma hora após vocês se encontrarem para jantar e 30 minutos depois estivesse em quadratura com Saturno. O papo seria bom enquanto a Lua se aproximasse de Vênus, e provavelmente haveria algum nível de atração. Mas logo que a Lua começasse a separar-se de Vênus, aproximando-se da quadratura com Saturno, você poderia começar a achar o encontro entediante, perdendo o interesse em ver a pessoa novamente. Porém, se após o aspecto com Vênus a Lua formasse um sextil com Urano, você poderia enxergar a possibilidade de uma amizade, além do romance.

MELHORES DIAS PARA VÁRIAS ATIVIDADES SOB ASPECTOS FAVORÁVEIS EM TRÂNSITO

Comprar roupas: Lua em Leão, aspecto com Vênus ou Sol
Compras de supermercado: Lua em Câncer ou Virgem
Compras para decoração: Lua ou Vênus em Câncer, aspecto de Vênus
Compras gerais: a Lua em Touro é frugal
Ofertas e achados: às vezes os aspectos lunares favoráveis com Mercúrio retrógrado podem desencadear enormes descontos e significativas reduções de preço em produtos com marcação errada
Enviar currículos: Lua Nova na sexta casa, Lua em Virgem
Entrevistas de emprego: Lua na sexta ou décima casa, Lua em Virgem ou Capricórnio, aspecto de Mercúrio ou Saturno
Viagem de carro: Lua ou Mercúrio em Gêmeos, aspecto de Mercúrio
Viagem de avião: Lua em Aquário, Lua na nona casa, aspecto de Urano ou Júpiter
Viagens em geral: Lua em Gêmeos ou Sagitário, aspecto de Júpiter ou Mercúrio
Encontros: Lua em Leão ou Libra, Lua na quinta ou sétima casa, aspecto de Vênus
Consertos: Lua em Virgem, Lua na sexta casa, aspecto de Mercúrio
Evento social: Lua em Libra, Lua na quinta, sexta ou sétima casa
Festa: Lua em Leão, Lua na quinta casa
Corte de cabelo: Lua em Capricórnio, aspectos de Saturno
Corte de cabelo para mudar o visual: Lua em Capricórnio, aspectos de Vênus
Bichos de estimação: Lua em Virgem, Lua na sexta casa
Jantar fora: Lua na quinta casa

Agora deve estar claro que você pode ir à loucura tentando examinar tudo para achar o dia perfeito para qualquer atividade. Isso não existe! É melhor manter a simplicidade das coisas, olhando apenas os planetas em trânsito para atividades cotidianas e, às vezes, a casa natal que rege aquela atividade específica. Experimentando um pouco, você pode encontrar os signos e aspectos planetários que melhor funcionam para você e suas atividades do dia a dia.

Mapas diurnos

Outra técnica a usar para atividades cotidianas são os mapas diurnos. Basicamente, o mapa diurno é o equivalente diário do retorno lunar mensal e do retorno anual solar. É calculado a partir da data corrente, usando o local e o horário de nascimento do indivíduo (bem como o fuso horário em efeito na época do nascimento). Minha experiência mostrou que os mapas calculados para o local de nascimento são mais exatos do que os que mudam para o lugar atual de residência.

É possível ler só o mapa diurno, mas pode ser muito mais efetivo estudá-lo em conjunto com o mapa natal. O mapa diurno traz à frente o potencial do mapa natal para as atividades de um dia específico. Por exemplo, uma mulher com três planetas na quinta casa da especulação ganhou mais de 5 mil dólares em máquinas caça-níquel durante os vários dias em que seus planetas da quinta casa faziam trígono com o Ascendente do mapa diurno. Então, procure os dias em que os planetas natais fazem aspecto não só com o Ascendente diurno, mas com qualquer ângulo do mapa diurno. Da perspectiva do mapa diurno, esses, usualmente, são os dias mais ativos. Se a interpretação não estiver clara, ou se você precisar de informações adicionais, procure a casa natal que contenha o Ascendente diurno, pois, às vezes, a área da vida governada por ele pode ser relevante.

ASPECTOS RELACIONADOS AO ASCENDENTE DIURNO

Use essas interpretações como ponto de partida e não se esqueça de considerar as questões relacionadas à casa natal regida pelo planeta. A conjunção, em geral, é favorável quando é com Lua, Sol, Vênus, Mercúrio e Júpiter, e desafiadora quando é com Marte, Saturno ou, às vezes, Plutão.

Sol em aspecto suave: encoraja autoconfiança e aptidões de liderança, sendo favorável para o contato com homens e crianças.

Sol em aspecto desafiador: desfavorece o contato com homens e pessoas em papel de autoridade, podendo indicar pequenas dificuldades com crianças.

Lua em aspecto suave: bom para o contato com mulheres e o público, indicando facilidade de se adaptar e desejo de variedade.

Lua em aspecto desafiador: esse aspecto indica emoções variáveis e grande sensibilidade, o que desfavorece o contato com as mulheres e o público.

Mercúrio em aspecto suave: bom para todas as formas de comunicação, contato com irmãos e vizinhos, e para fazer provas.

Mercúrio em aspecto desafiador: sob esse aspecto, costuma haver inquietude e a chegada de notícias desfavoráveis ou dificuldades com veículos, máquinas, vizinhos e parentes.

Vênus em aspecto suave: favorável para comprar roupas e joias, bem como para eventos sociais, encontros, massagem e tratamentos de beleza

Vênus em aspecto desafiador: desfavorece encontros e eventos sociais, e pode ser que você devolva ou nunca use as roupas que comprou.

Marte em aspecto suave: energia em alta favorece atividades físicas, incluindo esportes.

Marte em aspecto desafiador: acidentes, raiva e discussões são possíveis, bem como pegar congestionamentos; a energia nervosa está em alta.

Júpiter em aspecto suave: possível comunicação com parentes do parceiro ou com pessoas distantes, e essa posição favorece as viagens.

Júpiter em aspecto desafiador: expectativas ambiciosas podem não se materializar, e o excesso de otimismo pode causar desapontamento; desfavorece questões legais.

Saturno em aspecto suave: favorável para planejar, organizar, finalizar projetos e questões de carreira, podendo haver comunicação com uma pessoa mais velha ou com alguém do passado.

Saturno em aspecto desafiador: evite novos empreendimentos e atividades cansativas; a vitalidade é reduzida; possíveis problemas odontológicos.

Urano em aspecto suave: acontecimentos inesperados, porém positivos, mensagens de amigos e envolvimento em um grupo ou trabalho em equipe.

Urano em aspecto desafiador: potencial para notícias inesperadas e problemas mecânicos ou elétricos; não é o momento de comprar produtos eletrônicos.

Netuno em aspecto suave: bom para romance e atividades criativas; intuição forte.

Netuno em aspecto desafiador: potencial para enganos e desilusões, comunicação confusa, sensibilidade a medicamentos e álcool; segredos podem ser revelados.

Plutão em aspecto suave: a determinação e a força de vontade estão em alta, possibilidade de dinheiro inesperado; excelente para limpar guarda-roupas e despensas.

Plutão em aspecto desafiador: desfavorável aos relacionamentos; alto potencial para haver frustrações, pessoas controladoras, raiva e dificuldades financeiras.

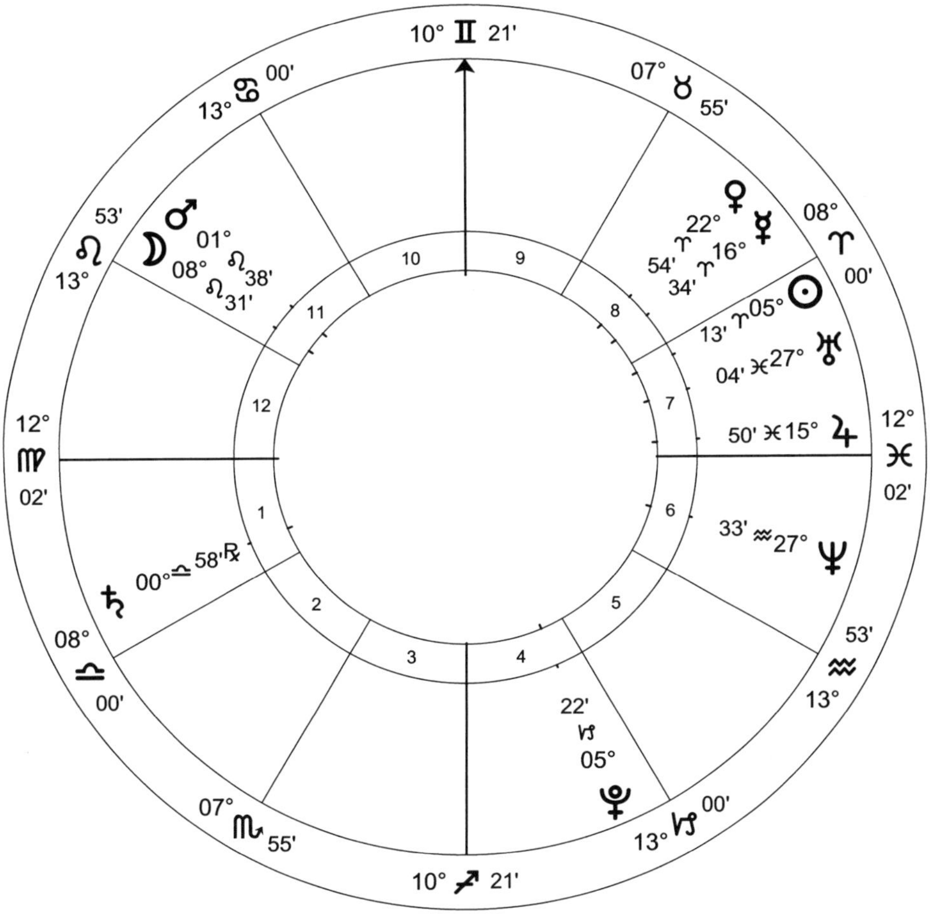

Mapa 45: Jacklyn
Mapa Diurno/25 de março de 2010/16:50 MST/Phoenix, Arizona/Casa Placidus

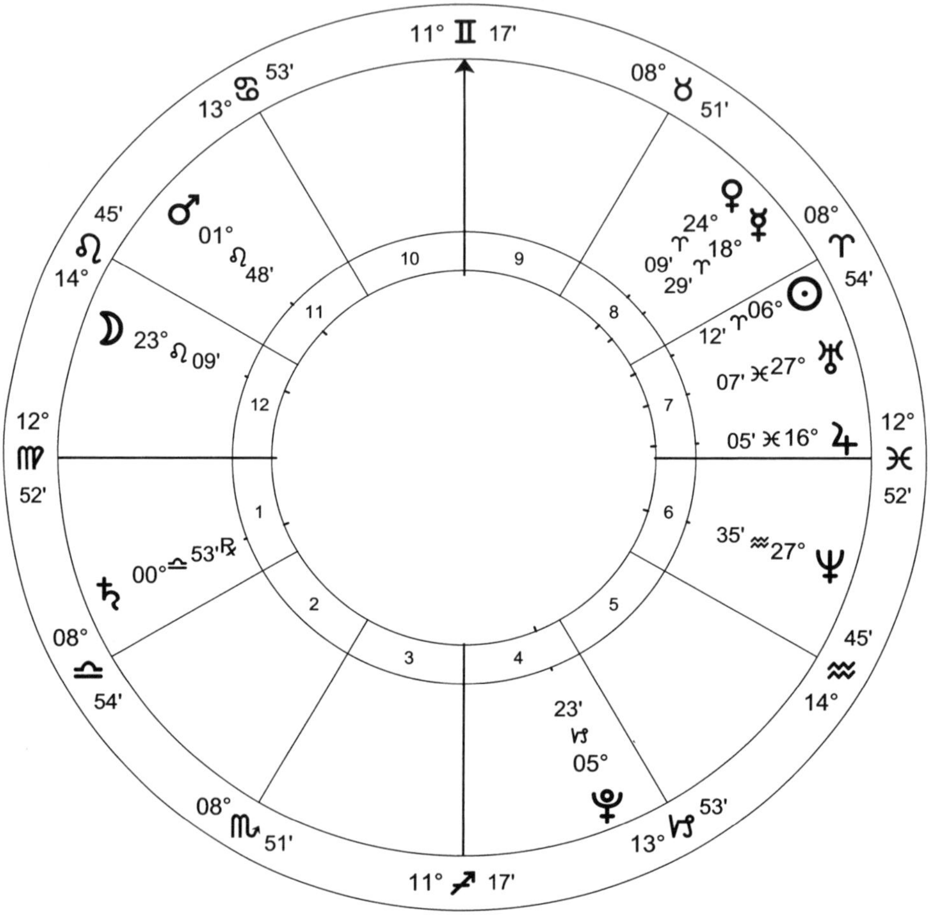

Mapa 46: Jacklyn

Mapa Diurno/26 de março de 2010/16:50 MST/Phoenix, Arizona/Casa Placidus

É importante lembrar, entretanto, que o grau da Lua (além de signo e casa) mostrado no mapa refere-se ao momento do seu nascimento; ou seja, se você nasceu às 8 horas da manhã, o mapa mostrará a Lua em sua posição às 8 horas da manhã na data do mapa diurno. Isso significa que, se a hora do nascimento foi no início da manhã, a Lua pode avançar a uma distância considerável ao longo do dia, ou seja, pode estar chegando ao fim do trânsito para um nascimento à noite.

Costuma haver outra vantagem em usar juntos os mapas diurno e natal: mesclando as informações em ambos, você pode ver formas de potencializar os trânsitos e atividades do dia. O mapa de Jacklyn é um ótimo exemplo disso.

Jacklyn: Exemplo Diurno

Após identificar os dois dias favoráveis para Jacklyn ir às compras, a tarefa agora é descobrir qual deles é o melhor. Os mapas diurnos das duas datas auxiliam na resposta ou, para ser mais exata, dão a ela duas opções.

O primeiro mapa diurno (Mapa 45) tem a Lua em trânsito na 11ª casa, fazendo do dia 25 de março uma boa opção para comprar e passar o dia com os amigos. No mapa diurno de 26 de março (Mapa 46), a Lua está na 12ª casa (melhor fazer compras desacompanhada), onde forma um trígono, primeiro com Mercúrio e depois com Vênus, na oitava casa do dinheiro alheio. Esses aspectos poderiam conduzi-la a itens em oferta. Observe também que Vênus na oitava casa rege a segunda casa do mapa diurno, aumentando a possibilidade de economizar. Mercúrio rege o Ascendente Virgem (Jacklyn) do mapa diurno, e com Mercúrio regendo também o Meio do Céu diurno (influência semelhante à Lua em trânsito na décima casa dela no dia 26), é possível que um atendente solícito a ajude a encontrar o que precisa na oferta.

Teste de Direção de Anthony: Exemplo Diurno

Obter a carteira de motorista é um rito de passagem para todo adolescente. Quase todos os jovens anseiam pelo acontecimento, que os pais encaram com certo temor. Após obter permissão para ir à escola de direção, praticando durante horas, tudo o que os adolescentes querem é passar no teste em sua primeira tentativa. Alguns conseguem logo de cara; outros, não.

Embora tendo várias horas de treino, Anthony falhou no primeiro teste porque parou em fila dupla. O examinador lhe disse para fazer a baliza entre quatro sinaleiros, mas ele conseguiu esmagar dois sob os pneus do carro. Mais tarde, ele disse não ter compreendido a palavra "sinaleiros" e afirmou que teria passado se o examinador tivesse usado

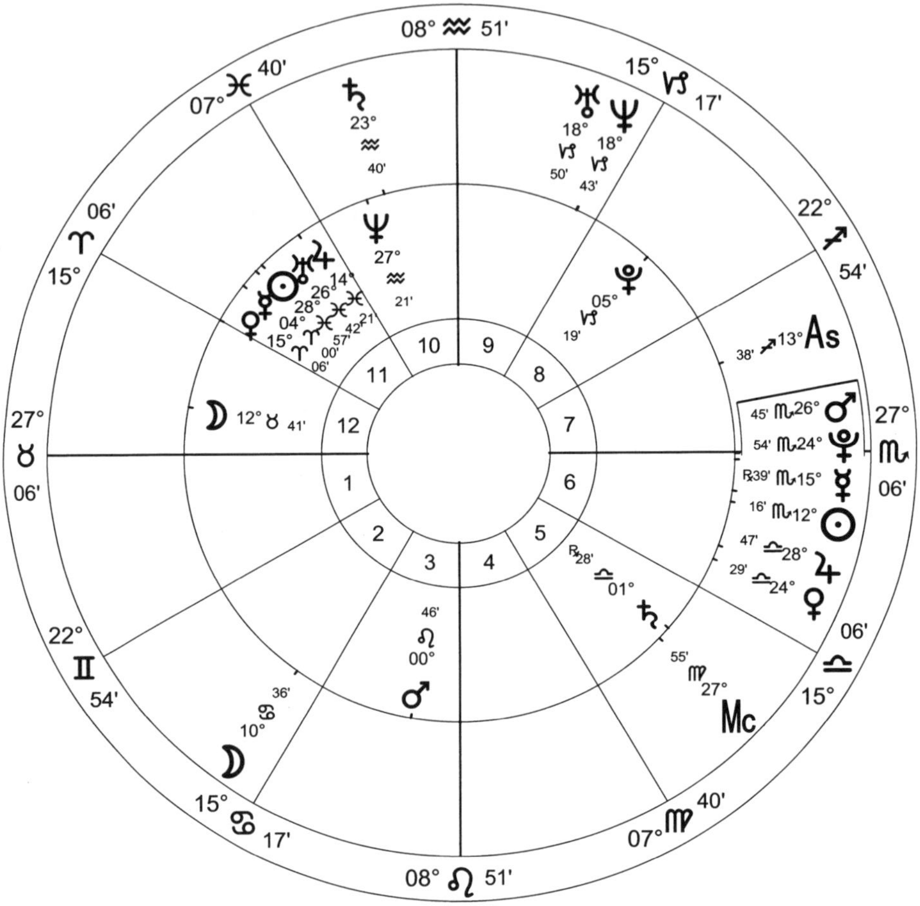

Mapa 47: Anthony

Círculo interno: Mapa Diurno/19 de março de 2010/9:25 MST/Phoenix, Arizona
Círculo externo: Mapa Natal/4 de novembro de 1993/9:25 MST/
Phoenix, Arizona/Casa Placidus

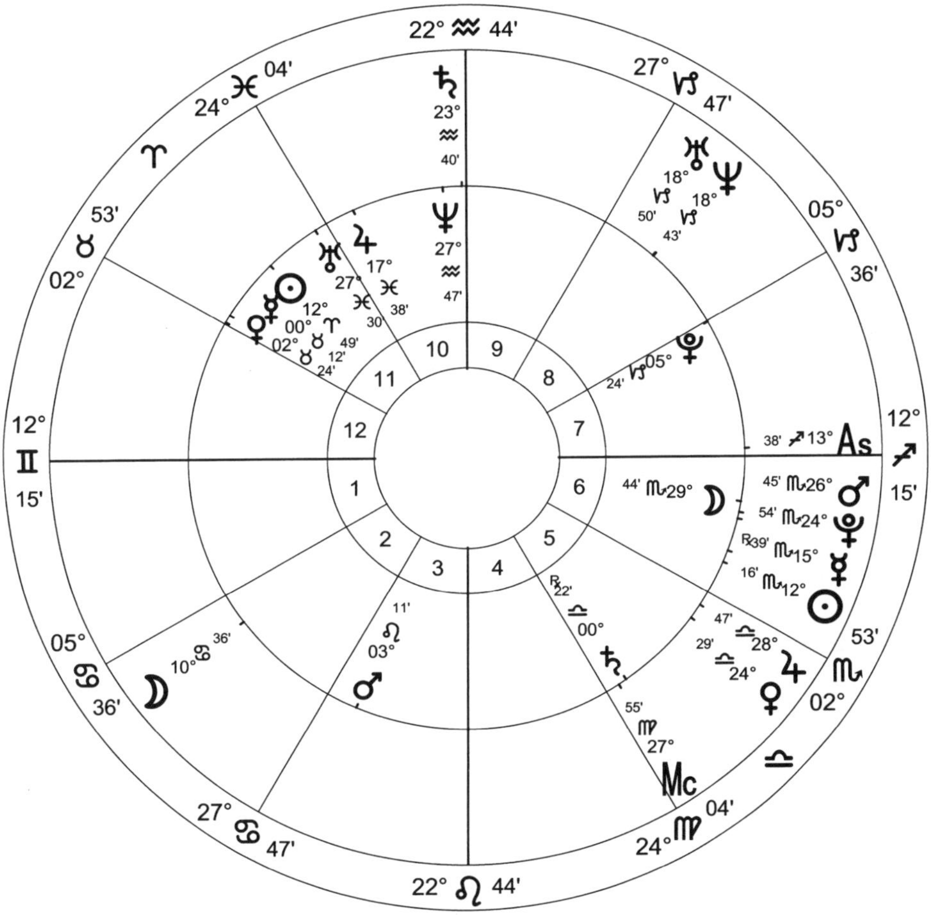

Mapa 48: Anthony

Círculo interno: Mapa Diurno/2 de abril de 2010/9:25 MST/Phoenix, Arizona
Círculo externo: Mapa Natal/4 de novembro de 1993/9:25 MST/
Phoenix, Arizona/Casa Placidus

a palavra "cones". A mãe dele e o examinador acharam engraçado o argumento. Cerca de duas semanas depois, Anthony passou no teste de direção e saiu-se muito bem na parte da baliza.

Um exame nos mapas diurnos das duas datas mostra porque tiveram resultados tão diferentes. Os mapas diurnos são os círculos internos, e o mapa natal está do lado externo de cada um. Em ambas as datas, ele fez o teste por volta das 15 horas.

Anthony não passou na prova de 19 de março de 2010 (Mapa 47), que tem 27 Touro 06 no Ascendente. Sua conjunção Marte-Plutão natal estava em conjunção com o Descendente do mapa diurno e em oposição ao Ascendente. Esse é o primeiro sinal de alerta. Marte está associado à pressa; Plutão, ao controle. A posição desses planetas aliada ao Descendente na sétima casa representa outra pessoa, que nesse caso é o examinador. Porém, em razão de esses planetas formarem aspecto favorável com a conjunção Sol-Urano na 11ª casa diurna (objetivos), a infração do motorista não seria séria, como um acidente.

A Lua do mapa diurno está em 12 Touro 41. Entretanto, quando ele fez a prova, a Lua avançara cerca de três graus, quando entrou em oposição a Mercúrio natal, planeta que rege provas e veículos. A Lua também é relevante para a prova, pois rege a terceira casa (veículos, testes) do mapa diurno. Marte na terceira casa do diurno está em sesquiquadratura com Júpiter do diurno, compondo a pressa de Marte natal em oposição ao Ascendente diurno.

Assim, 19 de março não foi uma data auspiciosa para o teste de direção de Anthony. Em 2 de abril, entretanto, ele não teve problemas com o teste de direção e passou com uma pontuação mais alta.

O primeiro indicador positivo no mapa diurno de 2 de abril (Mapa 48) é Gêmeos (veículos, testes) ascendendo. O Ascendente natal de Anthony estava no Descendente do mapa diurno, formando uma conexão entre ele (Ascendente) e o examinador (Descendente). Também forneceu uma mão extra o Sol do mapa diurno em 12 Áries 49, formando sextil/trígono com o Ascendente/Descendente.

Com Câncer ainda na cúspide da terceira casa diurna, a Lua diurna continua sendo decisiva em seu êxito na prova. Quando ele fez o teste, a Lua diurna em 29 Escorpião 44 mudara de signo, entrando em Sagitário, onde fez trígono com Marte diurno na terceira casa.

Como no caso do teste de direção de Anthony, os mapas diurnos podem auxiliar na seleção da melhor data para atividades cotidianas. Esses mapas também mostram onde pode haver outros acontecimentos envolvendo tendências mais importantes no seu mapa. Procure as datas em que os ângulos de mapas diurnos formarão aspecto com alguma configuração de planetas progredidos, de arco solar ou planetas exteriores em trânsito.

Planetas interiores retrógrados em trânsito

Qualquer um que entenda um pouco de astrologia, bem como um número considerável de outras pessoas, sabe dos períodos retrógrados de Mercúrio, que ocorrem de três a quatro vezes no ano. Porém, o público em geral pouco sabe dos períodos retrógrados de Vênus e Marte, possivelmente por estes serem menos frequentes. Vênus fica retrógrada mais ou menos a cada 18 meses, e Marte, a cada 2 anos, aproximadamente.

O valor desses períodos retrógrados tende a se perder entre todas as previsões pessimistas e catastrofistas que falam em erros de comunicação e colapsos mecânicos (Mercúrio), dificuldades de relacionamento (Vênus) e falta de ação (Marte). Essas características são válidas, embora às vezes sejam exageradas ou utilizadas como desculpa. Para ser mais específica, os períodos retrógrados são o momento de parar, refletir e preparar-se para prosseguir, quando o planeta retomar o movimento direto. Se você é uma pessoa bastante ativa, por exemplo, Marte retrógrado pode ser bem frustrante. Contudo, é uma razão a mais para se beneficiar do período retrógrado, pois nesse breve momento é possível reavaliar a si mesmo e à vida.

Quando ações relacionadas ao planeta retrógrado são realizadas, o fato ou atividade ressurge durante o período retrógrado seguinte. Por exemplo, se você comprar uma máquina de lavar quando Mercúrio está retrógado, ela pode apresentar um problema mecânico no próximo período de retrogradação. Da mesma forma, presentes comprados nesses períodos quase sempre são devolvidos ou trocados. As empresas de *software* parecem, de alguma forma, conhecê-los, pois costumam lançar atualizações nas datas retrógradas. Faz sentido. Elas obviamente querem ter lucro com atualizações adicionais no futuro.

Existe um alerta para quando os planetas interiores ficam retrógrados. Se um deles está retrógrado no seu mapa natal, períodos de trânsito retrógrado podem na verdade funcionar a seu favor.

Em geral, quando Mercúrio está retrógrado, não é uma boa ideia assinar documentos, tomar grandes decisões que provavelmente alterarão a sua vida, ou comprar telefones, aparelhos, veículos, nem nada mecânico. Com Mercúrio assim, é comum baterias pifarem, e, às vezes, a necessidade de um conserto significativo será trazida à sua atenção.

Nesse último caso, espere até que Mercúrio fique direto, se puder. Se não, tente obter uma segunda opinião e pondere. A melhor opção, e parte da mensagem de Mercúrio, é fazer a manutenção nos aparelhos mecânicos. Se você ignorar os problemas quando eles aparecerem, Mercúrio retrógrado, provavelmente, fará você repensar essa estratégia na forma de algum reparo custoso.

A regra básica da astrologia com Vênus retrógrado é: nunca se case ou se comprometa durante esse período. Às vezes o relacionamento acaba se "desfazendo" no próximo período retrógrado de Vênus (ou em outros períodos posteriores). Às vezes isso não acontece, mas para que se arriscar? Vênus é também o planeta do dinheiro, então essas questões exigem cautela nos momentos retrógrados. Adie grandes compras, especialmente as de decoração e mobiliário da casa, roupas, joias, itens de luxo e presentes. Não é hora de ir atrás de um empréstimo ou financiamento, mas é possível usar Vênus retrógrado para rever seu relatório de crédito e lidar com os erros que encontrar.

Marte retrógrado pode ser especialmente frustrante, tanto em termos pessoais quanto para o mundo como um todo. Durante esses períodos parece que todas as ações e iniciativas brecam. Nada acontece. Decisões são adiadas. É o clássico cenário "apresse-se... e espere". Por mais que você tente engatar, nada sai do lugar. É como se o mundo inteiro decidisse tirar férias ao mesmo tempo. E qual o propósito disso tudo? Aprender a virtude da paciência, é claro.

Os retrógrados também são valiosos na astrologia de previsão. O motivo é simples: quando um planeta fica retrógrado, ele refaz seus passos contatando novamente planetas com os quais já formou aspecto, conforme se aproximava o período estacionário da retrogradação (um planeta estaciona, ou parece parar, quando fica retrógrado ou direto). O mesmo acontece depois que o planeta fica direto. Aqui, mais uma vez, a efeméride é útil, pois nela é possível ver de forma rápida e prática os graus que o planeta retrógrado contatará.

Suponha, por exemplo, que você tem Vênus natal em 15 Gêmeos em conjunção com o Sol natal de 19 Gêmeos na sexta casa. Você quer ir atrás de um novo emprego e vê que Mercúrio estacionará retrógrado em conjunção com seu Sol natal. Se você mandou currículos enquanto Mercúrio, aproximando-se do período estacionário da retrogradação, estava em conjunção com Vênus, você pode então ser chamado para uma entrevista quando Mercúrio, após estacionar retrogradamente em conjunção com seu Sol, retornar a Vênus cerca de dez dias depois. A menos que você tenha planetas em graus anteriores a Vênus 15 em

Gêmeos, pode não ser mais contatado até que Mercúrio, após estacionar em seu movimento direto, formar, de novo, uma conjunção com Vênus, quatro a cinco semanas depois. Nesse ponto seria possível que passasse por uma segunda entrevista, obtendo a vaga alguns dias depois, quando Mercúrio estivesse em conjunção com seu Sol.

Você também verá coisas assim: um homem enviou uma caixa no dia 14 de outubro de 2006, quando Mercúrio, direto, estava em 16 Escorpião. Mercúrio logo ficou retrógrado, no dia 28 de outubro em 25 Escorpião, e depois estacionou para retomar o movimento direto em 9 Escorpião em 28 de novembro. A caixa foi finalmente entregue em 28 de novembro, quando Mercúrio retornou a 16 Escorpião, grau sob o qual a caixa fora enviada.

Diário lunar

Um diário lunar é um dos melhores jeitos de ganhar aptidões práticas de previsão e de aprender como o seu mapa reage a vários trânsitos. Após fazer isso por um ou dois meses, você começará a ver emergirem padrões que podem ser úteis na previsão de grandes acontecimentos.

Ao longo de um mês inteiro, tome nota conforme a Lua transita por cada casa no seu mapa e forma aspecto com planetas natais. Você pode procurar os aspectos com antecedência, mas uma opção melhor é tomar notas de pequenos acontecimentos ao longo do dia. Então, compare suas notas com a posição de casa e aspectos por trânsito que estavam em efeito naqueles momentos. A maioria dos *softwares* astrológicos consegue gerar uma lista dos "*top* aspectos mais ocorridos" do seu mapa para cada período de tempo.

Outro fator a observar é o que ocorre conforme a Lua forma aspectos dentro de um grau com os planetas no seu mapa – desde o grau mais baixo até o mais alto (de zero até 29). Aqui você também verá um padrão emergir, com uma cadeia de acontecimentos a partir de um acontecimento qualquer, como uma comunicação, seguida por uma discussão, seguida por ânimo abatido, seguido por elogios, etc. Registre como essas cadeias se desdobram, dependendo da dificuldade ou suavidade dos aspectos. Você logo perceberá que os fatos e a sua reação a eles estão intimamente relacionados às posições planetárias e configurações do seu mapa natal. Esse conhecimento pode ajudá-lo a aprender a lidar com as situações, pois você saberá o que, em seu mapa, desencadeia quais reações.

Se você for aplicado ao manter um diário por alguns meses, expanda o projeto do diário lunar para incluir aspectos dos planetas progredidos e de arco solar.

Trânsitos de planetas interiores

Sol

Sol nas casas

Sol em Áries/Primeira Casa: o momento é propício para novos projetos, especialmente os pessoais, pois você quer realizar suas necessidades e desejos. Confiança e motivação estão em alta, mas cuidado para não cair na mentalidade autocentrada e egoísta. Pense nos outros quando estiver fazendo planos e inclua-os, ouvindo outros pontos de vista.

Sol em Touro/Segunda Casa: reavalie seus valores materiais e pessoais durante esse trânsito. Pode ser uma ótima época para limpar e organizar armários e despensas, mas você terá uma tendência a se apegar demais às coisas. Talvez queira mudar o visual, o que dá para fazer sem gastar muito. Essa influência solar é ótima para achar preços baratos.

Sol em Gêmeos/Terceira Casa: o ritmo diário engrena, e pode não ser exagero dizer que você corre desde a manhã até a noite. Você também terá de gerenciar telefonemas e correio; se não o fizer, eles podem acabar tomando muito do seu tempo. Pressione-se a reservar 30 minutos diários somente para si mesmo e tente fazer uma viagem curta de um dia ou de fim de semana – pode ser tranquilizador e relaxante.

Sol em Câncer/Quarta Casa: durante esse trânsito você apreciará a vida doméstica; será ótimo para receber os amigos em casa e para ter mais contato com pessoas da família, especialmente os pais. É provável também que você sinta o anseio de passar mais tempo em casa e mergulhado em projetos ligados ao lar – tudo, desde reformas até decoração, passando por limpezas nos armários e uma reorganização geral do seu espaço.

Sol em Leão/Quinta Casa: com o Sol aqui, seu foco é a diversão. Portanto, planeje sair com amigos, ir a um jogo e curtir um interesse romântico. É também uma boa época para aprender ou passar o tempo realizando projetos criativos e passatempos. Se tem filhos, esse trânsito acentua mais seu envolvimento com as crianças. O período pode ser favorável a investimentos, caso haja outros fatores reforçando.

Sol em Virgem/Sexta Casa: o momento é ótimo para mudar seu estilo de vida, pois estará dando mais atenção à saúde e ao bem-estar, e para começar um programa de exercícios e gradualmente reeducar a alimentação. Ambos podem contribuir para aumentar a produtividade no trabalho, que pode ter muitas demandas nesse período. Você também pode adotar um bicho de estimação ou envolver-se em atividades voluntárias.

Sol em Libra/Sétima Casa: o foco, com o Sol aqui, são os relacionamentos e esforços cooperativos. Use essa época para se conectar com as pessoas, passar umas horas a mais com a cara-metade e, quando necessário, agir como contemporizador, encorajando o consenso. Esse trânsito também pode favorecer consultas com especialistas, como advogados ou contadores. A Lua Nova na sétima casa pode desencadear um noivado.

Sol em Escorpião/Oitava Casa: agora você se concentra nos assuntos de dinheiro, especialmente os que dizem respeito também à outra pessoa, como seguro, renda do parceiro, crédito e credores (verifique o seu relatório de crédito). Se houver outros fatores em concordância, pode ser uma época favorável para requerer um empréstimo ou financiamento. O Sol aqui também pode auxiliá-lo a livrar-se de coisas que não quer mais, pois vai estar mais disposto a se desapegar.

Sol em Sagitário/Nona Casa: essa influência o encoraja a expandir seus horizontes e conhecimento por meio de viagens, aprendizado, leituras ou conversar com as pessoas. O Sol aqui favorece entrar para um curso rápido, por diversão ou para aprender novas aptidões da profissão. Você também provavelmente terá contato com outras pessoas distantes, com parentes da sua cara metade e com antigos amigos de colégio. A espiritualidade também estará em alta agora.

Sol em Capricórnio/Décima Casa: o foco está em você, é importante ser um líder e permitir que os tomadores de decisões vejam o seu melhor. Possíveis ganhos de carreira, incluindo uma promoção, são possíveis, especialmente se a Lua Nova fizer contatos favoráveis no seu mapa natal. Suas ambições também ganham vitalidade sob essa influência, então se energize e vá atrás do que quer.

Sol em Aquário/11ª Casa: depois de toda a atividade recente na carreira, é hora de dar uma pausa para reunir-se com amigos e colegas de emprego e de atividades sociais. Aproveite as oportunidades para fazer contatos profissionais, que possam ampliar e estimular seus objetivos. Você pode também se envolver em projetos coletivos no trabalho ou em outra organização onde seja possível se conectar a pessoas que pensam como você.

Sol em Peixes/12ª Casa: considere esse período um presente do Universo, pois nele é possível recuar da vida agitada por meio de meditação ou solidão. Seu sexto sentido está ativo, agora, mas você também está suscetível a pessoas com certo grau de falsidade. Tome precauções para proteger sua saúde, pois esse trânsito pode desencadear resfriados ou viroses.

Aspectos desafiadores do Sol

Sol-Sol: agora você pode estar no centro do Universo ou sentir-se frustrado quando as coisas não saem de acordo com o planejado. O resultado desse aspecto tem bastante a ver com seu ego. Se o mantiver sob vigilância, é mais provável que o mundo satisfaça seus desejos, simplesmente porque terá toda a determinação necessária. Mas não seja rigoroso demais consigo mesmo e trate com carinho a mente e o corpo.

Sol-Lua: suas necessidades emocionais o impulsionam ao êxito, mas pode haver problemas se seus sentimentos entrarem em conflito com o ego, pois você será puxado em duas direções diferentes. Tente estabelecer certa distância entre si mesmo e os acontecimentos; assim, terá uma perspectiva mais independente. Isso o ajudará a equilibrar ambas as influências. Suas reações agora podem estar ligadas a desejos inconscientes e questões mal resolvidas.

Sol-Mercúrio: pendências, telefonemas, reuniões e *e-mails* podem acabar consumindo seu tempo, então tente se planejar com antecedência. Com tanta coisa em mente, seu cérebro trabalha horas extras e pode ser difícil dormir. Tente desestressar antes da hora de ir para a cama. Também é importante estar receptivo a outros pontos de vista, pois sob esse aspecto seu ego investe mais do que o usual em suas próprias ideias.

Sol-Vênus: os relacionamentos podem estar tanto maravilhosos quanto tensos. Isso depende em grande parte da sua disposição para chegar a consensos e trabalhar com o outro em benefício mútuo. Esse aspecto pode colocá-lo em contato com novas pessoas, resultando em encontros românticos. Mas não é a melhor época para comprar, pois das duas uma: ou você não encontra o que quer, ou gastará demais com itens de luxo.

Sol-Marte: novos projetos prometem bons resultados se você se planejar bem antes de agir: esse não é o momento de agir por impulso. Sua energia e vontade estão agora em alta, e, contanto que você as direcione de forma produtiva, os resultados podem ser positivos. Mas desacelere o ritmo para reduzir a chance de se acidentar ao dirigir, em casa ou no trabalho. Evite ao máximo as pessoas irredutíveis e saia de perto ao primeiro sinal de conflito.

Sol-Júpiter: o otimismo pode trazer à tona o seu melhor, agora, pois o ânimo está em alta. Caso se comprometa apenas com o que pode cumprir, colherá a boa sorte que esse aspecto pode proporcionar. A estratégia para criar sua própria sorte é feita de esforço consistente e um viés prático. Esse aspecto também favorece o aprendizado, se o conhecimento for sua motivação.

Sol-Saturno: esse aspecto pode se refletir em reduzida vitalidade, em atrasos e coisas que empacam, causando bastante frustração. Mas também o encoraja a perseverar e é de grande valor nos quesitos planejamento e organização. Você estará mais produtivo se puder trabalhar por conta própria em vez de em equipe. Possíveis conflitos com supervisores ou outras figuras de autoridade.

Sol-Urano: quando esse aspecto exerce efeito, surge uma verve de independência que causa inquietude e o desejo de abandonar todas as restrições. Isso funciona se você estiver de férias, mas não é a melhor alternativa se o seu trabalho exigir atenção. Em vez de jogar tudo para o alto, dê um tempo, saia para caminhar. Podem ocorrer mudanças e coisas inesperadas, exigindo que você se adapte. Possibilidade de conflito com um amigo ou grupo.

Sol-Netuno: devaneios e o desejo de escapar da labuta diária acompanham esse aspecto. Evite álcool e seja cauteloso com medicamentos. Utilizado de forma positiva, esse aspecto pode melhorar sua criatividade e intuição, e a meditação é uma boa saída para ativar ambas. Você consegue encantar praticamente todo mundo, agora, ao usar as palavras certas, mas tome cuidado para não ser encantado por outros.

Sol-Plutão: questões de poder ganham relevância agora, mesmo sendo difícil definir por que a briga de egos aconteceu. Se você for a fonte do problema, analise seus motivos, que podem estar enraizados na autoestima, e fique longe de pessoas controladoras. Use o bom senso e afaste-se de locais e situações em que correria perigo de se ferir fisicamente.

Sol-Ascendente: pelo fato de seu foco ser você mesmo agora, cuidado para não afastar as outras pessoas enquanto cuida de seus próprios interesses. Veja-as como uma imagem de espelho sua, refletindo tanto as características que gosta em si, quanto as que não gosta. Provavelmente aprenderá muita coisa sobre a vida e os relacionamentos, consenso e cooperação, e como ampliar seus pontos fortes.

Sol-Meio do Céu: sob esse aspecto é possível se conectar com pessoas importantes capazes de alavancar suas ambições. Mas resista à vontade de anunciar seus êxitos aos quatro cantos: em vez disso, seja sutil, isso o levará mais longe. Em casa, trate as necessidades da família assim como trata as suas, ou melhor, seja aquele que busca o consenso. Aproveite a valer os momentos com as pessoas que você ama.

Aspectos suaves do Sol

Sol-Sol: quase tudo flui tranquilamente sob essa influência positiva; ela também é ótima para a vida social, pois traz um sentimento de autoconfiança e inteireza. Esportes e passatempos são válvulas de escape positivas, e é possível maior facilidade nos contatos com crianças, aproveitando mais a companhia delas. Se outros fatores favorecerem, é possível que se dê bem nos investimentos.

Sol-Lua: você se sente bem e está com uma aparência ótima, e sua aura amigável atrai pessoas sob esse aspecto. Os relacionamentos com mulheres podem ser especialmente favoráveis agora. É uma boa época para reunir em casa os amigos mais próximos ou passar horas de lazer com a família. Se você trabalha com o público, as pessoas estarão receptivas às suas ideias e auxílio, e provavelmente elogiarão seus esforços.

Sol-Mercúrio: a curiosidade acentua suas habilidades de comunicação, valiosas tanto em conversas cotidianas quanto em reuniões e entrevistas. Assine contratos, compre dispositivos mecânicos e conserte outros, e dê um jeito na papelada do seu trabalho.

Sol-Vênus: esse aspecto indica um humor animado, além de popularidade e uma natureza afetuosa. Faça um jantar com sua cara-metade ou saia com uma paquera e com os amigos. As finanças e negociações beneficiam-se dessa influência, mas não se esqueça de considerar os possíveis contratempos, pois sua tendência é de facilmente maquiar as imperfeições; também é um bom momento para compras, mudança de visual e corte de cabelo.

Sol-Marte: agora você é atraído por tudo o que é novo; além disso, consegue lidar com os assuntos de forma rápida, graças à energia, confiança e iniciativa em alta. Desacelere o suficiente para garantir que considerou todos os detalhes e resista à vontade de dispersar seus esforços ao começar vários projetos. Exercícios e esportes são particularmente renovadores.

Sol-Júpiter: uma verve afortunada aliada ao seu otimismo entusiasmado é uma combinação bastante promissora, e provavelmente você estará no lugar certo, na hora certa para aproveitar algum momento de boa sorte. Esse aspecto, caso outros fatores concordem, é ótimo para viajar, bem como para receber boas notícias de lugares longínquos ou relacionadas à educação. Tenha fé no futuro e reforce-a com planejamento consistente.

Sol-Saturno: uma forte ética profissional resulta em alta produtividade e ganhos em potencial da carreira, agora ou no futuro. É um momento favorável para tentar um novo emprego ou promoção. O mesmo vale para negócios imobiliários, melhorias no lar e compras ou aluguel de propriedades, se outros aspectos favorecerem. O contato com pessoas mais velhas é positivo e chega a ser até animador, pois sua paciência estará acentuada.

Sol-Urano: mais do que tudo, esse aspecto estimula-o a aceitar a felicidade de ser você mesmo em atividades de grupo e no convívio com os amigos. A variedade nega o tédio, e as mudanças agora parecem atraentes, assim como estar com pessoas originais. É um período positivo para compras de eletrônicos, mas mantenha seu orçamento em mente, pois vai ficar com vontade de comprar bugigangas.

Sol-Netuno: deixe a intuição guiá-lo para sentir o que os outros pensam e sentem, e ofereça ajuda aos que precisam. Mas não deixe outros tirarem vantagem das simpatias que esse aspecto pode ativar, pois ele o encoraja a ver somente o que deseja ver. O momento é ótimo para o amor e a criatividade, ambos complementados por música.

Sol-Plutão: enquanto esse aspecto exerce influência, a força de vontade será o recurso principal para ajudá-lo a realizar suas metas. Use-a de forma sábia e lucrativa para criar mudanças construtivas, incluindo jogar fora tranqueiras que causam distração. As pessoas percebem o poder em você, que pode atrair a atenção de quem faz a diferença, especialmente ao liderar por meio de exemplos.

Sol-Ascendente: você pode construir relacionamentos tanto pessoais quanto profissionais com encontros sociais e reuniões de negócios. Isso virá naturalmente, agora, pois as pessoas reagem à sua energia. Tenha cuidado, entretanto, com a conjunção, que pode voltá-lo demais para si mesmo. São favorecidas as tarefas pessoais, e você conseguirá lançar novos projetos com sucesso se houver outros fatores em concordância.

Sol-Meio do Céu: é hora de esticar-se e expandir suas ambições enquanto estabelece novos objetivos a alcançar. Embora seja possível avançar na carreira, esse aspecto irá mais provavelmente trazer a você a atenção dos tomadores de decisão. O tempo com a família acrescenta profundidade à sua existência agora, caso invista tempo e energia fortalecendo esses relacionamentos.

Lua

Lua nos signos e casas

Lua em Áries/Primeira Casa: suas reações emocionais estão rápidas e diretas agora, e todo mundo está ciente do seu ponto de vista. Isso é algo positivo se você for sensível e tiver tato. Nesse caso, os outros provavelmente reagirão com cuidados e gentileza mútuos. Se for enfático demais, entretanto, pode afastar o apoio de que tanto precisa.

Lua em Touro/Segunda Casa: essa influência auxilia no planejamento orçamentário e pode ajudá-lo a encontrar preços bons; entretanto, se estiver se sentindo meio para baixo, resista à vontade de comprar e comer para ficar bem. Como alternativa, faça algo construtivo. Reforce a autoestima comendo alimentos saudáveis; praticar jardinagem, mesmo com plantas de vaso, pode apaziguar a alma. Guarde algumas moedas em um cofrinho.

Lua em Gêmeos/Terceira Casa: é difícil separar pensamentos de sentimentos sob essa influência, pois você pensa como sente e sente como pensa. Se conseguir separar ambas as coisas, o momento será bom para investir coração e alma em algum projeto desafiador, pois há incentivo para satisfazer suas necessidades emocionais. Você pode, também, entrar em contato com irmãos ou vizinhos.

Lua em Câncer/Quarta Casa: você se sente confortável e seguro em casa, então tente ficar ali pelos próximos dias. Cozinhe por diversão, para os amigos, aproveite o tempo com a família e inicie um pequeno projeto de melhorias na casa. As pessoas em geral podem reagir mais emocionalmente agora, e você estará mais inclinado a contatar as pessoas mais próximas.

Lua em Leão/Quinta Casa: dê voz a seu amor, seja por um amigo, um parceiro ou uma criança. Eles apreciarão a atenção extra, e você também, quando perceber as reações positivas. As brincadeiras trazem alegria à sua vida, e a Lua aqui traz à tona sua generosidade. Crie algo com o coração para a sua casa ou para algum membro da família. Porém, cuidado ao se decidir sobre investimentos, pois pode ser levado pelas emoções.

Lua em Virgem/Sexta Casa: em termos práticos, as tarefas domésticas são cansativas, mas satisfatórias, e você ficará encantado com o resultado final. Evite a inclinação para criticar os mais próximos a você, ou sofrer em silêncio se alguém ferir seus sentimentos. Os bichos de estimação serão capazes de tocar seu coração e desencadear momentos emotivos; o envolvimento em causas humanitárias pode ter o mesmo efeito. Colegas de trabalho do sexo feminino podem auxiliar você.

Lua em Libra/Sétima Casa: você está compatível com os outros, em especial com seu companheiro e os entes queridos. Se houver conflito, entretanto, tente esconder suas emoções, pois as pessoas sentirão mais facilmente esse ponto fraco agora. Você pode encorajar a cooperação e facilitar o consenso tanto em casa quanto no trabalho. É um bom momento para consultas com especialistas.

Lua em Escorpião/Oitava Casa: as ligações emocionais são intensas, e você se sente possessivo com relação a coisas e pessoas. Isso pode prejudicar um relacionamento íntimo, criando uma barreira entre você e a outra pessoa. Lembre-se de que a segurança vem de dentro. Um uso positivo dessa influência é libertar-se de posses desnecessárias e indesejadas.

Lua em Sagitário/Nona Casa: essa é uma época de sorrir, rir e ser feliz, de espírito leve. Assista a uma comédia, passe um tempo com amigos descontraídos ou explore as maravilhas da natureza. Um tema-chave aqui é também expandir sua base de conhecimentos, seja conversando com as pessoas, lendo ou navegando na internet. Você pode reconectar-se com amigos de infância ou do colégio, ou ter notícias da família do seu companheiro.

Lua em Capricórnio/Décima Casa: essa é uma posição de alta visibilidade e que estimula suas ambições. Então, é fácil assumir uma postura séria de alguém "disposto aos negócios". Suavize o clima quando interagir com os outros, principalmente com os que poderiam alavancar suas metas. Questões de propriedade e atividades práticas, como planejamento e organização, combinam bem com a Lua aqui.

Lua em Aquário/11ª Casa: essa influência enfatiza as amizades e atividades coletivas; portanto, a Lua aqui favorece trabalho em equipe e rede de contatos, bem como a vida social. Você consegue manter uma distância saudável das pessoas, com mais facilidade, fazendo desse um período em que as emoções terão papel reduzido nos relacionamentos. Bugigangas e produtos eletrônicos atraem seu interesse.

Lua em Peixes/12ª Casa: dê ouvidos à intuição. Ela pode trazer ótimas orientações em atividades cotidianas. Mas cuidado para não revelar segredos mesmo às pessoas de confiança. A solidão pode atrair agora, pois você estará mais sensível ao ambiente. Barulhos e vozes altas podem ser particularmente desestabilizadores, enquanto a música tranquila é relaxante.

Aspectos desafiadores da Lua

Lua-Lua: esse aspecto pode desencadear humor volátil e emoções profundas, mesmo que não sejam aparentes para os outros. Você está mais sensível agora, e mesmo pequenas ofensas serão capazes de desestabilizar ou tirar você do sério. A interação com mulheres pode ser positiva ou negativa, dependendo de outros fatores; seja como for, entretanto, seja cuidadoso em discussões, caso não seja possível adiá-las para outro momento.

Lua-Mercúrio: mantenha em mente o seguinte: seus pensamentos estarão mais baseados nas emoções agora, com o coração guiando a cabeça. Não é hora de tomar grandes decisões ou entrar em discussões importantes, pois seu ponto de vista vai mudar assim que as emoções forem para nova direção. Mas se houver fatores positivos, o momento pode ser bom para ensaios de apresentações focadas em fatos.

Lua-Vênus: esse aspecto é bom para olhar vitrines, mas não para gastar, e comparecer a eventos sociais, contanto que você não exagere. A melhor escolha é a moderação em todas as coisas. É possível um pequeno conflito com alguém próximo, talvez porque ele ou ela se sentem negligenciados. Atenção extra pode reduzir essa possibilidade, se a sua mente se concentrar em dar em vez de receber.

Lua-Marte: suas ações baseiam-se nas emoções agora, o que significa que você pode estar impulsivo. Tente ignorar pequenas irritações e frustrações que, no grande esquema das coisas, não fazem qualquer diferença. Volte ao seu centro, pense em coisas calmas e prossiga. Caso contrário, é possível que um pequeno fato acabe adquirindo proporções enormes. Cuidado ao usar ferramentas ou dirigir.

Lua-Júpiter: você está motivado a ir em frente com confiança, por um desejo de liberdade aliado ao otimismo. Só certifique-se de estar com os pés no chão e não basear suas escolhas somente na fé. Quando canalizada para empreendimentos construtivos, essa energia pode gerar grandes resultados, embora você precise se abrir a novas ideias e pontos de vista em vez de trancar-se somente nos seus.

Lua-Saturno: esse aspecto pode trazer a sensação de se estar acabado, com energia em baixa e uma aura geral de pessimismo. O peso da responsabilidade, seja ela real ou imaginária, faz com que você caracterize esse período como uma batalha montanha acima. Sem apoio dos outros, é possível que se sinta só. Mas esse aspecto também pode impulsionar ambições. Encontre alegria em algo simples.

Lua-Urano: você está inquieto e impulsivo agora, e suas emoções e humor podem flutuar de um extremo a outro. Você anseia por animação e mudança, mas é difícil se concentrar nas tarefas em pauta. Estímulos mentais podem auxiliar a se concentrar. Tente olhar as tarefas rotineiras a partir de uma nova abordagem, saia para caminhar, monte um quebra-cabeça ou aprenda alguma técnica rápida para economizar tempo.

Lua-Netuno: você está sensível às pessoas e ao ambiente, e até o comentário ou ação mais insignificante pode tirá-lo do eixo por estar tão à flor da pele. Resista à vontade de tirar conclusões precipitadas, pois será fácil demais entender de forma errada o que outra pessoa diz ou faz. Esse aspecto acentua o seu sexto sentido, e os devaneios são uma boa forma de dar vazão a essa fase sentimental.

Lua-Plutão: quando esse aspecto está ativo, sensações intensas podem levar ao ciúme e à possessividade, ou uma luta emocional por poder. O motivo dela pode ser válido, ou estar somente na sua percepção, pois é difícil distinguir entre realidade e imaginação. Recue, ainda que mentalmente, para ganhar uma perspectiva renovada. Se acalmar os pensamentos, terá força.

Lua-Ascendente: esse aspecto é um estímulo para que você comunique seus sentimentos àqueles mais próximos, para oferecer-lhes auxílio, cuidados e atenção. Isso pode ajudá-lo a atender suas atuais necessidades de contato emocional, enquanto simultaneamente alimenta o auxílio mútuo. Mas também é possível que encare os relacionamentos de modo exageradamente emocional, fazendo com que seus esforços sejam rejeitados pelos outros.

Lua-Meio do Céu: você está sendo puxado em duas direções diferentes: carreira e família. As pressões em ambas as áreas podem ser difíceis de administrar, mas esse é mais um motivo para pensar em suas prioridades e reorganizá-las, se necessário. Felizmente você consegue sentir com facilidade o que os outros querem e precisam, o que ajuda se tiver de fazer apresentações ou passar por entrevistas durante esse período.

Aspectos suaves da Lua

Lua-Lua: da vida pública à privada, você está em contato com seus sentimentos e com as pessoas à sua volta. A vida em família pode adquirir um significado especial agora, e refeições preparadas com carinho, em casa, com os entes queridos, podem ser mais satisfatórias do que usualmente. É também um bom momento para pensar em ideias de como melhorar a casa e também para comprar móveis ou uma decoração para aperfeiçoar seu espaço.

Lua-Mercúrio: sob esse aspecto, seu foco mental é a comunicação, e consegue se comunicar com praticamente todo mundo. É um bom momento para dar telefonemas, mandar *e-mails* e postar mensagens em *sites* de rede social. As mulheres estarão particularmente receptivas aos seus pedidos, agora, e poderão auxiliá-lo a buscar respostas, além de fornecer informações necessárias.

Lua-Vênus: esse aspecto favorece os eventos sociais, encontros e jantares românticos. Igualmente interessante será o tempo em casa com aqueles que você ama, pois a família (ou colegas de moradia) estarão na mesma frequência, em clima harmonioso com você. Também pode usar essa energia planetária para reorganizar móveis, plantar um jardim, planejar ou dar uma festa, ou fazer compras de decoração.

Lua-Marte: compartilhe sua energia animada e alta confiança onde quer que vá. Essas características facilmente contagiarão os outros, fazendo dessa uma ótima época para liderar pequenos projetos ou sessões de *brainstorming*. Esse aspecto também favorece atividades físicas, como exercícios na academia, e eventos desportivos. Mas vá com calma na direção, pois vai querer acelerar.

Lua-Júpiter: seu humor alegre e despreocupado contagia, espalhando sorrisos, risadas e vivacidade entre os que você toca. Esse aspecto também é bom para ampliar seus conhecimentos sobre algum assunto específico ou sobre o mundo em geral. Pode trazer notícias positivas de longe, ou referentes a assuntos legais ou educacionais, caso haja outras influências em concordância. Se pedir, favores serão concedidos.

Lua-Saturno: você se sente seguro, embora reservado, e a paciência será útil ao lidar com desafios menores e pessoas sem imaginação. Esse aspecto é melhor para atividade e conversas tranquilas do que para eventos grandes ou cheios de animação. Favorece também a alta produtividade e a sensação satisfatória de realização. Aproveite qualquer oportunidade para alegrar o dia de alguém mais velho.

Lua-Urano: reuniões organizacionais, atividades em grupo e amigos lhe trarão vida e provavelmente boas surpresas. Agarre a oportunidade de se apresentar a pessoas novas e fazer contatos, pois uma delas pode fornecer alguma ligação inesperada com alguém capaz de lhe abrir portas. Use sua imaginação para criar ideias e abordagens inovadoras.

Lua-Netuno: sentimental e sensível agora, você sente afeição especial pelos entes queridos, amigos e pessoas necessitadas. Entretanto, cuidado: ofereça apoio, mas sem pegar para você a carga deles. Os devaneios são uma diversão deliciosa e os sonhos noturnos, cheios de novos *insights*. Esse aspecto também soma ao seu charme, tornando esse um período favorável para convencer os outros a ver as coisas a seu modo.

Lua-Plutão: a profundidade emocional permite que você entre em contato com suas sensações não de forma turbulenta, mas sim edificante. No nível prático, esse aspecto favorece consertos domésticos e uma reorganização geral em casa e no trabalho. Limpe armários e gavetas para satisfazer à necessidade de mudanças. É fácil desapegar-se do que não mais precisa ou quer.

Lua-Ascendente: relações harmoniosas com todo mundo, desde seu par até colegas de trabalho, tornam a vida agradável. Sorria, espalhe alegria e ofereça assistência para encorajar e estimular o apoio mútuo. Mas, principalmente, você se sentirá bem consigo mesmo, pronto para encarar a vida e ter êxito nas coisas em que se aplicar, sob esse aspecto. O período também favorece momentos amorosos com a cara-metade.

Lua-Meio do Céu: a visibilidade e o sucesso no trabalho trazem satisfação e elogios do alto escalão. Amplie esse efeito fazendo-se ver, ouvir e notar pelos tomadores de decisões. Dê apoio à sua família e compartilhe seus sentimentos e amor. Eles nunca vão saber como você se sente se não lhes disser – e isso pode alegrar o dia deles, além do seu.

Mercúrio

Mercúrio nos signos e casas

Mercúrio em Áries/Primeira Casa: não tenha medo de falar. Expresse seus pontos de vista e ideias; isso será efetivo, pois agora você está com a mente clara e o pensamento rápido. Deve, entretanto, pausar para ouvir de verdade as opiniões que os outros devolvem. Resista à vontade de tomar decisões por impulso, ou de retaliar. Essa influência pode também desencadear inquietude, a ser acalmada com caminhadas ou exercícios.

Mercúrio em Touro/Segunda Casa: questões financeiras ganham importância, e essa influência o encoraja a pensar e planejar antes de gastar. Procure descontos e compare preços, e vá atrás de informações sobre tendências financeiras atuais. Em outro nível, mercúrio o desafia a examinar seus valores, especialmente aqueles relacionados a dinheiro e posses.

Mercúrio em Gêmeos/Terceira Casa: tarefas, telefonemas, mensagens de *e-mail*, reuniões e compromissos ocupam mais o seu tempo agora; então, planeje-se para encaixar no seu tempo a agenda lotada de demandas. Se precisar de informações, elas serão disponibilizadas com agilidade. Esse é um bom período para fazer algum curso rápido. Espere maior contato com irmãos e vizinhos.

Mercúrio em Câncer/Quarta Casa: esse aspecto encoraja o tempo com a família, durante o qual os laços serão fortalecidos por meio de longas conversas. Favorece também a diversão com amigos e família, reuniões de família e pesquisa de árvore genealógica. Projetos práticos para a casa podem ser recompensadores, especialmente se você fizer primeiro um planejamento detalhado e então aprender ou aperfeiçoar novas habilidades do tipo faça-você-mesmo.

Mercúrio em Leão/Quinta Casa: essa é uma boa época para a vida social, ler por prazer, ver peças ou filmes, aprender um novo passatempo e criar algo com suas mãos e sua mente. Diversão garantida em eventos esportivos, jogos e passeios com as crianças. Essa é também a casa da especulação, então você pode aproveitar a energia mercuriana aprendendo mais sobre investimentos e como lucrar com eles.

Mercúrio em Virgem/Sexta Casa: no trabalho, sua atenção é regida pelos detalhes e você estará mais produtivo do que o normal. Mas essa influência também pode fazer com que você esqueça o contexto geral, então separe um tempo para rever o trabalho a partir de uma perspectiva mais ampla. Se outros fatores favorecerem, a procura de um novo emprego pode render frutos. Faça exercícios, descanse e coma alimentos nutritivos – isso contrabalançará os efeitos da tensão.

Mercúrio em Libra/Sétima Casa: contratos e negociações beneficiam-se desse trânsito, que dá ênfase ao compromisso. A comunicação aberta pode fortalecer qualquer relacionamento íntimo, mas é possível que você tenha também de lidar com concorrentes; portanto, é recomendável não revelar tudo o que sabe. É possível desenvolver boas afinidades em consultas profissionais, mas não deixe de checar as referências.

Mercúrio em Escorpião/Oitava Casa: essa influência normalmente favorece discussões financeiras e decisões em conjunto com um parceiro. Se houver outros fatores em concordância, o momento favorecerá empréstimos, financiamentos e outros tipos de crédito. Há um lado oculto nesse trânsito, que o encoraja a explorar seu subconsciente em momentos privados.

Mercúrio em Sagitário/Nona Casa: expanda seus conhecimentos durante esse trânsito fazendo algum curso, ou aprendendo por conta própria, ao viajar ou compartilhar e trocar informações com os outros. As pessoas em lugares distantes podem ser excelentes fontes de informação, e é possível a comunicação com parentes de seu companheiro e antigos amigos do colégio. Podem surgir problemas legais a serem discutidos, ou então que você seja chamado a fazer parte de júri popular.

Mercúrio em Capricórnio/Décima Casa: sua carreira pode se beneficiar com esse trânsito: ele vem com ótimas oportunidades de atrair atenção de quem toma as decisões. Socialize mais com o chefe, seja o primeiro a aceitar alguma tarefa extra e ofereça-se para liderar um projeto. Em conjunto com apresentações, isso tudo pode ajudar a alavancar seus objetivos. A busca por um emprego pode ser frutífera.

Mercúrio em Aquário/11ª Casa: seu melhor caminho para o sucesso é o trabalho em equipe nesse trânsito; logo atrás, em segundo lugar, vêm as redes de contatos. Veja os amigos, compareça a reuniões sociais e envolva-se em atividades em grupo no trabalho ou no tempo livre. Reveja e atualize objetivos pessoais e profissionais, ou estabeleça-os em conjunto com um planejamento passo a passo e datas para alcançá-los.

Mercúrio em Peixes/12ª Casa: pode ser que lhe contem segredos durante esse trânsito, mas pare de contar os seus: provavelmente serão vazados, e por alguém considerado digno de confiança. Na vida pessoal, é uma boa época para estar só e reduzir o ritmo, o que inclui dormir bem e bastante. Pense, leia e medite para entrar em contato com seu subconsciente e a voz interior.

Aspectos desafiadores de Mercúrio

Mercúrio-Mercúrio: a vida está frenética: pessoas, comunicações e tarefas consomem grande parte do seu tempo. Tente se manter focado em meio a todas as distrações, de modo a aproveitar sua mente, que anda particularmente ativa. Resista à tendência de se irritar até com fatos e questões que não são graves. Lide diretamente com os problemas e siga em frente. Peça conselhos, mas tome suas próprias decisões.

Mercúrio-Vênus: tome a iniciativa de resolver pequenas discordâncias de modo que não se multipliquem, virando um conflito bem maior. A paz será alcançada com apenas um pouco de esforço. As reuniões sociais são uma diversão agradável, agora, e trarão a oportunidade de conhecer pessoas e aumentar a rede de contatos. Você se sentirá imediatamente atraído por algumas pessoas, enquanto vai querer se afastar de outras que parecem funcionar em uma frequência completamente diferente da sua.

Mercúrio-Marte: insignificâncias, pequenas irritações e frustrações dão nos nervos, sob esse trânsito. Qualquer uma dessas coisas pode tirá-lo do sério, então faça um esforço para entender que a vida nem sempre sai como planejamos, e pense em coisas tranquilas quando houver oportunidade. Desacelere e tenha cuidado ao dirigir; não se coloque em situações propensas a causar acidentes.

Mercúrio-Júpiter: seu pensamento está focado no quadro geral, mas não se esqueça dos detalhes, que têm a mesma importância com esse aspecto. Também seja realista sobre o que conseguirá finalizar em um intervalo de tempo determinado, porque você tende a ser excessivamente otimista agora. Também pode ser tentador gabar-se dos seus feitos, mas não pegará bem com os outros, mesmo que você mereça elogios.

Mercúrio-Urano: esse aspecto pode engatilhar ideias inovadoras. Infelizmente, ele também encoraja decisões e comentários impulsivos. Pense com cuidado antes de falar ou escrever e aconselhe-se a ir com o fluxo, embora sua preferência seja agir. Notícias e desenvolvimentos inesperados podem exigir mudança de planos. Faça um *backup* de todos os arquivos do computador e fique atento a vírus.

Mercúrio-Netuno: proteja suas bases. Confusões e mal-entendidos podem acontecer, e seus pensamentos estarão desordenados, mesmo que você pense estar vendo tudo com clareza. Também mantenha consigo segredos e rumores, em vez de arriscar que alguém use a informação contra você. A vantagem com esse aspecto, entretanto, é que você pode, quase sem esforço, evitar mexericos, parcialmente usando a intuição.

Mercúrio-Plutão: a diferença entre intensidade e obsessão é uma linha estreita quando esse aspecto está ativo. Se puder evitar a última, você poderá capitalizar sua energia para qualquer tarefa que requeira concentração, estudo ou pesquisa. Faça o melhor que puder para manter distância de pessoas que têm o poder e estão no controle, para não acabar sendo controlado. Mantenha suas opiniões para si.

Mercúrio-Ascendente: separe um tempo em sua agenda cheia para conversar com a cara-metade ou com seu melhor amigo. Isso irá satisfazer sua necessidade de estímulo mental, e a troca de ideias fortalecerá os laços. Provavelmente você terá de se lembrar de manter a mente aberta, mesmo quando sua reação inicial é desprezar as ideias alheias. Possivelmente aprenderá algo sobre a vida e sobre si mesmo.

Mercúrio-Meio do Céu: suas apresentações e falas em público serão excelentes, agora, contanto que se prepare em vez de simplesmente falar o que vem à cabeça. O mesmo se aplica às reuniões de trabalho, nas quais você terá oportunidade tanto de aprender quanto de ensinar. Esse trânsito pode vir acompanhado de notícias sobre carreira e família, encorajando-o a incluir entes queridos no planejamento doméstico.

Aspectos suaves de Mercúrio

Mercúrio-Mercúrio: sob esse aspecto, reuniões, compromissos, notícias, todas as formas de comunicação e pendências preenchem grande parte da sua agenda. Você também pode aprender enquanto caminha pela vida, absorvendo informações pequenas, mas úteis, em qualquer lugar. Se houver outras influências favoráveis, é uma boa hora para assinar contratos ou negociar acordos. Se precisar de conselhos, consulte um irmão ou parente.

Mercúrio-Vênus: a vida parece mais leve sob esse aspecto. Sua atitude amistosa atrai o interesse alheio e até a possibilidade de um novo relacionamento. Reserve um tempo para passatempos, amigos, compras ou para ir a algum show. No trabalho, poderá ganhar apoio para suas ideias e planos, e essa influência planetária pode ser positiva para entrevistas.

Mercúrio-Marte: você pensa rápido e consegue compreender em um instante todos os fatos de uma situação. Isso é uma vantagem, se o seu trabalho envolve atendimento ao público ou se pretende convencer pessoas de suas ideias em uma reunião. Há também a possibilidade de você se impacientar com as pessoas que levam mais tempo para entender o que você está falando. Explique pausadamente os detalhes por trás de suas ideias; irá se sair bem nisso agora.

Mercúrio-Júpiter: esse trânsito é bom para planejar, estudar, aprender e viajar, além de lidar com assuntos legais e de negócios. Pode também trazer boas notícias que reforçam sua mentalidade positiva e animada. Esforçando-se apenas um pouco, você conseguirá ver tanto o cenário geral quanto os detalhes, que certamente o deixarão em vantagem em qualquer situação. Mas, principalmente: esse aspecto o encoraja a expandir seu conhecimento com pontos de vista alternativos.

Mercúrio-Saturno: os pontos fortes desse trânsito são planejamento e organização, com a habilidade de se concentrar e tomar decisões fundamentadas. São também possíveis os ganhos de carreira, se outros fatores estiverem em concordância. Seja qual for o caso, o que você faz agora provavelmente reforçará sua posição e o fará avançar futuramente. Uma discussão séria pode acabar sendo inesperadamente reconfortante e repleta de novos *insights*.

Mercúrio-Urano: seja espontâneo e confie em sua intuição quando a imaginação desencadear soluções criativas. O trabalho em equipe, além de sessões de *braisntorming* lideradas por você, podem arrebanhar apoio para suas ideias. Amizades e redes de contatos fortalecem-se sob esse aspecto, e, em sua vida pessoal, não deixe de se conectar a pessoas intelectualmente estimulantes ou que sejam de alguma forma singulares ou originais.

Mercúrio-Netuno: vá além dos fatos e ignore o senso comum, se puder fazê-lo com segurança. A combinação irá ajudá-lo a libertar o pensamento criativo, que está forte agora. Mas adie decisões de vida importantes, pois você pode não estar a par de todos os fatos, ou enxergar, inconscientemente, apenas o que deseja. Acima de tudo, aproveite o momento. Vá ver um filme ou deixe-se levar por algum bom livro.

Mercúrio-Plutão: você vê além do óbvio, agora, e pode facilmente pesquisar soluções para problemas que causam perplexidade. Os estudos serão produtivos, contanto que você não fique tão absorvido na tarefa do momento a ponto de esquecer todo o resto. Agora você também tem uma presença consistente, no sentido de que as pessoas o ouvem quando fala, considerando seriamente seus pensamentos e ideias.

Mercúrio-Ascendente: o aprendizado toma a frente sob esse aspecto, que estimula sua curiosidade. Entre para um curso rápido, una-se a projetos comunitários ou organize um encontro informal entre vizinhos. Além disso, planeje com antecedência, pois a administração do tempo é essencial para lidar com quantidade cada vez maior de telefonemas, papelada do trabalho e pendências pessoais. Acima de tudo, separe um tempo para conversar com seu parceiro, ou com algum parente próximo.

Mercúrio-Meio do Céu: tire o máximo de proveito dessa fase visível comunicando-se com pessoas do alto escalão. Faça uma apresentação, se tiver oportunidade, ou tente marcar uma reunião para o período desse trânsito. Esse aspecto também é bom para entrevistas, caso haja outras influências positivas, pois você passará a imagem de alguém conhecedor. A vida doméstica irá se beneficiar de uma comunicação franca.

Vênus

Vênus nos signos e casas

Vênus em Áries/Primeira Casa: esse é um período sociável, que ficará ainda mais divertido por causa da sua popularidade. Seus poderes de atração estão fortes e lhe trarão praticamente tudo o que desejar. Conheça novas pessoas e familiarize-se com elas – pode surgir um interesse romântico aí. Trate seu corpo com carinho e resista à vontade de exagerar nos doces e alimentos calóricos.

Vênus em Touro/Segunda Casa: esse trânsito tem a ver principalmente com dinheiro e bens; ambas as coisas podem acabar vindo até você. É possível um aumento de salário ou o recebimento de presentes.

Entretanto, você terá vontade maior de gastar, o que dificulta equilibrar o orçamento. Economize primeiro, e gaste depois. Separe algumas horas do fim de semana para limpar os armários, vender por conta própria seus itens usados ou levá-los a brechós.

Vênus em Gêmeos/Terceira Casa: Vênus aqui pode lhe conferir charme e tato adicionais, o que pode ser vantajoso no trabalho e na vida pessoal. Também será mais fácil se aprovar as suas ideias, em entrevistas e reuniões. Se outros fatores concordarem, os relacionamentos entre irmãos estarão no ápice; você poderá ter mais contato com pessoas, seja no próprio bairro ou com atividades comunitárias.

Vênus em Câncer/Quarta Casa: a vida doméstica e os confortos de casa parecem mais atraentes agora, e o período será favorável para receber os amigos e família. Aproveite esse trânsito para fazer reparos na casa ou embelezar seu espaço com plantas, almofadas ou artesanato. Para melhorar ainda mais, peça palpites a seu parceiro ou a um amigo íntimo.

Vênus em Leão/Quinta Casa: esse trânsito é perfeito para festas, encontros, jogos, diversão e romance, e você pode até atrair alguém. Irá adorar passar o tempo com as crianças, ou realizando *hobbies* criativos, e pode gostar de assistir a eventos de esporte ou shows. Os investimentos serão rentáveis, se houver outras influências em concordância, mas não fique apostando na bolsa só para satisfazer seu ego.

Vênus em Virgem/Sexta Casa: sua vida profissional está satisfatória, em parte por causa da relação harmoniosa com os colegas de trabalho. Aproveite ao máximo essa atmosfera de apoio mútuo para trocar favores e gerar ideias de qualidade. Mas cuidado ao iniciar um relacionamento romântico com algum colega de trabalho, pois pode ter vida curta. Os bichos de estimação lhe trarão bastante afeição agora.

Vênus em Libra/Sétima Casa: esse é um bom momento para fortalecer os laços com entes queridos e para resolver dificuldades de relacionamento. Mesmo que não concorde com tudo, se souber negociar pode obter um consenso factível. Poderá estabelecer uma relação de confiança ao consultar especialistas, tais como um contador. Se outros fatores concordarem, pode haver um noivado com a cara-metade.

Vênus em Escorpião/Oitava Casa: é possível pedir empréstimos ou financiamentos com êxito, caso outros fatores apoiem; o mesmo vale para investimentos, seguros e grandes compras. É possível que seu companheiro ganhe um dinheiro inesperado ou aumento de salário, ou você pode receber notícias acerca da restituição do imposto de renda. Poupar e reduzir dívidas devem ser suas prioridades agora.

Vênus em Sagitário/Nona Casa: esse trânsito favorece viagens, especialmente as românticas, e também é bom para reunir os amigos ou fazer viagens rápidas com eles. Faça questão de expandir a base de seu conhecimento por meio de cursos *on-line*, leituras, de conversas e trocas de ideia. O que você aprender agora logo será de valor inestimável e conduzirá a novas oportunidades no futuro.

Vênus em Capricórnio/Décima Casa: aproveite todas as oportunidades possíveis para brilhar durante esse período, em que você pode ganhar a preferência do chefe. Isso pode resultar em promoção se outros fatores concordarem, e a busca de um emprego iniciada agora poderá ser frutífera. Entretanto, os símbolos de *status* poderão ter mais importância, encorajando você a gastar além de suas possibilidades.

Vênus em Aquário/11ª Casa: amigos e reuniões sociais são quase uma prioridade máxima, sob essa influência, trazendo oportunidades de expandir a rede de contatos e provavelmente encontrar uma paquera ou novo contato profissional. É possível que seja reconhecido por suas contribuições em algum projeto coletivo, ou então que se envolva em alguma organização capaz de alavancar seus objetivos pessoais e de carreira.

Vênus em Peixes/12ª Casa: agora, agradam-lhe o lazer e as horas de descanso com seu companheiro; é um período para ler e criar. Atividades voluntárias serão especialmente recompensadoras nesse momento, e pode ser que você visite algum grande amigo, ou parente, hospitalizado. Esse trânsito também ativa seu sexto sentido, especialmente com relação às pessoas, algumas das quais lhe contarão seus segredos. Ouça, mas não compartilhe os seus.

Aspectos desafiadores de Vênus

Vênus-Vênus: em geral esse é um aspecto positivo, sendo que seu grande desafio é o potencial para preguiça e gastos excessivos e comilança, inclusive de doces. As atividades prazerosas atraem-no, assim como se encontrar com os amigos ou sair com a cara-metade ou alguma paquera. Entretanto, pode haver pequenas tensões nos relacionamentos quando os desejos divergem. O consenso é a solução para restaurar a calma.

Vênus-Marte: esse aspecto é ótimo para romance e a vida social, caso você decida dirigir a energia de Marte para essa direção. Porém, também pode desencadear conflitos com um parceiro ou alguém próximo, provavelmente envolvendo questões financeiras. Não tome decisões por impulso no quesito relacionamentos, especialmente se forem recentes; adie as compras, pois estará impulsivo agora.

Vênus-Júpiter: seu humor animado melhora os relacionamentos, e é possível que receba um dinheiro inesperado. Esse aspecto, entretanto, pode desencadear excessos em tudo, desde gastar demais até comer demais. Você também tende a um otimismo fora de realidade que o estimula a se comprometer com mais coisas do que pode dar conta. Seja particularmente cuidadoso se alguém prometer rendimentos rápidos com algum investimento.

Vênus-Saturno: é difícil se ligar às pessoas sob esse aspecto, e você se sente isolado, mesmo sendo incapaz de entender o porquê. Aproveite esse momento para entrar em contato com seus próprios sentimentos acerca dos relacionamentos em sua vida. Se houver o apoio de outras influências planetárias, isso pode ser o gatilho que o levará a cortar laços com alguém. Também pode trazer arrependimentos com relação a uma pessoa do passado.

Vênus-Urano: agora os relacionamentos podem estar em alta ou em baixa, positivos ou negativos, e, seja como for, com certeza andam fora do normal. Um amor à primeira vista é tão possível quanto o fim repentino de uma relação. Não se precipite ao tentar satisfazer suas necessidades de independência, liberdade e excitação. A menos que haja aspectos planetários condizentes, tais sentimentos passarão tão rapidamente quanto surgiram. Resista à vontade de gastar por impulso.

Vênus-Netuno: o amor pode capturar seu coração agora, e não tem problemas idealizá-lo, contanto que você saiba que a perfeição é uma ilusão. É possível que seu companheiro ou alguém próximo traga desapontamento e desilusão. Fique longe de qualquer coisa que não tenha a ver com as finanças do dia a dia e evite tomar grandes decisões até que esse aspecto passe, pois, sob esse trânsito, é difícil pensar com clareza. Faça o mesmo com empréstimos e investimentos.

Vênus-Plutão: o amor e os relacionamentos poderão ser coloridos pelo ciúme e sentimento de posse – de sua parte ou vindos de alguém próximo. Vá com calma e veja as coisas de forma realista, ou se afaste de qualquer pessoa que tente manipulá-lo. É possível que seja sugado para uma briga de poder por alguém de personalidade controladora. Fique alerta a essa tendência nos outros e em si mesmo, ainda que ela pareça inconsistente.

Vênus-Ascendente: um tempo com amigos e entes queridos, além de conhecer novas pessoas, podem ser atividades especialmente agradáveis nesse período. Ele é ótimo para receber pessoas em casa e comparecer a reuniões sociais. Presenteie-se com algo simples que não seja caro e faça o mesmo com as pessoas as quais você ama. Ou então embeleze a casa com novos artesanatos, plantas ou fotos de família.

Vênus-Meio do Céu: sua popularidade no local de trabalho está em alta sob esse aspecto, mas as relações em família exigirão mais esforço: as pessoas queridas podem estar se sentindo negligenciadas, agora. Embora seja pouco provável que essa influência lhe traga um aumento ou promoção, poderá ajudá-lo a subir um degrau com segurança, no futuro, quando outras influências planetárias mais fortes estiverem ativas. Organize um encontro para as pessoas da família e colegas de trabalho.

Aspectos suaves de Vênus

Vênus-Vênus: os relacionamentos, as finanças e a vida amorosa podem beneficiar-se desse trânsito, que também é bom para assistir a um show ou peça de teatro, e para projetos manuais. É provável que receba um presente que terá grande valor pessoal, ou pode ter sorte nas compras. Se tem uma mentalidade mais frugal, tente achar ofertas e vales-desconto, especialmente em itens de marca, e faça compras mantendo sempre em mente seu orçamento.

Vênus-Marte: se, em um encontro com amigos, sentir-se atraído por um novo alguém, apresente-se. Ou convide sua cara-metade ou paquera atual a algum acontecimento social ou de esportes; ou organize você mesmo uma reunião. Essa influência eleva sua popularidade e atrai pessoas que o apoiam, então pode ser uma boa hora de pedir aquele favor a alguém. Há, entretanto, o risco de comprar por impulso.

Vênus-Júpiter: a sorte está a seu favor no amor e no dinheiro, mas ainda assim é uma boa ideia ater-se ao bom senso, apesar do seu otimismo atual. Os desejos quase sempre se realizam, mas às vezes isso não acontece. Você vai apreciar as atividades sociais, mas segure-se um pouco para não cometer exageros. Esse não é o momento de comprar a crédito ou obter outro cartão, pois você provavelmente vai gastar demais.

Vênus-Saturno: se houver outros fatores em concordância, pode ser um bom momento para investimentos conservadores de longo-prazo e também para comprar ou alugar imóveis. É possível que você ganhe elogios por esforços ligados à carreira – isso pode agir a seu favor, no futuro. Os relacionamentos consistentes irão se beneficiar dessa influência, e pode ser que você reate o contato com alguém do passado. São benéficos os projetos domésticos do tipo faça-você-mesmo para embelezar a casa.

Vênus-Urano: torne-se disponível para o amor durante esse trânsito. Ele pode chegar da forma mais inesperada. Alguém próximo poderá surpreendê-lo com um presente; além disso, haverá química nas novas amizades. Se fizer alguma atividade em equipe, será um membro em destaque no grupo. É possível que venha algum dinheiro inesperado ou sorte que lhe economizará dinheiro. O mais importante é saber que sempre há algumas surpresas quando esse aspecto exerce seu efeito.

Vênus-Netuno: sob essa influência, romance, música suave, devaneios e fantasias serão o melhor que podem ser. Vivencie-os com alguém a quem ama. Será possível trazer alegria a muitas pessoas agora, simplesmente oferecendo palavras gentis ou um abraço. Se está solteiro reúna-se com os amigos para aproveitar a aura de charme que esse aspecto costuma trazer.

Vênus-Plutão: seu carisma sutil, embora poderoso, atrai as pessoas, e você experimenta rara profundidade no amor, conforme a paixão do relacionamento se intensifica. Mas seja cauteloso se for seduzido por alguém novo, que pode ou não ser aquilo que você espera. Esse aspecto também enfatiza questões financeiras. Se outros fatores concordarem, será possível lucrar com investimentos ou dons.

Vênus-Ascendente: você é tão agradável quanto as pessoas que encontra sob essa influência, que enfatiza relacionamentos harmoniosos. Troque favores e elogios, divirta-se, relaxe e participe de atividades sociais. Mas tente limitar os doces e alimentos calóricos, pois ambos parecerão ainda mais tentadores agora. Esse aspecto também favorece reuniões, compromissos e consultas com especialistas.

Vênus-Meio do Céu: é possível impressionar o chefe ou possível empregador agora, e quase sem fazer esforço. Mas tenha consciência de que tenderá a se apoiar demais no charme, quando fatos e esforço poderiam trazer resultados melhores. Acrescente um toque de beleza à sua casa, como uma planta em flor, almofadas ou artesanato, e considere dar uma festa em casa para amigos e família.

Marte

Marte nos signos e casas

Marte em Áries/Primeira Casa: energia em alta resulta em nível elevado de atividade sob esse aspecto. É ótimo para a produtividade, contanto que você durma o suficiente, o que pode ser um desafio agora. Tranquilize-se antes da hora de dormir. Há probabilidade de se acidentar, então não vá além dos seus limites. Pode ser bem-sucedido em um papel de liderança, contanto que dome a impaciência.

Marte em Touro/Segunda Casa: Marte em Touro equivale à determinação máxima, mas a teimosia também estará nesse nível. Em vez de deixar que ela assuma o controle, use esse trânsito para realizar atividades construtivas, como arrumar tranqueiras e limpar os armários, além de se comprometer com um orçamento realista – assim, suas finanças ficarão no azul, aumentando suas economias.

Marte em Gêmeos/Terceira Casa: pense antes de falar ou mandar *e-mails* ou textos. Agora será muito fácil reagir de modo prematuro, o que pode gerar repercussões ou discussões. A vida cotidiana vai em ritmo veloz, mas vá com calma ao dirigir, pois é um período propenso a acidentes. Concentre-se em aprender e motivar os outros usando a palavra. Expanda sua mente explorando e aprendendo um novo assunto.

Marte em Câncer/Quarta Casa: energia e iniciativa complementam-se mutuamente, tornando esse um bom período para trabalhar na casa e fazer pequenos reparos. Contudo, com Marte no cenário, é sempre bom tomar precauções de segurança quando for usar escadas ou ferramentas. É possível que haja um conflito na família, se as discussões saírem dos fatos e entrarem nas emoções. Concentre-se em ter o máximo de paciência e compreensão.

Marte em Leão/Quinta Casa: esse trânsito estimula você a botar bastante energia em diversão e prazer, incluindo esportes, tempo com as crianças, socialização e passatempos. Esse período condiz muito mais com férias do que com trabalho. É possível usar a energia de Marte de um modo diferente no trabalho, direcionando-a à descoberta de soluções criativas. Cuidado ao se exercitar, pois pode forçar demais ou ter uma distensão.

Marte em Virgem/Sexta Casa: trabalhar intensamente satisfaz você, em parte porque está motivado a alcançar metas a curto prazo. Mesmo assim, lembre-se de compartilhar a carga quando necessário; não precisa fazer tudo sozinho. Alimentação saudável, exercícios moderados e boas horas de sono são importantes para restaurar a energia, então guarde um tempo para você. É possível que os bichos de estimação precisem de cuidados extras, agora, ou que aproveitem qualquer oportunidade de escapar para explorar o mundo lá fora.

Marte em Libra/Sétima Casa: embora esse trânsito levante paixões, os relacionamentos também podem sofrer se você for impaciente e forçar demais a barra. Dê ênfase a compromisso e cooperação, que também são a lição desse trânsito. Consiga isso e será capaz de evitar conflitos e obter o máximo das parcerias. Pode, entretanto, haver desafios relacionados a conselhos de um especialista, como um advogado.

Marte em Escorpião/Oitava Casa: evite compras por impulso e decisões relativas a crédito, por mais atraentes que possam parecer. Nesse momento é melhor se concentrar em ampliar os ganhos e unir-se ao seu companheiro para reavaliar a estratégia financeira, rever a cobertura do seguro e discutir as melhores formas de quitar débitos e reduzir as despesas. Possibilidade de um aumento ou dinheiro inesperado.

Marte em Sagitário/Nona Casa: Marte aqui o encoraja a abrir-se a novos *insights*, pontos de vista e conhecimentos, e compartilhá-los com os outros. Aprenda tudo o que puder durante esse período de atividade mental rápida. Se mantiver a mente aberta, poderá obter ainda mais benefícios desse período. Se houver outros fatores em concordância, é possível que questões legais exijam sua atenção. Seja calmo e paciente com parentes de seu companheiro.

Marte em Capricórnio/Décima Casa: agora é a hora de meter a cara e avançar na carreira e socialmente. Mas precisará fazer isso com elegância para não ofender ninguém – se isso acontecer, pode anular quaisquer ganhos em potencial. Aproveite esse trânsito para polir suas aptidões de liderança trabalhando com outros e liderando-os, apesar do forte desejo de ser um lobo solitário e fazer tudo por conta própria.

Marte em Aquário/11ª Casa: empreste seus conhecimentos e energia a projetos coletivos em uma organização ou mesmo em um time amador de algum esporte. Você se destacará em todos como líder e estímulo. Porém, tenha delicadeza, especialmente com os amigos, pois uma embate de egos pode limitar o progresso ou acabar com a amizade. Cuide também dos seus pertences quando estiver em locais públicos.

Marte em Peixes/12ª Casa: embora você não seja muito reconhecido publicamente por seus esforços sob esse trânsito, continue com perseverança. A melhor opção é trabalhar sozinho, se possível, e resolver pendências tanto em casa quanto no trabalho. Cuidado com o que conta aos outros. Esse não é o momento de revelar segredos ou permitir que informações confidenciais escapem – elas logo cairiam na boca do povo.

Aspectos desafiadores de Marte

Marte-Marte: a energia de alta voltagem representada por esse aspecto exige uma válvula de escape física, mas não exagere. Há possibilidade de acidentes agora, então cuidado ao dirigir, cozinhar e trabalhar com ferramentas ou equipamentos. Tente também reduzir a impaciência, ou ela pode causar uma explosão de raiva. Novos projetos são favoráveis, se fundamentados em um bom planejamento.

Marte-Júpiter: força de vontade e maiores incentivos em direção ao êxito fazem-no acelerar. Mas é fácil perder o foco, então certifique-se de direcionar energia a atividades e projetos finitos, ao mesmo tempo evitando a armadilha do excesso de otimismo. Nesse momento, arriscar-se parece interessante, mas isso poderia resultar em acidentes ou perdas financeiras. A moderação é a melhor opção.

Marte-Saturno: frustração, impaciência, irritabilidade e raiva podem tirar você dos trilhos. Trabalhe para abrandar esses sentimentos liberando energia com alguma atividade de precisão que exija alta concentração e pouco, ou nenhum, contato com os outros. Se tiver de lidar com alguém em posição de autoridade, fale o menos possível; tenha cuidado ao dirigir e, se precisar de algum conserto doméstico, chame um especialista.

Marte-Urano: ações impulsivas podem levar a acidentes, então vá com calma – tanto na direção quando fora dela – e encontre formas de aliviar seu humor rebelde. Para aliviar a tensão, são indicados exercícios moderados, com as devidas precauções, bem como jogos desafiadores e mentalmente estimulantes. Esse aspecto também pode desencadear problemas com o computador. Faça *backup* dos arquivos conforme trabalha, e cuidado com vírus. Tenha cautela também com a eletricidade.

Marte-Netuno: nesse período é difícil se concentrar, em parte porque sua energia está em baixa, em parte por alguma razão não definida. Adie os novos projetos para outro dia, assista a um filme ou leia algum romance de fantasia. Não acredite muito nas coisas que ouvir hoje, ainda que soem verdadeiras. Elas provavelmente não são. As pessoas irão aumentar a verdade, omitir fatos pertinentes ou espalhar fofocas. Não revele informações pessoais.

Marte-Plutão: utilizadas de forma construtiva, sua força de vontade e ambição podem agora ser valiosas na obtenção de ganhos significativos. Mas você pode facilmente sabotar seus esforços pressionando demais os outros ou confrontando o chefe. E isso pode resultar em alguma briga de poder que o envolve. Apesar do que pode estar passando pela sua cabeça, sorria e mostre aos outros uma atitude despreocupada.

Marte-Ascendente: você anda agora à beira de um ataque de nervos, com muita tensão acumulada. Libere-a com exercícios físicos moderados, que podem reduzir as chances de um conflito. Por outro lado, outra pessoa poderia estourar com você, então se prepare para manter a compostura e afastar-se, se necessário. Cuidado também com facas e ferramentas, e também ao dirigir, pois esse é um aspecto de propensão a acidentes.

Marte- Meio do Céu: envolva outras pessoas em suas atividades, mesmo achando que é mais fácil fazer tudo sozinho. Esse não é o momento de arriscar afastar algum colega de trabalho, seu chefe, sua cara-metade ou um amigo. Entretanto, apesar dos seus melhores esforços, algum membro da família ou seu parceiro poderia demonstrar desagrado, provavelmente porque sua carreira interfere na vida doméstica. Faça as pazes rapidamente.

Aspectos suaves de Marte

Marte-Marte: energia em alta equivale a alta produtividade, e novos projetos podem decolar se você não dispersar seus esforços. Seja um líder e aproveite sua autoconfiança para encorajar outros a se superarem, alcançando as expectativas. Limite a cafeína e atividades à noite. Pode ser difícil tranquilizar-se para ter uma boa noite de sono.

Marte-Júpiter: essa influência planetária o encoraja a iniciar ou dar prosseguimento a novas oportunidades com potencial de crescimento. Busque também novas formas de se autopromover; isso pode ser benéfico se maneirar um pouco seu otimismo enfático e resistir à vontade de pressionar os outros a agirem. Se houver outros fatores em concordância, é possível que tenha ganhos por meio de seguro ou de uma herança.

Marte-Saturno: esse é o momento de firmar metas realistas, planejar-se e ir em frente com paciência e persistência. Você terá uma sensação de êxito e, provavelmente, será reconhecido, merecidamente. Esse aspecto também favorece trabalhos e consertos domésticos do tipo faça-você-mesmo, e também passatempos práticos, como jardinagem e marcenaria.

Marte-Urano: a inquietude o exorta a buscar variedade e mudanças. Isso é ótimo, contanto que você ache saídas construtivas, algo que poderia facilmente escolher fazer. Ofereça-se como voluntário para liderar um trabalho em equipe no emprego ou em seu bairro, aperfeiçoe suas habilidades de informática ou desafie seu cérebro com algum jogo de estratégia. Apesar de ser um aspecto suave, podem ocorrer acidentes.

Marte-Netuno: aja para realizar seus sonhos, se forem realistas mas parecerem inatingíveis. Tudo tem a ver com sua percepção e motivação. Quando seus sentimentos estiverem bem equilibrados, faça visualizações para obter o que deseja. Esse aspecto é também ótimo para namorar, dançar e ouvir música, ou para um projeto em que possa usar a criatividade e a imaginação.

Marte-Plutão: você agora sabe aonde quer chegar e tem motivação interna para isso. Tudo o que precisa fazer é agir, o que pode ser o maior de todos os desafios. Talvez seja uma boa ideia olhar para dentro e ler um livro de autoajuda, pois esse aspecto ativa seu subconsciente e seu sexto sentido. Ao refletir, poderá aprender mais acerca de si mesmo, de suas ações e reações.

Marte-Ascendente: esse trânsito é excelente para trabalhos físicos, esportes e exercícios, contanto que você não exagere. Se o fizer, o resultado pode ser um acidente. Outras atividades pessoais poderiam ser igualmente bem-sucedidas, se deixar que a motivação comande. Contudo, lembre-se de ouvir outros pontos de vista com a mente aberta, em vez de expressar somente os seus. Provavelmente aprenderá com isso.

Marte-Meio do Céu: agora é o momento de ir atrás do que deseja, em termos de carreira. Você pode avançar na realização de suas ambições se primeiro estabelecer metas e então planejar ações para atingi-las. Use estratégia semelhante no *front* doméstico ao lidar com consertos, dar início a reformas ou buscar um novo lar. Entretanto, faça as coisas com calma. A pressa e a impulsividade podem ter resultados indesejáveis.

Capítulo Dez

Juntando Tudo

Até agora você aprendeu sobre a enorme variedade de técnicas de previsão usadas pelos astrólogos. Conforme ganha experiência, irá desenvolver as suas favoritas, aquelas que melhor funcionam para você. Alguns astrólogos normalmente usam duas ou três, e uma extra quando precisam confirmar determinada coisa, aprofundar-se na análise de alguma situação ou evento antecipado. E quase todos os astrólogos começam utilizando as progressões e/ou arcos solares, além dos trânsitos, pois são a engrenagem da astrologia de previsão. Os retornos solares também são ferramentas bastante populares.

Neste capítulo, examinaremos a forma como todas as técnicas se mostraram válidas para a análise do mapa de uma pessoa. Você verá como a energia ganhou movimento ao longo de cerca de um ano, até que culminou em uma grande mudança na carreira. Lembre-se de que os planetas estão em constante movimento, e raramente, se muito, as pessoas tomam grandes decisões em um instante. Há sempre um período de influências planetárias e da vida real, que se acumulam até o ponto em que a decisão é tomada e o fato acontece.

Dave tinha uma carreira bem-sucedida como executivo de vendas de uma grande rede de lojas de departamento. Em seu cargo de gerente de vendas de área, era responsável por uma série de lojas, sendo reconhecido pelos superiores como um ótimo solucionador de problemas. Durante o ano em que ele passou a considerar mudar de carreira, foi sondado por uma grande rede de lojas concorrente, que tinha esperanças de recrutá-lo com a promessa de um cargo superior e aumento salarial de 20%. Mas Dave tinha outros planos. Ele queria abrir sua própria loja esotérica.

Com Sol, Lua e Ascendente em signos fixos, a mudança não viria de forma fácil para ele. Com Escorpião Ascendente e uma conjunção

Vênus-Marte em Câncer na oitava casa, a segurança financeira figura no topo de sua lista de prioridades na vida. A ideia de desistir do salário mais benefícios, incluindo um belo plano de aposentadoria pago pela empresa, era um completo desafio para ele.

Não surpreende, portanto, que ele tenha começado devagar, atendo-se ao emprego no mesmo momento em que começava a montar um estoque para a futura loja. Por cerca de seis meses, ele abriu a loja em seus dias de folga, indo trabalhar normalmente nos outros dias. Ele conta que intuitivamente sabia que acabaria mergulhando de cabeça, demitindo-se do emprego para trabalhar em tempo integral na loja. Mas só ficou pronto para isso depois de testar a temperatura da água e elevar consideravelmente seu nível de conforto com relação à nova empreitada.

O dia 9 de janeiro de 2001 trouxe um eclipse lunar em 19 Câncer 39 na oitava casa de Dave, que estava em sextil com o Sol progredido e em semiquadratura com Mercúrio progredido e o Meio do Céu natal.

Mas foi só no final de janeiro que Dave, estimulado pela Lua Nova em oposição a seu Meio do Céu natal, começou a fazer compras e encomendas para o estoque. Aquela Lua Nova (somada ao eclipse) foi a alavanca que acionou uma importante progressão.

Mercúrio progredido (Mapa 49) aproximava-se de uma conjunção com o Meio do Céu natal dele. Esse não era somente um aspecto de oportunidade única na vida: era o regente de seu Meio do Céu que formava o aspecto, acenando uma bandeira que continha escritas as palavras "mudança de carreira".

Além disso, em fevereiro, o seu Sol progredido na décima casa estava em quadratura com seu Ascendente progredido, outro indicador de uma potencial mudança. Ele (Ascendente e Sol) queria algo novo em sua vida profissional (Sol na décima). Outra influência profissional foi a Lua progredida aproximando-se de uma quadratura com o Meio do Céu natal e trígono com Vênus progredido, enquanto o Sol progredido formava semiquadratura com Vênus progredido. Vênus rege sua sétima casa de relacionamentos, e seu companheiro Ray o exortava a realizar a transição.

Os trânsitos eram igualmente reveladores, e também refletem a tensão pela qual ele passava ao ser puxado em duas direções diferentes entre segurança/estabilidade e a nova empreitada. Urano em trânsito aproximava-se de uma quadratura com o Ascendente dele (mudanças pessoais) e formaria um aspecto perfeito quando estacionasse para ficar retrógrado ali, no fim de maio. Júpiter aproximava-se de uma quadratura

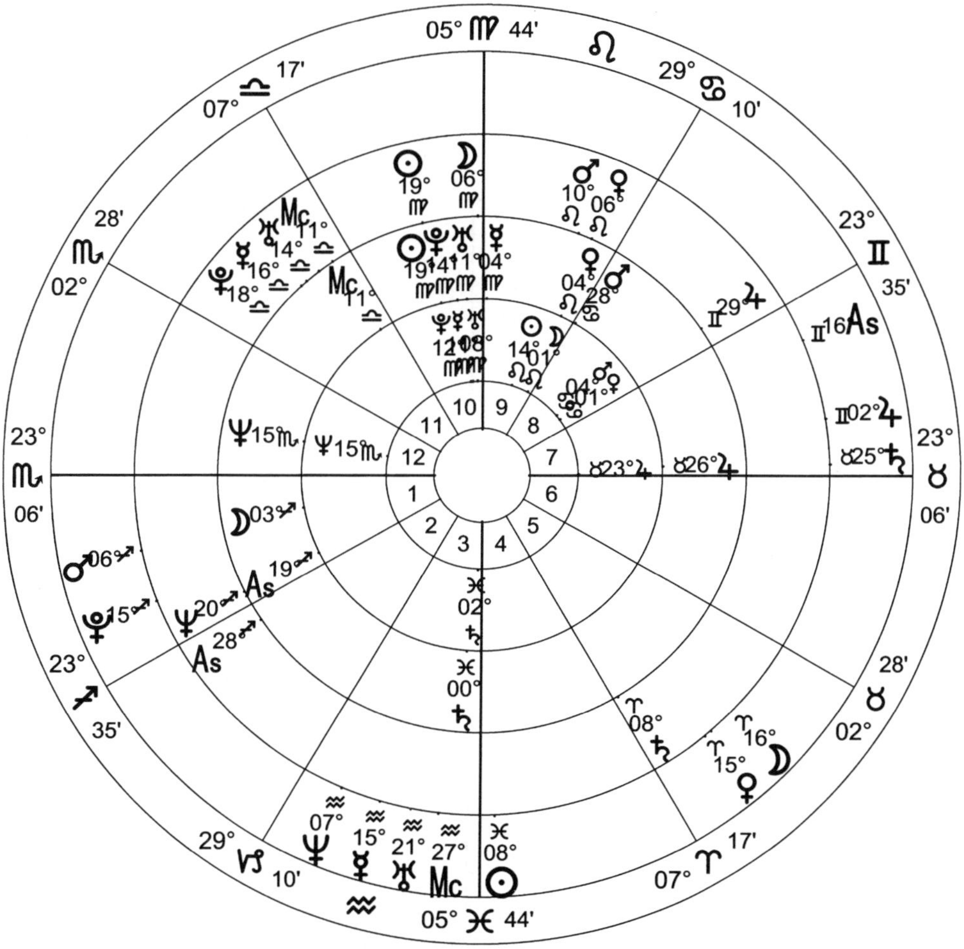

Mapa 49: Dave

Círculo interno: Mapa Natal/6 de agosto de 1964/13:56 MST/ Salt Lake City, Utah

Círculo interno intermediário: Progressão Secundária Naibod/ 26 de fevereiro de 2001/12:11:40 MST/Salt Lake City, Utah

Círculo externo intermediário: Arco Solar Direcionado/ 26 de fevereiro de 2001/12:11:40 MST/Salt Lake City, Utah

Círculo externo: Novo Empreendimento/26 de fevereiro de 2001/12:00 MST/ Salt Lake City, Utah/ Casa Placidus

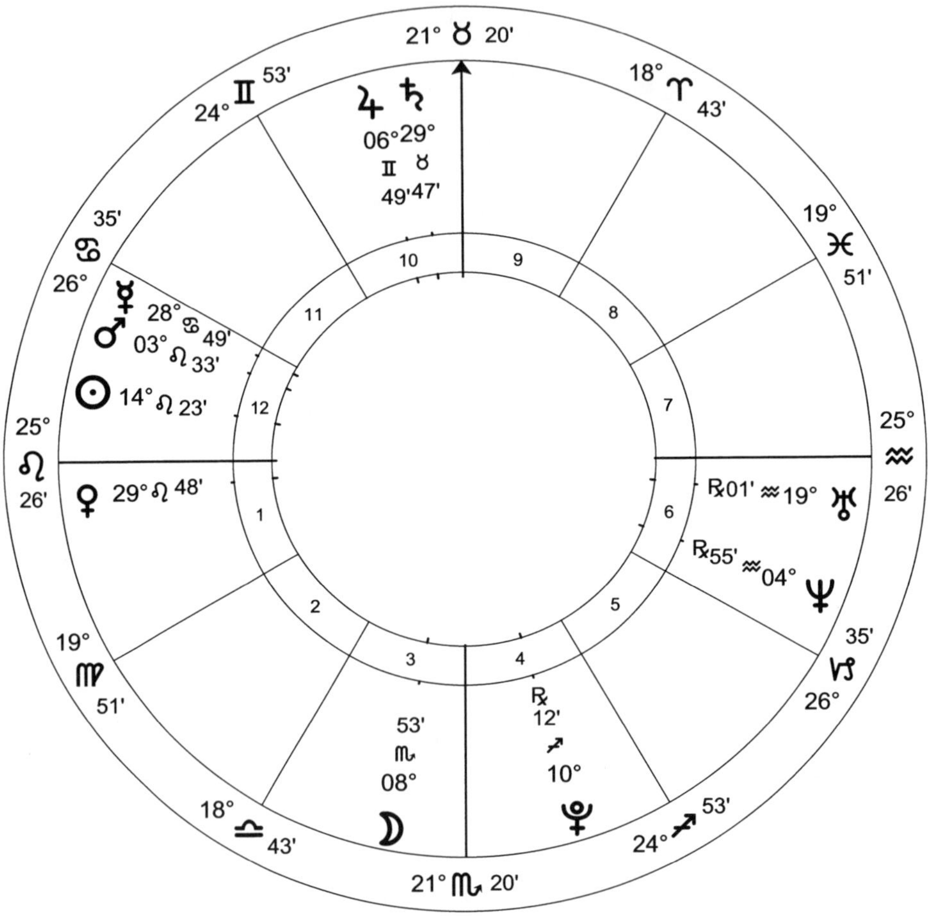

Mapa 50: Dave

Retorno Solar/6 de agosto de 2000/6:42:19 MST/Phoenix, Arizona/Casa Placidus

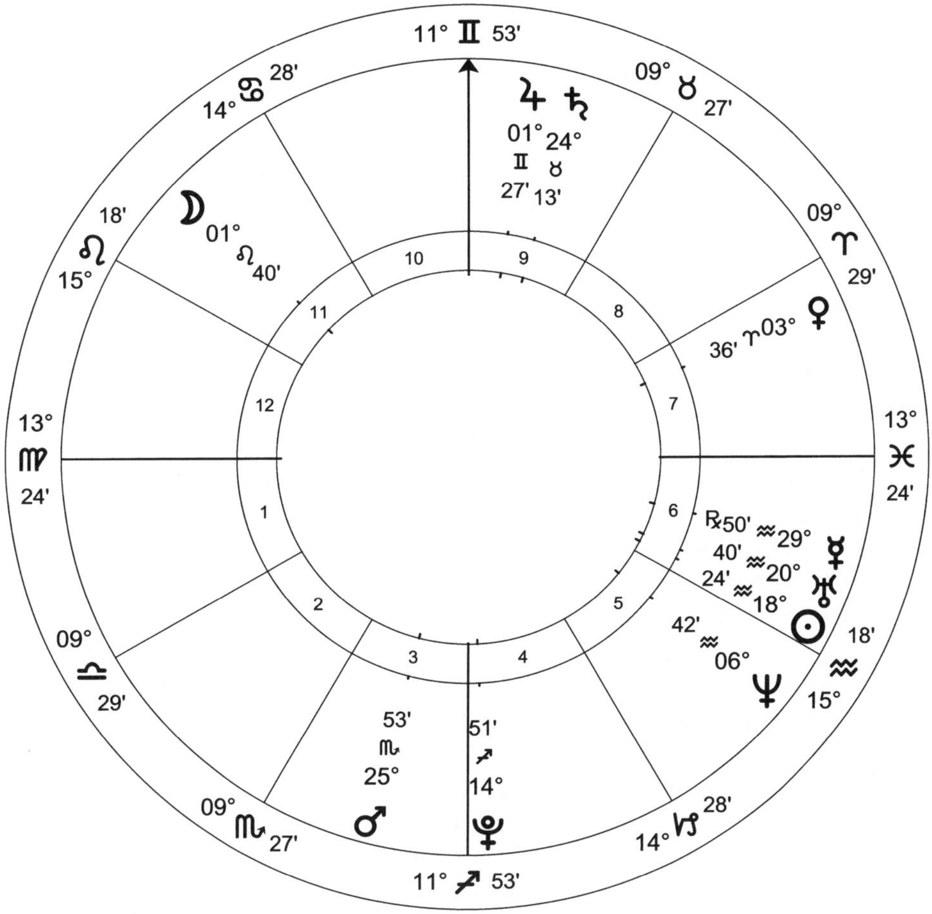

Mapa 51: Dave
Retorno Lunar/6 de fevereiro de 2001/8:00:34MST/Phoenix, Arizona/
Casa Placidus

com o Meio do Céu natal, suficientemente próximo da energia extra na Lua Nova de fevereiro para impulsioná-lo a se arriscar e começar a comprar o estoque de sua loja (Júpiter rege sua segunda casa). A influência de Ray também pode ser vista em Saturno em trânsito na sétima casa, formando uma conjunção com Júpiter progredido e sesquiquadratura com o Meio do Céu natal.

Mercúrio também estava ativo no mapa de arco solar, com Plutão em trânsito formando sextil com Mercúrio de arco solar, enquanto a Lua de arco solar estava na décima, acabando de se separar de uma conjunção com o Meio do Céu (ele estivera alimentando a ideia por um bom tempo); Júpiter de arco solar, regente da segunda casa e presente na nona, fazia semiquadratura com o Sol natal na nona (ele teve de lidar com várias questões legais associadas ao estabelecimento de uma empresa). O encorajamento de Ray também estava ativo no mapa de arco solar de Dave, com Saturno de arco solar em semiquadratura/sesquiquadratura com Descendente/Júpiter natal (conjunção)-Ascendente, e Netuno em trânsito em oposição a Vênus de arco solar. Ele sabia que Ray tinha razão, mas era difícil ter fé no sucesso potencial de tão grande e nova empreitada.

O mapa de retorno solar (Mapa 50), agindo de 6 de agosto de 2000 a 5 de agosto de 2001, é bem claro em sua mensagem com relação à mudança de carreira. Vênus, regente do Meio do Céu do retorno solar, estava em 29 Leão 48 em quadratura com Saturno (regente da sexta casa) na décima casa 29 Touro 47. O 29º grau é de finalizações. Urano na sexta casa fazia quadratura com o Meio do Céu, e Netuno, também na sexta, fazia trígono com Júpiter na décima (fé e otimismo). O potencial para a mudança também é visto em Urano na sexta em oposição ao Sol na 12ª (liberte-me desse emprego convencional!).

O retorno lunar de fevereiro (Mapa 51) contém a mesma mensagem acerca de trabalho/carreira com três planetas na sexta casa, incluindo o Sol em conjunção com Urano (mudança, regente da sexta casa) e Mercúrio, regente do Meio do Céu. É interessante notar que Mercúrio nesse mapa está a 29 Aquário 50 (finalização) e retrógrado, então ele ainda não estava pronto para a transição. Entretanto, Plutão em oposição ao Meio do Céu o exortava a fazer exatamente isso, e de forma drástica; Marte em quadratura com os planetas na sexta casa trazia a mesma mensagem.

A influência de Ray ficou clara também no retorno lunar, com a Lua em sextil com Júpiter (corregente da sétima casa) e em trígono com Vênus na sétima em oposição a Netuno (regente da sétima), em sextil

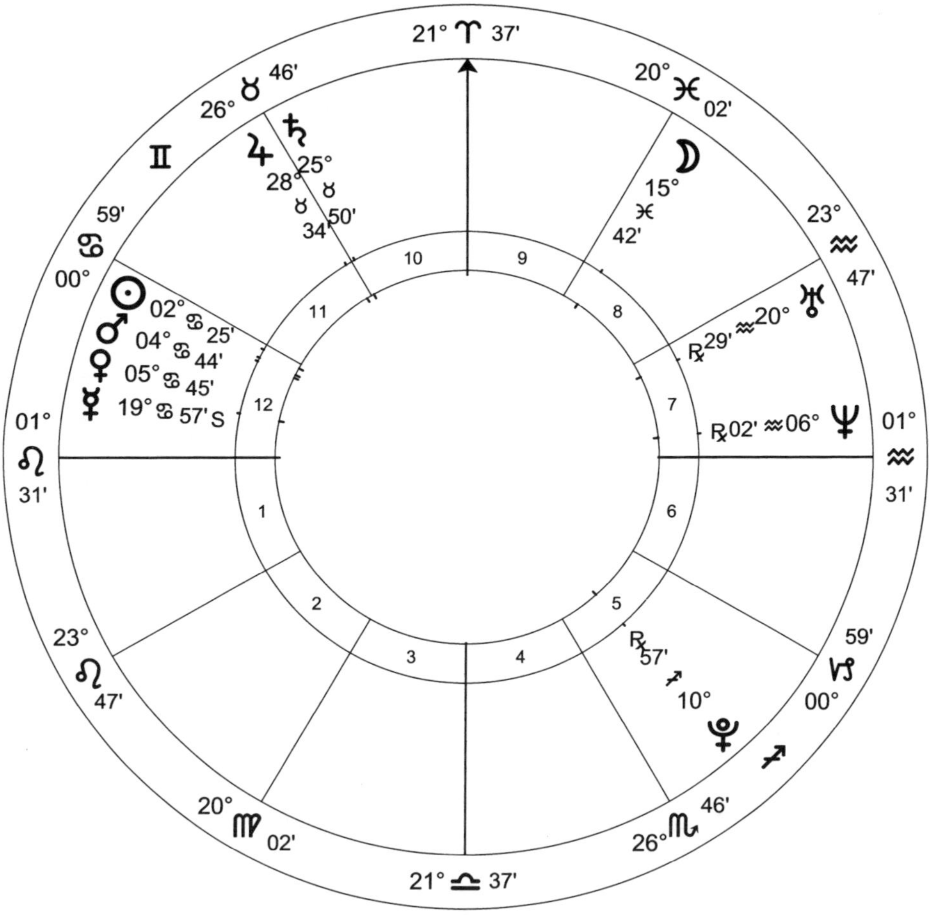

Mapa 52: Dave
Retorno de Marte/23 de junho de 2000/7:39:57 MST/Phoenix, Arizona/
Casa Placidus

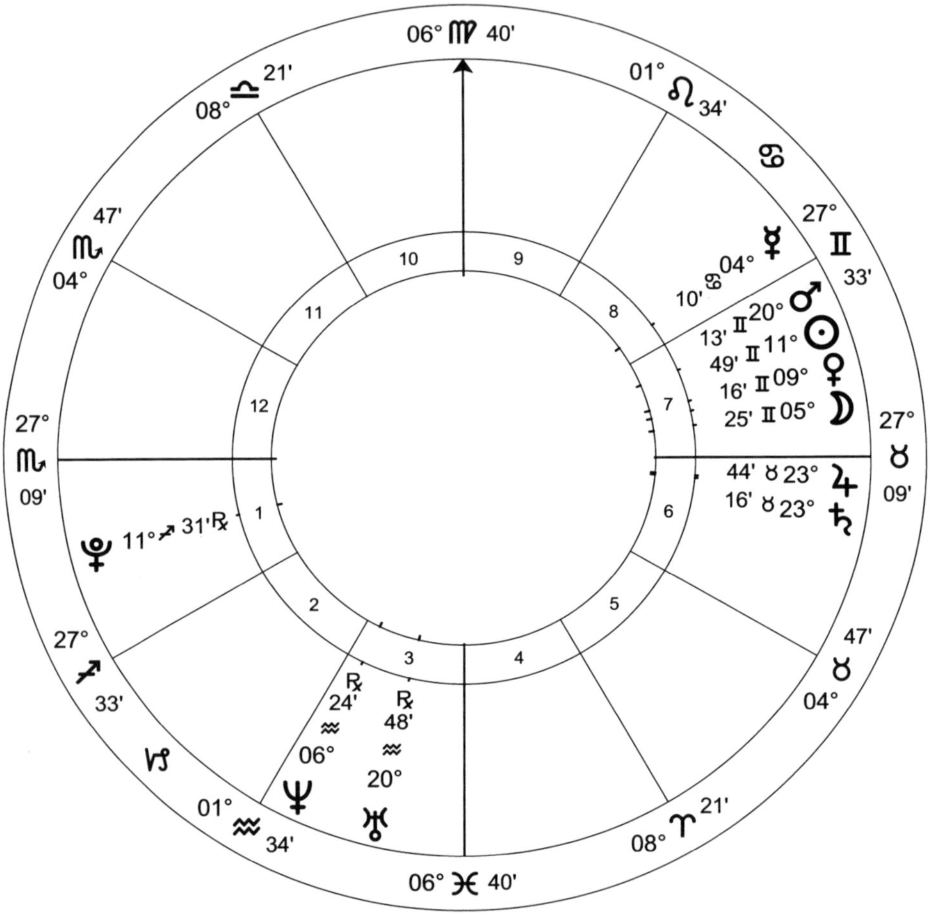

Mapa 53: Dave

Retorno de Júpiter/1º de junho de 2000/18:18:38 MST/Phoenix, Arizona/
Casa Placidus

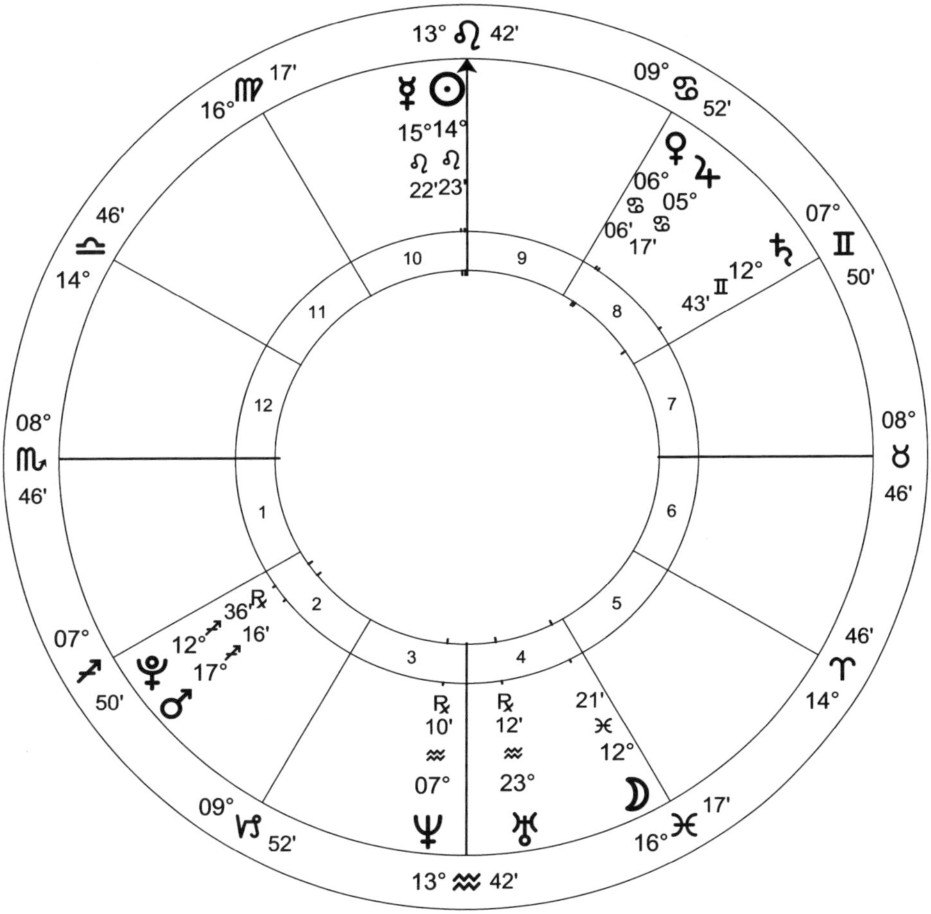

Mapa 54: Dave

Retorno Solar/26 de agosto de 2001/12:31:24 MST/Phoenix, Arizona/
Casa Placidus

com Vênus. Mesmo que Dave estivesse inseguro com relação à nova aventura, seu parceiro não estava, como se pode deduzir a partir dessa configuração multiplanetária.

O desejo que Dave tinha de ir em frente pode ser visto até no retorno de Marte (Mapa 52), que ocorreu cerca de seis meses antes de fevereiro. Nesse mapa, o Sol (regente do Ascendente) está conjunto com Marte (regente do Meio do Céu) e Vênus. A posição da 12ª casa pode ser interpretada como a germinação de uma ideia, especialmente porque Mercúrio também estava na 12ª. Observe que Mercúrio está também retrógrado nesse mapa, assim como estava no mapa de retorno lunar (Mapa 51). O Ascendente, regido pelo Sol, está no primeiro grau, representando a nova direção que Dave considerava tomar. Saturno, regente da sexta casa, está na décima em conjunção com Júpiter na 11ª casa de objetivos. Ele tinha fé de que havia uma carreira melhor esperando por ele.

O retorno de Júpiter (Mapa 53) enfatiza a finalização com seu 27 Escorpião 09 Ascendente. Aqui também as casas sexta e sétima ficam em destaque, com uma conjunção Júpiter-Saturno na sexta e quatro planetas na sétima, três dos quais estão em quadratura com o Meio do Céu. Ray o apoiou inclusive nesse momento (junho anterior), encorajando-o a seguir seus sonhos, indicado pelos trígonos dos planetas da sétima casa com Urano e Netuno na terceira. Mas Ray teve também bastante trabalho nessa tarefa de apoiar, pois Plutão (regente da primeira casa, e, naquela casa, Dave) formava oposição com três dos planetas da sétima casa e, é claro, quadratura com o Meio do Céu.

Meses se passaram e o nível de tensão de Dave continuou a subir, tanto por querer sair do emprego em que estava, quanto pela tentativa de administrar o emprego e o novo empreendimento ao mesmo tempo. Dois eclipses em 2001, em junho e julho, aproximaram-no mais ainda do momento de se demitir. O eclipse solar de 21 de junho em 00 Câncer 10 formava conjunção com sua conjunção natal Vênus-Marte na oitava casa e trígono com Saturno progredido e natal, ambos em oposição ao Meio do Céu natal. A isso, seguiu-se um eclipse lunar em 5 de julho em 13 Capricórnio 39 na segunda casa em trígono com Urano natal em conjunção com Mercúrio e Plutão na décima casa e sextil com Netuno natal e progredido na 12ª (pensamentos indecisos sobre a mudança de emprego). E é claro que Mercúrio progredido continuou a se aproximar do Meio do Céu natal dele.

Agosto de 2001 trouxe três mapas de retorno – do Sol, de Mercúrio e de Vênus –, além do retorno lunar. Como seria de se esperar, todos traziam a mesma mensagem.

O mapa de retorno solar de 6 de agosto (mapa 54) tem o Sol e Mercúrio em conjunção com o Meio do Céu e trígono com a conjunção Marte-Plutão na segunda casa de dinheiro (o Sol rege o Meio do Céu do retorno solar, Mercúrio rege o Meio do Céu natal, Marte rege a sexta casa do retorno solar e Plutão rege o Ascendente do retorno solar). Saturno na oitava casa faz sextil com o Meio do Céu, e há uma afortunada conjunção Vênus-Júpiter na oitava casa. Esse mapa é bastante promissor de um novo negócio bem-sucedido e lucrativo, mas, com a Lua em quadratura com Saturno, ele ainda se preocupa com dinheiro.

O mapa de retorno de Mercúrio, de 20 de agosto (Mapa 55), tem seus últimos graus no Ascendente e Meio do Céu, com o Sol também em sextil com Meio do Céu nos últimos graus, indicando finalizações (lembre que Mercúrio rege o Meio do Céu natal dele e seu Sol natal está em Leão). Urano faz trígono com o Meio do Céu (mudança positiva de carreira) e os benéficos Vênus e Júpiter estão na décima casa, dando sua bênção à mudança de carreira. Mercúrio faz sextil com Júpiter, e a Lua, com Vênus. Mas esse mapa também mostra preocupação com a Lua e Mercúrio em quadratura com Saturno.

A preocupação financeira pode ser vista claramente no mapa de retorno de Vênus de 2 de agosto (Mapa 56), que se encaixa bem, pois Vênus é um planeta natural das questões de dinheiro. A conjunção Sol-Mercúrio na segunda casa faz oposição a Netuno na oitava (medo de perder tudo). Esse mapa, no entanto, tem um fator de equilíbrio e encorajamento: uma conjunção Vênus, Júpiter na 12ª casa, que é uma influência protetora (Júpiter rege a sexta e correge a décima). A Lua na sétima em sextil com o Meio do Céu representa o encorajamento de Ray. A conjunção Marte-Plutão na sexta casa com Marte em quadratura ao Meio do Céu diz tudo quanto ao velho emprego: já chega! Estou caindo fora!

O mapa de retorno lunar do dia 17 (Mapa 57) tem Netuno em quadratura com o Meio do Céu, então Dave ainda se perguntava se pedir demissão seria a decisão correta. Esse aspecto de Netuno também representa sua visão de carreira, que ele certamente alcançaria, como indicado pelos aspectos positivos no mapa dele: Júpiter na 11ª casa dos objetivos em sextil com o Meio do Céu, Mercúrio na primeira casa em trígono com o Meio do Céu e Saturno (regente da sexta casa) na 11ª em sextil com o Ascendente. Há outra razão pela qual esse é um importante mapa de retorno lunar: o Ascendente do retorno lunar é o mesmo que seu Ascendente natal.

Em setembro de 2001, Dave já estava farto e, apesar de seus medos quanto à estabilidade financeira, decidiu que era hora de mudar de vez. A Lua Cheia em 2 de setembro em 10 Peixes 28, em oposição ao *stellium* de sua décima casa natal, foi o ponto da virada.

Ele se demitiu em 11 de setembro (Mapa 58), com oposição Saturno-Plutão em trânsito em quadratura com os planetas da décima casa e trígono/sextil com seu Meio do Céu progredido. Normalmente esse aspecto não seria considerado favorável para uma mudança de emprego/carreira – por esse motivo, é importante examinar todo o mapa e todas as influências em efeito. Pense no seguinte: ele passou a vida sob o ambicioso alinhamento Saturno-Meio do Céu-Urano, e Plutão é parte do *stellium* da décima casa; então, essa lhe era uma energia familiar. Só quando foi empurrado para além de seus limites, e com tempo adequado para ficar confortável com a ideia, é que ele finalmente pôs seus planetas de signo fixo em segundo plano, como troca para posteriores êxitos na carreira. Isso foi reforçado pela Lua progredida (sentimentos) em trígono com Urano progredido e Mercúrio natal na décima, além do Sol progredido/de arco solar em quadratura com seu Ascendente progredido.

Na data da demissão, estava em ação um fator particularmente interessante: Urano se encontrava no mesmo grau em que estivera em fevereiro. Nesse meio tempo, ficara em quadratura com o Ascendente-Descendente dele, de modo que Ray certamente promoveu a ideia da reviravolta. Júpiter em trânsito formava semiquadratura com Júpiter natal na sétima casa, indicando tanto o apoio de Ray quanto o fato de Dave ter deixado o antigo emprego em bons termos (disseram-lhe que poderia voltar à companhia quando quisesse).

No mapa de arco solar de 11 de setembro (Mapa 58), Júpiter em trânsito forma quadratura com o Meio do Céu, e a oposição Saturno-Plutão em trânsito faz sextil/trígono com o mesmo ângulo. O aspecto jupiteriano indica que de certa forma ele se apoiava na fé; isso também é mostrado por Netuno em trânsito formando oposição a Vênus de arco solar.

O mapa diurno de 11 de setembro (Mapa 59) é espantoso, até mesmo para um astrólogo, pois mostra uma conjunção Mercúrio-Meio do Céu que faz trígono com Saturno na sexta. É com certeza um dia favorável para anunciar a própria demissão. Esse mapa também mostra o Sol em quadratura com o Ascendente diurno, que faz conjunção com o Ascendente progredido. Vênus faz trígono com Plutão, com ambos em sextil com o Meio do Céu, regido por Vênus.

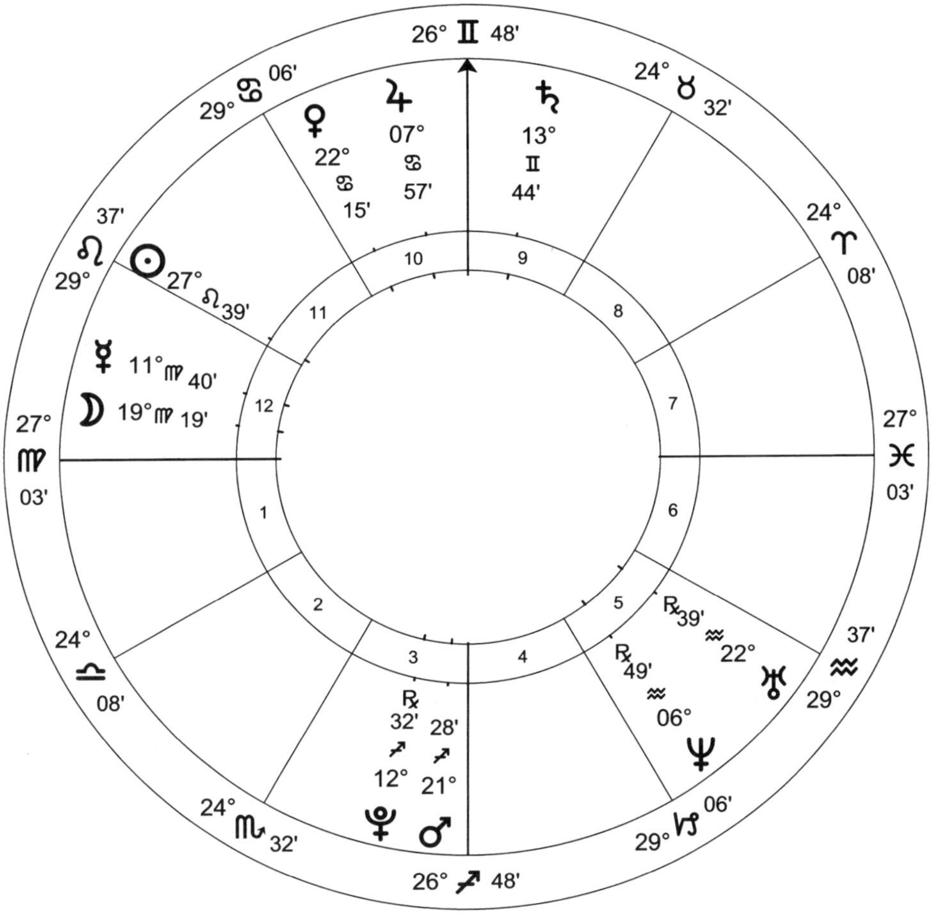

Mapa 55: Dave

Retorno de Mercúrio/20 de agosto de 2001/8:18:18 MST/Phoenix, Arizona/
Casa Placidus

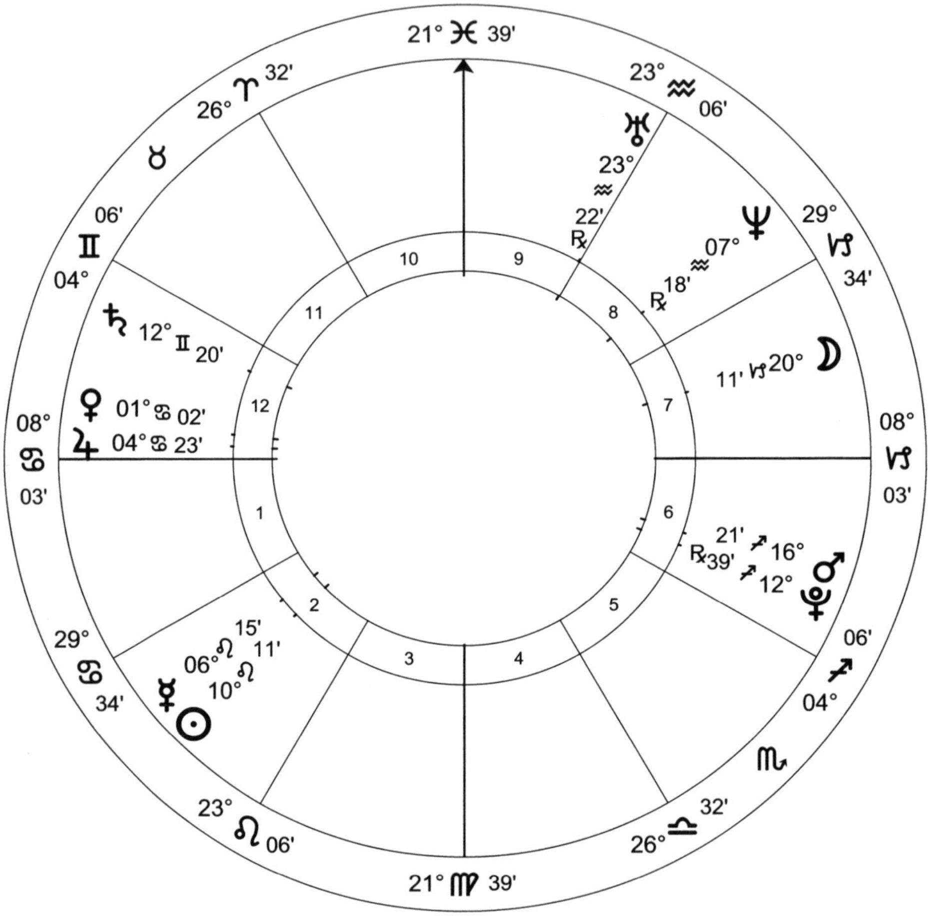

Mapa 56: Dave
Retorno de Vênus/2 de agosto de 2001/3:13:19 MST/Phoenix, Arizona/
Casa Placidus

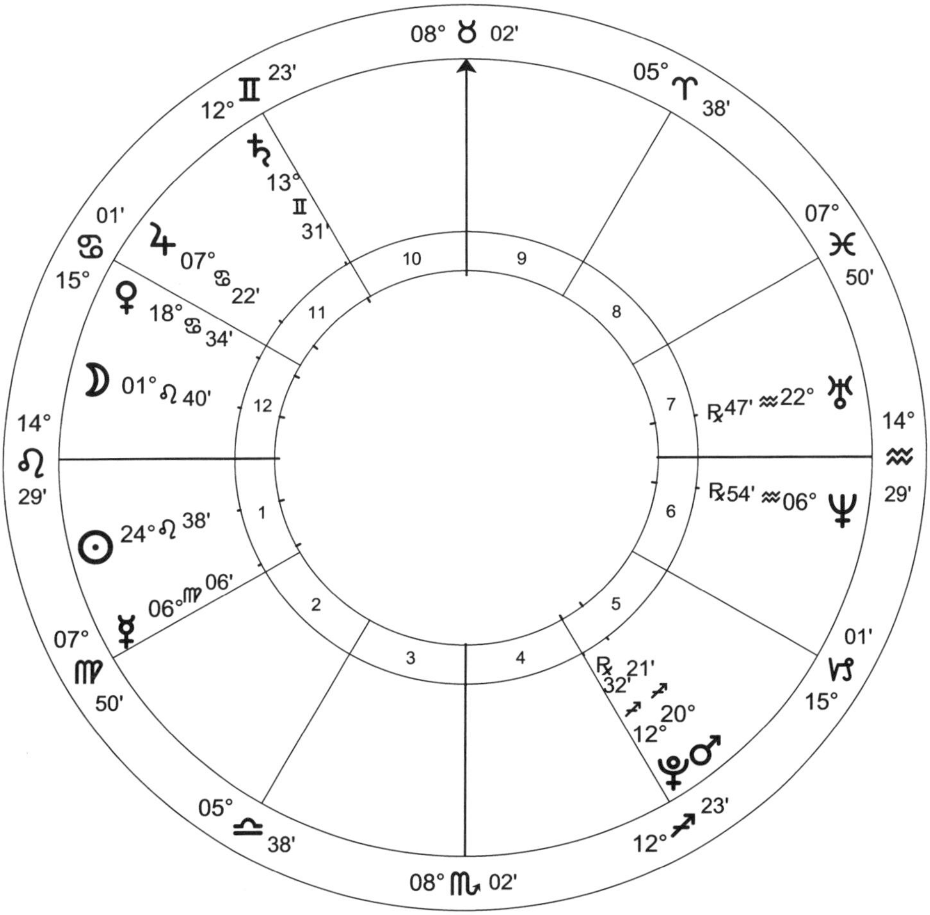

Mapa 57: Dave

Retorno Lunar/17 de agosto de 2001/5:07:14 MST/Phoenix, Arizona/
Casa Placidus

Esses mapas apresentam uma mensagem unificada: mudança de emprego/carreira, apoio do companheiro, tensão e preocupações acerca da segurança financeira. Os lados positivos superam em muito os negativos, o que veio a se confirmar. A loja de Dave é um sucesso e tremendamente lucrativa. Após alguns anos, o negócio ia tão bem que Ray, por sua vez, conseguiu demitir-se de seu emprego e a loja foi transferida para um local maior, em bairro mais nobre.

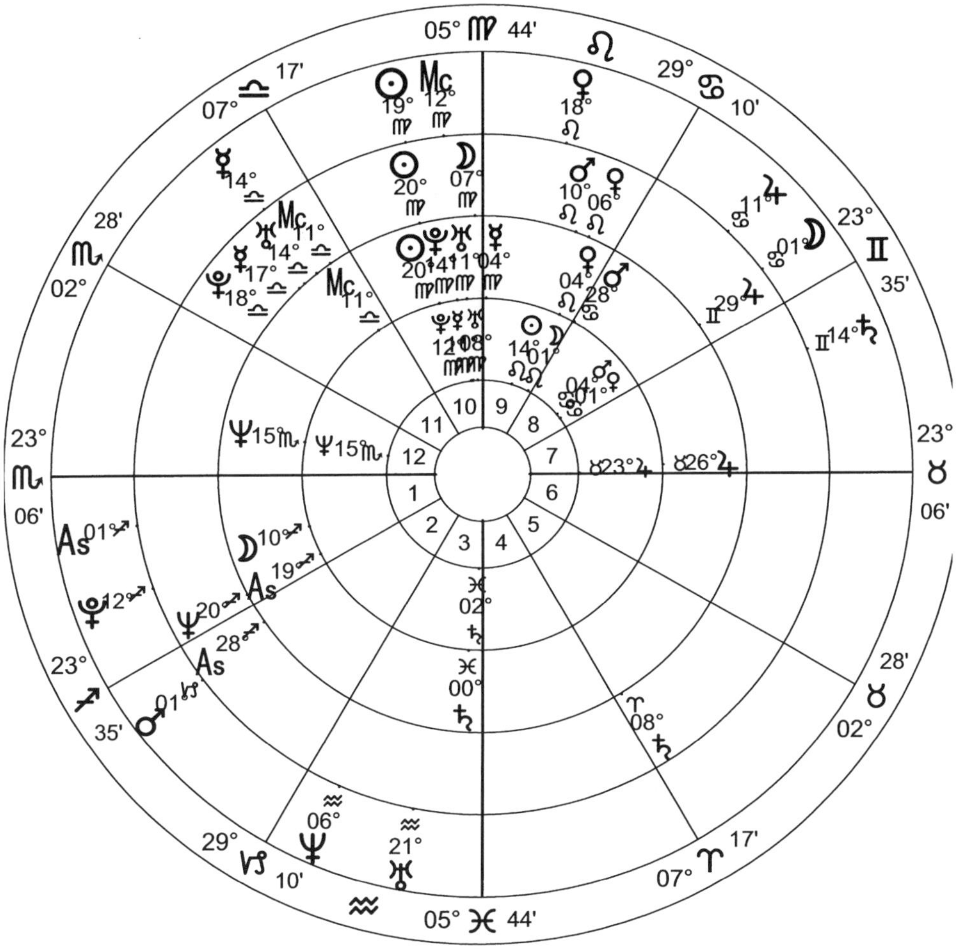

Mapa 58: Dave

Círculo interno: Mapa Natal/6 de agosto de 1964/13:56 MST/ Salt Lake City, Utah
Círculo interno intermediário: Progressão Secundária Naibod/ 11 de setembro de 2001/13:21:44 MST/Salt Lake City, Utah
Círculo externo intermediário: Arco Solar Direcionado/ 11 de setembro de 2001/13:21:44 MST/Salt Lake City, Utah
Círculo externo: Demitiu-se/11 de setembro de 2001/12:00 MST/ Phoenix, Arizona/ Casa Placidus

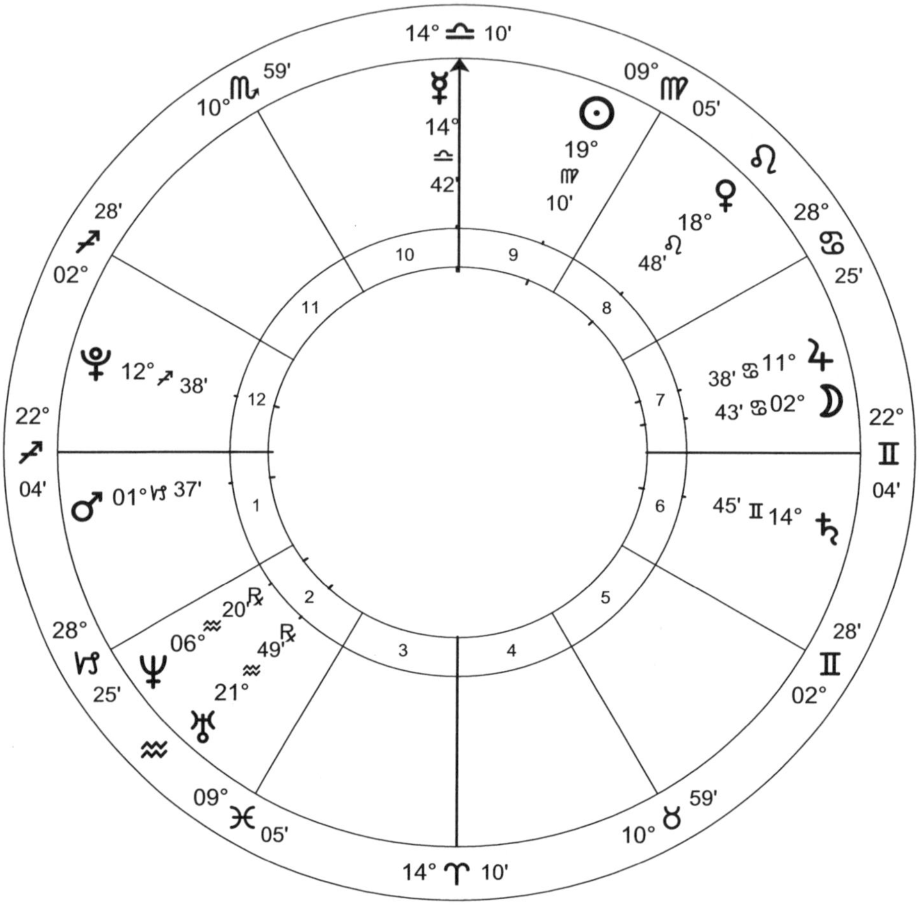

Mapa 59: Dave

Mapa Diurno/11 de setembro de 2001/13:56 MST/Salt Lake City, Utah/
Casa Placidus

Capítulo Onze

Horário Prático e Rápido

Apesar do título deste capítulo, não existe isso de "horário prático e rápido". Somente com anos de estudo e prática é que um astrólogo pode ter esperanças de dominar essa vertente complexa da astrologia. As regras abrangentes usadas para interpretar os mapas horários foram desenvolvidas ao longo de vários milênios, e todas devem ser consideradas para que o mapa seja lido de forma precisa. Existem alguns especialistas em horários, mas os que investem tempo e esforço para aprender esse tipo de astrologia são pessoas altamente qualificadas.

Os mapas horários encaixam-se em duas categorias: perguntas do tipo sim e não, e perguntas relacionadas a objetos perdidos, ou ao resultado de alguma situação ou evento. Esse método prático e rápido limita-se às perguntas sim e não, e não deve ser usado para questões mais complexas que exijam uma interpretação aprofundada do mapa com as técnicas antigas.

Esse método, que venho usando bastante, tende a dar uma resposta clara, ou então nenhuma resposta. Quando a solução não é aparente, normalmente significa que o mapa exigirá o uso de muitas, senão a maioria, das vastas regras horárias, e está além do escopo desse método. Seja cauteloso com relação a usar o horário rápido e prático para grandes decisões de vida. Ele é mais adequado ao cotidiano e a perguntas do tipo: "Será que ela vai me ligar?" ou "Devo encomendar um par de calças?".

Quando são usados os métodos horários tradicionais, é possível fazer perguntas sobre qualquer pessoa. Entretanto, o método prático e rápido normalmente só funciona com questões em primeira pessoa – aquelas perguntas feitas por você sobre si, e situações e condições de sua vida. É possível fazer o mesmo com perguntas feitas por outras pessoas. O que não vai bem com esse método são as perguntas relativas a outro indivíduo – essas exigem interpretação de acordo com o escopo completo de regras horárias.

Para calcular um mapa horário correto, você precisa da hora exata em que fez a pergunta, bem como a hora exata em que a colocou em palavras. Isso é especialmente importante caso não consiga calcular o mapa no momento exato em que fez a pergunta (pode também usar um *software* astrológico para fazê-lo ou entrar em um *site* que faça esse cálculo). Calcule o mapa para a localização (cidade e estado) em que fez a pergunta.

Há algumas regras básicas a aprender para conseguir responder às questões sim e não:

1. Qualquer mapa com três ou menos graus, ou 27 ou mais graus, ascendendo (grau Ascendente), não pode ser respondido. Se três ou menos graus estiverem ascendendo, a situação não se desenvolveu o suficiente para que o mapa horário traga uma resposta. No segundo caso, com 27 graus ou mais no Ascendente, o problema já foi resolvido, ou não resultará em nada.
2. Localize a Lua e observe todos os aspectos principais (conjunção, sextil, trígono, quadratura, oposição) que ela forma antes de ficar vazia.
3. Se o último aspecto da Lua for positivo (sextil ou trígono, ou conjunção com Mercúrio, Vênus ou Júpiter), a resposta é sim.
4. Se o último aspecto da Lua for negativo (quadratura ou oposição, ou conjunção com Marte, Saturno, Urano ou Plutão), a resposta é não.
5. Se o último aspecto da Lua for formado com Netuno, a resposta não está clara e não há como responder à pergunta.
6. O mapa horário precisa de alguma forma ser relevante à questão. É possível determinar isso de várias formas ao usar o método horário prático e rápido: a casa em que a Lua está ou o último planeta com que ela forma aspecto é relevante à questão; o signo ascendente rege a questão; o primeiro planeta ascendente (planeta mais próximo ao Ascendente, começando com a primeira casa, então segunda casa, depois a terceira, etc.) está relacionado à questão. Por exemplo: a sexta casa deve estar envolvida se a questão diz respeito a um emprego; ou a 11ª, no caso de pergunta sobre uma amizade.

Ganharei dinheiro na bolsa de valores?

Esse mapa (Mapa 60) mostra uma resposta sim clara, pois o último aspecto da Lua faz trígono com Júpiter, e, o que é ainda mais relevante, Júpiter é o planeta da abundância. Observe que ele está na oitava casa de dinheiro, então isso confirma que a resposta é válida.

A Lua também forma vários aspectos antes do aspecto final, e esses trazem informações adicionais sobre a pergunta. Ordenando-os, temos que primeiro a Lua forma uma quadratura com Mercúrio retrógrado, indicando um arrependimento inicial acerca da compra de ações. Em seguida, ela avança para formar quadratura com Vênus e o Sol, de modo que o valor das ações provavelmente cairia, mas depois acabaria subindo. Isso se confirma pela sextil com Marte, que também está retrógrado, e sua posição na segunda casa de dinheiro. Marte é também corregente da quinta casa de especulação. Então, nesse momento, esse não parece ser um bom investimento. Mas com o trígono com Júpiter e bastante paciência por causa dos retrógrados, as ações acabariam trazendo um bom retorno para o investimento inicial.

Minha casa será vendida à parte interessada?

A resposta a essa questão (Mapa 61) não está clara, pois o último grande aspecto formado pela Lua antes de sair de Aquário é uma conjunção com Netuno. Pode-se ver o otimismo inicial do vendedor a partir da conjunção com Júpiter, que é o primeiro aspecto da Lua e na primeira casa. Entretanto, Júpiter está retrógrado, o que pode ser interpretado como falso otimismo. O fato de que Netuno está retrógrado e rege a segunda casa de dinheiro pode indicar que o possível comprador reconsiderará comprar a propriedade em algum momento no futuro.

Existem ainda mais dúvidas quanto à casa ser vendida à parte interessada, pois a Lua não forma aspectos relevantes com Vênus nem com o Sol. Vênus rege a quarta casa do lar do vendedor, e o Sol rege a sétima, representando o possível comprador.

Encontrarei o envelope?

De acordo com esse mapa (Mapa 62), o envelope seria encontrado, o que ocorreu cerca de meia hora mais tarde. O último aspecto da Lua enquanto em Virgem é um trígono com Mercúrio, o que é válido, pois esse planeta rege os envelopes. Existem dois aspectos anteriores ao trígono Lua-Mercúrio: uma conjunção com Saturno e uma oposição a Urano. Os aspectos de Saturno normalmente indicam atraso, e Urano

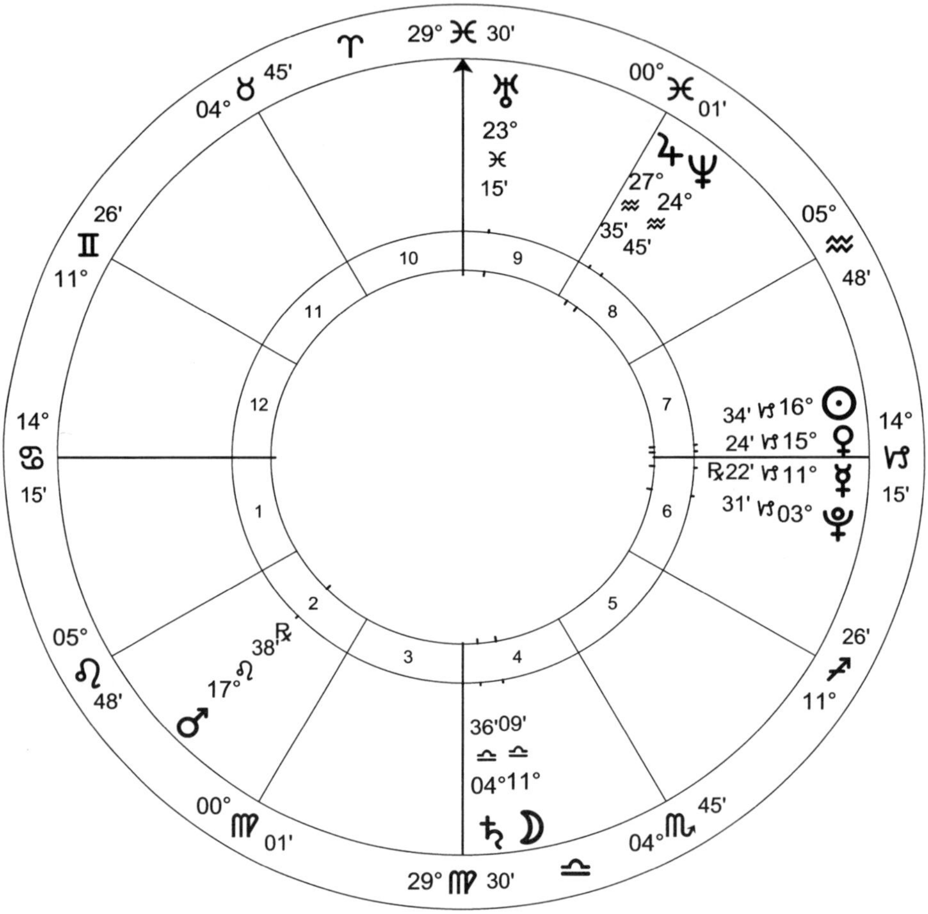

Mapa 60: Ganharei dinheiro na bolsa de valores?
Mapa horário/6 de janeiro de 2010/17:19:43/Chandler, Arizona/Casa Placidus

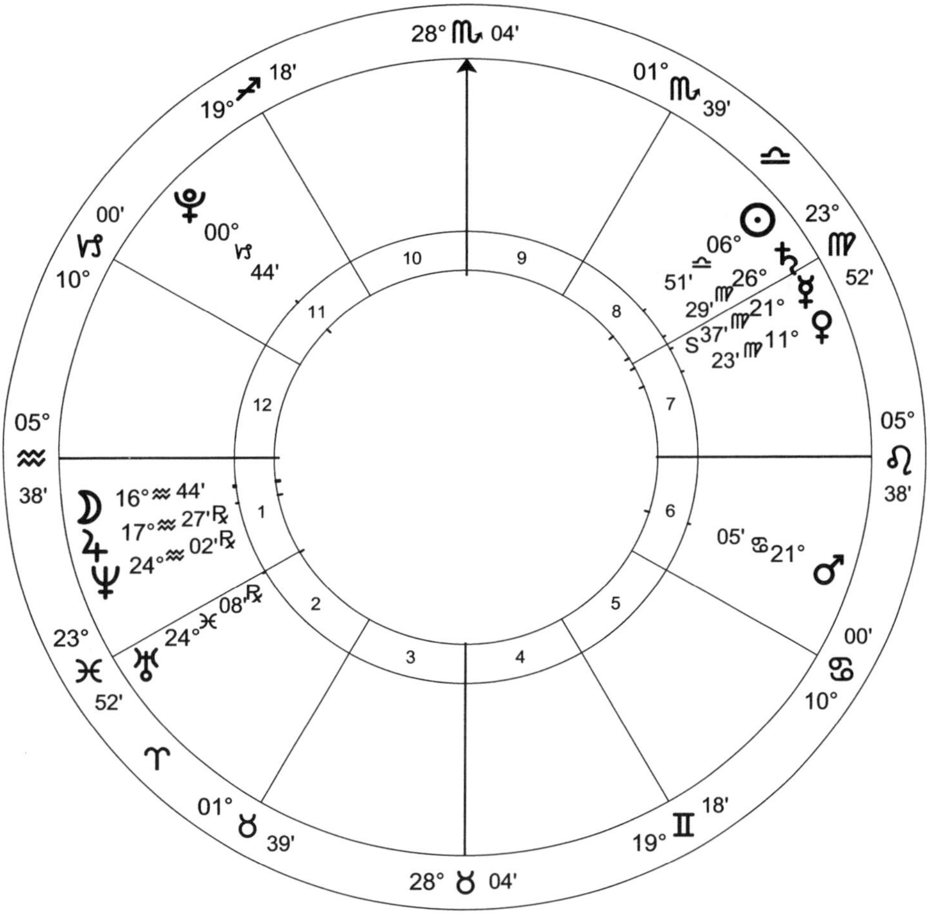

Mapa 61: Minha casa será vendida à parte interessada?
Mapa Horário/29 de setembro de 2009/15:58:55 CDT/Chicago, Illinois/
Casa Placidus

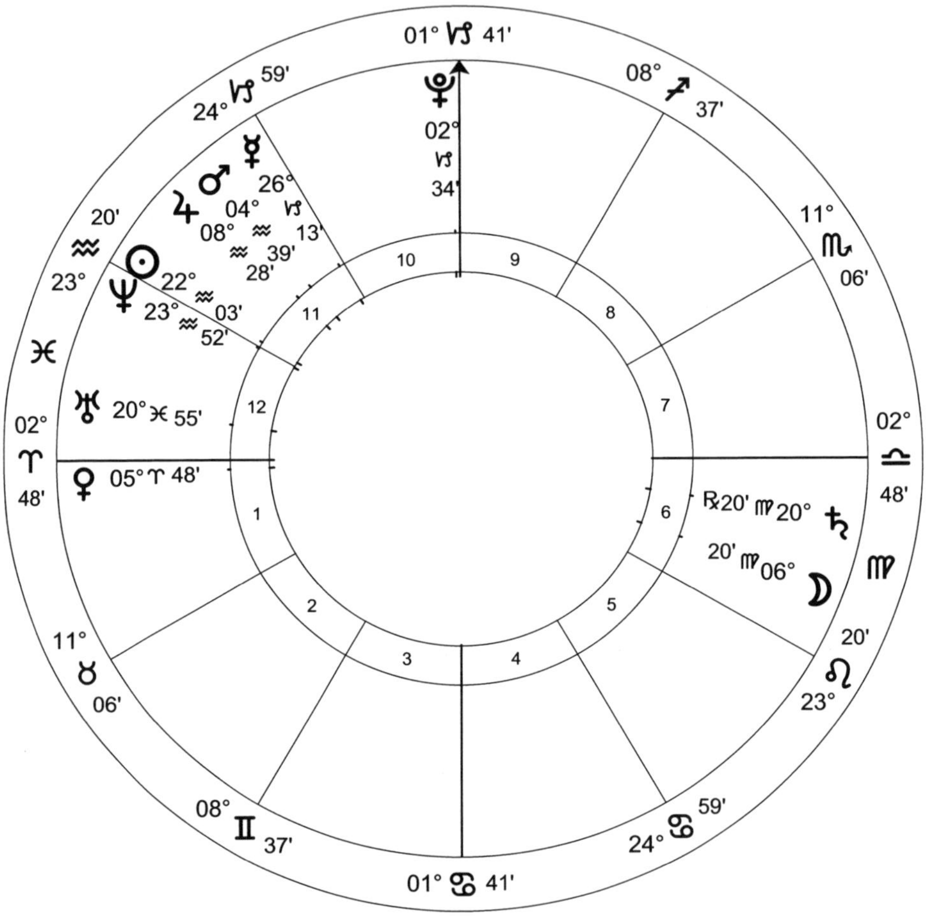

Mapa 62: Encontrarei o envelope?
Mapa horário/10 de fevereiro de 2009/21:11:15 MST/Chandler, Arizona/
Casa Placidus

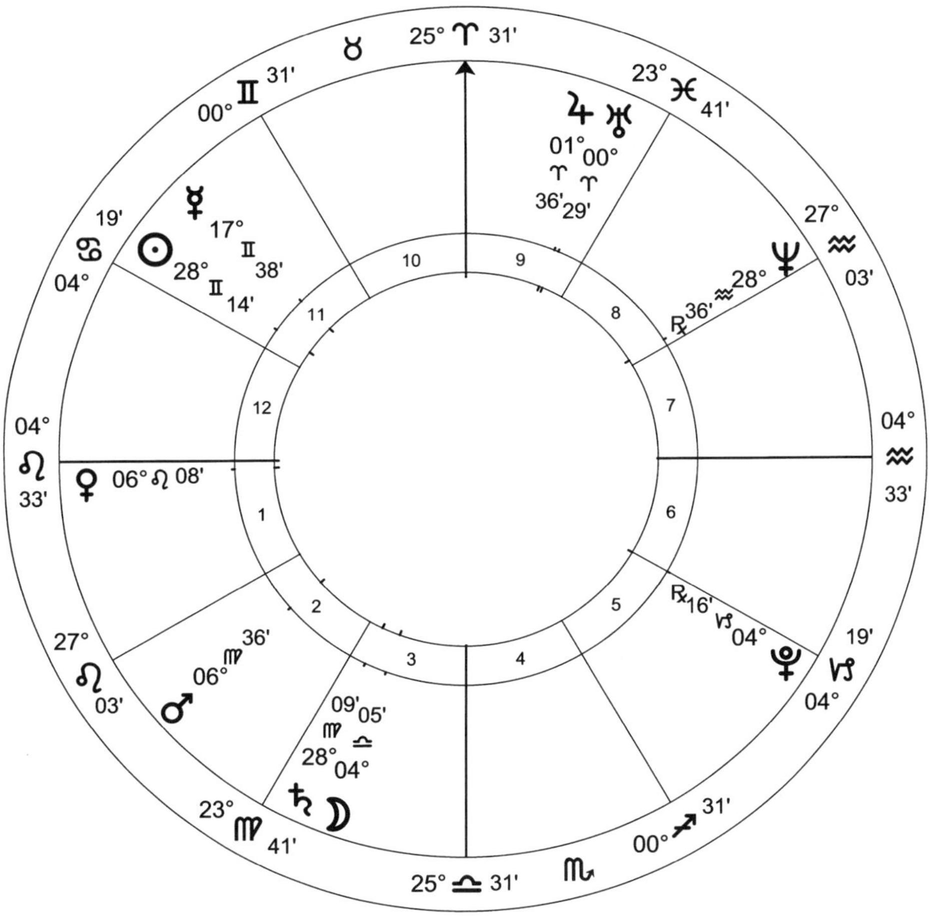

Mapa 63: Será que vou gostar do encontro com Melissa?
Mapa horário/19 de junho de 2010/8:12 MST/Phoenix, Arizona/
Casa Placidus

está associado a mudanças e ao inesperado. Conforme a busca continuava, um amigo (Saturno, regendo a 11ª, e Urano, regente natural de amigos) sugeriu usar as direções do mapa para encontrar o envelope.

Para procurar direções em um mapa horário, é preciso considerar o mapa desde a posição na qual você estava no momento em que a pergunta foi feita. Pense em si mesmo no centro do mapa. Essas são as direções representadas nos mapas:

Norte – IC
Sul – Meio do Céu
Leste – Ascendente
Oeste – Descendente

Para facilitar o encontro das direções, é útil virar o mapa de ponta-cabeça de modo que o Meio do Céu fique na parte de baixo dele.

Observe que posição a de Mercúrio nesse mapa horário, está a sudeste de onde a questão foi perguntada. Saturno, regente de Capricórnio (signo de Mercúrio) está associado à terra e à madeira. Isso sugere que o envelope poderia estar no chão, próximo a algum objeto de madeira. De fato, ele estava próximo ao sudeste e debaixo de um objeto de madeira.

Será que vou gostar do encontro com Melissa?

Um amigo astrólogo me fez essa pergunta exatamente com essas palavras, em vez de perguntar: "A Melissa irá gostar de mim?". Lembre-se: esse método rápido e prático geralmente só funciona com perguntas em primeira pessoa. Entretanto, a outra pergunta poderia ser respondida utilizando-se todas as regras horárias tradicionais.

Esse mapa horário (Mapa 63) tem Vênus (amor) ascendendo em Leão (romance), e a Lua está em Libra (parceria); então ele é válido para essa questão. Na verdade, com Vênus ascendendo e a Lua aproximando-se de um sextil com esse planeta, seria fácil deduzir que a resposta seria "sim". Mas existem mais coisas envolvidas nesse mapa.

Com relação ao romance, esse mapa mostra mais de uma conotação negativa. O último aspecto da Lua é uma oposição a Júpiter, regente da quinta casa. Júpiter na nona casa de viagens e a Lua na terceira casa de comunicação refletem o agendamento do encontro, que teve de ser adiado porque ela estava fora da cidade.

O primeiro aspecto da Lua é uma quadratura com Plutão na quinta casa dos romances, então a conversa (Lua na terceira) seria difícil, inicialmente. Ela ficaria melhor depois, como indicado pelos próximos aspectos da Lua (sextil com Vênus e trígono com Mercúrio).

Esse mapa exemplifica por que é importante checar o movimento dos planetas. O último aspecto lunar é um trígono com Netuno, e não com o Sol, pois o Sol avançaria até Câncer enquanto a Lua ainda estaria em Libra. Portanto, a resposta não é clara (Netuno). O encontro foi como o mapa horário indicava, mas o casal não se encontrou uma segunda vez. Ele tinha dúvidas (Netuno) acerca de Melissa, cujo emprego exigia que ela viajasse (Netuno regendo a nona casa); fica então difícil combinarem as agendas, mesmo que ele quisesse ter tentado um namoro com ela.

Onde está minha joia de prata?

Já de cara essa questão quebra uma das regras dos mapas horários rápidos e práticos: quer saber *onde* se encontra um objeto, e não *se* ele será encontrado. É também um bom exemplo das falhas do método prático e rápido, como logo vim a descobrir (Mapa 64).

Mesmo que essa seja uma pergunta sobre localização, meu interesse subjacente era saber se a joia seria encontrada. Isso é fácil. O último aspecto da Lua é um trígono com o Sol, então a resposta era "sim". E ela de fato se comprovou.

Ansiosa para achar minha joia, anotei alguns fatores no mapa antes de começar minha busca. (Se eu tivesse simplesmente prosseguido com meus assuntos do dia, deixando a busca de lado, eu a teria achado de qualquer forma!) Observe que a Lua está em Virgem, signo que rege as caixas. Disso eu determinei que ela devia estar dentro de uma caixa. Ela estava. O Sol está em Touro, signo que rege a prata, uma confirmação adicional de que ela seria encontrada.

A busca deu-se em um sobrado grande com porão, muitos armários e vários espaços de sótão. Então havia vários lugares prováveis onde procurar. Tentei refinar a busca criando a seguinte lista de regências:

- Lua: água, porão, prata
- Saturno: cantos escuros, lugares baixos, ferramentas
- Touro: porão, armário, despensa, ladrilho
- Sol: salão de jogos, fogareiro
- Libra: sótão, lugares altos
- Lua na 11ª casa: Sul-Sudeste
- Sol na oitava casa: Oeste-Sudoeste

As direções referentes ao Sol e à Lua foram usadas porque eles têm uma relação com a prata (Lua e Touro).

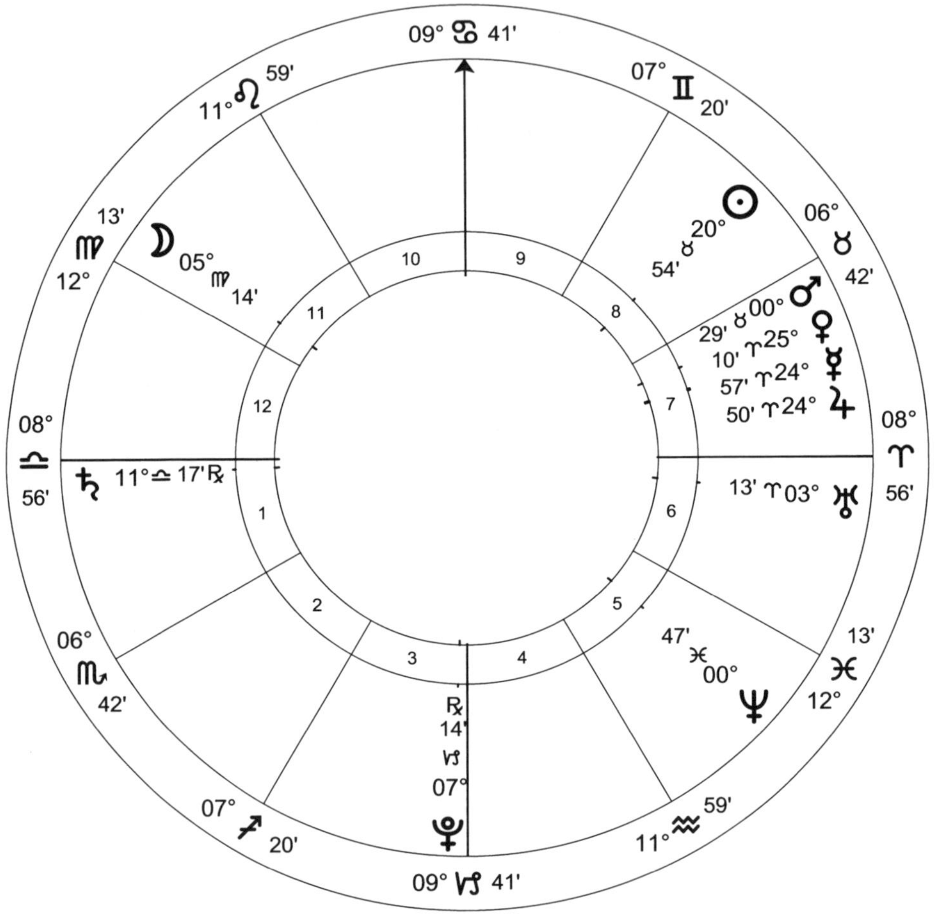

Mapa 64: Onde está minha joia de prata?
Mapa Horário/11 de maio de 2011/15:52:02 WST/Chandler, Arizona/
Casa Placidus

Com base na lista anterior, e utilizando os fatores que se repetiam mais, concluí que a joia de prata estava em uma caixa no chão do salão de jogos do porão, que tinha um chão de ladrilhos e áreas próximas com ferramentas e fogareiro. Esse salão fica do lado oeste da casa, com as ferramentas na localização oeste-sudeste.

Errado! E não poderia estar mais errado – a não ser pela caixa.

A joia foi encontrada no primeiro andar, em um quarto no lado sul da casa. Estava em um armário na parte sul-sudeste do quarto, em uma prateleira alta.

Cuidado para não tentar fazer acrobacias com o método rápido e prático!

Esses exemplos tocam apenas de leve a superfície da astrologia horária, mas são um ponto de partida e breve introdução a esse complexo assunto. Há uma série de livros excelentes sobre essa vertente (veja a lista de Sugestões de Leitura), que explicam as inúmeras regras e apresentam vários exemplos.

Capítulo Doze

Dicas de Previsão

Este capítulo contém uma variedade de dicas para ajudar você a fazer previsões. Algumas são sensos comuns entre os astrólogos, enquanto outras vieram da minha experiência. Assim como tudo o mais na astrologia de previsão, teste-as por conta própria e veja o que funciona melhor para você.

Cada uma das influências listadas a seguir aumenta o potencial do evento, mas não são garantias. Lembre-se: deve haver pelo menos três indicadores para que algo aconteça. Os eventos menores, mais cotidianos, normalmente estão associados a trânsitos de planetas internos e às Luas Nova e Cheia, ao passo que os acontecimentos importantes requerem progressões, arcos solares e/ou trânsitos de planetas exteriores, e quase sempre envolvem eclipses. Mapas de retorno trazem confirmações com relação a outros trânsitos importantes.

Casamento/compromisso

- O Ascendente natal, progredido e/ou de arco solar estará sempre ativo.
- Quando Vênus progredido muda de direção, isso frequentemente indica esses acontecimentos.
- Conjunções progredidas e de arco solar entre o Sol e Vênus quase sempre estão ativas.
- Às vezes está presente algum aspecto envolvendo Marte natal, progredido ou de arco solar.
- Qualquer planeta exterior cruzando o Descendente aumenta as chances de um relacionamento firme.
- Estará quase sempre ativo um aspecto progredido ou de arco solar envolvendo o regente (natal, progredido ou de arco) da sétima casa.

Divórcio

- São comuns aspectos progredidos e/ou de arco solar envolvendo Vênus e Urano.
- Urano em trânsito formando aspecto difícil com o Ascendente ou Descendente pode desencadear o fim de um relacionamento.
- Plutão em trânsito às vezes está ativo em um divórcio se ele contatar o Descendente, Vênus ou o regente do Descendente.

Acidentes

Um aspecto difícil Marte-Urano eleva o potencial para acidentes. Se o aspecto contém Urano em trânsito ou algum planeta progredido ou de arco solar, o potencial estará em efeito por um período muito mais longo de tempo, embora tenha de ser ativado por algum trânsito de planeta interior. Entretanto, se Marte em trânsito estiver direto e formando aspecto com Urano natal, progredido ou de arco solar, o potencial limita-se a alguns dias, contanto que não haja tendências indicando um período de tempo maior.

Aconselha-se cautela quando Marte em trânsito está dentro de um orbe de conjunção com o Ascendente natal. Esse trânsito pode trazer cortes, quedas e outros acidentes.

Dinheiro

As questões de dinheiro são regidas pelas segunda e oitava casas. A segunda governa a renda pessoal; a oitava, a renda e as dívidas do seu parceiro, credores em geral (bancos, companhia de cartão de crédito, etc.), heranças e seguros (indenizações e prêmios). Busque aspectos progredidos e de arco solar envolvendo a segunda e a oitava casas, bem como planetas nessas casas e os regentes delas. A distinção entre duas casas em polos opostos às vezes não fica clara, então não limite seu estudo a somente uma ou outra casa. Considere ambas, pois funcionam como uma unidade.

Para jogos de azar, incluindo a loteria, deve haver aspectos que conectam a oitava casa (dinheiro do cassino) e a quinta casa (especulação). Qualquer combinação dos seguintes (utilizando trânsitos, progressões e arcos) pode trazer ganhos:

- Aspectos com planetas natais na quinta e/ou oitava casas.
- Aspectos com os regentes naturais da quinta ou da oitava casa.
- Trânsitos dos regentes da quinta e oitava casas com outros planetas no seu mapa.

Não despreze automaticamente aqueles planetas como Marte e Saturno, tradicionalmente considerados difíceis. Se eles se encaixarem em algum dos requisitos acima, podem resultar em ganhos. Uma palavra sobre Júpiter: esse planeta, que absolutamente merece sua alcunha de planeta mais afortunado de todos, nem sempre tem um papel em vitórias em jogos de azar; então, não caia na armadilha de procurar apenas aspectos jupiterianos.

Outra técnica de jogo que você pode achar efetiva é o Ascendente e Meio do Céu em trânsito. Trata-se simplesmente da posição dos dois ângulos onde estariam se você os calculasse para um determinado momento no tempo, em determinada data. Eles avançam pelo zodíaco cerca de um grau a cada quatro minutos. Essa técnica pode ser mais bem aproveitada com o uso de um *software*, pois ele permite gerar uma lista dos momentos exatos em que os ângulos em trânsito farão aspecto com seus planetas. Se fizer isso, programe a seleção do *software* para gerar aspectos com os planetas de acordo com as regras citadas. Funciona, mas é melhor usar nos dias em que há outros aspectos planetários que ativam seus planetas de jogo.

Se você procura um intervalo de tempo em que pode receber um aumento, comece com as Luas Nova e Cheia: ambas devem formar aspecto com sua segunda e/ou oitava casa, de acordo com as regras. Isso é mais fácil de identificar se a sua empresa faz um procedimento anual de revisão. Assim que compreender totalmente como seu mapa responde aos trânsitos, algo que vem com a prática, provavelmente você poderá determinar se receberá um aumento bom ou desapontador, dependendo dos aspectos.

Se você trabalha para uma empresa em que precisa pedir aumento, comece também com as Luas Nova e Cheia. Encontre a data que tenha os trânsitos mais favoráveis envolvendo a segunda e oitava casas. Claro que, se conseguir os dados de nascimento do seu patrão, pode então dar uma espiada no mapa dele!

Ao pedir um financiamento automobilístico ou imobiliário, ou empréstimo imobiliário, concentre-se na oitava casa, mas considere também a segunda. Aspectos favoráveis que envolvem a oitava casa aumentam as chances de obter o empréstimo. Mas também é muito importante considerar as tendências gerais ativas no seu mapa, naquele período. Antecipe as possibilidades. Se perceber que haverá condições financeiras potencialmente restritivas em um futuro próximo, como Saturno em trânsito pela oitava ou segunda casas, pode ser uma boa ideia reconsiderar, emprestar quantia menor. A cautela também se aplica se

Júpiter está transitando pela sua oitava casa – essa é uma das melhores, senão a melhor, das influências para atrair dinheiro. Apenas lembre-se de que dura apenas um ano, e o que hoje cabe no seu orçamento pode não caber a longo prazo.

Aspectos difíceis de Plutão em trânsito podem indicar falência – uma realidade infeliz e inevitável para algumas pessoas. Esses aspectos normalmente envolvem planetas na oitava casa, ou regendo-a, mas também é possível ocorrer com aspectos envolvendo a segunda casa. Estresse e tensão nas casas financeiras são normalmente anunciados de forma evidente antes do trânsito de Plutão.

Carreira/trabalho

Ao estudar o mapa atrás de influências em carreira/trabalho, procure sempre Saturno em trânsito, regente natural da décima casa. A posição dele nas casas do seu mapa normalmente é um forte indicador de onde você se encontra no ciclo de carreira. É recomendável manter as coisas como estão enquanto Saturno transita pela sua primeira casa (e enquanto passa pelas três casas seguintes); esse não é o momento para novas empreitadas. O marco seguinte é Saturno em conjunção com o IC, onde faz oposição ao Meio do Céu. Esse pode ser um bom período para ir atrás de uma nova oportunidade, mas seu potencial provavelmente não se desenvolverá tão rapidamente quanto você espera – melhor considerá-lo um degrau.

Saturno transitando pela sexta casa pode fazer com que você se sinta um escravo: muito trabalho e praticamente nenhum reconhecimento. Quando Saturno atravessa o Descendente, você repentinamente (quase magicamente) obtém mais atenção e reconhecimento. A partir dessa posição, a influência potencialmente positiva de Saturno na carreira começa a ganhar movimento, culminando com seu trânsito pela décima casa. Você colhe os benefícios de Saturno, conforme ele transita pelas 11ª e 12ª casas.

De maneira ideal, você deve se planejar com antecedência para atingir o ápice da carreira quando Saturno em trânsito cruza o Meio do Céu, movendo-se pela décima casa pelos dois anos e meio seguintes. Mesmo sem se planejar, é possível obter vantagens com o trânsito de Saturno nessa casa; entretanto, as melhores recompensas virão se você começar sua escalada conforme Saturno cruza o IC.

Obviamente, não há garantias de que Saturno em trânsito pela décima casa eleve sua posição social. O nível de êxito (ou de fracasso) depende muito do esforço que você aplicou em seu caminho até esse ponto. Como sempre acontece com Saturno, você recebe aquilo que merece (as conjunções entre Saturno em trânsito e o Sol são especialmente notáveis por isso). O exemplo bastante citado de Saturno na décima casa é o ex-presidente dos Estados Unidos Richard Nixon, que renunciou ao cargo sob esse trânsito.

As melhores épocas para tentar um novo emprego são entre as Luas Nova e Cheia, quando a Lua Nova está na segunda, sexta ou décima casa (casas da Triplicidade da Riqueza, ver glossário). Isso nem sempre é prático entretanto, pois essas Luas Novas ocorrem de quatro em quatro meses. É possível obter praticamente o mesmo efeito com uma Lua Nova em outra casa em aspecto favorável com planetas natais, progredidos ou de arco nessas casas, ou em aspecto com os regentes das mesmas.

O motivo para usar o período entre as Luas Nova e Cheia deve-se ao fato de que a luz da Lua está crescendo, o que se equipara aos novos começos. Após a Lua Cheia, a luz da Lua decresce; esse seria o período de términos. Mas, se você está com pressa, aproveite qualquer Lua Cheia que forme aspecto favorável com seu mapa. A lógica disso: sua meta é finalizar o período de desemprego. Embora a energia não seja forte como nas Luas Nova ou Cheia, você poderia tentar empregos em datas em que os planetas interiores em trânsito formam aspectos positivos com seus planetas natais, progredidos ou de arco solar.

Para ter a sorte a seu favor após mandar currículos, consulte a efeméride atrás de datas em que os planetas internos em trânsito ativam seu mapa: esses serão, potencialmente, os dias das entrevistas. Em seguida, identifique algumas horas durante o dia em que o mapa de trânsito pareça favorável, de modo que você consiga selecionar o melhor horário para ser entrevistado, caso possa escolher.

Infelizmente nenhum desses esforços vai adiantar se as tendências do mapa mostram um período mais longo de desemprego. No entanto, mesmo isso pode ter seu lado positivo, pois você perceberá a importância de pegar um cargo menos desejável, se possível, enquanto continua a procurar emprego na sua área.

Em geral, os planetas exteriores em trânsito em aspecto desafiador com o Meio do Céu indicam possível período de mudanças e avanços na carreira. Se eles serão positivos ou negativos, depende de outros trânsitos e de progressões e arcos solares. Uma quadratura de Urano com o Meio do Céu, por exemplo, pode trazer mudanças indesejáveis ou oportunidades inesperadas de ganhos.

Saúde

A maioria dos astrólogos prefere evitar essa área, e com razão. Só as pessoas com formação na área de saúde deveriam considerar previsões acerca desse assunto. Se você vê aspectos lentos e difíceis (trânsitos, progressões e arcos solares de planetas exteriores) envolvendo a 12ª casa (e às vezes a sexta), em conjunto com eclipses relevantes, a melhor informação que pode dar é que a pessoa consulte um médico. Não faça especulações! Sem formação especializada na área médica e na astrologia médica, é antiético e ilegal oferecer consultas.

Você pode, entretanto, usar seu mapa para saber se defender melhor de viroses comuns. O potencial é frequentemente mostrado por uma Lua Nova ou Cheia difícil, bem como trânsitos de planetas interiores envolvendo a sexta casa e, às vezes, a 12ª. Caso veja que um desses períodos está se aproximado (estude seu mapa para a última ocasião em que ficou resfriado), tome precauções adicionais e é bem possível que evite cair de cama.

Há outra atividade relacionada ao campo médico que pode se beneficiar da astrologia: começar dietas para perder peso. Elas quase sempre têm bom êxito se iniciadas na Lua Cheia, com base na teoria de que conforme a luz da Lua diminui, o mesmo ocorre com seu peso.

Imóveis e mudanças

As mudanças de casa quase sempre são indicadas por planetas de trânsito exterior, progressões e/ou arcos solares cruzando o IC ou formando quadraturas ou oposições com ele. Pode haver vários acontecimentos no curto espaço de tempo em que um planeta exterior fica retrógrado e depois direto, então retrógrado, fazendo três contatos com o IC.

Se quer comprar um imóvel, examine alguns anos à frente. Verifique os trânsitos de planetas exteriores, progressões, arcos solares e eclipses, que exercerão efeito, buscando qualquer tendência financeira negativa que possa indicar dificuldades no mercado como um todo, ou na hora de pagar o financiamento.

Esteja alerta para a possibilidade de enchentes, caso veja Netuno em trânsito se aproximando do seu IC (ou contatando um planeta que esteja na quarta casa ou regendo-a). Seria a ocasião para pensar em fazer um seguro contra esse acontecimento, mesmo que você não viva em uma área propensa a enchentes, furacões ou climas drásticos.

Às vezes um Plutão cruzando o IC, ou em aspecto desafiador com a quarta casa, indica cupins. Esse trânsito também torna aconselhável certificar-se de que sua propriedade e seus bens estão bem cobertos pelo seguro.

Casas derivativas

O conceito de casas derivativas possibilita o uso do seu mapa para prever eventos para as pessoas próximas a você, como um parceiro, crianças, amigos e irmãos. Embora isso não substitua a leitura individual do mapa específico de um indivíduo, é possível colher informações usando essa técnica.

Para ler as casas derivativas em seu mapa, primeiro é preciso identificar a casa que rege a pessoa sobre a qual você fez a pergunta. Por exemplo, você escolheria a sétima casa para seu parceiro ou a quinta no caso de um filho. Os pais, como um casal, são representados pela quarta casa para a mãe e a décima para o pai. Outros (como eu) usam a décima para a mãe e a quarta para o pai.

Assim que souber a casa que representa a pessoa, vire o mapa para que a casa apropriada fique no Ascendente. A sétima casa (companheiro) no seu mapa seria então a primeira casa de sua cara-metade, utilizando as casas derivativas. Se deseja informações acerca da carreira dele ou dela, conte dez casas à frente (para a décima casa de carreira), começando com a primeira casa (a sétima no seu mapa). A casa derivativa do parceiro seria, assim, a sua quarta casa.

Capítulo Treze

Astrologia Mundana

Astrologia mundana é a vertente utilizada para prever eventos e condições gerais de locais específicos, normalmente países, estados, províncias e cidades. As técnicas de previsão são as mesmas utilizadas em astrologia natal, com algumas variações. Por exemplo, a segunda casa representa a economia de uma nação, em vez da renda de um indivíduo.

Existem dois modos de abordar a astrologia mundana: o mapa natal do país, cidade ou estado/província, além de mapas de ingresso e lunação. Separados ou em conjunto, normalmente revelam as mesmas indicações. O mapa de um país, estado/província ou cidade também pode ser progredido, assim como o mapa de nascimento de uma pessoa, e depois interpretado utilizando-se tanto as progressões quanto os trânsitos. (Ver Sugestões de Leitura para saber de livros que contêm essas informações.)

Os mapas de ingresso e lunação podem ser usados para interpretar condições particulares afetando uma localidade específica durante o período em que estão ativos. Um ingresso ocorre quatro vezes por ano, quando o Sol entra nos signos cardeais: Áries, Câncer, Libra e Capricórnio. Eles marcam o início das estações – primavera, verão, outono, inverno – e cada um exerce efeito por cerca de quatro meses. Alguns astrólogos usam o ingresso de Áries para representar o ano inteiro, enquanto outros preferem todos os quatro ingressos. Eu acho esse segundo método mais eficiente.

As lunações são as Luas Nova e Cheia que acontecem todos os meses. As Novas normalmente agem por quatro semanas, e as Cheias, por duas. Para interpretar seus efeitos em um país ou estado/província, o mapa é calculado para a capital do país.

Os mapas de ingresso e lunação são suscetíveis aos trânsitos e progressões, como os mapas natais. Um aspecto em um mapa de ingresso, por exemplo, pode atingir a perfeição (torna-se exato) conforme os planetas progredidos avançam (ou regridem, no caso de um planeta retrógrado), e os planetas em trânsito podem desencadear um evento quando contatam um planeta no mapa de lunação ou ingresso.

Em geral, esses signos dizem respeito à natureza e duração do fato; os planetas significam o tipo de acontecimento ou as pessoas ou coisas por ele afetadas; e as casas representam como, ou em qual, arena ocorrerá o evento. Os aspectos são interpretados do mesmo modo que em outras técnicas de previsão.

Planetas

- Sol – o regente, presidente, primeiro-ministro, ditador, chefe de Estado, pessoa no poder ou na autoridade
- Lua – o povo, comida, roupas e abrigo
- Mercúrio – comunicação, viagens, educação, transportes, mídia
- Vênus – as artes, dinheiro, condições favoráveis
- Marte – conflito, guerra, polícia, forças armadas
- Júpiter – religião, questões judiciárias, educação, leis, relações internacionais
- Saturno – restrição, ambição, objetivos, propriedade, estrutura, influências conservadoras
- Urano – mudança, influências progressistas, revolução, tumulto, levantes, internet
- Netuno – ideias, combustível, água, confusão
- Plutão – mudanças em massa, transformação/renovação, brigas de poder

Casas

- Primeira – o povo
- Segunda – economia, dinheiro, valores, bancos e outras instituições financeiras
- Terceira – comunicações, correios, mídia, transportes, educação, países vizinhos
- Quarta – propriedade, imóveis, habitação, agricultura, mineração, segurança
- Quinta – mercado de ações, locais de entretenimento, jogos de azar, crianças
- Sexta – trabalhadores, locais de trabalho, serviço público, forças armadas, saúde

- Sétima – diplomacia, tratados, guerra, inimigos declarados
- Oitava – dívida, seguro, impostos, morte, assistência financeira governamental
- Nona – sistema judiciário, educação, relações internacionais, religião e instituições religiosas, viagens
- Décima – o regente, presidente, primeiro-ministro, ditador, chefe de Estado, pessoa no poder ou em posição de autoridade.
- Décima Primeira – poder legislativo, grupos, sindicatos
- 12ª – inimigos ocultos, instituições (hospitais, prisões, penitenciárias), previdência, desemprego

Signos

- Áries – guerra, batalhas, conflito, iniciativas, ação
- Touro – conforto, dinheiro, valores
- Gêmeos – comunicação, educação, transporte
- Câncer – alimentação, imóveis, propriedades
- Leão – crianças, atividades de lazer, mercado de ações, jogos de azar
- Virgem – trabalhadores, locais de trabalho, saúde, bichos de estimação, serviço social
- Libra – inimigos declarados, aliados
- Escorpião - dívidas, morte, destruição, seguros
- Sagitário – relações internacionais, educação, viagens, sistema judiciário, religião
- Capricórnio – governo, corporações, chefe de Estado
- Aquário – internet, grupos
- Peixes – instituições, desemprego, previdência

Signos e duração da influência

- Signos Cardeais (Áries, Câncer, Libra, Capricórnio) – as questões surgem rapidamente e duram pouco
- Signos Fixos (Touro, Leão, Escorpião, Aquário) – as questões são crônicas e de longa duração
- Signos Mutáveis (Gêmeos, Virgem, Sagitário, Peixes) – as questões têm duração indeterminada

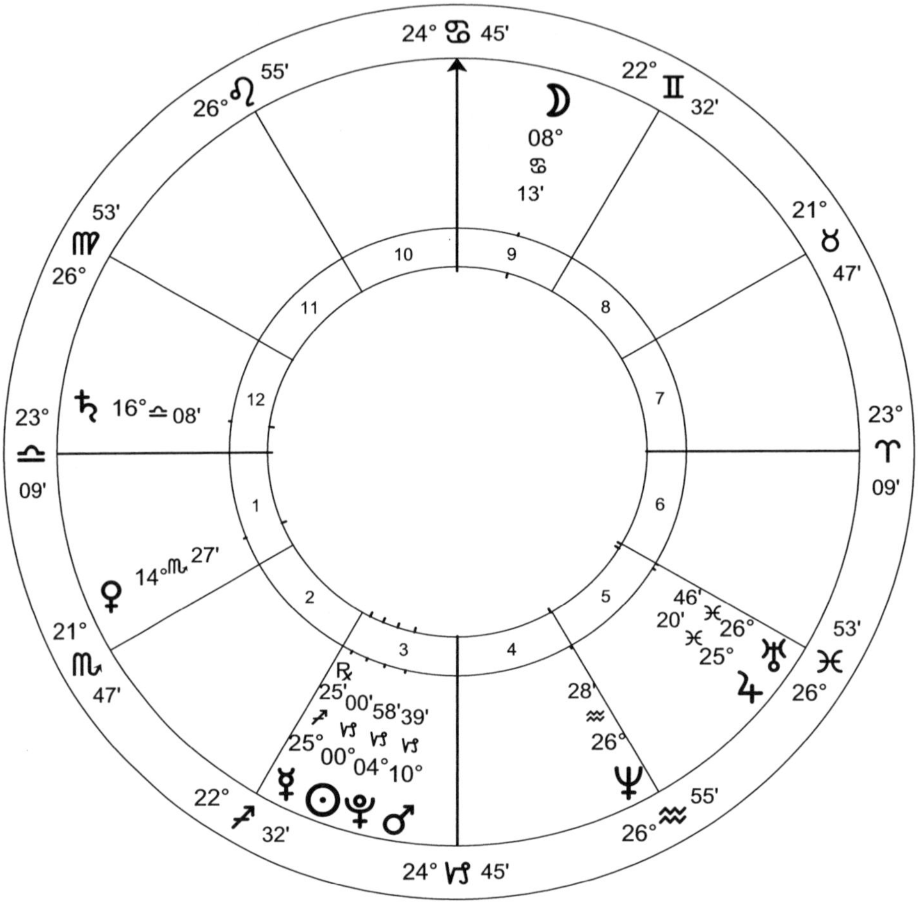

Mapa 65: Ingresso do Inverno

Mapa de Evento/22 de dezembro de 2010/1:40 EET/Cairo, Egito*/
Casa Placidus

*N.T.: EET, ou Eastern European Time, é o fuso horário do Leste Europeu.

Comparação entre eventos: dois ingressos e duas lunações

Janeiro de 2011 foi um mês agitado para Estados Unidos e Egito. A deputada norte-americana Gabrielle Giffords levou um tiro durante um evento em Tucson, Arizona; no Egito, cidadãos rebelaram-se contra o presidente Mubarak. Esses dois acontecimentos tão diferentes podem ser vistos no mapa da Lua Nova do dia 4, mas somente o caso egípcio fica aparente no ingresso (anterior) de Capricórnio.

O mapa de ingresso para o inverno (Capricórnio) para a cidade do Cairo (Mapa 65) tem a Lua (povo) na nona casa em oposição ao *stellium* do Sol (Mubarak, o presidente), Plutão (mudança por meio de força, luta pelo poder) e Marte (guerra, violência) na terceira. Todos esses planetas formam grande quadratura com Saturno (governo, estrutura) na 12ª. A Lua, que rege a décima casa da presidência, faz também trígono com Vênus, regente da primeira casa e posicionado na primeira casa, do povo.

Os cidadãos egípcios iniciaram seu protesto em 25 de janeiro, organizando esforços pela internet e *sites* de rede social (terceira e nona casas). Além de se revoltarem contra Mubarak, a quem chamavam ditador, e o governo deste, os cidadãos protestavam contra o alto preço dos alimentos (Lua em conjunção com Saturno), falta de justiça (nona casa) e índice de desemprego desenfreado, altíssimo.

Os cinco planetas envolvidos estão em signos cardeais; assim, poder-se-ia esperar que esse levante não duraria muito. De fato, não durou: Mubarak renunciou em 17 de fevereiro, cerca de três semanas após o primeiro protesto. Esse mapa de ingresso também mostra que a vontade dos cidadãos prevaleceria, pois a Lua (o povo) fazia trígono com Vênus (regente da primeira casa) na primeira casa (o povo). Com Vênus em Escorpião, um signo fixo, há poucos motivos para acreditar, de modo otimista, que o resultado final seria positivo e duradouro.

Em 25 de janeiro, dia em que o protesto começou, Mercúrio em trânsito fazia quadratura com Saturno do ingresso, e Saturno em trânsito estava estacionário para ficar retrógrado dentro de um grau do Saturno do ingresso. Júpiter em trânsito formava quadratura com o Sol do ingresso. Quando Mubarak renunciou, em 11 de fevereiro, Júpiter em trânsito fazia quadratura com Plutão do ingresso, e Vênus em trânsito estava oposto à Lua do ingresso. O povo prevaleceu.

A revolta e a renúncia final do presidente mostram-se também nos mapas natal e progredido do Egito. No dia em que começou o protesto, Mercúrio em trânsito (comunicação por celular) estava em conjunção com a Lua progredida (o povo) em Capricórnio (governo), ao passo que Júpiter em trânsito (justiça) na terceira casa (comunicações) formava oposição com Saturno progredido (governo) na nona casa (justiça, internet). Júpiter rege também a primeira casa, do povo. Mas o aspecto mais revelador da configuração era Vênus em trânsito (regente da décima casa do presidente) em conjunção com Marte progredido na 12ª casa e oposição ao Sol progredido (presidente), a apenas alguns minutos de cruzar com o Descendente e entrar na sétima casa. Dentro de um dia Vênus cruzaria o Ascendente para entrar na casa relativa ao povo, onde formaria oposição exata com o Sol progredido (presidente). Uma interpretação simples: os inimigos ocultos (12ª casa) do governo rapidamente se tornaram seus inimigos declarados (sétima casa).

Como astrólogo, ao olhar para esse mapa você imediatamente buscaria algo que indicasse se e como Mubarak renunciaria. Ele o fez quando Júpiter em trânsito, regente da primeira casa do povo, cruzou a cúspide da quarta casa e ficou em oposição à cúspide da décima casa, do presidente.

Agora, examine o mapa de ingresso do inverno para a cidade de Washington (Mapa 66), capital dos Estados Unidos. Os planetas estão nos mesmos signos e graus, mas em casas diferentes, em razão do fuso horário. Encontrar uma indicação do atentado contra Gabrielle Giffords nesse mapa seria forçar a barra. A Lua na 12ª casa das instituições (hospital) faz oposição aos planetas de Capricórnio na sexta casa de saúde. A Lua também faz um trígono com Vênus, regente da 11ª casa dos legisladores. Se eu tivesse olhado esse mapa com antecedência, teria interpretado como um aumento de preocupações relativas a desemprego e habitação (quadratura com Saturno na quarta), com uma melhoria em ambos os índices ao longo da estação, por causa do trígono Lua-Vênus. Eu nunca teria imaginado o atentado que veio a ocorrer. A explicação disso é simples: o acontecimento, embora tenha representado um dia sombrio para o país, não causou qualquer impacto no processo legislativo ou nos negócios governamentais.

Examinemos agora os mapas da Lua Nova de janeiro para ambos os eventos. O caso egípcio é gritante (Mapa 67). A primeira casa do povo é regida por Marte, que está na décima em conjunção com a Lua Nova e quadratura com Saturno na sétima. Saturno rege a décima casa. Estava claro que Mubarak e seu governo corriam risco como consequência de uma guerra iniciada pelo povo.

Como poderíamos saber qual lado sairia vencedor? Marte, regente da primeira casa, aproximava-se de um sextil com a afortunada conjunção Júpiter-Urano na 12ª casa (mudanças positivas). Marte em trânsito

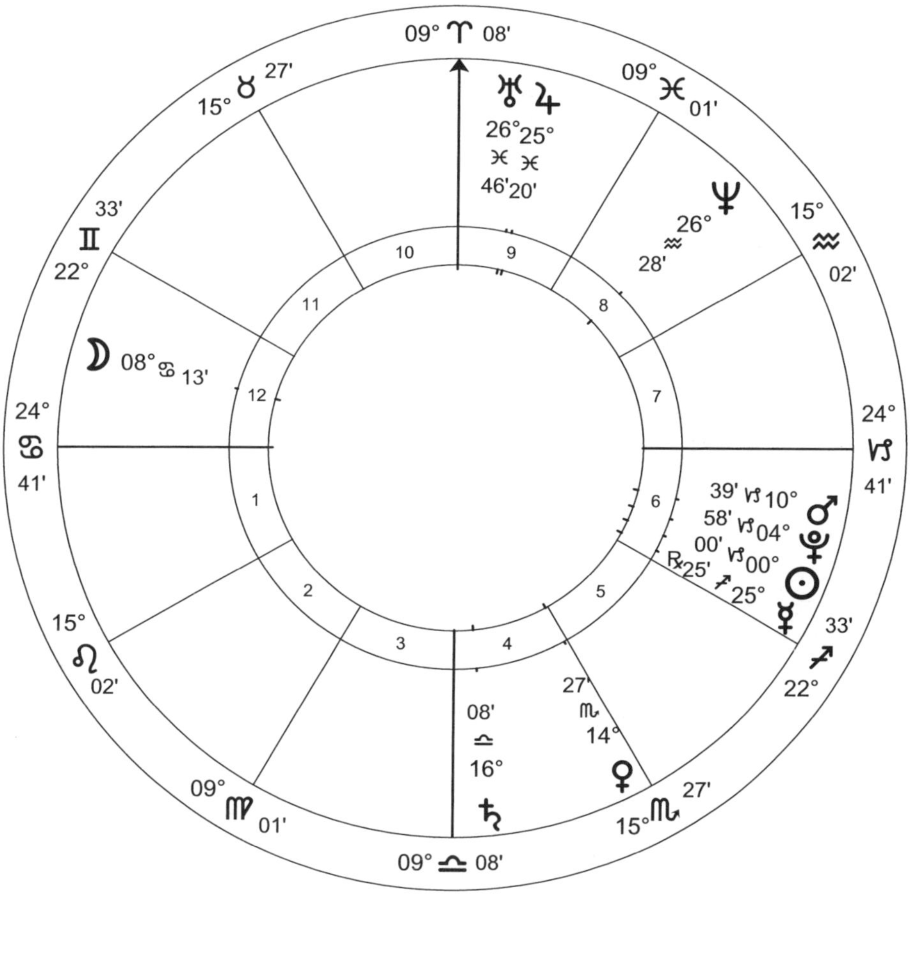

Mapa 66: Ingresso do Inverno
Mapa de Evento/21 de dezembro de 2010/18:40 EST/Washington DC/
Casa Placidus

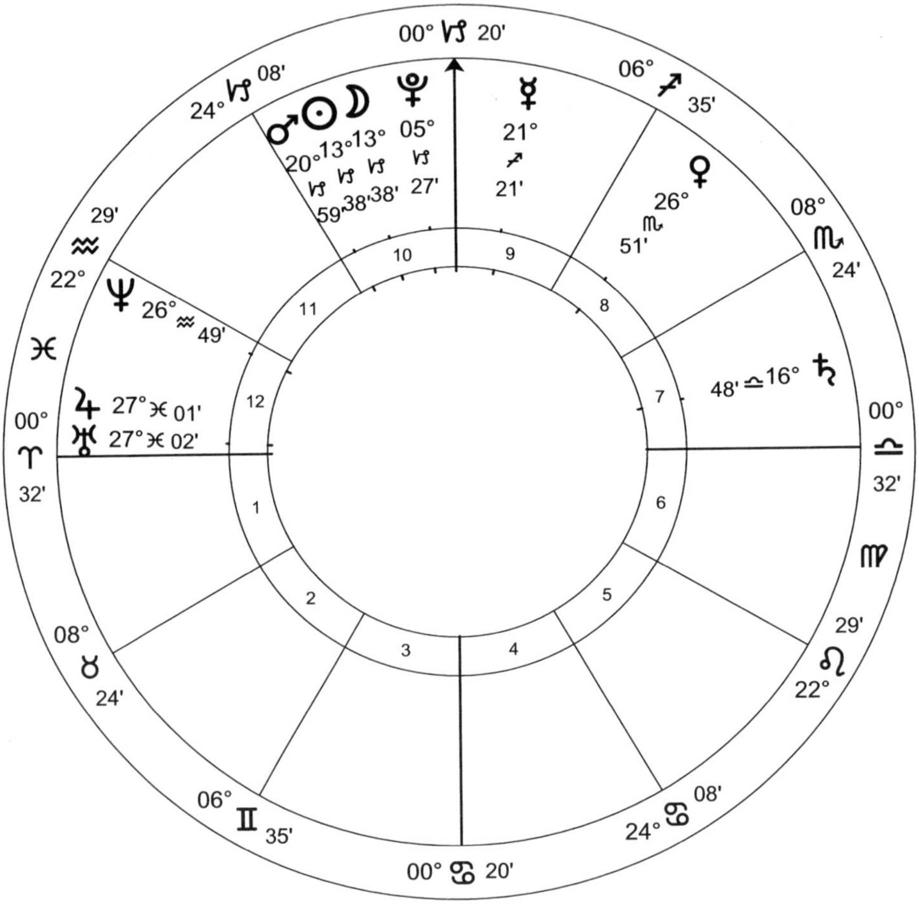

Mapa 67: Lua Nova

Mapa de Evento/4 de janeiro de 2011/11:02 EET/Cairo, Egito/Casa Placidus

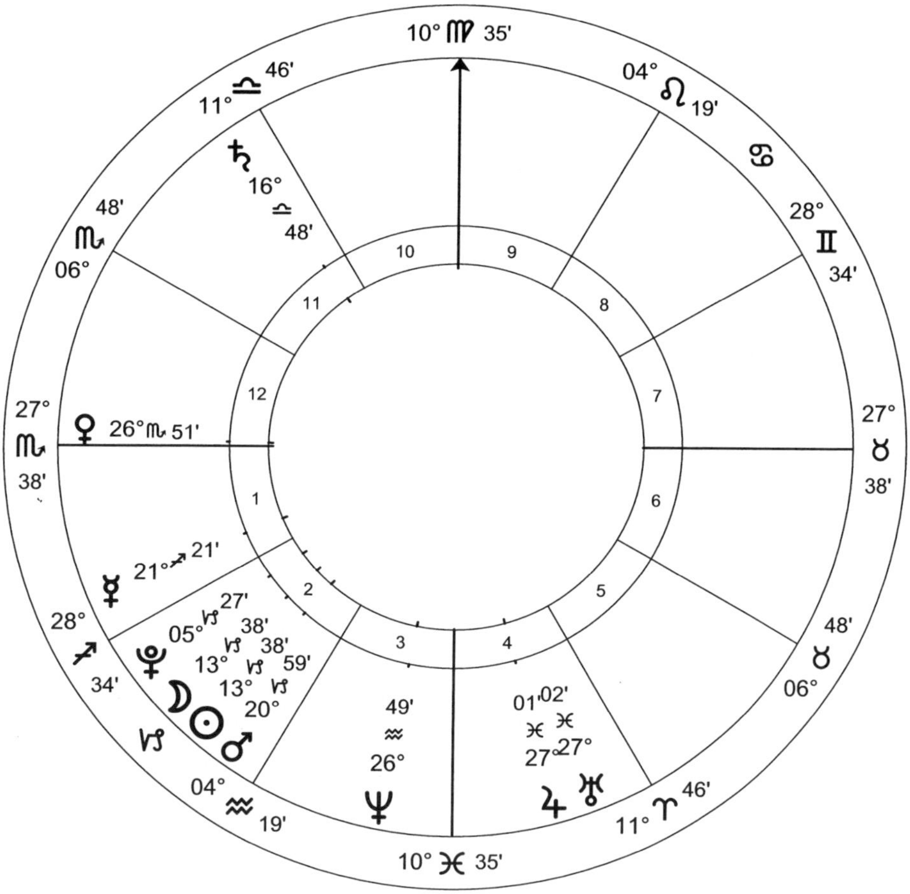

Mapa 68: Lua Nova
Mapa de Evento/4 de janeiro de 2011/4:02 EST/Washington DC/Casa Placidus

iria se posicionando de forma perfeita com esse sextil antes que o Sol (presidente), em quadratura com Saturno (presidente) na sétima (guerra), formasse o mesmo sextil. Conforme a Lua (o povo) transitasse por Capricórnio, ele obviamente formaria sextil com Júpiter-Urano muito antes de Marte ou o Sol. Nesse mapa, Vênus (regente da sétima casa de inimigos declarados – os protestantes) está em trígono com a conjunção Júpiter-Urano, trazendo sorte e sucesso ao povo (inimigos declarados).

O mapa de Lua Nova de janeiro para Washington (Mapa 68), ao contrário do ingresso de Capricórnio, sugere um acontecimento que envolve um legislador. Aqui, os três planetas em Capricórnio estão na segunda casa de valores e em quadratura com Saturno na 11ª casa dos legisladores. Com Marte ativo nesse mapa, é forte a possibilidade de haver violência envolvendo o ramo legislativo ou um legislador.

Vênus nesse mapa fornece interessantes pistas (que são bem mais fáceis de detectar, em retrospecto) com relação ao suposto atirador. Vênus, que rege a sétima (inimigos declarados) e a 11ª (legisladores) casas está na 12ª (inimigos ocultos). Esta última é significativa porque se sugeriu que o suposto atirador seria doente mental. Marte, em quadratura com Saturno, correge a 12ª casa e rege a quinta casa das crianças. Uma criança foi morta no tiroteio. Com Vênus regendo a sétima, o inimigo oculto tornar-se-ia um inimigo declarado de um legislador. O trígono de Vênus com Júpiter-Urano mostra também que a justiça seria feita e que a nação vivenciaria um momento espiritualmente inspirador após o ocorrido.

Crise dos mísseis de Cuba

A Guerra Fria entre a antiga URSS (União das Repúblicas Socialistas Soviéticas) e os Estados Unidos influenciou o mundo todo de 1947 a 1991. Ambos eram superpotências e miravam armas nucleares um para o outro. A ameaça de uma destruição nuclear nunca saía das mentes americanas. Crianças na escola participavam de simulações para saber o que fazer em caso de ataque, e muitas pessoas construíram abrigos no subsolo para se proteger tanto de uma explosão nuclear quanto da radiação que se seguiria.

Um dos pontos críticos da Guerra Fria aconteceu em outubro de 1962, quando uma aeronave de espionagem U-2 da Força Aérea Americana fotografou mísseis soviéticos em Cuba, aliado comunista da URSS. Os Estados Unidos imediatamente exigiram que a URSS retirasse todos os mísseis de Cuba e que destruísse todas as bases de lançamento. A URSS oficialmente se recusou, mas chegou-se a um acordo por meio

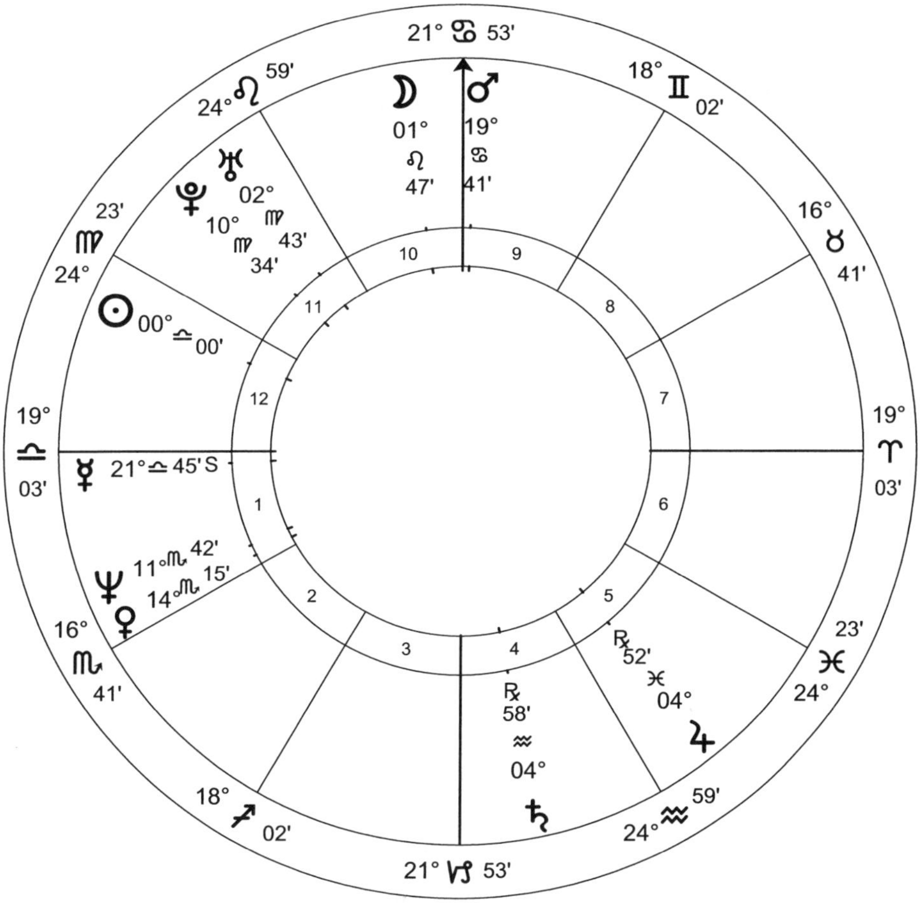

Mapa 69: Ingresso Solar

Mapa de Evento/23 de setembro de 1962/8:35:12 EDT/Washington DC/ Casa Placidus

das Nações Unidas: os mísseis seriam removidos em troca de os Estados Unidos prometerem nunca invadir Cuba, além de terem de retirar certos mísseis americanos da Europa e da Turquia. Foi também estabelecida uma linha direta da Casa Branca ao Kremlin, como resultado do confronto.

O mapa de ingresso solar (Mapa 69) em efeito na época da Crise dos Mísseis de Cuba ilustra bem como os trânsitos afetam esses mapas e ativam acontecimentos. Observe primeiro que Marte, planeta da guerra, está na nona casa de relações internacionais e em quadratura com Mercúrio, regente da mesma casa (Gêmeos na cúspide da nona casa) e na primeira casa do povo. A Lua (o povo) dentro da décima casa do presidente, e regendo-a, forma oposição com Saturno, presente na quarta casa de lar e segurança, e também regente desta. Para os cidadãos americanos, o evento era uma verdadeira ameaça, e não sabiam ao certo se o presidente John F. Kennedy seria capaz de lidar com a situação. Marte também faz trígono com a conjunção Vênus-Netuno na primeira casa (o povo), com Vênus regendo a mesma.

O resultado do impasse viria rápido em razão dos signos cardeais nos ângulos. Mas qual seria esse resultado? Com base no mapa e em suas combinações de aspectos, poderia ser tanto uma resolução quanto um desastre. Entretanto, a forte presença de Mercúrio em conjunção com o Ascendente sugere que a comunicação e as negociações resultariam em um acordo, o que de fato se deu.

Também de interesse nesse mapa é o Sol na 12ª casa, em trígono com Saturno na quarta. Isso indica o potencial para uma ameaça à nação (Saturno) por um inimigo oculto (12ª casa). A Lua na décima casa está em sextil com o Sol, e por Saturno ser o regente natural da décima casa (presidente), a configuração Sol-Lua-Saturno também reflete o segredo e a negociação pública que aconteceu.

Os mísseis foram fotografados pelo U-2 em 14 de outubro de 1962, data em que o Sol em trânsito emergia da 12ª casa do mapa de ingresso para cruzar o Ascendente enquanto formava uma quadratura com Marte na nona. Na mesma data, a Lua em trânsito estava na sétima casa de inimigos declarados, e Marte em trânsito formava conjunção com a Lua de ingresso na décima casa. Mercúrio em trânsito, que havia ficado retrógrado em 24 de setembro (dia após o ingresso), estava em Libra na 12ª casa. Ele ficou direto em 15 de outubro em 6 Libra, formando trígono com Saturno de ingresso na quarta casa.

Todos esses trânsitos contataram planetas no mapa de ingresso em 14 de outubro, trazendo à tona o que antes estivera oculto e transformando em possibilidades bastante reais um confronto e guerra nuclear

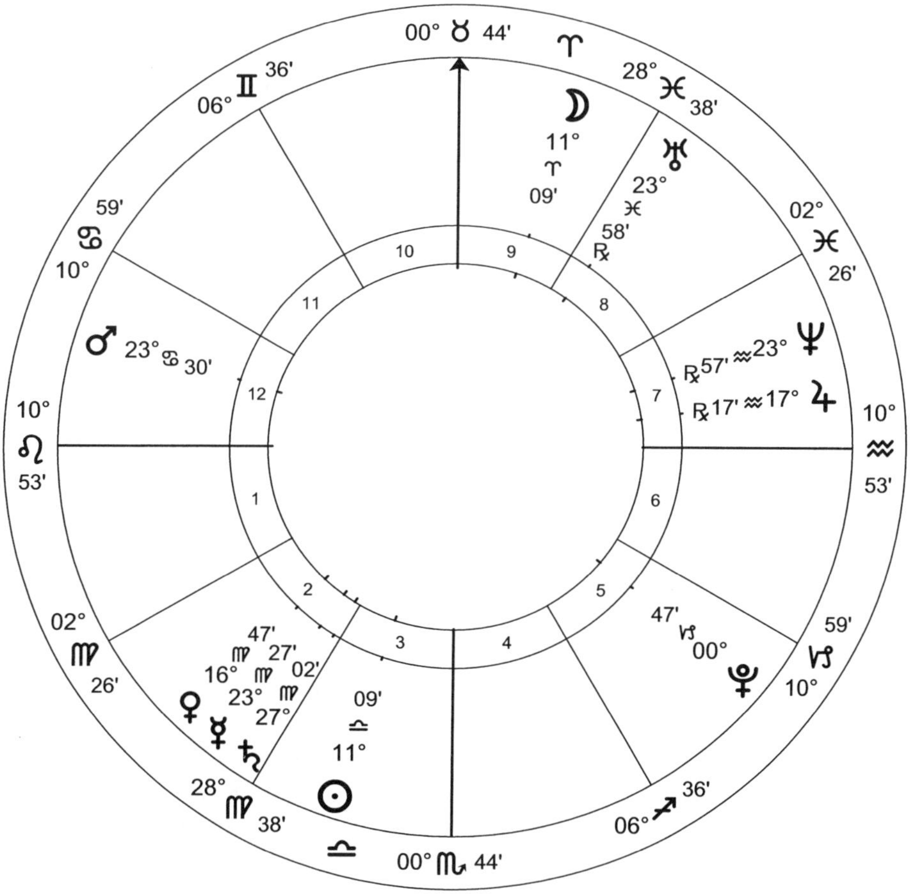

Mapa 70: Lua Cheia

Mapa de Evento/4 de outubro de 2009/2:10:10 EDT/Washington DC/
Casa Placidus

entre Estados Unidos e União Soviética. O gatilho final foi a Lua Cheia em 13 de outubro em 19 Áries 41 em oposição-conjunção com o Ascendente (o povo) – Descendente (inimigo declarado) do mapa de ingresso, e quadratura com Meio do Céu (presidente) – IC (lar, segurança) de ingresso.

Nas duas semanas entre 14 e 28 de outubro, em que se chegou ao acordo, o Sol avançou pela 12ª casa, indicando conversas secretas. Ele estava em conjunção com o Ascendente de ingresso e em quadratura com Marte no dia 28. Aqui também a lunação teve seu papel. A Lua Nova (conjunção Sol-Lua) de 8 de outubro em 4 Escorpião 28 formava quadratura com Saturno do mapa de ingresso, concluindo a questão (a quarta é também a casa de inícios e fins). A Lua ficaria em conjunção com Vênus e Netuno do ingresso e em trígono com Marte de ingresso no dia seguinte, quando se resolveram os detalhes finais do acordo.

Desastre Econômico

A Grande Recessão (que alguns chamam de "grande depressão") foi desencadeada no começo de 2006, quando os preços de imóveis, após atingir um pico, passaram a cair. Isso levou ao colapso da indústria de financiamento habitacional no início de 2007, ano em que se presenciou a maior queda nas vendas imobiliárias dos 25 anos anteriores e a primeira queda de preços em muitos anos, talvez desde a Grande Depressão nos anos 1930.

Conforme se desdobravam os anos seguintes, o mercado de ações perdeu quase 50% de seu valor; além disso, países em todo o mundo começaram a atravessar sérios problemas financeiros, centenas de bancos abriram falência, a dívida externa dos Estados Unidos aumentou para trilhões de dólares e os imóveis continuaram desvalorizando-se, entrando em execução hipotecária.

Outubro de 2009 foi um ponto particularmente baixo. O índice de desemprego chegou a um pico de recessão de 10,1%, enquanto muitas empresas continuavam a demitir. Outras, mesmo as em situação econômica saudável, não estavam contratando. A economia americana continuou sua derrocada, agravada pela relutância de muitos em gastar com qualquer outra coisa que não fossem as necessidades imediatas. Poupar tornara-se prioridade. Tudo isso se refletiu no mapa de Lua Cheia de 4 de outubro de 2009 (Mapa 70), calculado para Washington, capital.

A mais óbvia indicação de dificuldades financeiras é o *stellium* Vênus-Mercúrio-Saturno na segunda casa (economia) em oposição a Urano na oitava (dívida externa). Todos esses quatro planetas formavam

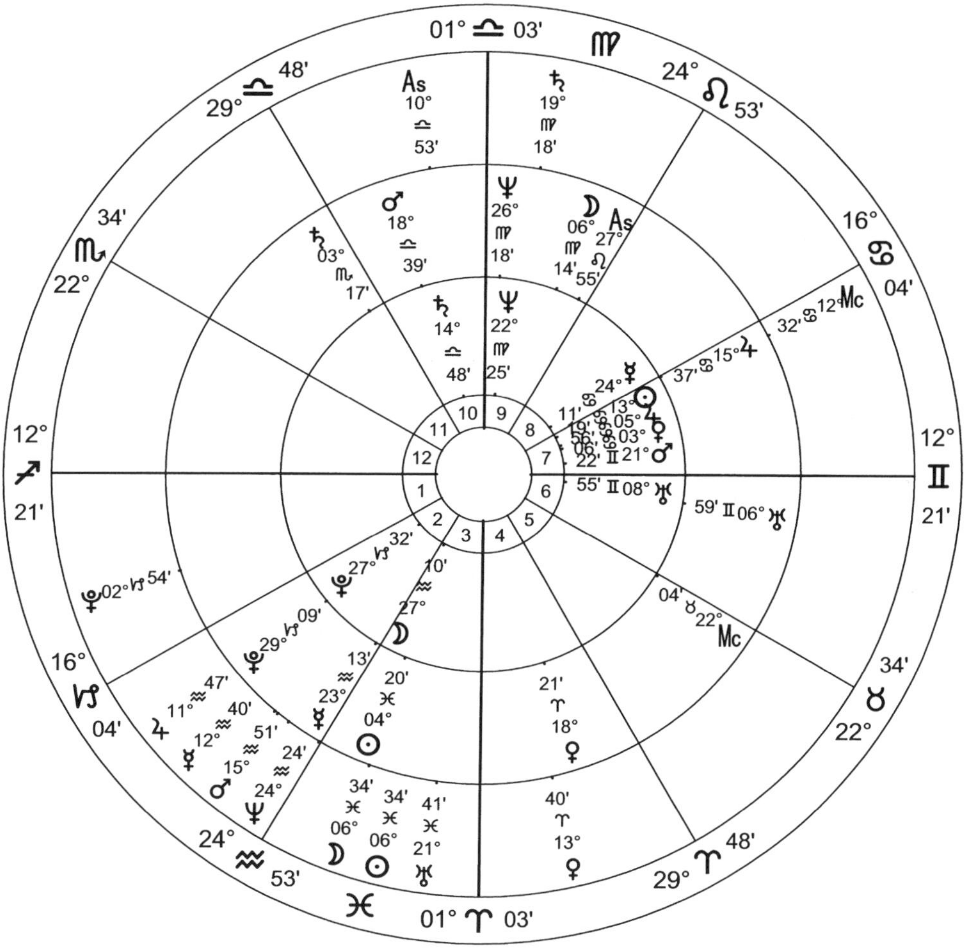

Mapa 71: Lua Cheia

Mapa interno: Mapa Natal dos Estados Unidos/4 de julho de 1776/ 17:10:10 LMT [hora local]/Filadélfia, Pennsylvania

Mapa intermediário: Mapa de Progressão Secundária dos Estados Unidos/ 24 de fevereiro de 2009/19:28:27 LMT/Filadélfia, Pennsylvania

Mapa externo: Lua Nova/24 de fevereiro de 2009/20:35 EST/ Filadélfia, Pennsylvania/Casa Placidus

aspecto com Marte na 12ª casa, por sextil ou trígono. O Sol e a Lua na terceira e nona casas solares representavam a natureza mundial da crise.

A sexta casa representa os trabalhadores da nação. Embora não houvesse planetas nessa casa, ela é regida por Saturno na segunda. A oposição desse a Urano indica mudança nos benefícios de emprego e desemprego.

A posição de Marte no mapa de Lua Cheia sugere que ocorriam muitas atividades nos bastidores, das quais o povo americano não estava ciente. A confirmação disso pode ser vista em Marte formando sextil com Vênus, regente da décima casa do presidente, e Mercúrio, regente da 11ª casa do Congresso. Marte em sextil-trígono com a oposição Urano-Saturno sugere ainda que as pessoas envolvidas não estavam de acordo (Saturno rege e Urano correge a sétima casa) com relação ao assunto do mês: compensação executiva e regulamentação financeira.

Entretanto, apesar do estado da economia e do desemprego galopante, o mercado de ações continuou a subir a partir da queda em março de 2009. À primeira vista, Plutão na quinta casa não parecia ser favorável ao mercado – mas era, pois formava semiquadratura com Júpiter, regente da quinta casa, e Júpiter se aproximava de uma conjunção com Netuno, regente da oitava. Assim, em meio a todas as indicações sombrias, esse setor financeiro foi a exceção, e bem lucrativa, para os que ainda tinham dinheiro para investir.

Esse não fora o caso no início daquele ano. O Índice Industrial Dow Jones atingiu uma baixa de 6.440 pontos na segunda-feira, 9 de março de 2009, e a taxa de desemprego chegara a 8,9% no mês anterior. Isso ocorreu em meio à compra, pelo Banco Central Americano, de quase 2 bilhões de dólares em ações preferenciais nos bancos americanos, e da reestruturação que o órgão promoveu na assistência previamente concedida ao American International Group (AIG), uma das empresas envolvidas até o pescoço na crise hipotecária. A AIG recebera 30 bilhões de dólares em fundos TARP (Trouble Asset Relief Program) em troca de 40 bilhões em ações. Um plano de estímulo econômico de 787 bilhões foi transformado em lei.

Esses são apenas alguns dos vários eventos que ocorreram entre fevereiro e março de 2009, com centenas ou mais através da Grande Recessão. E tudo isso se reflete no mapa dos Estados Unidos.

Há pelo menos algumas centenas de anos, astrólogos debatem acerca da hora de nascimento (e até mesmo a data) dos Estados Unidos. O mapa mostrado aqui (Mapa 71, mapa interno) é conhecido como o Mapa Sibley, pois foi pesquisado e promovido por Ebenezer Sibley, famoso astrólogo e médico inglês do século XVIII. Embora o mapa Sibley seja, de longe, o mais utilizado, vários astrólogos preferem outras alternativas.

O mapa progredido dos Estados Unidos para 24 de fevereiro de 2009 está no círculo intermediário, enquanto o externo contém as posições planetárias da Lua Nova antes da queda no mercado de ações.

A influência mais relevante é Plutão em trânsito em oposição a Vênus natal, ambos planetas universais do dinheiro (isso valeria para qualquer mapa dos Estados Unidos para 4 de julho). Plutão retornou ao mesmo grau em dezembro de 2009, quando vários bancos pagaram os empréstimos que lhes foram concedidos pelo Banco Central americano. Observe que Vênus rege a sexta casa desse mapa dos Estados Unidos, refletindo a alta taxa de desemprego alcançada naquele ano.

A Lua Nova de 24 de fevereiro de 2009 em Peixes (mapa externo), fazia conjunção com o Sol progredido dos Estados Unidos e oposição à Lua progredida, formando uma quadratura em T com Urano natal e progredido na sexta casa (nova elevação no índice de desemprego). Essa configuração de planetas progredidos na Lua Nova reforça a percepção de que a economia em dificuldades não era somente um problema dos Estados Unidos. Era mundial, e continuaria a evoluir ao longo do verão de 2010, conforme Saturno e Urano formavam sua oposição com terceira e nona casas. Durante grande parte de 2009 até o começo de 2010, a situação se agravou conforme esses planetas formavam aspectos com o Netuno natal e progredido do país. E havia pouco que este pudesse fazer para reduzir o impacto da economia global.

Um resultado mais positivo associado a essa Lua Nova foi o anúncio pelo presidente Obama de uma retirada gradual das tropas dos Estados Unidos que estavam no Iraque. Essa guerra começara em 2003, conforme Plutão em trânsito em Sagitário se opunha ao Marte natal dos Estados Unidos em Gêmeos. A Lua progredida formou conjunção com Marte, na época.

Marte rege a quinta casa (mercado de ações) no mapa natal dos Estados Unidos, tendo Vênus como corregente. Na época da Lua Nova de fevereiro, Vênus progredido formava oposição com Marte progredido, e Vênus em trânsito estacionou para ficar retrógrado em conjunção-oposição com esses dois planetas na sexta-feira antes de o mercado atingir seu ponto baixo. A Lua Nova também desencadeou a oposição Vênus-Marte por semiquadratura e sesquiquadratura. Mesmo que os índices financeiros houvessem permanecido em queda por um tempo, a tendência reverteu-se sob a influência dessa Lua Nova conforme Netuno fazia conjunção com Mercúrio progredido pela última vez.

É possível aprender muito acerca da astrologia mundana e obter experiência na prática, observando como os trânsitos e progressões afetam o mapa da sua cidade, estado, país ou província. Conhecimento e percepções adicionais podem advir do acompanhamento diário e mensal de eventos indicados nos mapas mensais lunares, tanto na época das Luas Nova e Cheia quanto nos momentos em que os planetas em trânsito formam aspecto com planetas e ângulos dos mapas.

Organizações e *Sites* Astrológicos

Organizações Astrológicas

Há vários grupos de astrologia além dos listados aqui, alguns dos quais possuem divisões e filiais nos Estados Unidos e em outros países.

American Federation of Astrologers (AFA)
6535 S. Rural Road, Tempe, AZ 85283
480-838-1751
<www.astrologers.com>
Oferece testes de certificado e curso por correspondência.

Association for Astrological Networking (AFAN)
<www.afan.org>

Faculty of Astrological Studies
<www.astrology.co.uk>
Oferece aulas e testes de certificado.

National Council for Geocosmic Research
(NCGR)
<www. geocosmic.org>
Oferece testes de certificado.

International Society for Astrological Research (ISAR)
<www.isarastrology.com>

Cálculo Gratuito de Mapa Astral On-line

Você pode conseguir mapas de graça nos *sites* a seguir:
AIR Software
<www.alphee.com>

Astrodienst
<www.astro.com>

Astrolabe
<www.alabe.com>

Matrix Software
<www.thenewage.com>

Nota do Editor

A Madras Editora não participa, endossa ou tem qualquer autoridade ou responsabilidade no que diz respeito a transações particulares de negócio entre o autor e o público.

Quaisquer referências de internet contidas neste trabalho são as atuais, no momento de sua publicação, mas o editor não pode garantir que a localização específica será mantida.

Sugestões de Leitura

Ao longo dos séculos, milhares de livros sobre astrologia foram escritos e outros novos são publicados todos os anos. Inclusos nessa lista de sugestões de leitura estão volumes sobre praticamente qualquer tópico astrológico e para todos os níveis de conhecimento astrológico. Alguns já não são mais publicados, mas é possível achá-los em sebos ou pela internet.

Aspectos

ANTEPARA, Robin. *Aspects: Powerful Keys to Personal Transformation.* Saint Paul, MN: Llewellyn Publications, 2006.

AVERY, Jeanne. *Astrological Aspects.* Garden City, NY: Doubleday & Co, 1985; Tempe, AZ: AFA, 2005.

CARTER, C.E.O. *The Astrological Aspects.* London: L. N. Fowler; 1930, TEMPE, AZ: AFA, 2003.

CLEMENT, Stephanie. *Aspect Patterns.* Saint Paul, MN: Llewellyn Publications, 2007.

HAMAKER-ZONDAG, Karen. *Aspects and Personality.* York Beach, ME: Red Wheel/Weiser, 1990.

______. *York Beach, ME: Red Wheel/ Weiser, 2000.*

KELLOGG, Joan. *The Yod: Its Esoteric Meaning.* Tempe, AZ: AFA, 1989, 2003.

TOMPKINS, Sue. *Aspects in Astrology.* Rochester, VT: Destiny, 2002.

Asteroides

DONATH, Emma Belle. *Asteroids in the Birth Chart.* Tempe, AZ: AFA, 1987.

______. *Asteroids in Synastry.* Tempe, AZ: AFA, 1978, 2009.

GEORGE, Demetra. *Asteroid Goddesses*. Berwick, ME: Ibis Press, 2003.
GUTTMAN, Ariel; JOHNSON Kenneth. *Mythic Astrology*. Saint Paul, MN: Llewellyn Publications, 1993
______. *Mythic Astrology Applied*. Saint Paul, MN: Llewellyn Publications, 2004.

Biografias

BRAHY, Gustave-Lambert. *Confidential Recollections Revealed*. Tempe, AZ: AFA, 2006. (Autobiografia do astrólogo belga Gustave-Lambert Brahy, décadas de 1930 e 1940.)
CHRISTINO, Karen. *Foreseeing the Future: Evangeline Adams and Astrology in America*. Amherst, MA: One Reed Publications, 2002.

Calendários e Anuários

Llewellyn's Astrological Calendar. Saint Paul, MN: Llewellyn Publications.
Llewellyn's Daily Planetary Guide. Saint Paul, MN: Llewellyn Publications.
Llewellyn's Moon Sign Book. Saint Paul, MN: Llewellyn Publications.
Llewellyn's Sun Sign Book. Saint Paul, MN: Llewellyn Publications.
MAYNARD, Jim. *Jim Maynard's Astrologer's Datebook*. Ashland, OR: Quicksilver Productions.

Quíron

CLOW, Barbara Hand. *Chiron: Rainbow Bridge Between the Inner and Outer Planets*. Saint Paul, MN: Llewellyn Publications, 2004.
LASS, Martin. *Chiron*. Saint Paul, MN: Llewellyn Publications, 2005.
REINHART, Melanie. *Chiron and the Healing Journey*. London: Starwalker Press, 2009.

Cosmobiologia

EBERTIN, Reinhold. *Applied Cosmology*. Tempe, AZ: AFA, 2006.
_____. *Contact Cosmogram*. Tempe, AZ: AFA, 2011.
_____. *Directions: Co-Determinants of Fate*. Tempe, AZ: AFA, 2011.
_____. *Man and the Universe: An Introduction to Cosmobiology*. Tempe, AZ: AFA, 2011.

_____. *The Annual Diagram: Forecasting Using 45-Degree Graphic Ephemeris*. Tempe, AZ: AFA, 2010.
_____. *The Combination of Stellar Influences*. Aalen, Germany: Ebertin-Verlag, 1940; Tempe, AZ: AFA, 1994, 2004.
_____. *Transits*. Aalen, Germany: Ebertin-Verlag, 1928; Tempe, AZ: AFA, 2001.
KIMMEL, Eleonora. *Altered and Unfinshed Lives*. Tempe, AZ: AFA, 2006.
_____. *Cosmobiology for the 21st Century*. Tempe, AZ: AFA, 1979.
_____. *Fundamentals of Cosmobiology*. Tempe, AZ: AFA, 1979.
SIMMS, Maria Kay. *Dial Detective*. Kensington, NH: Cosmic Muse Publications, 2001.

Graus do Zodíaco

BOVEE, Blaine. *Sabian Symbols and Astrological Analysis*. Saint Paul, MN: Llewellyn Publications, 2004.
CARELLI, Adriano. *The 360 Degrees of the Zodiac*. Tempe, AZ: AFA, 1977, 2004.
CHARUBEL. *The Degrees of the Zodiac Symbolized*. Bel Air, MD: Astrology Classics, 2004.
HENSON, Donna. *Degrees of the Zodiac*. Tempe, AZ: AFA, 1981, 2004.
JONES, Marc Edmund. *Sabian Symbols in Astrology*. Santa Fe, NM: Aurora Press, 1993.
KOZMINSKY, Isidore. *Zodiacal Simbology*. Tempe, AZ: AFA, 1980.

Eclipses

LINEMAN, Rose. *Eclipses: Astrological Guideposts*. Tempe, AZ: AFA, 1984, 2004.
_____. *Eclipse Interpretation Manual*. Tempe, AZ: AFA, 1986, 2004.
_____. *Your Prenatal Eclipse*. Tempe, AZ: AFA, 1992, 2003.
MERIDIAN, Bill. *The Predictive Power of Eclipse Paths*. New York: Cycles Research Publications, 2010.
TEAL, Celeste. *Eclipses*. Saint Paul, MN: Llewellyn Publications, 2006.

Astrologia Eletiva

HAMPAR, Joann. *Electional Astrology*. Saint Paul, MN: Llewellyn Publications, 2005.
ROBSON, Vivian. *Electional Astrology*. Bel Air, MD: Astrology Classics, 2005.

Efemérides

The American Heliocentric Ephemeris, 2001-2050. Exeter, NH: Starcrafts Publishing, 2007.

The American Sidereal Ephemeris, 2001-2050. Exeter, NH: Starcrafts Publishing, 2007.

The New American Midpoint Ephemeris, 2001-2020. Exeter, NH: Starcrafts Publishing, 2007.

The Uranian Transneptunian Ephemeris, 1900-2050. Exeter, NH: Starcrafts Publishing, 2007.

The Lilith Ephemeris, 2000-2050. Tempe, AZ: AFA, 2011.

Astro America's Daily Ephemeris, 2000-2010. Bel Air, MD: Astrology Classics, 2005.

Astro America's Daily Ephemeris, 2010-2020. Bel Air, MD: Astrology Classics, 2006.

Astro America's Daily Ephemeris, 2000-2020. Bel Air, MD: Astrology Classics, 2006.

Astrolabe World Ephemeris, 2001-2050. Atglen, PA: Whitford Press, 1998.

The New American Ephemeris, 2007-2020, with Longitude, Latitude and Declinations. Exeter, NH: Starcrafts Publishing, 2007.

The New American Ephemeris for the 20th Century, 1900-2000 at Noon. Exeter, NH: Starcrafts Publishing, 2009.

The New American Ephemeris for the 21st Century, 2000-2100 at Midnight. Exeter, NH: Starcrafts Publishing, 2006.

The New American Ephemeris for the 21st Century, 2000-2050 at Midnight. Exeter, NH: Starcrafts Publishing, 2010.

The New American Ephemeris for the 21st Century, 2000-2050 at Noon. Exeter, NH: Starcrafts Publishing, 2010.

The Asteroid Ephemeris, 1900-2050. Exeter, NH: Starcrafts Publishing, 2008.

Raphael's Ephemeris. (Ano único.) Slough, England: W. Foulsham & Co.

Rosicrucian Ephemeris. (Ano, década e século únicos.) Oceanside, CA: Rosicrucian Fellowship.

Tables of Planetary Phenomena. Segunda edição. San Diego, CA: ACS, 1995.

Astrologia Financeira

GILLEN, Jack. *The Key to Speculation on the New York Stock Exchange*. Tempe, AZ: AFA, 2009.
MCWHIRTER, Louise. *The McWhirter Theory of Stock Market Forecasting*. Tempe, AZ: AFA, 2008.
MERIDIAN, Bill. *Planetary Economic Forecasting*. New York: Cycles Research, 2002.
_____. *Planetary Stock Trading III*. New York: Cycles Research, 2002.
WILLIAMS, David. *Financial Astrology*. Tempe, AZ: AFA, 1994, 2003.

Estrelas Fixas

BRADY, Bernardette. *Brady's Book of Fixed Stars*. York Beach, ME: Red Wheel/Weiser, 1998.
_____. *Star and Planet Combinations*. Bournemouth, England: The Wessex Astrologer, 2008.
EBERTIN, Reinhold. *Fixed Stars and Their Interpretation*. Aalen, Germany: Ebertin-Verlag, 1971; Tempe, AZ: AFA, 2001.
NOONAN, George. *Fixed Stars and Judicial Astrology*. Tempe, AZ: AFA, 2009.
ROBSON, Vivian. *The Fixed Stars and Constellations in Astrology*. New York: Samuel Weiser, 1969; Bel Air, MD: Astrology Classics, 2004.

História da Astrologia

HOLDEN, James Herschel. *History of Horoscopic Astrology*. Segunda edição. Tempe, AZ: AFA, 2006.

Astrologia Horária

BARCLAY, Olivia. *Horary Astrology Rediscovered*. Pennsylivania: Whitford Press, 1990.
DOANE, Doris C. *Modern Horary Astrology*. Tempe, AZ: AFA, 1994, 2011.
JONES, Marc Edmund. *Horary Astrology*. Santa Fe, NM: Aurora Press, 1993.
LAVOIE, Alphee. *Horary at Its Best*. West Hartford, CT: AIR, 2002.
LOUIS, Anthony. *Horary Astrology: Plain and Simple*. Saint Paul, MN: Llewellyn Publications, 2005.
SIMMONITE, W. J. *Horary Astrology*. Tempe, AZ: AFA, 1950, 2009. (Publicado pela primeira vez em 1896.)

Casas

BRYAN, Gwyneth. *Houses*. Saint Paul, MN: Llewellyn Publications, 2006.
HAMAKER-ZONDAG. *The House Connection*. York Beach, ME: Red Wheel/Weiser, 1994.
HERBST, Bill. *Houses of the Horoscope*. San Diego, CA: Serendipity Press, 2005.
MASON, Sophia. *From One House to Another*. Tempe, AZ: AFA, 1993, 2008.
OKEN, Alan. *Houses of the Horoscope*. Lake Worth, FL: Ibis Press, 1999.
PELLETIER, Robert. *Planets in Houses*. Atglen, PA: Whitford Press, 1978.
RUIZ, Ana. *Interpreting Empty Houses*. Tempe, AZ: AFA, 2006.
SASPORTAS, Howard. *The Twelve Houses*. London: Flare Publications, 2007.

Interceptações

GARRETT, Helen. *Unlocking Interceptions*. Tempe, AZ: AFA, 2011.
MCRAE, I. I. Chris. *Understanding Interceptions*. Tempe, AZ: AFA, 2000.
MILLER, Alice. *Intercepted Planets: Possibilities for a New Age*. Tempe, AZ: AFA, 2010.
_____. *Interceptions: Heralds of a New Age*. Tempe, AZ: AFA, 2009.
WICKENBURG, Joanne. *Your Hidden Powers*. Tempe, AZ: AFA, 1992, 2001, 2011.

Lilith

HUNTER, M. Kelley. *Black Moon Lilith*. Tempe, AZ: AFA, 2010.
JAY, Delphine. *Interpreting Lilith*. Tempe, AZ: AFA, 1981, 2010.

Astrogeografia

COZZI, Steve. *Planets in Locality*. Saint Paul, MN: Llewellyn Publications, 1988; Tempe, AZ: AFA, 1997.
DAVIS, Martin. *Astrolocality Astrology*. Bournemouth, England: The Wessex Astrologer, 1999.
PENFIELD, Marc. *Bon Voyage*. Tempe, AZ: AFA, 1992.
POTTENGER, Maritha; RISKE, Kris Brandt. *Mapping Your Travels and Relocation*. Saint Paul, MN: Llewellyn Publications, 2005.

Astrologia Médica

BLAGRAVE, Joseph. *Astrological Practice of the Physick*. Bel Air, MD: Astrology Classics, 2010. (Publicado pela primeira vez em 1671.)

CRAMER, Diane. *Dictionary of Medical Astrology*. Tempe, AZ: AFA, 2003.

_____. *How to Give an Astrological Health Reading*. Tempe, AZ: AFA, 1996, 2005.

_____. *Managing your Health and Wellness*. St. Paul, MN: Llewellyn Publications, 2006.

CORNELL, H. L. *The Encyclopaedia of Medical Astrology*. Los Angeles, CA: Cornell Publishing Co., 1933; Bel Air MD: Astrology Classics, 2004.

CULPEPPER, Nicholas. *Astrological Judgement of Disease/Decumbiture*. Bel Air, MD: Astrology Classics, 2003.

DARLING, Harry F., M.D. *Essentials of Medical Astrology*. Tempe, AZ: AFA, 1981, 2004.

DEMELLO, Joseph Silveira. *Decumbitures and Diurnals*. Tempe, AZ: AFA, 2002.

FAUGNO, Emily. *Your Fertile Hours*. Tempe, AZ: AFA, 1986.

HILL, Judith A. *Medical Astrology*. Portland, OR: Stellium Press, 2004.

HOFMAN, Oscar. *Classical Medical Astrology*. Bournemouth, England: The Wessex Astrologer, 2009.

JANSKY, Robert C. *Astrology, Nutrition and Health*. Atglen, PA, Whitford Press, 1977.

RIDDER-PATRICK, Jane. *A Handbook of Medical Astrology*. Edinburgh, Scotland: CrabApple Press, 1990.

SELLAR, Wanda. *Introduction to Medical Astrology*. Bournemouth, England: The Wessex Astrologer, 2008.

STARCK, Marcia. *Healing with Astrology*. Freedom, CA: The Freedom Press, 1977.

_____. *Medical Astrology: Healing for the 21st Century*. Santa Fe, MN: Earth Medicine Books, 2002.

Astrologia Mundana

CAMPION, Nicolas. *The Book of World Horoscopes*. Edição revista. Bournemouth, England: Wessex Astrologer, Ltd., 2004.

GREEN, H. S.; CARTER, C.E.O Raphael. *Mundane Astrology*. Bel Air MD: Astrology Classics, 2004.

JONES, Marc Edmund. *Mundane Perspectives in Astrology*. Stanwood, WA: Publishing Society, 1975.
PENFIELD, Marc. *Horoscopes of Africa*. Tempe, AZ: AFA 2008.
_____. *Horoscopes of Asia, Australia and the Pacific*. Tempe, AZ: AFA 2006.
_____. *Horoscopes of Europe.* Tempe, AZ: AFA, 2006.
_____. *Horoscopes of Latin America.* Tempe, AZ: AFA, 2006.
_____. *Horoscopes of the USA and Canada.* Tempe, AZ: AFA, 2005.
_____. *Stars over England.* Tempe, AZ: AFA, 2005.
RISKE, Kris Brandt. *Astrometeorology: Planetary Power in Weather Forecasting*. Tempe, AZ: AFA, 1997.
WEBER, Lind. *Astro-Geology of Earthquakes and Volcanoes*. Tempe, AZ: AFA, 1995.

Astrologia Natal

ADAMS, Helen J. *Understanding Retrogrades*. Tempe, AZ: AFA, 1982, 1996.
ARROYO, Stephen. *Astrology, Karma, and Transformation*. Sebastopol, CA: CRCS, 1992.
_____. *Astrology, Psychology, and the Four Elements*. Sebastopol, CA: CRCS, 1975.
_____. *Chart Interpretation Handbook.* Sebastopol, CA: CRCS, 1989.
AVERY, Jeanne. *The Rising Sign*. Garden City, NY: Doubleday, 1982.
BLOCH, Douglas; GEORGE, Demetra. *Astrology for Yourself.* Lake Worth, FL: Ibis Press, 2006.
BURK, Kevin. *The Complete Node Book.* Saint Paul, MN: Llewellyn Publications, 2006.
BUSTEED, Marilyn; WERGIN, Dorothy. *Phases of the Moon*. Tempe, AZ: AFA, 1982.
CARTER, C. E. O. *An Encyclopaedia of Psychological Astrology*. London: W. Foulsham & Co., 1924; Bel Air, MD: Astrology Classics, 2003.
_____. *Foundations of Astrology*. London: L.N. Fowler, 1947.
_____. *Some Principles of Horoscopic Delineation*. London: L.N. Fowler, 1934.
_____. *The Zodiac and the Soul*. London: Theosophical Publishing House, Ltd., 1928.
CHRISTIANO, Karen. *What Evangeline Adams Knew: A Book of Astrological Charts and Techniques*. Brooklyn Heights, NY: Stella Mira Books, 2004.

CUNNINGHAM, Donna. *Astrology and Vibrational Healing*. San Raphael, CA: Cassandra Press, 1988.

_____. *Being a Lunar Type in a Solar World*. York Beach, ME: Samuel Weiser, 1990.

_____. *Healing Pluto Problems*. York Beach, ME: Red Wheel/Weiser, 1986.

_____. *Moon Signs*. New York: Ballantine Books, 1988.

DEVLIN, Mary. *Astrology and Past Lives*. West Chester, PA: Para Research, 1987.

DOBYNS, Zipporah Pottenger. *The Node Book*. Tempe, AZ: AFA, 2010.

FALCONER, Kim. *Astrology and Aptitude*. Tempe, AZ: AFA, 2005.

FORREST, Steven. *The Inner Sky*. San Diego, CA: ACS, 2001.

GARRETT, Helen. *More About Retrogrades*. Tempe, AZ: AFA, 2011.

GEORGE, Llewellyn. *Llewellyn's New A to Z Horoscope Maker and Interpreter*. 14ª edição. Saint Paul, MN: Llewellyn Publications, 2003.

GOLDSMITH, Martin. *Moon Phases: A Symbolic Key*. Atglen, PA: Whitford Press, 1988.

_____. *Zodiac by Degrees*. York Beach, ME: Red Wheel/Weiser, 2004.

GREBNER, Bernice Prill. *Lunar Nodes*. Tempe, AZ: AFA, 1980, 2006.

GUTTMAN, Ariel; JOHNSON, Kenneth. *Mythic Astrology*. Sant. Paul, MN: Llewellyn Publications, 1993.

_____. *Mythic Astrology Applied*. Saint Paul, MN: Llewellyn Publications, 2004.

HAND, Robert. *Horoscope Symbols*. Atglen, PA: Whitford Press, 1981.

HENSON, Donna. *The Vertex: The Third Angle*. Tempe, AZ: AFA, 2003.

HICKEY, Isabel M. *Astrology: A Cosmic Science*. Watertowin, MA: Fellowship House Bookshop, 1974; Sebastopol, CA: CRCS, 1992.

HILL, Judith A. *Vocational Astrology*. Tempe, AZ: AFA, 2000.

HONE, Margaret. *The Modern Text-Book of Astrology*. Bel Air, MD: Astrology Classics, 2010.

JONES, Marc Edmund. *Guide to Horoscope Interpretation*. Stanwood, WA: Sabian Publishing Society, 1972.

LEO, Alan. *The art of Synthesis*. London: L. N. Fowler, 1912, 1971.

_____. *How to Judge a Nativity*. London: L. N. Fowler, 1909.

LEWI, Grant. *Astrology for the Millions*. Saint Paul, MN: Llewellyn Publications, 1990.

_____. *Heaven Knows What*. Saint. Paul, MN: Llewellyn Publications, 1995.

LINEMAN, Rose; POPELKA, Jan. *Compendium of Astrology*. Atglen, PA: Whitford Press, 1984.

MASON, Sophia. *You and Your Ascendant*. Tempe, AZ: AFA, 1998.
OKEN, Alan. *Alan Oken's Complete Astrology*. New York: Bantam Book, 1988.
_____. *Rules of the Horoscope*. Freedom, CA: Crossing Press, 2000.
PARKER, Julia; PARKER, Derek. *Parker's Astrology*. London: DK Publishing, 2003.
RISKE, Kris Brandt, M.A. *Llewellyn's Complete Book of Astrology: The Easy Way to Learn Astrology*. Woodbury, MN: Llewellyn Publications, 2007.
_____. *Mapping Your Money*. Saint Paul, MN: Llewellyn Publications, 2005.
ROBSON, Vivian. *Astrology and Sex*. Philadelphia: W. Foulsham Co., 1941. Bel Air, MD: Astrology Classics, 2004.
_____. *A Beginner's Guide to Practical Astrology*. Bel Air, MD: Astrology Classics, 2010.
_____. *A Student's Text-book of Astrology*. Bel Air, MD: Astrology Classics, 2010.
RODDEN, Lois. *Money: How to Find It with Astrology*. Yucaipe, CA: Data News, 1994; Tempe, AZ: AFA, 2006.
ROGERS-GALLAGHER, Kim. *Astrology for the Light Side of the Brain*. San Diego, CA: ACS, 1995.
SILVEIRA DE MELLO, Joseph. *Declinations*. Tempe, AZ: AFA, 2003.
SIMMS, Maria Kay. *Moon Tides, Soul Passages*. Kensington, NH: Starcrafts Publishing, 2004.
_____. *Your Magical Child*. San Diego, CA: ACS, 1994.
SMITH, Debbi Kempton. *Secrets from a Stargazer's Notebook*. New York: Topquark Press, 1999.
SPILLER, Jan. *Astrology for the Soul*. New York: Bantam Books, 1997.
TIERNEY, Bill. *Alive and Well with Neptune*. St. Paul, MN: Llewellyn Publications, 1999.
_____. *Alive and Well with Pluto*. Saint Paul, MN: Llewellyn Publications, 1999.
_____. *Alive and Well with Uranus*. Saint Paul, MN: Llewellyn Publications, 1999.
_____. *All Around the Zodiac*. Saint Paul, MN: Llewellyn Publications, 2001.
_____. *Dynamics of Aspects Analysis*. Sebastopol, CA: CRCS, 1983.
_____. *The Twelve Faces of Saturn*. Saint Paul, MN: Llewellyn Publications, 2002.

TYL, Noel. *Synthesis and Counseling in Astrology.* Saint Paul, MN: Llewellyn Publications, 1994.
WATTERS, Barbara. *Sex and the Outer Planets.* Washington DC: Valhalla, 1971; Tempe, AZ: AFA, 2010.
WHITE, George. *The Moon's Nodes*. Tempe, AZ: AFA, 2004.
WICKENBURG, Joanne. *In Search of a Fulfilling Career*. Tempe, AZ: AFA, 1992, 2003.

Astrologia de Previsão

ADLER, Michelle. *Predictive Astrology*. Tampa, FL: Hidden Waters Publishing, 2006.
BRADY, Bernadette. *The Eagle and the Lark*. York Bech, ME: Samuel Weiser, 1992.
CLEMENT, Stephanie. *The Astrology of Development*. Tempe, AZ: AFA, 2010.
COPE, Lloyd. *Astrologer's Forecasting Workbook*. Tempe, AZ: AFA, 1995.
FORREST, Steven. *The Changing Sky*. Segunda edição. San Diego, CA: ACS, 2002.
GEORGE, Demetra. *Finding Our Way Through the Dark*. Tempe, AZ: AFA, 2008.
HAND, Robert. *Planets in Transit*. Edição revista. Atglen, PA: Whitford Press, 2001.
LEO, Alan. *The Progressed Horoscope*. London: L. N. Fowler, 1936. BEL AIR, MD: Astrology Classics, 2007.
MASON, Sophia. *Art of Forecasting Using Diurnal Charts*. Tempe, AZ: AFA, 1997.
_____. *Delineation of Progressions*. Tempe, AZ: AFA, 1998.
_____. *Forecasting with New, Full and Quarter Moons*. Tempe, AZ: AFA, 1994, 2001.
_____. *Lunations and Predictions*. Tempe, AZ: AFA, 1993, 2001.
MILBURN, Leigh H. *The Progressed Horoscope Simplified*. Tempe, AZ: AFA, 1928, 1989, 2009.
RISKE, Kris Brandt, M.A. *Mapping Your Future*. Saint Paul, MN: Llewellyn Publications, 2004.
RODDEN, Lois. *Modern Transits*. Tempe, AZ: AFA, 1978, 2010.
ROGERS-GALLAGHER, Kim. *Astrology for the Light Side of the Future*. San Diego, CA: ACS Publications, 1998.
RUPERTI, Alexander. *Cycles of Becoming*. Sebastopol, CA: CRCS, 1978; Santa Monica, CA: Earthwalk, 2005.

RUSHMAN, Carol. *The Art of Predictive Astrology*. Saint Paul, MN: Llewellyn Publications, 2002.

SAKOIAN; ACKER, Louis. *The Transiting Planets*. Tempe, AZ: AFA, 2010.

SIMMS, Maria Kay. *Future Signs*. San Diego, CA: ACS Publications, 1996.

TEAL, Celeste. *Identifying Planetary Triggers*. Saint Paul, MN: Llewellyn Publications, 2000.

_____. *Predicting Events with Astrology*. Saint Paul, MN: Llewellyn Publications, 2009.

TOWNLEY, John. *Astrological Cycles*. York Beach, ME: Red Wheel/ Weiser, 1977.

TYL, Noel. *Solar Arcs*. Saint Paul, MN: Llewellyn Publications, 2001.

Referências

ALDRICH, Elizabeth. *Daily Use of the Ephemeris*. Tempe, AZ: AFA, 1971.

BILLS, Rex. *The Rulership Book*. Tempe, AZ: AFA, 1971, 2007.

DEVORE, Nicholas. *Encyclopaedia of Astrology*. New York: Philosophical Library, 1947; Bel Air, MD: Astrology Classics, 2005.

DOANE, Doris C. *30 Years Research*. Los Angeles CA: Church of Light, 1956; Tempe, AZ: AFA, 1985.

DONATH, Emma Belle. *Houses: Which & When*. Tempe, AZ: AFA, 1989.

KOCH, Beth. *Equal Houses*. Tempe, AZ: AFA, 1992.

MURPHY, Peter; ROSATO Beth. *The Math of Astrology*. Tempe, AZ: AFA, 1998.

RODDEN, Lois. *Astro Data II*. Edição revista. Tempe, AZ: AFA, 1997.

_____. *Astro Data III*. Tempe, AZ: AFA, 1986.

_____. *Astro Data IV*. Tempe, AZ: AFA, 1997.

_____. *Astro Data V: Profiles in Crime.* Yucaipa, CA: Data News, 1992.

_____. *Profiles of Women*. Yucaipa, CA: Data News, 1996.

WILSON, James. *Dictionary of Astrology*. Bel Air, MD: Astrology Classics, 2006. (Publicado originalmente em 1819.)

Relacionamentos

ARROYO, Stephen. *Person-to-Person Astrology*. Berkeley, CA: Frog, Ltd., 2007.

DAVISON, Ronald C. *Synastry*. Santa Fe, NM: Aurora Press, 1983.

DEVLIN, Mary. *Astrology and Relationships*. Atglen, PA: Whitford Press, 1987.
EBERTIN, Reinhold. *Cosmic Marriage*. Tempe, AZ: AFA, 1974, 2004.
ELGEN, Rebecca. *The Shadow Dance and the Astrological Seventh House*. Houston, TX: Libra26Press, 2009.
FORREST, Jodie; FORREST, Steven. *Skymates*. Edição revista. Chapel Hill, NC: Seven Paws Press, 2005.
FORREST, Steven; FORREST, Jodie. *Skymates II: The Composite Chart*. Chapel Hill, NC: Seven Paws Press, 2005.
GEFFNER, Gayle. *Creative Step-Parenting*. Tempe, AZ: AFA, 2009.
HAND, Robert. *Planets in Composite*. Atglen, PA: Whitford Press, 1975.
RUIZ, Ana. *Prediction Techniques Regarding Romance*. Tempe, AZ: AFA, 2006.
SARGENT, Lois. *How to Handle your Human Relationships*. Tempe, AZ: AFA, 2006.
SUSKIN, Rod. *Synastry*. Saint Paul, MN: Llewellyn Publications, 2008.
TOWNLEY, John. *Composite Charts*. St. Paul, MN: Llewellyn Publications, 2004.
_____. *Planets in Love*. Atglen, PA: Whitford Press, 1978.

Mapas de Retorno

LOUIS, Anthony. *The Art of Forecasting Using Solar Returns*. Bournemouth, England: The Wessex Astrologer, 2008.
PENFIELD, Marc. *Solar Returns in Your Face*. Tempe, AZ: AFA, 1996.
SHEA, Mary. *Planets in Solar Returns*. The Writers' Collective Associates, 1999.
TOWNLEY, John. *Lunar Returns*. Saint Paul, MN: Llewellyn Publications, 2003.

Astrologia Tradicional

AL-BIRUNI. *The Book of Instruction in the Elements of the Art of Astrology*. Bel Air, MD: Astrology Classics, 2006.
AVELAR, Helena; RIBEIRO, Luis. *On the Heavenly Spheres*. Tempe, AZ: AFA, 2010.
BONATTI, Guido. *Bonatti on the 146 Considerations*. Minneapolis, MN: Cazimi Press, 2010.
_____. *Bonatti on Basic Astrology*. Minneapolis, MN: Cazimi Press, 2010.
_____. *Bonatti on Elections*. Minneapolis, MN: Cazimi Press, 2010.

_____. *Bonatti on Horary.* Minneapolis, MN: Cazimi Press, 2010.
_____. *Bonatti on Lots.* Minneapolis, MN: Cazimi Press, 2010.
_____. *Bonatti on Mundane Astrology.* Minneapolis, MN: Cazimi Press, 2010.
_____. *Bonatti on Nativities.* Minneapolis, MN: Cazimi Press, 2010.
BRITTAIN, Patti Tobin. *Planetary Powers: The Morin Method*. Tempe, AZ: AFA, 2011.
HOLDEN, James H. *Five Medieval Astrologers*. Tempe, AZ: AFA, 2008.
LILLY, William. *The Astrologer's Guide*. Tempe, AZ: AFA, 2005. (Publicado originalmente em 1647.)
_____. *Christian Astrology, Books 1 and 2*. Bel Air, MD: Astrology Classics, 2004 (Publicado originalmente em 1647.)
_____. *Christian Astrology, Book 3*. Bel Air, MD: Astrology Classics, 2005 (publicado originalmente em 1647).
MASHA'ALLAH. *Six Astrological Treatises by Masha'allah*. Tempe, AZ: AFA, 2009.
MORIN, Jean-Baptiste. *Astrologia Gallica, Book 13: The Proper Natures and Strengths of the Individual Planets and Fixed Stars*, traduzido para inglês por James H. Holden. Tempe, AZ: AFA, 2006.
_____. *Astrologia Gallica, Book 14: The Primum Caelum and Its Division into Twelve Parts*, traduzido para inglês por James H. Holden. Tempe, AZ: AFA, 2006.
_____. *Astrologia Gallica, Book 15: The Essential Dignities of Planets*, traduzido para inglês por James H. Holden. Tempe, AZ: AFA, 2006.
_____. *Astrologia Gallica, Book 16: The Rays or Aspects of the Planets,* traduzido para inglês por James H. Holden. Tempe, AZ: AFA, 2008.
_____. *Astrologia Gallica, Book 17: The Astrological Houses*, traduzido para inglês por James H. Holden. Tempe, AZ: AFA, 2008.
_____. *Astrologia Gallica, Book 18: Strengths of the Planets*, traduzido para inglês por James H. Holden. Tempe, AZ: AFA, 2004.
_____. *Astrologia Gallica, Book 19: The Elemenst fo Astrology and the Principles of Judgements*, traduzido para inglês por James H. Holden. Tempe, AZ: AFA, 2006.
_____. *Astrologia Gallica, Book 21: The Morinus System of Horoscope Interpretation*, traduzido para inglês por James H. Holden. Tempe, AZ: AFA, 2008.
_____. *Astrologia Gallica, Book 22: Directions*, traduzido para inglês por James H. Holden. Tempe, AZ: AFA, 1994.

_____. *Astrologia Gallica, Book 23: Revolutions*, traduzido para inglês por James H. Holden. Tempe, AZ: AFA, 2004.

_____. *Astrologia Gallica, Book 24: Progressions and Transits*, traduzido para inglês por James H. Holden. Tempe, AZ: AFA, 2005.

_____. *Astrologia Gallica, Book 25: The Universal Constitutions of the Caelum*, traduzido para inglês por James H. Holden. Tempe, AZ: AFA, 2008.

_____. *Astrologia Gallica, Book 26: Astrological Interrogations and Elections*, traduzido para inglês por James H. Holden. Tempe, AZ: AFA, 2010.

NOONAN, George. *Classical Scientific Astrology*. Tempe, AZ: AFA, 1984, 2005.

PEARCE, A. J. *The Text-book of Astrology*. Tempe, AZ: AFA, 2006. (Publicado originalmente em 1911.)

PORPHYRY. *Porphyry the Philosopher*. Tempe, AZ: AFA, 2009.

PTOLEMY. *Tetrabiblos*. Bel Air, MD: Astrology Classics, 2002. (Escrito no século III a.C.)

RETHORIUS. *Rhetorius the Egyptian*. Tempe, AZ: AFA, 2009.

SAHL Ibn Bishr. *The Introduction to the Science of the Judgments of the Stars*. Tempe, AZ: AFA, 2008.

ZOLLER, Robert. *Arabic Parts: Lost Key to Prediction*. Rochester, VT: Inner Traditions, 1980, 1989.

Glossário

Ângulos: O Ascendente, Descendente, Meio do Céu e IC.
Cúspide de casa angular: As cúspides da primeira, quarta, sétima e décima casas.
Aspecto aproximativo: Planeta de movimento rápido que se aproxima de um aspecto exato com um planeta de movimento mais lento.
Ascendente: Cúspide da primeira casa e um dos ângulos. Representa o indivíduo e a forma como expressa ao mundo sua personalidade.
Aspecto: Ângulo geométrico que conecta a energia de dois ou mais planetas.
Aspectário: Tabela que mostra os aspectos entre os planetas em um mapa.
Asteroides: Os quatro principais asteroides usados na astrologia são Juno, Vesta, Ceres e Palas Atena.
Quíron: Cometa mais comumente definido como o "curador ferido".
Conjunção: Aspecto muito importante em que dois ou mais planetas estão dentro de 0 a 8 graus um do outro. Sua palavra-chave é *intensidade*. A conjunção pode ser um aspecto difícil ou suave, dependendo dos planetas envolvidos.
Contraparalelo: Aspecto indicando que dois planetas estão em graus opostos ao norte e ao sul do equador celestial. O contraparalelo funciona como uma oposição.
Decanato: Um terço de um signo. Cada signo tem três decanatos – 0° a 10°, 11° a 20° e 21° a 30° – e cada um tem seu próprio planeta regente.
Declinação: Os graus de um planeta estão a norte ou sul do equador celestial.
Grau: O zodíaco tem 360°, e cada signo tem 30°. Os graus identificam a posição de um planeta em um signo.

Descendente: A cúspide da sétima casa e um dos ângulos. Representa casamento e outros relacionamentos íntimos.
Detrimento: Planeta no signo oposto a seu signo de regência, como o Sol em Aquário.
Dignidade: Planeta em seu signo de regência, como Urano em Aquário.
Aspecto suave: O trígono, a sextil e a conjunção (dependendo dos planetas conjuntos) são aspectos que representam um fluxo suave de energia.
Eclipse: Aproximadamente quatro a seis eclipses acontecem todos os anos. Um eclipse solar é também uma Lua Nova, quando o Sol e a Lua estão no mesmo grau e signo do zodíaco. Um eclipse lunar é também uma Lua Cheia, quando o Sol e a Lua ficam opostos um ao outro.
Elemento: Cada um dos 12 signos é classificado de acordo com cada um dos quatro elementos – fogo, terra, ar ou água. Os elementos são também chamados quadruplicidades.
Efeméride: Livro ou *site* contendo as posições dos planetas.
Exaltação: Planeta em outro signo que não seja seu regente, mas no qual ele funciona bem, como Júpiter em Câncer.
Queda: Planeta em signo oposto a seu signo de exaltação, como Saturno em Áries.
Estrelas fixas: Estrelas que formam as constelações.
Lua Cheia: A Lua Cheia acontece aproximadamente a cada quatro semanas, duas após a Lua Nova. Na Lua Cheia, o Sol e a Lua estão opostos um ao outro – a 180 graus.
Glifo: Símbolo usado para cada planeta, signo ou aspecto.
Grande quadratura (grande cruz): Configuração de aspecto formada por duas oposições em ângulos exatos uma com a outra, formando uma cruz.
Grande trino: Configuração de aspectos envolvendo três (ou mais) planetas, cada um a 120 graus do outro e formando um triângulo.
Aspecto desafiador: Uma quadratura, oposição, semiquadratura, sesquiquadratura ou conjunção (dependendo dos planetas na conjunção) é um aspecto difícil que representa desafios e obstáculos.
Hemisfério: As quatro principais seções do horóscopo – sul (metade de cima do mapa), norte (metade de baixo), leste (lado esquerdo do mapa) e oeste (lado direito).
Casa: Uma das 12 seções em formato de fatia de bolo (casas) do horóscopo. Cada casa governa áreas específicas da vida.
Cúspide de casa: O signo e o grau do zodíaco aos quais pertence uma casa.

IC (Imum Coeli): Cúspide da quarta casa e um dos ângulos. Representa o lar, a família e os pais.
Inconjunto: Aspecto menor (também conhecido como *quincúncio*) em que dois ou mais planetas encontram-se a 150 graus de separação. Indica separação, tensão e inquietude, pois é difícil combinar as energias dos planetas envolvidos.
Signo interceptado: Signo zodiacal contido totalmente dentro de uma casa, não sendo, portanto, uma cúspide de casa.
Cúspide de casa intermediária: As cúspides da segunda, terceira, quinta, sexta, oitava, nona, 11ª e 12ª casas.
Latitude: A distância em graus entre o norte e o sul de Greenwich, Inglaterra, de latitude 0°. É usada em conjunto com a longitude para definir uma localização geográfica.
Longitude: A distância em graus entre o leste e o oeste de Greenwich, Inglaterra, de longitude 0°. É usada em conjunto com a latitude para definir uma localização geográfica.
Luminárias: O Sol e a Lua, que também são chamados Luzes.
Meio do Céu: Cúspide da décima casa e um dos ângulos. Representa carreira e posição social.
Modo: ver *qualidade.*
Nodos lunares: Os nodos norte e sul da Lua não são corpos celestes, e sim pontos. O nodo norte é similar a Júpiter, e o nodo sul é similar a Saturno.
Recepção mútua: Dois planetas em qualquer aspecto que estão também no signo regente um do outro, como a Lua em Áries e Marte em Câncer.
Mapa natural: Mapa que mostra a ordem natural do zodíaco de Áries a Peixes, começando com Áries na primeira casa.
Lua Nova: A Lua Nova ocorre a aproximadamente cada quatro meses, quando o Sol e a Lua estão no mesmo signo e grau do zodíaco.
Oposição: Grande aspecto em que dois ou mais planetas estão separados por 180 graus, ou em oposição um ao outro, no zodíaco. Sua palavra-chave é *separação.*
Orbe: Distância possível entre dois ou mais planetas que os coloca em aspecto um com outro. Quanto mais próximo o aspecto, mais forte é sua influência.
Aspecto fora de signo: Aspecto entre dois planetas que estão em orbe, mas não no mesmo modo ou elemento.
Paralelo: Aspecto que indica que dois planetas estão no mesmo número de graus a norte ou sul do equador celestial. O paralelo funciona como uma conjunção.

Parte da Fortuna: Também chamada Lote da Fortuna, indica sorte, especialmente quando em aspecto com um planeta ou ângulo.
Polaridades: Signos opostos do zodíaco, como Áries/Libra e Gêmeos/ Sagitário.
Quadrantes: As quatro seções do horóscopo que mesclam as influências dos quatro hemisférios – primeiro quadrante (casas um, dois e três), segundo quadrante (casas quatro, cinco e seis), terceiro quadrante (casas sete, oito e nove) e quarto quadrante (casas dez, 11 e 12).
Qualidades (modos): Cada um dos 12 signos é identificado com uma das três qualidades ou modos de expressão – cardeal, fixo ou mutável.
Retrógrado: Período de tempo em que os planetas parecem mover-se para trás.
Mapa de retorno: Mapa calculado para a data e a hora em que o planeta retorna a seu lugar natal. Os mapas de retorno mais comuns são de retorno solar e lunar.
Regência: Cada planeta exerce uma regência sobre, ou está associado a, um (ou dois) signos. Um planeta que rege o signo na cúspide de uma casa rege aquela casa. Os planetas regendo outros signos na casa são chamados de *corregente*s. Planetas e signos também possuem regência sobre áreas específicas da vida, como carreira, saúde, família e dinheiro.
Semissextil: Ângulo de 30 graus entre planetas. É um aspecto moderadamente benéfico.
Semiquadratura: Aspecto menor em que dois ou mais planetas estão em ângulo de 45 graus um com outro. Representa ação e conflito.
Aspecto separativo: Indica que o planeta está se afastando de outro planeta após ter formado aspecto exato com o segundo planeta.
Sesquiquadratura: Aspecto menor em que dois ou mais planetas estão a 135 graus um do outro. Representa ação e conflito.
Sextil: Aspecto maior em que dois ou mais planetas estão a 60 graus um do outro. Sua palavra-chave é *oportunidade.*
Mapa solar: Mapa erigido sem a hora específica do nascimento, normalmente para o meio-dia ou para o nascer do sol, e tendo o Sol como Ascendente.
Quadratura: Aspecto maior em que dois ou mais planetas estão a 90 graus um do outro. Representa ação e conflito.
Planeta estacionário: Planeta que parece parar antes de mudar de direção ou entrar em movimento retrógrado.
Stellium: Grupo de três ou mais planetas, todos formando uma conjunção.
Sinastria: Método de comparação de mapas usado para determinar a compatibilidade entre dois indivíduos.

Quadratura em T: Configuração de aspecto em que dois (ou mais planetas) fazem oposição e quadratura com um terceiro planeta.
Trígono: Aspecto maior em que dois ou mais planetas estão a 120 graus um do outro. Representa facilidade e sorte.
Triplicidades: As três casas associadas a cada um dos elementos – fogo, triplicidade da vida; terra, triplicidade da riqueza; ar, triplicidade da associação; e água, triplicidade dos términos.
Triplicidade da Vida: A primeira, quinta e nona casas, que estão associadas aos elementos de fogo, energia dinâmica, entusiasmo, fé, motivação e confiança.
Triplicidade do Psiquismo: A quarta, oitava e 12ª casas, associadas ao elemento água, representam inícios e términos, emoções, intuição e carma.
Triplicidade dos Relacionamentos: A terceira, sétima e 11ª casas, associadas ao elemento ar, representam parcerias, amizades, vida social, parentes e associações.
Triplicidade da Riqueza: A segunda, sexta e décima casas, associadas ao elemento terra, representam dinheiro, posses, reputação, carreira, trabalho e serviços.
Vórtice: Ponto calculado que possui conotação fatídica, indicando o destino de uma pessoa na vida.
Lua fora de curso: A posição da Lua desde o momento em que formou seu último grande aspecto em um signo até o momento de sua entrada no próximo signo.
Yod: Configuração de aspecto em que um planeta (o planeta do ápice) está inconjunto com dois outros planetas, por sua vez formando sextil um com o outro.

Este livro foi composto em Times New Roman, corpo 11,5/13.
Papel Offset 75g
Impressão e Acabamento
Neo Graf Ind Gráfica e Editora
Rua João Ranieri, 742 – Bonsucesso – Guarulhos
CEP 07177-120 – Tel/Fax: 3333 2474